天府文化研究

流沙河题

THE RESEARCH
OF TIANFU CULTURE

传承巴蜀文明　发展天府文化

【乐观包容卷】

主编／天府文化研究院

四川大学出版社

序 言

谭继和

　　天府文化是在中华广域地方文化共同体内，根植于巴蜀肥壤沃土之上，以文脉悠长、神韵独特、城乡一体、与时俱进、创新发展为特征生长起来的一棵文化常青树。这棵常青树有发达的文化根系，有以"肇于人皇"为标志的辉煌文明，有四千五百年以上优越秀冠的农桑文明，与时并进，历久弥新，奇葩满枝，蓉花似锦。它贯穿历史、当下与未来，历史文化与现代文明和谐发展，每个历史时期或历史阶段，都有创造性转化和创新性发展的硕果。每个历史时期的蜀中先辈都把培育这棵文化常青树，使其结出创新性硕果，书写同属中国与世界的历史文化记录，作为自己的历史责任与历史担当。新时代赋予现代天府文化新的历史地位和时代特征，赋予当代成都人传承、弘扬中华优秀传统文化，传承、发展巴蜀悠久文明，创新、创造天府文化的历史责任与时代机遇。天府文化四大特征——创新创造、优雅时尚、乐观包容、友善公益，就是新时代成都人认同和总结出来的成都文化智慧与经验的结晶，也是当代成都人发展、转化、创新和丰富天府文化，创建世界文化名城，塑造"三城三都"国际认同标识的努力方向。

　　这四大特征是天府文化历史发展的产物，也是当今时代最深层的需求，历代蜀人对如何传承、转化与创新天府文化，始终有着深刻的时代思考。开其先者是巴蜀第一个文化巨人——被誉为天下文宗，生于蓬安、长于成都的司马相如——这种思考表现在他关于"赋家之心"与"赋家之述"的论述中。作为"赋之圣者"，司马相如最早明确总结出当时作家的世界眼光与宇宙思维，即"赋家之心"应当"包括宇宙，总览人物"，"控引天地，错综古今"。扩展开来看，这句话应该是汉代蜀人对创建、创新天府文化精神内核的深刻总结。用今天的文化眼光来解读，所谓"包括宇宙""控引天地"，就是指蜀中先辈在开创天府文化之初就有对星空的向往和对宇宙奥秘进行探索的梦想，希望羽化轻身，飞天成仙，以便究天人之际，察日月之行，了解和认识大自然与人类之间的复杂关系，培育包容宇宙世界、引控天地自然的宏观视野和开拓人类新文化的梦想精神。其实质则体现了古蜀先民关于人类与大自然命运共同体的自发性的朦胧认识。这一点已经得到距今三千多年前的三星堆遗址的飞鸟崇拜遗物（青铜人面鸟身像）与金沙遗址"太阳神鸟""月蟾蜍"金箔等出土文物的印证。成都是仙源故乡，成都平原是古蜀仙道的诞生地，古蜀人飞奔日月成仙的理想和察究宇宙奥妙的梦想，就来自于这三千多年前充盈着生生不息的浪漫主义的精神家园。浪漫主义精神是推动天府文化不断创新的文化想象力、文化梦想力和文化创造力的不竭来源，也是今天成都人培养全球思维、世界眼光的宝贵的历史思想资源。

所谓"总览人物""错综古今"则是指总览人间万象，统合古今历史与宏观思维。文化是人类的灵魂，是民族的灵魂，是立国的灵魂，是立家的灵魂，是修身的灵魂，是须臾不可离的精神家园。人能促使文化不断创新，靠的是善于总览人间万象，统观人际你、我、他的联系，探索文化新的发展方向的创造性思维；靠的是历史与现实、传统与创新以及阐旧邦与辅新命、续文脉与开新局的错综交融，传承历史文化与发展现代文明的和合圆融的会通思维。

自汉代以来，优越秀冠的天府农耕文明，就是依靠蜀人浪漫主义精神与宏观思维创新创造的产物，这也是天府文化复兴与创新强劲不竭的精神动力。今天成都能成为全球创新创业旗帜性城市，就是天府文化几千年创新创造的文化基因不断续文脉、开新局，积淀历史上创新创造文化多样元素的结果。

历史上，天府文化积累的创新创造性元素很多，司马相如把它总结为成都人的"非常精神"。他在《难蜀父老书》中总结说："盖世必有非常之人，然后有非常之事。有非常之事，然后有非常之功。"唐颜师古注《汉书》时解释"非常"二字，认为就是"非寻常"之意。所以，非同寻常的"非常精神"就是天府文化的第一特征，是今天发展天府文化的基因和深层精神动力。

"优雅时尚"是天府文化的生活美学与诗意风尚，是在创新创造精神指导下产生的生活方式，是天府文化时代价值的体现，故成为天府文化的第二个特征。"优雅"的"优"，指的是成都素为优游之乡；"雅"指的是其文雅书香的城市传统；"时尚"是追求文化不断转型、不断转化的同义语，是指崇尚时移、崇尚优品的价值追求。正如初唐四杰之一的王勃游成都时的观感，即认为西蜀是"宇宙之绝观，优游之天府"。《汉书·地理志》称成都早在汉代就是"好文雅"的城市，其特点是西蜀文宗"以文辞显于世"，"文章冠天下"。不但知识精英如此优雅，在其影响下，这里的城乡普通居民也以优雅的生活方式为荣耀风尚。乡村居民向往的是"负耒横经，耕读传家"的书香农耕生活，城市居民向往的是"锦城丝管，诗书传家"的优雅诗意生活。唐宋邛崃十方堂窑出土的全国独一无二的省油灯，就是当时成都工匠为准备科举考试的穷秀才秉灯夜读而设计的。诗人陆游亦对这种社会各阶层皆浸润于书香氛围的盛况极为称道。成都还有其他多种优雅时尚的历史文化资源，如"好辛香，尚滋味"（《华阳国志·蜀志》）的三千年美食传统，是今天创建国际美食之都最为深厚的历史文化根柢。司马相如以绿绮琴开创蜀派古琴传统两千余年，前蜀永陵二十四伎乐，是中国音乐由雅乐转型为宴乐，由宫廷音乐转型为民间流行音乐的文化标志，这些都是今天成都建设"音乐之都"难得的"阐旧邦、辅新命"的民族音乐传统留存。

天府文化的第三个特征"乐观包容"且放到后面再讲，先说其第四个特征"友善公益"。"友善"是情怀，"公益"是操守。中华传统文化的精神内核是"国学"，国学的基本要求就是修身养性、待人接物。这八个字做到了，自然就有了实现"修、齐、治、平"理想的保障。"友善公益"正是中华优秀传统文化"国学"对中华儿女的基本道德要求。成都历史上兴起的蜀学的主流是今文经学，它的基本要求就是经世致用、通经济世、公忠体国、友爱善良。诸葛亮鞠躬尽瘁，杜甫忧心黎民，苏轼祈愿"千里共婵娟"，刘沅重"民生、民彝、民用、人心、人伦、人性"，尹昌龄致力于慈善事业，等等。这些乐善

好施、博爱友善的先贤典范，都是天府文化培育出来的友善公益的优秀的践行者。"博爱"一词首见于《孝经》，而最早将《孝经》刻石是在成都。由此可见，深厚的"友善公益"文化传统，是今天提升成都人文化思想素质的宝贵思想养料。

明晰了上述三个特征，就可以清楚明白地阐述本书所讲的"乐观包容"在天府文化四大特征中的地位和作用。乐观包容的怡人器识是创新创造的精神内核、优雅时尚的生活方式和友善公益的操守情怀中不可或缺的一部分。精神内核、生活方式、怡人器识、操守情怀四方面修养的有机结合，才能构成一个完整的美好的成都人。只有具备这四种修养，才能成为天府文化的合格传承人与新天府文化的优秀建设者。

本卷阐述的"乐观包容"，有很深刻的哲学思想内涵。所谓"乐观"，是指向上向善的达观器识。尽性知天方能得到更多的快乐，它内含的特质，可称为"怡人文化"。所谓"包容"，是指人类、社会和自然三大命运共同体的兼容开放与和谐，即人类与大自然的命运共同体、人类社会命运共同体、中华民族命运共同体的和谐、开放和包容。它内含的特质，可用开放和谐的"中庸"一词来概括。"乐观包容"合在一起，就是指乐观开放、和谐包容及以"诚"字为核心的"中庸之道"。《中庸》讲"诚者，天之道也。诚之者，人之道也"。《孟子》讲"反身而诚，乐莫大焉"。这就是我们所讲的"乐观包容"文化的哲理基础。"诚"是对天地自然包容万物之道的规律性的认识和信仰，"诚之者"则是对包容天道自然发展规律的笃信奉行。有了"诚"的信念和"诚之者"的实践，方可获得最大的尽性知天的"乐莫大焉"的快乐，用今天的话来解读就叫做"乐观包容"。就群体而论，这就是"有朋自远方来，不亦乐乎"，"人不知而不愠，不亦君子乎"。就个体而论，这就是"发愤忘食，乐以忘忧，不知老之将至云尔"，"饭疏食饮水，曲肱而枕之，乐亦在其中矣"。就交友与邦交而论，"己欲立而立人，己欲达而达人"，"己所不欲，勿施于人"，博爱施众，乐在其中矣。这种乐观开放、和谐包容的哲理是中华传统文化儒释道三家所共有的，它是构成中华文化共同体的一个不可或缺的重要理念。它已成为成都人思想之根、文化之本、信仰之基的重要组成部分。这是因为成都作为大禹原始儒学的孕育地、古蜀仙道与道教的发源地、佛教禅宗中国化的奠基地，天府文化从孕育到鼎盛再到现代化，几千年来都是以上述四大特征为精神支撑的。其中，"乐观包容"的哲学是不可或缺的一个重要动力。历史上，从战国时期秦移民万家到当代的"三线"建设和三峡库区移民等数次大移民，成都皆为移民的重要目的地，其思想之根就在这里。作为巴蜀地域文化共同体，巴文化与蜀文化交流融汇，巴蜀文化与中外文化互鉴互融互惠，身处"四塞之国"的四川盆地从来开放而不封闭，其思想之根也在这里。今天"蓉漂"盛行，众多人才流动首选成都，正是天府文化乐观包容、海纳百川精神在新时代传承弘扬的结果，尤其需要强调的是天府人才的优良传统，如孙中山所赞扬的"唯蜀有才，奇瑰磊落"的两大特点：才智奇瑰，品格磊落。因孕育出"西蜀自古出文宗"和"蜀女自古有才"的男女才子平等的文化，兼之开放包容的文化环境，成都将成为天府文化再次辉煌的首选地和首发地。新的成都，凭借汉唐时曾为世界财富与人才聚集之都的历史优势，有深厚的历史传统与根基来建设新型"三城三都"，创建新型世界文化名城。

《天府文化研究》（乐观包容卷）秉持上述精神理念，分为五个部分，约请三十多位学者精心写作，对"乐观包容"文化做了探析和解读。

第一部分是就"乐观包容的气质养成"立论，约请彭邦本、谭平、谭俊峰、舒大刚、周裕锴、王川等先生从不同层面做了深入阐析。或从古蜀族群结构的多元性、包容性，风格特质的开放性、交融性等角度，探索天府文化大度包容的精神与互动交融的文化格局；或从天府文化的深厚根基与广袤土壤——优越秀冠的天府农耕文明视角，剖析天府文化古今交错的九大特征；或从蜀学三宝——石室、礼殿、石经入手，探讨蜀学在中华传统知识教育殿堂、中华文化精神家园和儒家经学的经典化三方面的卓越贡献，论证"天下之学由蜀起"；或以苏轼的乐观包容个性为切入点，探析天府文化开放包容的精神；或从巴蜀历史名人精神特质传承创新的现代视野，探究新时期天府文化乐观包容精神弘扬途径。

第二部分"乐观包容的魅力呈现"，约请谢桃坊、潘殊闲、黄剑华、释宏开等先生，从儒释道三教圆融和谐发展的视角，对乐观包容的生活美学及其永恒魅力做了鞭辟入里的解析。

第三部分"乐观包容与城市建设"，约请张学君、王苹、李洁、魏红珊、

胡开全等先生，对作为城市之魂的乐观包容精神与世界文化名城建设的关系做了多层次的深入剖析。

第四部分"乐观包容与社会文化"，约请汪启明、李勇先、尹波等先生，从社会风尚、历史乡贤、方志会要、移民文化等方面对乐观包容精神做了深入挖掘。

第五部分"乐观包容的现代传播"，约请杨世文、杨玉华等先生对乐观包容文化的现代传播手段与时代转型的创新途径做了创新性分析。

总之，本卷以逻辑进程与历史进程一致的研究方法，从传统文化精神、民族文化心理、文化气质品格、思维发展方式与行为构建模式等入手，对天府文化的乐观包容精神做了全方位探索，为读者提供一个解读天府文化的方向和途径，殷切希望能有助于天府文化的传承与发展。其中丛脞不妥之处，还望读者有以教正。

目 录

乐观包容的气质养成

乐观包容的魅力呈现

乐观包容的气质养成

▼

传承巴蜀文明 发展天府文化

THE RESEARCH
OF TIANFU CULTURE

▲

天府文化乐观包容的气质养成受到诸多历史因素的影响，秦灭巴蜀以来，历代多次大规模移民入川，促成了天府成都五方杂厝的族群结构、和谐互动的格局，以及天府文化兼容并包的风格特质。天府文化是城市文明与农耕文明并重的特色地域文化，"优越秀冠"的天府农耕文明是成都乐观包容人文性格的有力支撑。这方沃土培育了诸如李白、苏轼、薛涛、李焘、魏了翁、刘沅等天府历史文化名人，他们身上体现了浓厚的乐观包容精神，如苏轼思想的包容性、丰富性，其人生态度的乐观豁达，就是天府文化乐观包容精神的生动诠释。在成都建设世界文化名城、弘扬天府文化的当下，对天府文化乐观包容精神的传承与创新，是实现城市建设宏伟蓝图的重要举措。

天府文化的包容精神探源

彭邦本[1]

摘　要： 秦汉之际即已经逐步形成的古代天府文化，自始就表现出强烈的开放包容精神特质。究其缘由，除了地理形势使然外，蜀地自古即一巨大的移民进出区域应为另一主因。五方杂厝、多元多样的族群结构和长期互动融合的格局，促成了文化兼容并包的风格特质。这不仅催生了大度包容的天府文化，而且形成了源远流长、至今生生不息的优良传统。

关键词： 天府文化；移民；包容精神；探源

　　自战国后期秦并巴蜀，蜀守李冰兴建都江堰大型水利工程体系以来，川西平原及其周边浅丘地区，不仅"水旱从人，不知饥馑"，历史上一直以物产丰盈、经济富庶的"天府之国"之名闻名遐迩，而且孕育产生了辉煌夺目的天府文化。古蜀的文化精神经过长期发展，形成了博大精深、极其丰富的内涵，而且具有以下非常鲜明的风格特色：开放包容，乐观豪放，忠勇节义，崇教尊道，尚文好艺，标新立异，知快守慢，道法自然，等等，粲然为中华文明百花苑中异常鲜艳独特的花朵，非常值得梳理总结，以为建设新时

1　彭邦本，四川大学历史文化学院教授，博士生导师。

代天府文化提供丰富厚重的学术文化支撑。

有鉴于此，本文谨对天府文化的开放包容精神产生形成的深厚渊源，做一初步探讨。

以成都平原为核心的广义四川盆地，面积达20多万平方公里，分为川西平原、川中丘陵和川东平行岭谷三大部分，行政区划包括今川、渝两省市的主要区域，幅员辽阔。其中平原约占7%，丘陵约占51%，低山约占42%，气候温润，土壤肥沃，一方面是农业文明时代非常宜于农、林、牧、副、渔综合发展的富庶地方，另一方面又因盆周山地形成四塞的自然环境而与盆地之外地区的交通颇为不便。不过这反而成为这里的先民主动寻求对外交往的积极动因。盆地内地域辽阔，物产丰富，自足之后的饶余需要在市场上寻求出路，这也进一步激发了历代先民的强烈的开放意识。

以成都为核心的川西平原坐拥中国西部最为优越的自然地理环境，自古以来都是长江上游以至整个大西南地区经济、政治和文化发展水平最高的文明中心，所以这里很早就为中原等四川盆地之外的广大地区所熟知。对此，蒙文通先生早就指出：

> 是《禹贡》于梁州所详，偏在西北。……《山海经》所载至广，而独于此岷江上游蕞尔之地载之至详。……是此岷嶓之间古代本有梁州通中原之一道，故记之乃详也。[1]

蒙先生此说甚是，可谓独具只眼。正因为地处传统梁州的四川盆地，特别是成都平原的优越和富庶自古以来就为盆地以外的先民所熟知，这里很早就成为外来移民迁入的目的地。无论是由于天灾抑或人祸，只要这里一出现人口减少的情况，很快就会有移民迁徙而至。即使蜀地没有出现上述变故，由统治者决策主导的移民也时有发生。至于民间自发的迁徙，更是从来都没有中断过。另一方面，由于蜀地物产外销所驱，这里的先民也很早就产生了远程贸易的动机、意识和行为，蜀道和南方丝绸之路早在商周甚至更早时期

1　蒙文通：《四川古代交通线路考略》，《蒙文通文集》第四卷《古地甄微》，巴蜀书社，1998年，第187~188页。

就已经开通了。[1]

正是因为以上自然地理和社会历史因素，成都平原乃至整个四川盆地移民进进出出，正像学者所喻，犹如一个大型水库，水来自四面八方，又流向四面八方，在开放中形成动态的融聚，而其文化也因此形成与之相应的态势。古代巴蜀曾经有过无数次大大小小的外来移民入川，其中最晚的一次大规模移民入川，是在明清之际的长期战乱后，即清初著名的"湖广填四川"。史载，经过此次大规模移民，到清末民初，成都城中的土著已基本无存，市民几乎全是移民。据研究，巴蜀历史上类似的大规模移民入川至少发生过五六次。限于篇幅，这里仅就天府之国起源形成时期的先秦、秦汉移民，从族群文化溯源的角度做一大致梳理，以对天府文化开放包容精神的历史成因进行初步探讨。

所谓天府文化，即以成都、成都平原为核心的"天府之国"大地上发生发展起来的文化。追溯其来源或曰形成原因，天府文化可以略分为本土和外来两大部分。

先来看文献记载反映的本土或曰土著源头。司马迁《史记·五帝本纪》曾追溯说：

> 黄帝居轩辕之丘，而娶于西陵之女，是为嫘祖。嫘祖为黄帝正妃，生二子，其后皆有天下：其一曰玄嚣，是为青阳，青阳降居江水；其二曰昌意，降居若水。昌意娶蜀山氏女，曰昌仆，生高阳，高阳有圣德焉。黄帝崩，葬桥山。其孙昌意之子高阳立，是为帝颛顼也。[2]

很显然，至少在《史记》语境中，上述引文中的西陵氏、蜀山氏明显属

1　彭邦本：《古代成都与北方丝绸之路》，《国家人文地理》2010年第2期；《古代成都与南方丝绸之路》，《环球人文地理》2010年第12期；《川陕蜀道的起源和早期开发——历史文献与出土资料互证的探讨》，《蜀道》2012年第2期；《故道起源新探——基于文献和出土资料的互证》，汉中市博物馆编，冯岁平主编：《中国蜀道学术研讨会论文集》，三秦出版社，2014年。

2　司马迁：《史记·五帝本纪》，中华书局，1959年，第10页。

于蜀地土著。需要指出的是，以上传说的见载，并非始自《史记·五帝本纪》，更非出于司马迁的杜撰，而是渊源有自，由来已久。与之相同或相似的记载，在现存先秦文献《世本》[1]《大戴礼记》中即可见到。如《大戴礼记》中的《帝系姓》篇即云：

> 黄帝居轩辕之丘，娶于西陵氏之子，谓之嫘祖氏，产青阳及昌意。青阳降居泜水，昌意降居若水，昌意娶于蜀山氏，蜀山氏之子谓之昌濮氏，产颛顼。[2]

《史记·五帝本纪》中黄帝至颛顼的世系，显然在以上先秦文献中就已经有了明确记载，它清楚地揭示了上古蜀地先民分属于土著和外来族群两大系统的史实。

传世文献反映，除了嫘祖氏所出之西陵氏、昌濮氏所出之蜀山氏外，蜀地著名的土著至少还有蚕丛氏等，此见于相传由司马相如、扬雄等蜀地学者根据本土历史传说撰成的《蜀王本纪》[3]：

> 蜀之先名蚕丛，后代名曰柏濩，后者名鱼凫，此三代各数百岁，皆神化不死，其民亦颇随王化去。………时蜀民稀少。[4]

这段文字颇具神话色彩，只提到了蜀地最早的三个王朝。同书中还有更完整的关于先秦蜀地王朝世系的记述：

> 蜀之先称王者，有蚕丛、柏濩、鱼凫、蒲泽（据《文选·蜀都

1 《世本》卷一，江都秦嘉谟辑补本，《世本八种》，商务印书馆，1957年，第11～12页。
2 王聘珍：《大戴礼记解诂·帝系姓》，中华书局，1983年，第126～127页。
3 东晋成都籍历史学家常璩自称读过司马相如、严君平、扬雄等八家分别撰写的《蜀王本纪》，详氏著《华阳国志·序志》。见常璩著，刘琳校注：《华阳国志校注》，巴蜀书社，1984年，第891页。
4 严可均：《全汉文》卷五十三，《全上古三代秦汉三国六朝文》第一册，河北教育出版社，1997年，第736页。

赋》刘注引补）、开明。是时人萌椎髻左衽，不晓文字，未有礼乐。从开明已上至蚕丛，积三万四千岁。[1]

在其他传世文献或其他版本的《蜀王本纪》中，比"柏濩""蒲泽"更为常见的名号分别曰"柏灌""杜宇"。由蚕丛、柏灌、鱼凫、杜宇和开明前后相继构成的先秦古蜀五朝系统，非常简略而明确，其后东晋常璩《华阳国志》所记，亦与之同。[2]证诸史料，这是先秦五个大致相继王蜀的政权。在蜀地上述五朝中，至少蚕丛氏和柏灌氏属于蜀地土著。其中，蚕丛氏在《华阳国志》等本土文献中还留下了较为明确和系统的记载：

> 有蜀侯蚕丛，其目纵，始称王。死，作石棺石椁，国人从之，故俗以石棺椁为纵目人冢也。[3]

这个说法来源应颇早，因为宋代章樵注《蜀都赋》引《蜀王本纪》即云"蚕丛始居岷山石室中"[4]。据此，学界多认为川西高原的石棺葬即蚕丛氏族群葬俗的考古学遗存，而岷江上游等川西高原地区的石砌碉楼也与之有关。易言之，蚕丛氏是一个以生时住石砌碉楼，死后葬石棺椁为俗的族群，其主要居地在岷江上游。据岷江上游羌人间至今流传的著名史诗《羌戈大战》，在羌人徙居此地之前，这一带的土著族群是"戈基"人，其人以"纵目""有尾"为显著特征，并流行石棺葬，故羌人历来认为其地石棺葬均为"戈基"人被羌人打败流亡后留存的遗迹。[5]历史上羌人曾不止一次从西北河湟地区南下至岷江上游等川西北地区，其中较晚的一次是在战国秦汉时

1　严可均：《全汉文》卷五十三，《全上古三代秦汉三国六朝文》第一册，河北教育出版社，1997年，第736页。

2　常氏自述看过八种《蜀王本纪》或曰《蜀本纪》，《华阳国志·蜀志》即据之写成，但亦仅开明一朝略具世系而仍不完整。由此可知，诸家所记王系，必亦简略如此。

3　常璩著，刘琳校注：《华阳国志校注·蜀志》，巴蜀书社，1984年，第181页。

4　章樵注：《古文苑》卷四，文渊阁《四库全书》本。

5　罗世泽：《羌戈大战》（汉译本），《四川民间文艺》1982年第1、2期。

期。羌戈大战反映的应是这批羌人与原已居住于此地的羌系或曰土著族群之间的长期生存斗争，最终后来者获胜，石棺葬的主人则被迫徙往他乡。文献反映，秦汉以降，川西雅安等地的青衣羌人与蚕丛氏后裔有着千丝万缕的关系，应和以上历史背景密切相关。在此之前，蚕丛氏族群的核心居处，应长期在岷江上游、古代名曰"蚕陵"的地方。唐代卢求《成都记》云："蚕陵，即古蚕丛氏之国也。"[1]《汉书·地理志》亦云"蜀郡有蚕陵县"，《水经注》官本则将蚕陵刻作"西陵"，应为其地旧名，地即后世茂县叠溪。《汉书·武帝纪》颜师古注引应劭曰："今蜀郡岷山，本冉駹也。"汉代冉駹之地亦即茂县一带。《后汉书》也记冉駹夷"依山居止，累石为屋"，与《蜀王本纪》所云"蚕丛始居岷山石室中"相合。学者或据古"冉駹"发音与"蚕丛"相近，指出这两个名称当为同音异写；冉駹夷是笮人的一支，"笮""戈"二音也相近，羌语"戈基"意即"戈人"，也即"笮人"。[2]综观前述，此说可谓兼有理据。由此，蚕丛氏传说不仅有传世历史文献记载和相应考古学资料可据，而且获得了文化人类学或民族学的佐证，可见该传说的史实素地不容忽略。

然而，《华阳国志》将蚕丛的年代推得很晚，认为蚕丛虽在蜀地"始称王"，亦即最早称王，但已是"周失纲纪"或"周之叔世"，亦即东周之时。加上过去在岷江上游的川西高原发现的石棺葬，年代均不出春秋、战国至西汉晚期，因此，学界对蚕丛氏的年代不能不存疑，认为常氏把他们挂在黄帝、帝喾系统上并不准确；而且蚕丛氏活动的中心区域主要应在茂汶一带，虽然也可能曾一度活动在成都平原上，但他们是不可能建立起一个"东接于巴，南接于越，北与秦分，西奄峨嶓"的广阔的蜀国的。[3]应该说，这个看法是符合当时史料，尤其是考古学资料条件的。但一个时期以来的考古新发现，使得我们可借以结合文献和民族学资料，重新认识蚕丛氏的年代。

近年四川地区不仅已经发现早至商周时期的石棺葬，而且据四川省考古

1　清吴卓信《汉书地理志补注》（安徽包氏道光二十八年刊本）引。
2　蒙默：《试论汉代西南民族中的"夷"与"羌"》，《历史研究》1985年第1期；蒙默：《试论古代巴、蜀民族及其与西南民族的关系》，《贵州民族研究》1983年第4期。
3　蒙默等：《四川古代史稿》，四川人民出版社，1989年，第12～13页。

研究院介绍，该院在岷江支流大渡河流域汉源县大树镇的麦坪遗址发掘了三座石棺葬，均开口于新石器时代地层的第七层下，墓圹用修整光滑的石板围砌而成，长1.7～2.1米、宽0.45～0.55米、深0.4～0.5米。[1]这无疑是非常重要的发现。无独有偶，在岷江上游，长期在那里工作的考古工作者也在此前就发现了新石器时代的石棺葬。[2]至于石棺葬分布的范围，已广及阿坝州、甘孜州、雅安市等地，以及凉山州西部、滇西北一带，包括岷江、大渡河、雅砻江等流域。如果石棺葬确实就是蚕丛氏族群的葬俗，那么，川西高原从新石器时代晚期直到相当于三代秦汉的漫长时代都生息繁衍着蚕丛氏先民。看来，蚕丛氏族群沿着岷江、湔江等河谷迁徙至成都平原，先后在瞿上的台地上建立城邑，而宝墩古城可能就是蚕丛王朝都邑。宝墩文化在成都平原上的分布南至新津，北至什邡，西至岷江上游，可见其建立起的早期古国亦即早期共主政治秩序范围实已相当辽阔。考虑到宝墩文化的因素在汉中宝山遗址、川东峡江地区都有发现，则其文化甚或政治声威影响的范围当更广。这样看来，常璩谓古蜀王国疆域"东接于巴，南接于越，北与秦分，西奄峨嶓"，如果这其中也包括蚕丛时期，则作为一种历史记忆，还是具有一定史实素地的。

蜀地古史传说中紧随蚕丛氏之后的古蜀王朝为柏灌氏，或作柏濩氏，《蜀王本纪》除谓其亦有"数百岁"，为一代王朝之称外，因年代久远，史载缺略，遂别无只字留下，《华阳国志》亦然。其史实已经湮没难考，或云今都江堰市亦即原灌县治所古称灌口、观坂，可能是柏灌居住过的地方。今成都市温江区境内也有柏灌王墓，但均因文献严重失载，难以具论，只能暂付阙如。

综上所述，秦汉以降，在以成都为中心的"天府之国"大地上，自古以来就生活繁衍着西陵氏、蜀山氏、蚕丛氏、柏灌氏等土著族群。相传蚕丛氏、柏灌氏还曾成为政治上的共主，建立过统治蜀地的王朝。如上所述，这

1　国家文物局：《2007中国重要考古发现》，文物出版社，2008年。转引自四川省文物考古研究院：《瀑布沟水电站工程淹没区考古成果汇报会资料汇编》，2006年，第10页。
2　徐学书：《从考古资料看蚕丛氏蜀人的南迁》，《四川文物》1993年第6期。徐学书：《岷江上游新石器时代文化的初步研究》，《考古》1995年第5期。

些传说一定程度上也得到了近世考古学的印证,可见包含着相当的史实素地。由此看来,蜀地土著族群及其创造的文化,无疑是后世"天府之国"及其灿烂文化的重要根源。

孕育灌溉"天府之国"及其灿烂文化,并且在相当程度上赋予这一文化鲜明的开放包容精神的另一重要因素,则是历代外来族群及其文化。前引《史记·五帝本纪》和《大戴礼记·帝系姓》所载"青阳降居江水""昌意降居若水"等传说,古代蜀地先民的一个重要来源即北方黄河流域炎黄族群。根据前人的注释,"江水""若水",分别是川西的岷江、雅砻江。唐代司马贞在对《史记》的索隐中明确指出:

> 江水、若水皆在蜀。[1]

但凡古代文献中之"江""江水""大江",通常均指长江。而在晚明徐霞客赴西南实地考察,证明金沙江方为长江上游正源之前,黄帝之子玄嚣亦即青阳所降居之蜀地"江水",实指今岷江及其流域,具体而言,应指属于川西高原的岷江上游。

至于"若水",司马贞又云:

> 《水经》曰:"水出旄牛徼外,东南至故关为若水,南过邛都,又东北至朱提县为卢江水。"[2]

由司马贞索隐所引《水经》之文验诸地图,可知《五帝本纪》所谓若水,即今雅砻江,在今攀枝花市境内汇入金沙江。由于中国西北高、东南低的地理形势,"降居"云云,即是指黄帝集团的青阳和昌意这两大支系,在距今5000年左右,就从大西北的黄土高原辗转迁徙到了地势相对较低的川西地区,其时早在天府之国的前身古蜀王国形成之前。这一传说并非空穴来风,而是颇含珍贵的史实素地,迄今已得到考古资料的部分证实。近年来,

---

1 司马迁:《史记》,中华书局,1959年,第11页。
2 司马迁:《史记》,中华书局,1959年,第11页。

岷江上游的系列考古调查、发掘表明，在距今5000年前后的新石器时代晚期，黄河中上游地区的仰韶文化和马家窑文化已经传播到这里，并在岷江上游地区规模最大的新石器时代遗址——茂县营盘山遗址[1]，和其附近的波西遗址[2]、沙乌都遗址[3]等中有引人注目的发现。在这些遗址的出土资料中，既有土著文化的特征，又不同程度地存在黄河流域文化的因素。如在营盘山遗址中，就发现有来自西北甘肃东南部的马家窑文化彩陶等文化因素，其文化也受到了四川盆地北部和东部边缘地区同时期文化的影响。[4]波西遗址出土彩陶器物的器形、纹饰及其文化内涵，据研究均属于仰韶文化庙底沟类型晚期。[5]沙乌都遗址紧邻营盘山遗址和波西遗址，时代距今约4500年，该遗址在文化内涵上不仅与营盘山等遗址一脉相承，且与成都平原上的宝墩文化存在较为密切的联系。营盘山、波西和沙乌都等遗址的上述情形，颇为清晰地揭示了岷江上游地区新石器时代文化来源的多元性。而在其遗址中出土的仰韶文化庙底沟类型和马家窑文化的彩陶，与从黄河中游地区轩辕之丘降居川西的黄帝二子传说正好相互呼应，形成颇具启发意义的互证。

如果说青阳、昌意传说及其考古学印证揭示了古蜀族群及其文化的北方来源，那么，《蜀王本纪》和《华阳国志》等蜀地本土文献记载的杜宇王朝传说，就反映了古蜀文明的南方来源。根据《蜀王本纪》，杜宇氏是一个来自"朱提"一带的族群：

> 后有一男子名曰杜宇，从天堕，止朱提。有一女子名利，从江
> 源井中出，为宇妻。乃自立为王，号曰望帝，治汶山下，邑曰郫。

1　成都市文物考古研究所等：《四川茂县营盘山遗址试掘简报》，成都市文物考古研究所编：《成都考古发现（2000）》，科学出版社，2002年。

2　成都市文物考古研究所等：《四川茂县波西遗址2002年的试掘》，成都市文物考古研究所编：《成都考古发现（2004）》，科学出版社，2006年。

3　成都市文物考古研究所等：《四川茂县沙乌都遗址调查简报》，成都市文物考古研究所编：《成都考古发现（2004）》，科学出版社，2006年。

4　成都市文物考古研究所等：《四川茂县营盘山遗址试掘简报》，成都市文物考古研究所编：《成都考古发现（2000）》，科学出版社，2002年。

5　成都市文物考古研究所等：《四川茂县波西遗址2002年的试掘》，成都市文物考古研究所编：《成都考古发现（2004）》，科学出版社，2006年。

化民往往复出。[1]

《史记·三代世表索隐》也引《蜀王本纪》上述传说，则隐栝为"朱提有男子杜宇，从天而下，自称望帝，亦蜀王也"，文字朴实而确切地指出杜宇来自朱提。大体相同的记载又见于东汉末蜀地学者来敏的《本蜀论》，唯扬雄所云"女子名利"者，其书作"女子朱利"，并直接称她"自江源出"，而省去"井中"二字。[2]江源应指禹羌族群世居的岷（汶）江上游地区，因而从地望和时间上看，这个神奇的传说蕴含着一个重要信息：与水和岷江密切相关的朱利及其族群，应出于自古就长于早期农业和水利的西羌。徐中舒先生指出："朱利原为藏语牧场之意……今四川甘孜地区还有一个地名称为朱倭，旧译为竹窝，这里就是一个牧区，正与汶山江源相同。"[3]"江源"一带，亦即岷江上游久为羌藏民族聚居之地，而羌早于藏，且唐宋以后多有融于藏族者，故藏语该词应沿自羌，朱利之族当与禹羌渊源相通。

史载杜宇王朝时期，巴蜀农业有了历史性的长足发展，因而巴蜀地区历来把杜宇尊为农神：

> 后有王曰杜宇，教民务农，一号杜主。……巴亦化其教而力务农，迄今巴蜀民农时先祀杜主君。[4]

按前引《蜀王本纪》的传说，杜宇是自天而下，止于朱提；或说其妻来自朱提。总之，此类传说都与朱提地望密不可分。汉代朱提为现今云南昭通，位于成都平原西南、四川盆地南方的周邻高地，农业起源颇早，属于学术界长期以来一直关注的稻作农业起源地之一，其地族群属于古老的南方农耕濮越系先民。杜宇时代大致在西周春秋之际，约当十二桥文化时期，此传

---

1 严可均：《全汉文》卷五十三，《全上古三代秦汉三国六朝文》第一册，河北教育出版社，1997年，第736页。
2 王国维：《水经注校·江水注》，上海人民出版社，1984年，第1045页。
3 徐中舒：《论巴蜀文化》，四川人民出版社，1981年，第141~142页。
4 常璩著，刘琳校注：《华阳国志校注·蜀志》，巴蜀书社，1984年，第182页。

说得到了金沙遗址等系列考古发现的一定印证，表明来自后世"天府之国"以南的农耕族群杜宇氏，也为天府文化的直接来源——古蜀文明做出了杰出贡献。

长江上游蜀地族群、文化的另一重要来源，是其东面的长江中游地区。在《蜀王本纪》和《华阳国志》等蜀地本土文献记载的蚕丛、柏灌、鱼凫、杜宇和开明五朝中，鱼凫和开明应都来自先秦荆楚地区。

据研究，鱼凫氏是以鸬鹚为神圣标志的族群，鸬鹚本为该族先民驯养用以捕鱼的一种带鹰钩嘴的水禽，俗名鱼凫。据文献和出土资料反映，鱼凫氏当是源于长江中游地区的新石器时代晚期至夏商时期的渔猎民族。约当此期的湖北宜昌中堡岛、路家河和四川广汉三星堆等长江中上游遗址，所出形似鱼凫的鹰钩嘴鸟头形陶器柄等大量资料，与川渝鄂境内沿长江水系分布的大量鱼凫（鱼符、鱼复）地名，包括成都平原新石器时代晚期宝墩文化遗址温江鱼凫城，表明鱼凫族确实有从长江中游向成都平原逐渐迁徙推进的悠久历程[1]，这些地名和出土资料，应是其沿途居留建国的历史印记。三星堆遗址分四期，依次约当新石器时代晚期、夏代至商代前期、商代中期或略晚、商代晚期至西周早期。其中三、四期出土了数量可观的鸟头形陶器柄，联系祭祀坑中金杖上的鱼凫王图像，带有浓烈信仰色彩。这些特征性器物揭示，三星堆古城曾是雄极一时的蜀地共主——鱼凫王朝的都城。三星堆遗址巨大的城墙始建于二期地层，其文化因素与温江鱼凫城存在明晰的承继关系。而该遗址"祭祀坑"中又出土有巨型蚕丛纵目神铜像，暗示在鱼凫王朝之前，这座规模宏大的古城可能曾是更早的邦国联盟共主蚕丛或柏灌的都邑。

对于蜀地最后一个王朝开明氏王朝，《蜀王本纪》等本土文献明确记载其开国之君鳖灵是"荆人"，亦即同鱼凫氏一样，是来自长江中游楚地的滨水族群：

　　　　望帝积百余岁，荆有一人名鳖灵，其尸亡去，荆人求之不得。

　　1　张勋燎：《古代巴人的起源及其与蜀人、僚人的关系》，四川大学博物馆、中国古代铜鼓研究协会：《南方民族考古》第一辑，四川大学出版社，1987年；林春：《宜昌地区长江沿岸夏商时期的一支新文化类型》，《江汉考古》1984年第2期。

鳖灵尸随江水上至郫，遂活，与望帝相见。望帝以鳖灵为相。时玉山出水，若尧时之洪水，望帝不能治，使鳖灵决玉山，民得安处。鳖灵治水去后，望帝与其妻通，惭愧，自以德薄，不如鳖灵，乃委国授之而去，如尧之禅舜。鳖灵即位，号曰开明帝，帝生卢保，亦号开明帝。[1]

上述引文反映了这一来自水乡地带的族群擅长水利，其首领鳖灵因成功治理了杜宇王朝末年的空前水患，受杜宇禅让而称王，建立起著名的开明王朝。成都市区举世瞩目的商业街巨型船棺葬遗址，正是东周时期开明氏王朝特色鲜明的文化遗存，以神圣信仰的方式表明其死后也要回到其祖先世世代代生活于其中的水上世界。

公元前316年秦举巴蜀，贬蜀王为侯。文献反映，蜀侯在屡次反抗失败后，蜀王子泮带领其残军和数万家口，辗转迁徙到越南北方建立了安阳王国，汉初方灭亡于赵氏南越国。此为上古蜀地先民明确见载的最后一次大规模外徙。与此同时，也有许多土著族群做出了留居蜀地的选择。由此，形成了这样一个局面：一方面，开明王朝战败，大量人口死亡、外流，导致了大面积的人口空白；另一方面，土著蜀人留下来的族群保留了传统组织模式，也形成了"戎伯尚强"的局面，促使秦统治者为了加强对蜀地的统治，采取了大规模移民蜀地的断然措施：

戎伯尚强，乃移秦民万家实之。[2]

然秦惠文、始皇克定六国，辄徙其豪侠于蜀，资我丰土。家有盐铜之利，户专山川之材，居给人足，以富相尚。故工商致结驷连骑，豪族服王侯美衣，娶嫁设太牢之厨膳，归女有百两之从车，送葬必高坟瓦椁，祭奠而羊豕夕牲，赠襚兼加，赗赙过礼，此其所失。原其由来，染秦化故也。若卓王孙家僮千数，程郑亦八百人；

1　严可均：《全汉文》卷五十三，《全上古三代秦汉三国六朝文》第一册，河北教育出版社，1997年，第736页。
2　常璩著，刘琳校注：《华阳国志校注》，巴蜀书社，1984年，第194页。

而郗公从禽，巷无行人。箫鼓歌吹，击钟肆悬，富侔公室，豪过田文，汉家食货，以为称首。盖亦地沃土丰，奢侈不期而至也。[1]

蜀卓氏之先，赵人也，用铁冶富。秦破赵，迁卓氏……致之临邛，大喜，即铁山鼓铸，运筹策，倾滇蜀之民，富至僮千人。（《史记·货殖列传》）

"移秦民万家"，既可以填补蜀中人口流徙剩下的空白，又可以加强对新兼并之地的统治基础。上述史载，近年已陆续得到四川盆地内广元市青川县、成都市龙泉驿区、雅安市荥经县等地秦移民墓葬出土资料的证实。

"汉承秦制"，汉代继续实行移民四川的措施，这也得到了考古资料印证。近年三峡考古于重庆市云阳县发现的东汉巴郡朐忍县令景云碑，其铭文就提供了新的佐证。该碑2004年由吉林省文物考古研究所三峡考古队在云阳县旧县坪发掘出土，现藏于重庆中国三峡博物馆，碑铭云东汉巴郡朐忍县令景云为蜀人，乃大禹后裔，云其"先人伯沇，匪志慷慨，术（述）禹石纽、汶川之会"。该碑铭追述景云家世云："君帝高阳之苗裔，封兹楚熊，氏以国别；高祖龙兴，娄敬画计，迁诸关东豪族英杰，都于咸阳，攘境番卫。"又特别指出，景云已"家于梓潼，九族布列，裳绕相龙，名右冠盖！"[2]说明景氏后又被汉王朝举族迁徙到了梓潼，成为"九族布列，裳绕相龙，名右冠盖"的蜀中著名大姓豪族，充分反映了其宗法家族人口众多、支系纷繁、势力强大的史实。

秦汉移民不仅人口众多，而且多为中原贵族、豪族，他们入蜀时不仅携大量人力、资金、技术而来，而且带来了中原先进的文化，并以之同古老的巴蜀文化相融会，在继承的基础上大大促进了巴蜀文化从内容到形式的全面创新提升。如蜀地水利源远流长，自大禹以来即形成了以疏导为主、堵疏结合的优秀传统。不仅如此，蜀地由来已久的水文化如同其整个文明一样，对外来的水文化一直虚心学习，大度包容。这方面明确见载于史籍的显例，就

1　常璩著，刘琳校注：《华阳国志校注》，巴蜀书社，1984年，第225页。
2　碑铭及其考释详参魏启鹏《读三峡新出东汉景云碑》，《四川文物》2006年第1期。

是春秋时期杜宇王朝重用荆人鳖灵主持治理水患，并大获成功。水利史上的这一脍炙人口的著名史传，充分展示了蜀地文化开放包容精神的优秀传统。

秦举巴蜀后，善于学习的秦人不仅继承了上述传统，而且非常注意在新的历史条件下的融会创新。同样以水文化为例，秦人不仅尊重和弘扬蜀地大禹和古蜀五朝以来的传统，同时又将中原先进的水利技术引入结合，由此创造出集二者精华之大成的都江堰大型水利工程体系。虽然其工程模式和技术理念仍以蜀地传统为主，但中原先进水利技术的引入无疑具有进一步丰富、完善该工程的重要作用，使得成都平原及其附近浅丘地区的生产力有了巨大提升，至迟在汉代就形成了此后两千余年"水旱从人，不知饥馑"的"天府之国"，这就为古代天府文化的全面形成和繁荣提供了广厚的基础。需要补充指出的是，早在都江堰兴建之前，首任蜀守张仪兴筑成都城垣时，秦人的水文化即凸显了其先进性和特色。当时，张仪等奉命按秦都咸阳模式，在今成都市区中心地带的开明氏王朝都城旧址规划修筑蜀郡治所，夯筑城垣的工程十分浩大。《华阳国志·蜀志》记载：

> （张仪）筑城取土，去城十里，因以养鱼，今万岁池是也。城北又有龙坝池，城东有千秋池，城西有柳池，西北有天井池，津流径通，冬夏不竭，其园囿因之。[1]

此种有计划地利用城外取土筑城所成的巨坑蓄水成湖，并开发其经济与景观效益，颇具城市建设工程的系统性和生态环境打造的先进性。不仅如此，上述万岁池、龙坝池、千秋池、柳池和天井池，乃是蜀地历史上最早有案可稽的人工湖，具有重要的开创性意义。近世成都北郊昭觉寺以北尚存水面宽广达十余顷的白莲池，即其孑遗之一。成都平原起初有诸多积水泽地，经禹时及先秦蜀地历朝的治理，该平原已成为其时大西南地区经济文化最为发达、人口最为繁庶的古代文明中心，其治水传统以排潦疏导为特征，文献中本无人工兴凿大型池沼以蓄调水资源的记载，而战国晚期以后则形成传统，其源头实自秦而来。

1　常璩著，刘琳校注：《华阳国志校注》，巴蜀书社，1984年，第196页。

先秦以来的关中平原，据班固《汉书·地理志》，久已号为"陆海"[1]，颜师古注云："言其地高陆而饶物产，如海之无所不出。""陆海"之地物产丰饶，则与古代关中水资源的丰沛、水环境的优渥密不可分。其时关中不仅河流纵横，号称"八水绕长安"，而且湖陂池沼众多，单是有名之湖泊池沼，见于记载的就有鹤池、盘池、冰池、镐池、初池、糜池、蒯池、郎池、牛首池、积草池、东陂池、西陂池、当路池、洪池陂、苇埔、美陂、樵获泽等[2]，难怪班固在其《西都赋》中又盛赞长安之地"源泉灌注，陂池交属，竹林果园，芳草甘水，郊野之富，号为近蜀"（《后汉书·班固传》）。从其每每名为"陂""池"，可知当有不少为人工开凿拓展而成，周秦时期关中地区率先成为东亚大陆之"天府"，其生业的多样、生计的富庶和生态的优美，应颇获益于这些湖泽。因此，开成都历史上人工湖泊先河的上述万岁、龙坝、天井诸池，应是随秦人而来的北方水文化。郫江、检江等天然河流及其贯通的柳池等诸人工湖泊，"津流径通，冬夏不竭"[3]，构成了成都平原古老的人工河湖链格局，形成了充裕的水利资源和良好的生态环境，并意在造成城市与水相辅相成的亲和格局。这显然系规划建设使然，深刻反映了文化的包容性。

战国秦汉时期蜀中水文化的兼容发展，直接导致了成都人、水、城市的亲密无间，形成一派亲和融洽、充满活力的人文景观。和前代相比，秦汉时期的蜀地，水利和水文化的多样性有了进一步的丰富发展，城垣和人工水利设施更为精致，与水环境等自然条件和谐亲融，显示了天人合一、道法自然理念的传承和深化，生动反映了蜀中和蜀地之外水文化的和合创新，从一个重要侧面鲜明地揭示了天府文化的孕育诞生和这一文化的博大精深内涵与开放包容精神源头。

综上所述，秦汉之际即已经逐步形成的古代天府文化，自始就表现出强烈的开放包容精神特质。究其缘由，除了前已论述的地理形势使然外，

1　班固在《汉书·地理志》中称关中"号称陆海，为九州膏腴"。东汉杜笃的《论都赋》亦言其地"滨据南山，带以泾渭，号曰陆海，蠢生万类"。

2　王双怀：《五千年来中国西部水环境的变迁》，《陕西师范大学学报》2004年第5期。

3　常璩著，刘琳校注：《华阳国志校注》，巴蜀书社，1984年，第196页。

蜀地自古即一巨大的移民进出之区应为主因。早在先秦时期，生活在蜀地
的先民就已来自四面八方，具体说来，除了一定程度上可以称之为土著的
蚕丛氏等古族外，更多的族群则或来自中原华夏，或来自长江中游荆楚，
或来自后世称为南中的大西南腹地。此种五方杂厝、多元多样的族群结构
和长期互动融合的格局，促成了文化兼容并包的风格特质。在其影响下，
不仅产生了大度包容的天府文化，而且形成了源远流长、至今生生不息的
优良传统。

天府农耕文明"优越秀冠"的内涵

谭 平 谭俊峰[1]

摘 要: 天府农耕文明"优越秀冠"的内涵可分为九个方面,分别是,耕读传家蔚然成风;赋予了成都在人类丝绸文明和丝绸之路历史上不可取代的重要地位;川西林盘及场镇成为维系成都普通百姓在和平年代拥有很高幸福指数以及促使成都今后实现振兴乡村战略的独特资源;孕育出以学术、文艺为主要功德的名门望族和以重视文教和公益为特征的乡贤文化,连接官民城乡,引领、化育、造福天府;促使道教诞生于成都,并大大削减了对"三农"的古今歧视;使本地"男尊女卑"观念不强,女性比较受尊重,涌现出众多才女和巾帼英雄;强烈的家国情怀与统一意识,使天府成都成为中国历史上多次重大灾难的可靠战略后方与和平年代的"中国后花园";具有特点鲜明的地方神祇和先贤崇拜;缔造了集田园之都、花卉之都、丝绸之都、音乐之都、诗歌之都、书香之都、美食之都、休闲之都于一体的城市舒适生活及浪漫情调。这些正能量无一不是成都乐观包容人文性格的有力支撑。

---

1 谭平,成都大学文学与新闻传播学院院长,教授,硕士生导师。谭俊峰,电子科技大学2017级MBA研究生。

关键词： 天府农耕文明；"优越秀冠"；内涵；乐观包容

天府文化创新创造、优雅时尚、乐观包容、友善公益四个方面优秀禀赋得以长期延续的广阔土壤和深厚根基是其不同凡响的农耕文明。其最为突出的个性——乐观包容特质，更是与其"优越秀冠"的农耕生活水乳交融，相得益彰，并在近代以来工业文明和现代化、全球化浪潮冲击中得以继续传承，在成都市走向全面现代化和建设世界文化名城的当下，成为宝贵的历史文化资源。全面梳理和研讨天府农耕文明"优越秀冠"的内涵，成为传承巴蜀文明，发展天府文化的基础性工作。本文不揣简陋，论述如下。

中华优秀传统文化的家国一体情怀，以忠孝廉耻和仁义礼智信为代表的核心价值体系，以及儒释道三位一体的精神家园，风雨同舟、休戚与共、患难相扶的命运共同体意识，敬畏天理、敬畏神明、敬畏自然、敬畏尊长、敬畏圣贤的风俗习惯，主要奠基并植根于人类最成熟、稳定、连续的农耕文化。而天府农耕文明（包括天府四川和天府成都两个基本同质范畴）是其中重要而独特的组成部分，其重要性和独特性表现在两个方面：在上述中华文化精粹的建构中，天府成都是重要的参与者；天府农耕文明本身具有基于其自然与人文和历史际遇所形成的优秀禀赋与个性。谭继和先生2012年9月在《光明日报》上谈到西蜀文化[1]，2018年2月5日又在《成都商报》采访中谈到天府文化（也就是西蜀文化）最主要的特征——农耕文化的保护、传承，他个人在表达赞赏时使用了"优越秀冠"一说[2]，其具体阐述如下："都广之野"是中国农业的一个起源地，它以治水为特征，以江源文明为标志，孕育

1　谭继和：《神奇、神秘、神妙的西蜀文化》，《光明日报》2012年9月13日。

2　转引自《成都商报》文娱版人物专访《谭继和：我是高级泥水匠，为城市注入文化黏合剂》，2018年2月5日。其表述文字是："天府文化是整个巴蜀文明的核心部分，是以成都平原为中心的几千年的文化。巴蜀文明本身有4500年以上的历史，天府文化作为巴蜀文明的核心部分也有4500年以上的历史，这四千多年的文化发展上升为文明历史的发展，同时也代表着长江上游古文明的起源，巴蜀文化共同体内，蜀文化是最典型的，蜀文化最主要的特征就是农耕文化。四川的农耕起源是整个中华三大农耕起源之一，传统文化的传承到创新是一个漫长的过程，古蜀人经营蜀地，有两千多年，到东汉才被称为天府之国，得到外界承认，接下来的两千多年，成都一直保持着天府之国的文明追求。现在我们如何保护这个'优越秀冠'的称号，保护的过程就是经营4500年文化的过程，需要不断转型、不断创新。"

和发展出"优越秀冠"[1]的天府农业文明，这是西蜀文化的第一个特征，也是最主要的特征。

谭继和先生认为，古蜀农业文明的起源是从岷山河谷，包括成都平原、临邛（今邛崃）、江原（今崇州）、南安（今乐山）这一三角地带开始的。蒙文通师在《巴蜀史的问题》一文中曾专门对此加以论证，他认为"中国农业在古代是从三个地区独立发展起来的，一个是关中，一个是黄河下游，在长江流域则是从蜀开始的"，主张"农业是从江源入成都平原的，江源、临邛，正是岷山河谷，蜀的文化可能从这里开始"。岷山河谷就是"广都之野"，成都平原就是它的中心，这里是蜀文化即江源农业文明的起源地。其起源的次第，从都江堰治水开始，次而发展到临邛和江原，再发展到温江和双流（古广都）。温江"因雪水自此始温"而得名，表明最早的优质农业是在温江出现的，因岷山雪水到温江等成都平原腹心地带才逐渐升温，才更适宜于灌溉。正因为这里是农业起源地，才出现了《山海经》记载的周人农祖后稷葬于都广之野的传说和蜀人农祖杜宇与朱利相会于江原（今崇州）结为夫妇的传说。西蜀农业的起源是同大禹、鳖灵、李冰相继治水的文化联系在一起的，在后者的基础上才能发展出特色鲜明、优越秀冠的天府农业文明。所以，西蜀呈现出了农耕时代特别悠长，农耕文化特别鲜明的面貌，而这又成为西蜀文脉基本性质及其呈现面貌的决定性因素。直到近现代进入工业社会后，农耕文明这一决定性因素还对西蜀城乡文明与生态文明，以及西蜀人心理状态、生活方式、思维方式和社会习俗起着根深蒂固的影响作用。说到西蜀文化的特征和优秀部分，我们还不得不回归到漫长的天府农耕历史中去追寻。

这无疑是一段精彩的论述。

2月6日，笔者作为六位学者之一，受邀与中共四川省委常委、成都市委书记范锐平座谈天府文化的核心内涵，其间讨论了谭继和先生提到的天府农耕文明"优越秀冠"的内涵，促使笔者进一步关注这一问题。笔者认为，天府农耕文明的优秀禀赋与个性除了治水的智慧和丰功伟绩外，其内涵还应该

1　"优越秀冠"是唐人赞美天府的用词，郭沫若也使用过。用来形容天府农耕文化的优良个性则是谭继和先生的首创，是可以成立的。

包括以下九个方面。

一、耕读传家蔚然成风，奠定"自古文宗出西蜀"之深厚根基

在历史上，成都平原所代表、引领的天府文化区域，只要是非战乱或暴政、苛政横行时期，耕读传家、负耒横经（家中有一定条件的农夫在耕作时都会带着经书，以备休息时诵读）成为普遍的社会生活景象，构成中国各地皆有，但此地尤其凸显的时尚之气，这也成为"自古文宗出西蜀""天下文人皆入蜀"的深厚社会土壤与优良传统。这是农耕条件优越、物产富饶、文翁化蜀等因素共同作用的结果。对此，地方志、家谱之类的文献记载繁多。兹举一例：

> 成都东通吴楚，有波涛之险；南邻云贵，北接秦陇，有跋涉之艰。是以远出贸易者甚少，中人之家非耕即读，并有一人而冬春读书、夏秋耕获者，犹不失古人负耒横经之意。[1]

而林语堂先生在《苏东坡传》第二章"眉山"标题下有如下生动描述：

> 四川的居民，甚至远在宋代，就吃苦耐劳，机警善辩，有自持自治的精神，他们像偏远地区的居民一样，依然还保持一些古老的风俗文化。由于百年前本省发明了印刷术，好学之风勃然兴起。在苏东坡的时代，本省已经出了不少的官员学者，其学术的造诣都高于当时黄河流域一带，因为在科举时，黄河一带的考生都在作诗方面失败。成都是文化中心，以精美的信笺、四川的锦缎、美观的寺院出名。还有名妓、才女，并且在苏东坡出世百年以前，四川还出了两个有名气的女诗人。那些学者文人在作品上，不同于当时其他地区文章浮华虚饰的纤丽风格，仍然保有西汉朴质道健的传统。

1　袁以埥等：嘉庆《成都县志》卷一"风俗"，清咸丰重刻本，成都市地方志编纂委员会、四川大学历史地理研究所联合整理：《成都旧志》第十册，成都时代出版社，2007年，第35～36页。《成都旧志》著作权人信息后略。

在当年，也和如今一样，四川的居民都耽溺于论争，酷爱雄辩的文章。甚至在中等社会，谈话之时都引经据典，富有妙语佳趣，外省人看来，都觉得充满古雅精美的味道。苏东坡生而辩才无碍，口舌之争，决不甘拜下风。他的政论文章，清晰而有力，非常人可望其项背，数度与邪魔鬼怪的争辩，自然更不用提了。东坡和他父亲，被敌人攻击时，都比之为战国诡辩游说之士，而友人则誉之为有孟轲文章的雄辩之风，巧于引喻取譬，四川人为律师，必然杰出不凡。[1]

事实上，苏氏家族就是一个富裕的耕读之家，加上与当时文化教养程度较高的大户程氏联姻，有了贤妻良母理家教子，才有此"诗赋传千古，峨眉共比高"的一门三父子。而成都历代的文艺、学术大家，出自耕读之家者更是不胜枚举。

二、赋予了成都在人类丝绸文明和丝绸之路历史上不可取代的重要地位

在传统中国社会中，人民普遍过着"男耕女织"的经济生活。而经过大禹、鳖灵、李冰等先贤治水，居住和农耕条件不断优化的成都平原，其自然和经济地理条件，决定了它特别适合栽桑养蚕，发展纺织行业，即方志所谓"蜀重蚕事"[2]是也，并形成了灿烂的丝绸文明。各种证据表明，天府文化所在区域，是人类丝绸文明的起源地之一，是陆上、海上丝绸之路的重要参与者之一。蜀锦秀冠天下，以天府成都为中心，开辟出了一条南方丝绸之路。

关于天府成都在人类丝绸纺织技术及其行业发展方面的开创性成就与贡献，至少有下列辉煌佐证值得后人铭记。司马迁《史记·西南夷列传》记载："及元狩元年，博望侯张骞使大夏来，言居大夏时见蜀布、邛竹杖，使问所从来，曰'从东南身毒国，可数千里，得蜀贾人市'。或闻邛西可二千

1　林语堂：《苏东坡传》，张振玉译，湖南文艺出版社，2012年，第21页。
2　袁以埏等：嘉庆《成都县志》卷一"风俗"，清咸丰重刻本，《成都旧志》第十册，成都时代出版社，2007年，第35页。

里有身毒国。"也就是说，有史可证的，中国最早出现在国际市场上的商品是张骞出使西域时在大夏（今阿富汗）市场上看见的从古印度转卖过去的蜀布、邛杖。此外，闻名遐迩的成都市金牛区天回镇老官山汉墓出土的织机，是当时世界上最先进的织机。1995年，中日联合考古队在新疆塔克拉玛干沙漠尼雅遗址进行联合发掘，从一处墓葬中发现了一件织有"五星出东方利中国"字样的织锦。一千多年前的织锦至今保存完好，并且织有"中国"二字，当时立刻引起轰动，被誉为20世纪中国考古学最伟大的发现之一。随着研究深入，考古专家、丝绸专家们一致认为，这块五星锦是汉晋时期的蜀锦。[1] 在锦的生产成为国家的支柱产业后，中国最早由政府对织锦业进行专门保护、管理的城市就是三国时期的成都，这个城市也因此获得锦城、锦官城的美名。同时，描绘这一行业及其产品的记载涉及最多、也最美的城市也是成都。而这些成就与贡献，曾经给天府成都的子民们带来了多少荣耀和快乐，已不言而喻。

天府成都为什么能够取得上述成就，做出这些贡献？笔者认为，这是由于天府文化滋养出的创新创造精神和对美的向往，相对和谐、良性互动的城乡关系与优质人财物汇聚形成的古代产业结构，使农耕文明和工商文明自古相得益彰，男耕女织不断走向精细化、专业化、产业化。

丝绸文明和蜀锦名满天下，拉动了成都传统工商业（含农副产品加工业）在诸多领域（如美食、美酒、印刷、造纸、古琴制造、油漆、金融创新、音乐、绘画、演艺等）走向精品化、精细化，产生了具有成都特色的"大国工匠"精神、技艺和众多世界第一、中国第一。同时，以此为根基，历代成都人创建起了在中国和世界历史上都值得赞叹的繁荣富庶和自在快乐的生活。比如《隋书》就记载道：

人多工巧，绫锦雕镂之妙，殆侔于上国。

唐大中九年（855），卢求（晚唐文人）在《成都记序》中对扬州、益

1　吴晓铃：《老官山蜀锦织机技术复制出国宝"五星锦"》，《四川日报》2018年5月24日。

州进行了比较并指出，流传甚广的"扬一益二"实际上应该倒过来才符合实际：

> 大凡今之推名镇为天下第一者，曰扬、益，以扬为首，盖声势也。人物繁盛，悉皆土著，江山之秀，罗锦之丽，管弦歌舞之多，伎巧百工之富，其人勇且让，其地腴以善熟，较其要妙，扬不足以伴其半。

宋代范百禄《成都古今记集序》云：

> 厥土沃腴，厥民阜繁，百姓浩丽，见谓天府。缣缕之赋，数路取赡。声严望伟，卓越他郡。

元代费著在《岁华纪丽谱》中写道：

> 地大物繁，俗好娱乐。[1]

可以说，在历史上和平、统一、非暴政苛政的大部分时期里，成都把以条件优越的男耕女织为基本经济形态所支撑、延展出的，以丝绸行业为卓越代表的城乡工商业发展到了极致，并且实现了创新创造、优雅时尚与乐观包容的近乎完美的融汇，从而始终保持了较高幸福指数的舒适生活。

三、川西林盘和生机勃勃的场镇，成为维系成都普通百姓在和平年代拥有很高幸福指数以及促使成都今后实现振兴乡村战略的优异资源

川西平原拥有星罗棋布的林盘，是自然与人文、生产与生活、定居与流

1　以上四条材料均见吴巩、董淳等修，潘时彤等纂嘉庆《华阳县志》卷十八"风俗"，清嘉庆二十一年刻本，《成都旧志》第十三册，成都时代出版社，2007年，第139页。

动、城市与乡村、实用与美观均能和谐统一的独特魅力景观。它们使锦绣天府非同寻常地生动活泼、诗意盎然。古今文人骚客对它们都有丰富的描述、赞美和歌咏。

必须指出的是，在传统的川西沃野，由于大量人口都以家庭为单位生活在竹木花卉环抱的林盘之中，社会正常运转所必需的商品经济、人际交往、文化教育、宗教或人文信仰等公共生活只能在林盘外的专门场地、空间进行，并且需要匹配于当时的交通、通讯条件，这促使川西地区出现了网络密布的场镇，它们分别在每个月三个十天中的一四七、二五八、三六九错位"当场"来实现上述功能，成为县城与林盘之间充满活力、互相支撑的主要连接枢纽，并进而发展成为具有政治、经济、文化、宗教、民俗、会党活动功能乃至乡村文学艺术及戏曲创作、展示的社会平台。功能全面，主要由地方社会乡贤、乡绅、名流以道德声望为支撑实现治理的场镇，成为天府子民实现自己和家庭生产、生活诸多目标，寄托"乡愁"的重要景观。大量文学艺术作品均以场镇为描写和表达的对象，众多天府优秀儿女三观的养成，各种才华的奠基，都不仅来自家庭教育的滋养，更有其所熟悉和热爱的场镇的浸渍。

四、孕育出以教化、学术、文艺为主要功德的名门望族和以重视、投身家乡各项公益事业，乐于为家乡父老排忧解难为特征的乡贤文化，连接官民城乡，引领、化育、造福天府

天府大地优良的、由农耕文明所构筑的环境，催生了人才代出、影响深远的具有巨大正能量的名门望族和乡贤文化。他们或科举成功，政治清廉，造福公私；或学术精深，友善乡里，留下众多善举、义举和优良家风家训家范给子孙和乡邦。典型者如五代、宋初成都人黄筌，其本人及其三子一弟皆为宫廷大画家，垄断宋初官府画坛达一个世纪，其家族可谓影响后世近千年的艺术世家。其他还有作为宋代全国顶尖史学家的双流范氏家族（以范镇、范祖禹、范冲"三范"为代表，历经11朝繁盛，出了27个进士）；经学、文史俱佳的蒲江魏了翁、高斯德家族；新津一门三进士的张氏家族（其中有两人位列宰相）；"其家迭盛四世几百年"，中进士者"不胜书"的成都宇文

氏家族。明代以杨廷和、杨慎为代表的杨氏一门，五代人出了一宰相、一状元、七进士。清代以降，还有以刘沅、刘咸炘为代表的世代繁盛的双流刘氏学术巨族等等。

在上述名门望族和乡贤文化等因素的影响下，天府成都官民自古不乏善举义行。民国《华阳县志》"善举"条下云：

> 文王发政施仁，必先鳏寡孤独，盖以四者之穷而无告，至可怜悯，宜乎与废疾者之同为有养也。清代自康熙、雍正、乾隆、嘉庆中，每国家恩诏，于各省养济院以逮鳏寡孤独残疾无告，皆明令有司，留心赡养，无致失所，其爱民深矣。吾县中普济堂、育婴堂、栖流所，皆二百余年旧有者，悉由官府主之。而光绪以来人民自为善举者，其目尤繁，睦姻任恤，駸駸乎三代遗风，虽创制法有不同，而与人为善则一。[1]

随后又列举、介绍了众多慈善、有义举的机构（包括后来由民国时期最成功、最受尊敬的慈善家，当时中国的"慈善第一人"——尹昌龄接手的慈惠堂）。显然，不论是清朝官方主导的，还是民国以降以民间社会公益组织为主进行的慈善活动，在编写民国《成都通志》的曾鉴、林思进（他们都属于民国成都的"五老七贤"）等人心中，都是令他们为家乡感到欣慰、自豪的事业。

五、促使道教诞生于成都，并大大削减了对"三农"的古今歧视

道教是中国的本土宗教，产生在成都平原农耕文明的土壤上，其尊重和顺应自然，保持人心性自由，安时处顺并低调的人生态度，探索人的生命更高质量的养生哲学，追求羽化成仙的人生境界等价值追求，与天府农耕文明的环境、物产、水利智慧、神话传说、神祇崇拜、民间风俗等有着密切因果关系。比如历代成都人民在和平和非暴政时期的温和、谦让；成都的官员、

1　曾鉴、林思进等：民国《华阳县志》卷三"义举"，《成都旧志》第十六册，成都时代出版社，2007年，第143页。

富豪等社会上流阶层以及城市居民面对普通社会阶层和农民时的低调与包容，构成了成都优良的城乡个性及城乡二者之间的互动关系。也就是说，歧视"三农"的情况，在这里是最轻的。道教的存在和影响是其重要因素。

六、使本地"男尊女卑"观念不强，女性比较受到尊重，涌现众多诗文技艺名满天下的才女和敢作敢为不让须眉之巾帼英豪

天府成都这块农耕文化的乐土，是包括嫘祖、女娲、西王母在内的中国女神崇拜的主要起源和流行地区；物产富饶，生活所费（尤其是都江堰建成以后的和平统一年代的粮食价格）低廉，生存条件优越。移民为了保证自己的生存优势，相互之间常常形成竞争，对家庭、家族甚至乡里是否人多势众十分看重，这些都有利于女性的保育。嘉庆《成都县志》记载，"溺女之风最为恶习，唯川省人民无论贫富，生女必举，此习俗之美者"[1]。此外，崇文重教至少在汉代文翁化蜀以后不仅成为国家和社会的追求，也是众多家庭的自觉追求，成都优秀的家庭、家族很早就知道女性的素养对于相夫教子的重要性，所以十分注重对女孩的培养，拒绝"女子无才便是德"的传统观念。自卓文君以下，成都涌现出的才女与巾帼英豪之多，其他城市很难望其项背。今天的成都依然是女性，尤其是才女生存发展的天堂。女性素质较高，男女地位相对平等，女性因为敢作敢为，在家庭和社会生活中能够承担更多义务，大大减轻了男性的负担，使这里的男性的幸福指数同样较高。

七、强烈的家国情怀与统一意识，使天府成都成为中国历史上多次重大灾难的可靠战略后方与和平年代的"中国后花园"

这个判断本来应该无可争辩，但清代以来，有一个流传甚广的"天下未

---

1 袁以堤等：嘉庆《成都县志》卷一"风俗"，清咸丰重刻本，《成都旧志》第十册，成都时代出版社，2007年，第36页。

乱蜀先乱，天下已治蜀未治"[1]的说法，经常被用来概括成都乃至四川的人文性格。其实，这不过是一个有着特殊人生经历的人在特殊背景和语境下的狭隘感受和泄愤表达，放在秦统一巴蜀以后的历史长河中来看，这个话刚好说反了。

对于中华文化来讲，以农耕文明为主的天府文化具有鲜明而强烈的整体性，这是学术界的基本共识。所谓整体性，其一是指天府文化从其诞生起，就逐步开始了向大一统的华夏政权、国家轴心文化的凝聚和集结，在实现中华民族"最广泛的文化认同"（美国学者亨廷顿语）的历史进程中，成为一支最有向心力、承载力和创造力的地域文化。在神话传说与历史记录交织的文献中，蜀人的早期发展脉络与黄帝、昌意、颛顼一系降居江水、若水[2]紧密关联：夏禹兴于西羌，当他在会稽号令天下时，巴、蜀均是其追随者；大禹治水，勘定九州疆界后，巴蜀即归梁州范围。巴、蜀还十分勇敢积极地参与了周武王的联军，助周剪商。孔子请教过的音乐老师——东周贤大夫苌弘，来自蜀地。蜀人、蜀文化自古即华夏族和中原文化的紧密关联者。其二是指自秦以来，这里的官民向往、维护、支持国家统一的情感和意识特别强烈，而对于在此地出现的割据分裂势力、政权（其建立者绝大部分来自川外），除非它们能在一定时期内有统一中国的希望（实际上这种情况只在三国时期刘备、诸葛亮治蜀阶段存在过）或起到保境安民的作用，一般都绝不会倾力支持其坐大或与国家统一趋势相顽抗。其主要原因除了儒家仁义礼智信和忠孝廉耻的核心价值观在天府大地深入人心外，还有生活在这块罕有其匹的人间乐土的人民对于国家统一、稳定的好处领会最深，对于国家因为腐败、衰落或被强敌入侵，陷入分裂战乱后带给本地区的祸患与灾难（如宋末元初、

1　语出欧阳直《蜀警录》。欧阳直（1621—？），广安州（今广安市）人，生逢明末乱世，先后被执于张献忠和土匪摇黄部，饱受苦难，惊恐万分。后曾任职残明政权，晚年以教书著述为业。著《蜀警录》，又名《欧阳遗书》，记录张献忠事较多。《四川通志》有传。从其生平便可明白"天下未乱蜀先乱，天下已治蜀未治"只适合表达明末清初特殊历史背景下的四川与成都的状况。

2　《史记·五帝本纪》载："黄帝居轩辕之丘，而娶于西陵之女，是为嫘祖。嫘祖为黄帝正妃，生二子，其后皆有天下：其一曰玄嚣，是为青阳，青阳降居江水；其二曰昌意，降居若水。昌意娶蜀山氏女，曰昌仆，生高阳有圣德焉。"

明末清初成都平原承受了两次原住民几乎全体被灭绝的巨大人祸，这在中国其他同级别城市的历史上是十分罕见的）有着刻骨铭心的记忆和理性认识。这也加速和巩固了地域文化在主流价值观和生活方式上对国家轴心文化的力挺和融会。

历史上，天府儿女在和平年代安居乐业，在危机时期维系一方安定，聚合力量，甚至含辛茹苦帮助国家和政府抗击和消解各种天灾人祸：支持秦朝和汉高祖统一天下；支持汉武帝开拓西南夷；支持被视为正统、治蜀有方的诸葛亮六出祁山；支持唐朝廷及其派驻成都的文臣武将抗击安史之乱及随后的军阀割据、吐蕃南诏入侵；支持两宋长达几个世纪的抗击辽、西夏、金、元的战争；支持明朝平息多次发生在四川境内外的少数民族叛乱；支持清朝以岳钟琪、杨遇春等为代表的朝廷军队平息西南、西北多次大规模的民族分裂主义叛乱以及外敌入侵；支持14年抗战；支持新中国对抗所有内外忧患……这些事实都可以证明"天下未乱蜀先乱，天下已治蜀未治"不可以用来在整体上概括天府成都的历史和人文性格。

八、特点鲜明的地方神祇、先贤崇拜

因为农耕条件的"优越秀冠"，每当战乱结束之后，成都总是能够迎来四面八方源源不断而来的新移民，从而成为非常典型的移民城市。对此现象及其意义，前人的论述已汗牛充栋，本文不予赘述。历史上的多次移民，使这座城市的地方神祇、先贤崇拜也个性鲜明，至少包括两个特点。第一个特点是，除了全国各地皆有的中华民族共同的神灵、圣贤崇拜与祭祀外，这里还高度崇敬造福、保佑桑梓的神祇，如以都江堰二王庙为代表的遍布全川各地甚至毗邻省区的川主崇拜（祭祀、缅怀李冰父子）[1]，文昌帝君张亚子崇

---

1 清代华阳县境内有5座川主庙和1座二郎庙。川主庙春秋致祭祀，其祭文曰："维神世德作求，兴利除患。作堋穿江，舟行清晏。灌溉三郡，沃野千里。膏腴绵洛，至今称美。盐井浚开，蜀用以饶；石人镇立，蜀害以消。崇德报功，国朝褒封。兹值春秋祀，礼宜肃恭。尚飨！"引文引自吴巩、董淳等修，潘时彤等纂嘉庆《华阳县志》卷十六"祀典·川主庙"。清嘉庆二十一年刻本，《成都旧志》第十三册，成都时代出版社，2007年，第123页。

拜[1]，城隍神崇拜[2]。第二个特点是，不论先贤是否是诞生于成都的本地人，均按功德向其表达敬意。对于非本地人出身的文翁、诸葛亮、杜甫、赵抃、陆游、宋濂、丁宝桢等众多造福过成都的清官循吏，成都人都表达了最高的崇敬之情，甚至其纪念性建筑（故居、祠堂、庙宇）、碑铭、仪式、活动等的规模、气象大多超过了原籍先贤，使成都成为其中一部分先贤的拜谒、祭祀中心。上述人文传统之所以能够长久保持，主要是由于这里优厚的农耕文化所养育的人民特别渴望国泰民安，尤其渴望神灵的保佑和先贤的垂范和启迪。并且，儒释道并行不悖的发展和移民文化所赋予的宽广胸怀，使他们抛弃了以出生地域来评判人物价值的狭隘意识。成都人民与这些神灵、先贤的良性互动，既体现了其文化心理的豁达、乐观，也体现了其文化胸襟的宽厚、包容。

九、缔造了集田园之都、花卉之都、丝绸之都、音乐之都、诗歌之都、书香之都、美食之都、休闲之都于一体的城市舒适生活及浪漫情调

关于成都的这种存在样态，文献记载繁富。如嘉庆《华阳县志》写道：

> 自昔成都，分置蜀县，烟井相连，版图互见。广都比邻，阳安接甸。息壤同居，乐城共奠。山岠东隅，水环南面。天府饶裕，沃

1　清代华阳县境内有4座文昌宫和2座梓潼宫。从嘉庆六年起也是春秋致祭祀，其祭文有"六匡丽曜，协昌运之光华；累代垂灵，为人文之主宰"等。吴巩、董淳等修，潘时彤等纂嘉庆《华阳县志》卷十六"祀典·川主庙"，清嘉庆二十一年刻本，《成都旧志》第十三册，成都时代出版社，2007年，第117页。

2　清代成都出现了罕见的一城五座城隍庙的独特景观，分别是成都府城之城隍庙，城内东部华阳县之城隍庙，西部成都县的城隍庙，都城隍庙和都司城隍庙。因为成都是总督衙门所在地，便像北京、西安、开封、苏州等城市一样还有一座都城隍庙。此外，成都为何还有一座都司城隍庙，原因尚待确证。府、县三座城隍庙同时举行每年三次的巡游活动，成为"人山人海，热闹非常，很像今天的欧洲和南美还在流行的城市狂欢节"的官民同乐活动。引文引自袁庭栋《成都街巷志》下卷，四川文艺出版社，2017年，第632～638页。

野葱蒨。百里花明，千家锦绚。[1]

值得一提的是，2017年《成都晚报》有一个围绕天府文化的"年终巨献"——"天府成都破译唐诗密码"活动[2]，它运用大数据研判唐诗中的成都，有许多有趣的发现。比如诗人们描述成都用得最多的字眼是锦、清、青、香、幽、碧、醉、喜、芳、美，正体现了唐朝200位诗人1000首诗歌对上述城乡个性的集体记忆。显然，唐朝天府的自然、人文、生产、生活给诗人们留下的印象都是美和惬意。这种优越的自然和人文生态环境，到清代时依然不变：

> 蜀县山水，凤擅清幽。峰排六对，江绕双流。海云探石，锦水横舟。睹佛岩畔，浣花溪头。冈名九里，池号千秋。龙华胜境，玉女灵湫。阿育成塔，状元有洲。宅土安乐，以遨以游。[3]

而今天的成都，依然继承了这"八都"的属性与魅力。缔造这"八都"属性的行业、产业，几乎都离不开农村、农民、农业的健康发展和创新创造。

总而言之，两千多年来，可用"优越秀冠"形容的天府农耕文明的上述内涵所包含、携带的正能量无一不是成都乐观包容人文性格（在嘉庆《成都县志》的记载中为"俗不愁苦""俗好娱乐"[4]）的有力支撑。虽然近代以来，尤其是改革开放以来，按在GDP总量中所占份额来衡量，成都的主要经济支撑已经不是农业，而是各类以现代工业文明及其制度、理念为底色的制

1 吴巩、董淳等修，潘时彤等纂：嘉庆《华阳县志》卷四"疆域"，清嘉庆二十一年刻本，《成都旧志》第十三册，成都时代出版社，2007年，第39页。

2 详见"成都开启唐诗朗读之门"专题，《成都晚报》2017年12月11日。

3 吴巩、董淳等修，潘时彤等纂嘉庆《华阳县志》卷四"山川"，清嘉庆二十一年刻本，《成都旧志》第十三册，成都时代出版社，2007年，第43页。

4 衷以埙等：嘉庆《成都县志》卷一"风俗"，清咸丰重刻本，《成都旧志》第十册，成都时代出版社，2007年，第35页。

造、"智造"业，但是，这并不能改变2000年来以农耕文明为主所积淀、所优选形成的天府文化的独特个性。而且，伴随天府农耕文明与时俱进的创造性转化和创新性发展，与其第二、第三产业的良性衔接，必将有力削弱以西方的制度、观念为基本坐标的现代工业文明所必然伴生和携带的个人主义、实用主义、机会主义、工具理性、消费主义及其对城市既有精神家园和人文传统的冲击和破坏。尤其可以防止物欲的膨胀，商品和货币拜物教的称雄，人际关系的冷漠化，贫富差距的加大等弊端，因此维护、甚至提升这座城市自改革开放以来自然天成的后现代气质，即同时具备健康的经济、活跃的文化、舒适的生活，从而确保其始终是中国乃至世界普通公民幸福感最高的城市。

天府蜀学三大宝，创新包容千古垂

舒大刚[1]

摘　要： 巴蜀虽然地处僻远，但其受儒学沾溉却不落后于中原，从文翁石室兴儒学到高眹创设礼殿，形成"庙学合一"体制；五代后蜀刻"蜀石经"，首次形成十三经典范。巴蜀儒学的发展对于整个儒学的推进起到了重要作用，石室、礼殿、石经作为蜀学影响天下后世的三大法宝，足可展现其在历史上不同凡响的贡献和领先全国的地位。

关键词： 天府；蜀学；三宝；儒学

巴蜀虽然地处僻远，但其受儒学沾溉却不落后于中原。早在西汉景帝末年，蜀郡守文翁（名党）即在成都开办石室精舍传授儒家"七经"，首开地方政府建学以传播儒业的先河；东汉末年，太守高眹又于石室东边创设周公礼殿，祭祀先圣先贤及明君良臣，首次形成了"庙学合一"体制；五代后蜀首刻"蜀石经"，汇集儒家十三部经典成一部大型丛书，首次了形成"十三经"典范。凡此三事，对于儒学的发展曾起到过促进作用，被古代学人视为领先天下、彪炳史册的不朽事业！北宋吕陶曰："蜀学之盛，冠天下而垂无穷者，其具有三：一曰文翁之石室，二曰高公之礼殿，三曰石壁之'九

1　舒大刚，四川大学古籍所所长，教授，博士生导师。

经'。"[1]南宋名臣席益亦在《府学石经堂图籍记》中言："蜀儒文章冠天下，其学校之盛，汉称石室、礼殿，近世则石壁'九经'。"[2]他们都将石室、礼殿、石经作为"蜀学"影响天下后世的三大法宝，展现其在历史上不同凡响的贡献和领先全国的地位。

一、知识殿堂：天下倡始之文翁石室

蜀学之盛，始于汉文翁石室。"文翁石室"是汉景帝、武帝时期庐江人文党守蜀时在成都所开学宫，文翁石室即"文翁化蜀"最为重要的举措，更是天下儒学大兴之倡始！

西南自古为夷人所居，而以巴国、蜀国为君长。《战国策·秦策一》张仪曰："今夫蜀，西辟之国而戎狄之长也。"巴蜀后为秦所灭，遂成为秦国经略天下的重要基地，风俗迅速"染秦化"[3]，直到西汉初年，其蛮夷之风犹然未改。汉景帝末年，文翁守蜀，设学校以教化之，巴蜀学术文化乃勃然兴起。

《汉书·循吏传》载：

> 文翁，庐江舒人也。少好学，通《春秋》。以郡县吏察举，景帝末，为蜀郡守。仁爱好教化，见蜀地辟陋，有蛮夷风，文翁欲诱进之。乃选郡县小吏开敏有材者张叔等十余人，亲自饬厉，遣诣京师，受业博士，或学律令。减省少府用度，买刀布、蜀物，赍计吏以遗博士。数岁，蜀生皆成就还归，文翁以为右职，用次察举，官有至郡守、刺史者。
>
> 又修起学官于成都市中，招下县子弟以为学官弟子，为除更繇。高者以补郡县吏，次为孝弟力田。常选学官僮子，使在便坐受事。每出行县，益从学官诸生明经饬行者与俱，使传教令，出入闺

1　吕陶：《经史阁记》，袁说友：《成都文类》卷三十，文渊阁《四库全书》本。又《净德集》卷十四亦载是篇，题作《府学经史阁落成记》，首句作"蜀学之盈"云云。
2　袁说友：《成都文类》卷三十，文渊阁《四库全书》本。
3　常璩撰，刘琳校注：《华阳国志新校注》，四川大学出版社，2015年。

阁,县邑吏民见而荣之。数年,争欲为学官弟子,富人至出钱以求之。繇是大化,蜀地学于京师者比齐鲁焉。

至武帝时,乃令天下郡国,皆立学校官,自文翁为之始云。文翁终于蜀,吏民为立祠堂,岁时祭祀不绝。至今巴蜀好文雅,文翁之化也。

文翁通《春秋》,"仁爱好教化",是纯然儒吏。他派弟子到长安从博士主习儒家七经,兼习汉家法令;在成都"修起学官",选下县子弟"以为学官弟子"就学,最早在地方政府办学,并为之设置官学生;选拔学习成绩"高者,以补郡县吏,次为孝弟力田",最早采用儒术来选拔官员;又"从学官诸生明经饬行者"与他一道行县,"使传教令",让人民羡慕,从而激起整个社会向学之风。自此之后,巴蜀地区前往京师游学的人与齐鲁相当,成为齐鲁之外的第二大儒学传播中心!以上种种皆在董仲舒建议"罢黜百家,表章六经"和公孙弘建议设立"五经博士""置弟子员五十人"之前若干年。

宋时传有《汉文翁学生题名》:"凡一百有八人。文学、祭酒、典学从事各一人,司仪、主事各二人;左生七十三人,右生三十人。"欧阳修曰:"文翁在蜀,教学之盛,为汉称首,其弟子著籍者,何止于此?盖其磨灭之余,所存者此尔。"[1]当时石室的办学规模,远大于中央太学。宋人李石《左右生题名》诗有曰:"蜀地虽远天之涯,蜀人只隔一水巴。自从文翁建此学,此俗化为齐鲁家。颣林春风桑椹熟,集鼓坎坎闻晨挝。诸生堂奥分左右,相比以立如排衙。"[2]远在天涯的巴蜀由于有文翁建学立教,乃使"此俗化为齐鲁家",从而迅速儒化,并且培养出大批儒者。

《汉书·地理志下》述巴、蜀、广汉风俗情形时说:"景、武间,文翁为蜀守,教民读书、法令,未能笃信道德,反以好文刺讥,贵慕权势。及司马相如游宦京师、诸侯,以文辞显于世,乡党慕循其迹。后有王褒、严遵、

---

1 欧阳修:《集古录》卷二。按,洪适《隶释》卷十四辨曰:"成都又有左右生题名一巨碑,盖左学、右学诸生也。其间江阳、宁蜀、晋原、遂宁乃蜀晋所置郡,欧阳公以为'汉文翁学生题名',非也。"存疑。
2 袁说友:《成都文类》卷四,文渊阁《四库全书》本。

扬雄之徒，文章冠天下，繇文翁倡其教，相如为之师。"此即"文翁化蜀"之史实及其重大的影响。

文翁教民读书，习法令，一改蜀地的蛮夷之风，从此巴蜀人民乃爱好文雅，追迹中夏，蜀地成为出人才，出文学，甚至"文章冠天下"的地区。《三国志·蜀书·秦宓传》《华阳国志·蜀志》都说文翁立学后，出现了"蜀学比于齐鲁"的局面。唐卢照邻《文翁讲堂》诗云："锦里淹中馆，岷山稷下亭。……良哉二千石，江汉表遗灵。"岑参有诗云："文公不可见，空使蜀人传。讲席何时散，高台岂复全。"[1]裴铏有诗云："文翁石室有仪形，庠序千秋播德馨。"[2]北宋田况《进士题名记》也说："蜀自西汉教化流而文雅盛，相如追肩屈、宋，扬雄参驾孟、荀，其辞其道，皆为天下之所宗式。故学者相继，谓与齐鲁同俗。"[3]喻汝砺《过府学遂谒文公堂》："我行鲁侯宫，独谒文翁堂。若人骨已朽，道在斯不亡。遂令蜀文章，照耀日月傍。世事俱腐臭，斯文真久长。"[4]

倡始斯为难，继志易为功。文翁之功，意义不仅仅在化蜀，重要的是开启了汉家"重视儒术""经学入仕"的先河，史载汉武帝"令天下郡国，皆立学校官"，开启"儒化中国"之新篇章！清吴省钦《重建锦江书院讲堂碑记》："以孝景之不任儒，又郡国向未立学，（文）翁振厉绝业，所举向风，固宜为循吏首。"[5]杨慎《全蜀艺文志·序》称："昔汉代文治，兴之者文翁。……文之有关于道若此，文翁之功不可诬也。"

二、精神家园："庙学合一"之周公礼殿

石室学宫所创造的文化奇迹中，最值得称道的就是前引吕陶、席益所举"冠天下而垂无穷"的"周公礼殿"和"石壁九经"。"周公礼殿"，

1 岑参：《文公讲堂》，《全唐诗》卷一百九十八，中华书局，1960年，第2043页。
2 裴铏：《题文翁石室》，《全唐诗》卷五百九十七，中华书局，1960年，第6909页。
3 袁说友：《成都文类》卷三十，文渊阁《四库全书》本。
4 袁说友：《成都文类》卷四十八，文渊阁《四库全书》本。
5 李承熙：《锦江书院纪略》卷中，《儒藏·史部》第246册，四川大学出版社，2011年，第314~315页。

是祭祀以周公、孔子为主的历代圣贤及儒林人物的庙祀场所，重建于东汉后期兴平元年（194），比北魏太和十三年（489）在京师建立的孔子庙早二百九十五年，是当时蜀人对先圣先贤进行缅怀和祭祀的场所，内中陈列有历代圣君贤臣画像，也绘有孔子及其弟子等儒家著名人物画像，并且岁时祭祀，供人景仰，既是历代贤君名臣（政统）的荟萃，也是历代学术文化精英（道统、学统）以及地方文化之代表人物的遴选，无异于蜀人的精神家园，也是中国古代学校庙学合一的最早标本。这一体系的建立，较之唐代贞观二十一年（647）形成的陪祀制度及所确定的陪祀人选，要早四百五十三年。

（一）周公礼殿之建立及沿革

石室周公礼殿的建置和沿革，清雍正《四川通志》（下称《通志》）卷二十四《古迹·成都府》"文翁石室"条有详尽记载，可谓文翁石室周公礼殿"兴废简史"：

一、礼殿是东汉献帝兴平初（194）蜀郡太守高眹重建，其功能是祭祀以周公为代表的历代圣贤和孔子为首的儒林人物。

二、在礼殿中"画三皇五帝、七十二子，及三代、两汉君臣像于壁"，以供凭吊。

三、这些图像和文字，曾历经高眹、蔡邕、钟会、刘填、张收、丘文播、黄荃、王素、席益等人维护和增饰，直到明末才为张献忠所毁，康熙时又得刘德芳恢复重建。

高眹其人名字，或作朕，或作胜[1]，或作眕[2]、联、朕[3]，或又疑为高躬[4]，俱不确，当以作眹者为得。其重建礼殿之事，不见正史，最早记录见残存于宋代的《殿柱记》：

汉初平五年，仓龙甲戌，旻天[5]季月，修旧（《隶释》无此二字）筑周公礼殿。始自文翁，应期凿度，开建頖宫，立堂布观，庙门相钩。网司慢延[6]，公辟相承。至于甲午，故府梓潼文君，增造吏寺二百余间。四百年之际，变异蜂起（《隶释》作"启"），旋机离常，玉衡失统，强桀并兼，人怀侥幸，战兵雷合，民散失命。烈火飞炎，一都之舍，官民寺室，同日一朝合为灰炭，独留文翁石室庙门之两观。礼乐崩塌（《隶释》作"坦"），风俗混乱，诵读已绝，倚席离散。夫礼兴则民寿，乐兴则国化。[7]郡将陈留高君，节符兴（《隶释》作"典"）境，迄斯十有三载。会直[8]□乱，□虑匡救，济民涂炭。闵斯丘虚，□□□冠，学者表仪，□□□□。大小推诚，兴复第馆。八音克谐，鬼方来观。为后昌基，□神不□。[9]

1　董逌《广川书跋》卷五《周公礼殿记》："昔人尝疑'朕'非制名可称于臣下者。自秦汉天子所为称，岂复可存耶？流俗谓为'高胜'，至宋璋洗视，知为'高眹'，范蜀公尝为人道之甚详。余尝至其处，求字画得之，实为'朕'字。知在汉犹未有嫌，不必曲辨'朕'为'胜'也。《蜀书》有'高胜'，为郪县人，昔人疑其为守，非也。魏文帝时夏侯霸为右将军，霸父朕尝仕于汉，可信也。"清吴省钦《重建锦江书院讲堂碑记》："翁之后，唯眹最贤。眹，董逌作朕，记述辽旷，名有显晦异同，迹有兴废，唯其德长以不毁耳。"（李承熙《锦江书院纪略》卷中）
2　洪适《隶释》卷一按："又云'郡将陈留高君者'，高眹也。诸书多有误以眹为'朕'者。"
3　范镇《东斋记事》卷四："其西有文翁石室，其南有高眹石室，比文翁石室差大，皆有石像。眹，或以为胜，宋温之璋洗石以辨之，乃眹字也（音持禀反）。"
4　李承熙《锦江书院纪略》卷上："陈寿《魏志·高柔传》注：高干父躬，蜀郡太守，陈留围人。疑即此人，而字讹作眹也。"并无证据，难以取信。
5　天，原阙，据洪适《隶释》卷一补。
6　网，原阙，据《隶释》补。后"慢"，《隶释》作"慱"。
7　兹二句，原文作"夫礼兴则国化"，兹据《隶释》补。
8　直，原阙，据《隶释》补。
9　佚名：《殿柱记》，袁说友：《成都文类》卷三十，文渊阁《四库全书》本。

这段文字，分别著录于欧阳修《集古录》、赵明诚《金石录》、洪适《隶释》等金石文献。石刻首句称"汉初平五年，仓龙甲戌，旻（□）季月，修旧筑周公礼殿"云云，欧书卷二"据颜有意[1]《益州学馆庙堂记》云：'……献帝无初平五年，当是兴平元年，盖时天下丧乱，西蜀僻远，年号不通，故仍称旧号也。'今检范晔《汉书》本纪，初平五年正月改为兴平。颜说是也。"[2]当时正处于三国前夜，军阀力政，各方力量正为扩大或固守势力范围而大肆较量，天下战乱，即碑文所言自汉初文翁首开石室学宫，四百年后，突遭"烈火飞炎"，"一都之舍"，包括学宫"同日一朝合为灰炭"，只剩下"文翁石室庙门之两观"。

太守高公处"变异蜂起，旋机离常，玉衡失统，强桀并兼，人怀侥幸"之时，面对"烈火飞炎，一都之舍，官民寺室，同日一朝合为灰炭"之景，痛心"礼乐崩塌，风俗混乱，诵读已绝，倚席离散"之状，独怀文翁"仁爱好教化"之盛德，仍然以"礼兴则民寿，乐兴则国化"为治国理念。追古吊今，继绝存亡，鄙弃干戈，崇尚礼乐，修起石室，重建礼殿。希望通过"八音克谐，鬼方来观"的途径，实现孔子当年"远人不服，则修文德以来之"的远大理想。终使文翁仁化之教得以延续，蜀人尚文之风因之奠定。

（二）周公礼殿之圣贤图祀

文翁石室的周公礼殿，除了作为学校祭祀先圣先师的专门场所外，还选定了所祀先圣先师的基本人物，并绘制了这些先圣先师的画像。

1　按，此记乃颜有意所书，并非颜氏所撰。赵明诚《金石录》卷二十四《唐益州学馆庙堂记》跋："成都县令颜有意书，撰人题'法曹陈玉，文学太子詹事待诏弘文馆陵州长史'，而姓名残缺不可辨。《集古录》直以为有意撰，非也。碑阴载当时官僚姓名，后人题云'此记贺遂亮撰'，未知果否。"又作"贺公亮"。

2　按《后汉书·刘焉传》："初平二年，犍为太守任岐及贾龙并反，攻焉，焉击破，皆杀之。……焉四子：范为左中郎将，诞治书御史，璋奉车都尉，并从献帝在长安。……兴平元年，征西将军马腾与范谋诛李傕，焉遣叟兵五千助之，战败，范及诞并见杀。焉既痛二子，又遇天火烧其城府车重，延及民家，馆邑无余，于是徙居成都。遂疽发背卒。"是时益州刘焉父子与李傕把持的朝廷有仇，故不奉其主政时正朔，非因道路阻滞致政令不通也。

礼殿所绘人物，唐李吉甫《元和郡县志》卷三十二引李膺《益州记》云："壁上悉图古之圣贤，梁上则刻文宣及七十弟子。齐永明中，刘瑱更图焉。朱龄、石平、谯纵，勒宋武帝檄文于石壁之室，代王更以丹青增饰古画，仍加豆卢辨、苏绰之像。"宋乐史《太平寰宇记》卷七十二引任豫《益州记》："厦屋三间，皆图画古人之像及礼器瑞物。"北宋蜀人黄休复专门记录唐五代蜀中名画的名著《益州名画记》卷下"无画有名"，清晰地记载："壁上图画上古盘古、李老等神，及历代帝王之像。梁上又画仲尼七十二弟子，三皇以来名臣。"名君、名臣、名儒皆具。

席益《成都府学石经堂图籍记》亦言高公于石室东作礼殿，图画邃古以来之君臣、圣贤，其间亦有魏晋人物，故有以为是刺史张收所画。然实则图画始自高公，后历代又有增益，故壁间又有东晋人物。王应麟《玉海》载《益部耆旧传》记刺史董荣增谯周像，令李通颂之；又因李业高节，亦增入。至南宋朝，据李膺《记》，增"豆卢辨、苏绰"。《益州名画记》卷下记南朝齐永明中，刺史刘悛弟刘瑱绘"仲尼四科十哲像"暨"车服礼器"于其中，完善祀典制度。北宋宋祁《文翁祠碑》言嘉祐二年宋祁增蒋堂像于殿中。

南宋李石《礼殿圣贤图》序言[1]载北宋嘉祐间王素曾摹写壁间人物，共七卷一百五十五人，南宋绍兴间，席益摹可辨可考者一百六十八人，重绘于石经堂。王象之《舆地碑记目》所载之图像当即席益所摹刻。摹写石室人物并拓印者，代有其人，自《隋书》以来艺文志多有著录，然多亡佚，宋代已无此类，故才有王素等摹写重绘之举。

与王素摹绘同时者，尚有知成都的赵抃。抃另辑有《成都古今集记》三十卷；又摹绘"周公礼殿图像"八轴。绍兴三十年（1160），王刚中帅蜀，作《续成都古今集记》二十二卷，其中亦有礼殿人物图记，成为元人考知礼殿风貌的主要依据。宋末战火肆虐，元代礼殿图像仅存图册。蜀人费著撰《成都志》时，据南宋王刚中《续成都古今记》，考其"可辨识姓名者

1　李石《礼殿圣贤图序》："嘉祐中，王素命摹写为七卷，总一百五十五人，为《成都礼殿圣贤图》。蜀守席益又尝摹其容貌名位可别识者一百六十八人于石经堂。"（《方舟集》卷二，文渊阁《四库全书》本，台北：商务印书馆，1986年，第1149册。）

一百七十三人，今貌像宛然者一百四十九人，仅存仿佛者三十二人，姓名存者六十五人"[1]。《成都志》已佚，其所考姓名尚载于明人曹学佺《蜀中广记》，大体如下：

第一类，是上古至周代圣君贤臣，若盘古、伏羲、神农、尧、舜等。

第二类，是孔子及其弟子，若孔子、颜回、闵损、漆雕徒父、公孙龙等。

第三类，是秦以来名君贤臣及名儒，若李冰、萧何、张良、杜预等。

这个本来是祭祀邃古以来历代圣君贤相和学术人物的礼殿，因汉代崇尚周公、孔子，周公又为孔子所推尊，故称为"周公礼殿"。唐代取消周公之祀，礼殿成为孔庙专祠，是为成都孔庙最早起源。

三、经典盛宴："十三经"结集之"蜀石经"

"蜀石经"为文翁石室、周公礼殿外第三大蜀中至宝，始刻于孟蜀广政初（约938），其主体工程卒刻于北宋皇祐元年（1049），前后延续一百一十二年。至徽宗宣和五年（1123），席贡补刻《孟子》入石，最终形成"十三经"的典范。

蜀石经，或称"孟蜀石经"，又称"石壁九经""石本九经""蜀刻十经""蜀刻十一经""蜀刻十二经"和"石室十三经"等。据此可见历代学人对"蜀石经"的面貌，特别是刻经数有不同认识，也反映出学界对"蜀石经"认识的模糊程度。

北宋盛行"九经"说，当是继承唐代概念，为"群经"之泛称。若宋赵抃《成都记》："伪蜀相毋昭裔捐俸金，取'九经'琢石于学宫。"及张俞《华阳县学馆记》、席益《成都府学石经堂图籍记》、吕陶《经史阁记》都有"石壁九经"之说。洪迈《容斋随笔》卷四亦有"蜀石本九经""皆孟昶时所刻"之说。曹学佺《蜀中广记》卷九十一亦有"石本九经"一目，亦与此同。"蜀石经"在"九经"说外又有"十经"之称。晁公武《石经考异序》列"伪蜀相毋昭裔"所镌"石经"曰："《孝经》《论语》《尔雅》，

---

1 费著：《成都周公礼殿圣贤图考》，曹学佺：《蜀中广记》卷一百五"画苑记第一"，文渊阁《四库全书》本。

广政甲辰岁张德钊书；《周易》，辛亥岁阳钧孙逢吉书；《尚书》，周德正书；《周礼》，孙朋吉书；《毛诗》《礼记》《仪礼》，张绍文书；《左氏传》不志何人书，而详观其字画，亦必为蜀人所书。然则蜀之立石盖十经。"然晁序所言"十经"仅指孟蜀时期八年之中所刻，未包括北宋后续所刻数种，因此"十经"说不代表"蜀石经"的全部。

明代以来有"十一经"之说。明顾起元有称："蜀（永）〔广政〕年之'十一经'。"[1]对此近人学者有一些观点，或以为蜀刻只有十一经，或以为"三传"、《孟子》都是孟蜀时所刻，或将《孝经》和《尔雅》从"蜀石经"中排出[2]，都是想当然之辞，羌非事实。另有"蜀石经"七种说，吴任臣《十国春秋·后蜀主本纪》便是如此。

凡此种种，可谓歧说纷呈，莫衷一是。通过对宋代以来各类文献的考察，我们发现以上种种记载都不准确，有的显然失考（如"十一经"说），有的则出于误记（如"十经""七经"说），有的则将孟蜀石经与北宋补刻石经互相混淆（如"十一经"说）。我们认为，"蜀石经"一名而含二义，一是五代孟蜀所刻石经；二是始于孟蜀成于北宋在蜀地所刻石经。"蜀"字既代表时代又代表地域，前后二义所指皆同，即在同一地区发生并延续进行的同一个工程，不能只取前而不取后。故"蜀石经"不仅有孟蜀石经，而且也包括北宋后续在成都所刻的石经。"蜀石经"一共刻了十三部，比同时代或前朝任何一种石经或儒学丛书纳入的经典都要多（今存于西安碑林的"开成石经"虽有《孟子》，但系清代补刻），因此我们认为"蜀石经"是儒家"十三经"最早结集的典范，它开创或奠定了儒学文献最稳定的规范和范式。

"蜀石经"之真貌，晁公武《石经考异序》有较为信实的记载："按赵清献公（抃）《成都记》：'伪蜀相毋昭裔捐俸金，取九经琢石于学宫。'而或又云：毋昭裔依太和旧本，令张德钊书。国朝皇祐中，田元均补刻公羊高、穀梁赤二传，然后十二经始全。至宣和间，席升献（贡）又刻孟轲书参

1　顾起元：《说略》卷十二，文渊阁《四库全书》本。
2　蒋伯潜《经学纂要》："五代时蜀主孟昶'石刻十一经'，不列《孝经》《尔雅》，而加入《孟子》。"

焉。"[1]外此,曾宏父《石刻铺叙》也有详尽描述:

> 益郡石经,肇于孟蜀广政,悉选士大夫善书者,模丹入石。七年甲辰,《孝经》《论语》《尔雅》先成,时晋出帝改元开运。至十四年辛亥,《周易》继之,实周太祖广顺元年。《诗》、《书》、"三礼"不书岁月。逮《春秋》三传,则皇祐元年九月讫工。时我宋有天下已九十九年矣,通蜀广政元年肇始之日,凡一百一十二祀,成之若是其艰。又七十五年,宣和五年癸卯,益帅席贡始凑镌《孟子》,运判彭慥继其成。乾道六年庚寅,晁公武又镌《古文尚书》暨诸经考异。[2]

据曾氏所言,"蜀石经"从孟蜀广政初(约938)开始刻,到七年刻成《孝经》《论语》《尔雅》《周易》《诗经》《尚书》、"三礼"及《左传》,共用了八年时间。至北宋皇祐元年(1049)刻成《公》《榖》二传,又过去了一百一十二年。再经过七十五年,在宣和五年,才将《孟子》入刻。如果算上乾道六年(1170)晁公武作《考异》和刻《古文尚书》的时间,则前后经历了二百三十余年!

"蜀石经"所刻经数,晁公武《石经考异序》是十三部,《郡斋读书附志》同。曾宏父《石刻铺叙》则备列"十三经"之名,亦即今所奉行的"十三经"。"蜀刻十三经"形成后,从南宋至明代曾以拓本形式广为流传。晁公武用通行的监本、"十三经"与"蜀石经"对校,撰有《石经考异》,十三部石刻经典的名称及其与"监本"之异同,皆章章在目,毫无含混。曾宏父《铺叙》也据拓本对每一经的文字都做了详尽记录。知其为十三部书毫无问题,前述诸人称之为"九经""十经""十一经""十二经",都是不准确的。

---

1 晁公武:《石经考异序》,见范成大《石经始末记》引,《全蜀艺文志》卷三十六,线装书局,2003年,第1001页。
2 曾宏父:《石刻铺叙》,文渊阁《四库全书》本。

四、结语

西汉景帝末年（约前141）文翁所建石室玉堂，是中国地方最早设学传播儒学的创举，是中国统一时期郡国学的鼻祖。《史记·儒林列传》："及至孝景，不任儒者，而窦太后又好黄老之术。"然文翁于景帝末年建石室，以儒化蜀开天下风气之先！文翁石室长达两千余年的办学活动一直在延续着，尽管名称有变，甚至同时有书院、孔庙和府学（或州学）并存的状况，但是其地点和功能却一直未变。文翁石室为巴蜀培养了一批批影响天下后世的学者，成为建设巴蜀乃至影响全国的中坚力量和学术干城。蜀学之发端、发展、鼎盛皆赖文翁石室之教化，其无愧于人类历史上最早的地方学府之名！文翁的石室学宫，自汉而下，直到明清，一直是四川成都最高学府，除了在少数几个短暂时期内遭到破坏而有所沉寂外，其他时期都承担了传播儒学、作育人才的历史使命。它不仅是历代"蜀学"教育中心和思想振起的策源地，也是中国儒学的重要传播和发展基地，其重大的历史文化价值不言而喻！

宋代张俞《华阳县学馆记》说："三代之学繇秦废，蜀郡之学由汉兴，而天下之学由蜀起。历汉至宋，殿室画像，古制尽在，则蜀之学其盛远矣哉！"[1]并有《颂》称赞："唯蜀学宫，肇于汉初。用倡庠学，盛于八区。八区洋洋，弦诵复兴。周法孔经，是缵是承。"又在《成都府学讲堂颂》序中曰："蜀之学远矣，肇兴于汉，历晋、唐至于五代，世世弦诵不衰。所谓周公礼殿、文翁石室，越千余载而岿然犹存。"[2]说"天下之学由蜀起"，说它率先"倡学"，"盛于八区"，"弦诵""缵承""周法孔经"，就其历史（特别是宋代及其以前）而言，一点也不夸张。

北宋吕陶《经史阁记》也说："始汉景末，距今凡十六代、千二百四十余年，崩离变革，理势不常，而三事（学宫、礼殿、石经——笔者按）之盛，莫易其故。然则冠天下而垂无穷，非夸说也。"[3]要之，文翁石室于蜀地

1　袁说友：《成都文类》卷三十一，文渊阁《四库全书》本。
2　袁说友：《成都文类》卷四十八，文渊阁《四库全书》本。
3　吕陶：《经史阁记》，袁说友：《成都文类》卷三十，文渊阁《四库全书》本。

文教，于蜀学大兴，于天下学术，于儒学，为功至伟！

东汉献帝初平五年（兴平元年，194）高公重修的文翁石室和周公礼殿，是当时专门用来祭祀以周公、孔子为代表的历代先圣、先师和先贤的专门场所，是中国古代最早"庙学合一"的雏形。杨慎《全蜀艺文志·序》称赞汉代"蜀学"影响曰："昔汉代文治，兴之者文翁。礼殿之图，后世建学仿焉；七十子之名，马迁之立传征焉。当时号为'西南齐鲁，岷峨洙泗'。文之有关于道若此，文翁之功不可诬也。"文翁石室除了开汉代郡国之学外，还在立殿祭祀周孔、图绘七十子上，为后世学校树立了榜样和规范。

长期矗立于文翁石室之中的"蜀石经"，始刻于孟蜀广政初（938），其主体工程卒刻于北宋皇祐元年（1049），前后延续一百一十余年。至徽宗宣和五年（1123），席贡补刻《孟子》入石，最终形成"十三经"。这是最早汇刻于一处的十三部儒家经典，也是最早获得"十三经"称号的儒学丛书。标志着儒学十三经体系正式确立，中国儒学从尊经、崇传转为看重子书，正式从"经学时代"进入了"理学时代"。

文翁石室，乃天下儒学之创始；周公礼殿则开庙学合一之先河；蜀刻石经定十三经之典范！此不仅为蜀学之盛，亦为天下儒学之盛！鉴古知今，以古之盛启今之新，于世亦不无裨益！文翁化蜀创石室，高公尊孔建礼殿，孟蜀重儒刻"石经"，形成知识殿堂、精神家园、经典展陈三位一体的教育中心和文化中心，具有极大的创新性和包容性，是蜀学之至宝，历代学人称其为"西南齐鲁，岷峨洙泗""寰宇经久学府""天下第一学宫"实不为过！

吾人当下谈文化自信，当从蜀学的信仰找灵感；谈文化复兴，当从蜀学的教育找经验；谈文化建设，当从蜀学的成就找资源；谈文化自强，当从蜀学的影响找借鉴。文化自觉，说到底就是对历史文化的寻根溯源找魂的过程，是重塑中华民族精气神的过程。倘能恢复文翁石室以为国学教育的知识殿堂，恢复周公礼殿以为民族信仰的精神家园，恢复蜀刻十三经以为国学教育的经典范本，则中华民族的精气神在兹，中国文化的根源魂在兹，天府文化的"高大上"亦在兹。三宝重建，文明斯显，天府重光，文化自信和文化建设就能真正落到实处矣！

文化巨人苏东坡与天府文化的包容性

周裕锴[1]

摘　要：苏轼思想的包容性、丰富性和驳杂性，及其对政治学、哲学、史学、科学、文学、艺术等各个领域做出的创造性贡献与影响可谓无人能及，而成就这位文化巨人的因素，除了北宋中叶天府地区的经济和教育的发达，更关键的则在于天府地区文化的包容性。综观苏轼留下的各领域文化遗产，可以发现，其中总是蕴藏着一种乐观个性，一种包容宏通、豁达开放的精神，这就是天府文化影响下的蜀学精神。

关键词：苏轼；包容；蜀学

一、"川藞苴"的代表：文化巨人产生的时代与地域

中国古代社会发展到北宋中叶，进入了一个文化全面复兴的时代。王国维曾说："天水一朝人智之活动，与文化之多方面，前之汉唐，后之元明，

1　周裕锴，四川大学中国俗文化研究所教授，博士生导师。

皆所不逮。"[1]陈寅恪更认为："华夏民族之文化，历数千载之演进，造极于赵宋之世。"[2]在这一时代里，政治学、经济学、哲学、史学、科学、文学、艺术各个领域几乎同时出现了光耀史册的伟大人物，如欧阳修、王安石、司马光、张载、程颢、程颐、沈括、苏辙、黄庭坚等。这是一个思想文化巨人辈出的时代，而苏轼则是巨人中的巨人，他对中国文化的重要贡献和对后世的巨大影响无人能及。

我们注意到，与同时代其他的伟大人物相比，苏轼身上有着极为鲜明的个性特点，这就是其思想的包容性、丰富性和驳杂性，对政治学、哲学、史学、科学、文学、艺术等各个领域都能做出创造性的回应。换句话说，同时代没有一个人能像他这样在各个文化领域都留下鲜明的印迹，做出杰出的贡献。之所以具备这种鲜明的个性特点，除了苏轼天赋禀异的因素之外，不能不从他生活的文化环境去寻找原因。

先看苏轼生活的时代精神。苏轼生于宋仁宗景祐三年十二月（1037年1月），死于宋徽宗建中靖国元年（1101），正赶上一个"百年无事"的承平时代。从时代风尚来看，宋朝君主以"尚文"为一代治策，《宋史·文苑传序》曰："自古创业垂统之君，即其一时之好尚，而一代之规模，可以豫知矣。艺祖革命，首用文史而夺武臣之权，宋之尚文，端本乎此。太宗、真宗其在藩邸，已有好学之名，及其即位，弥文日增。自时厥后，子孙相承，上之为人君者，无不典学；下之为人臣者，自宰相以至令录，无不擢科，海内文士，彬彬辈出焉。"所谓"天水一朝人智之活动，与文化之多方面"，即"尚文"的社会，构成了苏轼成长的重要时代环境。

再看苏轼生活的地域环境。苏轼的故里眉州眉山县属于成都府路，当时，成都府路（天府地区）的经济状况相当良好，教育事业也在此基础上迅猛发展。据苏轼自己描述，"释耜耒而执笔砚者，十室而九"[3]，意即天府地区十户人中有九户人的子弟放下农具去读书。苏轼的曾祖父、祖父都是

1　王国维：《宋代之金石学》，《静安文集续编》，《王国维遗书》第五册，上海古籍出版社，1980年。
2　陈寅恪：《邓广铭〈宋史职官志考证〉序》，《金明馆丛稿二编》，上海古籍出版社，1980年。
3　苏轼：《谢范舍人书》，《苏轼文集》卷四十九，中华书局，1986年。

布衣，但到了他父亲这一代，家族中开始有人做官。苏轼的伯父苏涣进士及第，给家族带来了荣誉，也给苏轼父子树立了"学而优则仕"的榜样。苏洵从青年时代起发愤学习，"大究六经百家之说"[1]，最终成为著名的作家和学者。苏轼和弟弟苏辙从小就以父亲为师，接受了良好的文化教养和熏陶。也就是说，北宋中叶天府地区经济和教育的发达造就了三苏父子。

然而，更重要的在于，天府地区的文化具有不同于其他地域文化的包容性，我认为这是成就一代文化巨人中之巨人最关键的因素。出生于四川的学者自古以来就有"观奇书"的特点，即在正统的儒家经书之外，还爱阅读诸子百家、三教九流的著作，苏轼之前的司马相如、扬雄、陈子昂、李白，以及苏轼之后的杨慎等莫不如此。苏轼所受的文化教育里，无疑也有这样的内容。与齐鲁文化定儒家于一尊不同，天府文化呈现出包容异端、搜奇猎怪、不遵礼法的一面。据黄庭坚说："中州人谓蜀人放诞，不遵轨辙，曰'川藞苴'。"[2]这就是宋代蜀人在中原礼仪之邦的人们心目中的传统形象。这种"川藞苴"，与其说是"放诞不遵轨辙"，不如说是带有某种奇特多元的色彩。具体说来，不仅道教发源于天府地区的鹤鸣山，而且佛教在天府地区也广泛流行，其中成都大慈寺更是规模宏大。苏轼在童蒙教育时期就曾有道士当过他老师，而他的宗兄宝月大师惟简在大慈寺中和胜相院做住持，所以早在青少年时代，他就已接触佛道知识和思想。与苏轼同时代的新津人张商英，号无尽居士，徽宗朝官至宰相，同样也是儒释道三家交融，既是朝廷命官，又是羽衣道士，还是佛门信徒，以至于被黄庭坚调侃为"藞苴"[3]。时代精神与地域文化共同造就了一批"川藞苴"，而苏轼就是他们中最杰出的代表。

在为学过程中，苏轼有惊人的阅读胃口，凡能找到的书籍无所不读，没有禁忌，将蜀人"观奇书"的传统发挥到了极致。正如南宋人所说："东坡

1　欧阳修：《故霸州文安县主簿苏君墓志铭》，《欧阳文忠公集》卷三十四，《四部丛刊》本。

2　黄庭坚：《论俗呼字》，《山谷别集》卷六，《丛书集成初编》本，中华书局，1985年。

3　释晓莹《罗湖野录》卷二："黄太史鲁直闻而笑曰：'无尽（张商英）所言灵犀一点通，此藞苴为虚空安耳穴。'"

先生之英才绝识，卓冠一世，平生斟酌经传，贯穿子史，下至于小说杂记、佛经道书、古诗方言，莫不毕究。故虽天地之造化，古今之兴替，风俗之消长，与夫山川、草木、禽兽、鳞介、昆虫之属，亦皆洞其机而贯其妙，积而为胸中之文。"[1]广泛博杂的阅读，培养出苏轼开阔的视野和通达的襟怀，使得他的思想中别具一种打通各门学科、融会各家思想的博大精神。而这种博大精神，正是带有鲜明的天府文化的烙印。

二、蜀学巨擘：思想文化的丰富性与多样性

作为一个文化巨人，苏轼的贡献是多方面的，举凡哲学、政治学、历史学、伦理学、文学、艺术学等人文领域各方面，他都具有独特而深刻的见解，提出了一系列在文化史上富有开创性的命题和结论。或者反过来说，由于历代文人对苏轼的热爱和崇拜，他在各方面的言论，哪怕是只言片语，都往往被奉为凤髓骊珠，不断得到诠释与再诠释。他的影响也表现在一些富有争议的论题上，即使是对他思想和作品表示不满的批评家，也难以回避他在各领域的创造和贡献。除此之外，苏轼的兴趣还涉及博物学、药物学等自然科学领域。

苏轼是北宋"蜀学"的代表人物。在思想史上，"蜀学"被后来的儒者批评为"杂学"，如南宋黄震《黄氏日抄》卷三十五《杂学辨》，专门批评苏氏《易解》。又如《宋元学案》卷九十九《苏氏蜀学略》王梓材案曰："东坡《易解》与颍滨《老子解》，即谢山序录所谓'苏氏之学杂于禅'者，故特为著录。朱子以是二解与张无垢《中庸解》、吕氏《大学解》并驳之，谓之'杂学辩'。"在醇儒眼中，苏轼的学说杂而不醇，不符合儒家正统思想，然而这种驳杂，正是他不拘一格、包容博大的学术风格之体现，承载着天府文化特有的丰富多彩的内在精神。

在哲学方面，苏轼的经解著作有《易传》《书传》《论语说》三部，另有《广成子解》一部，较集中地反映了他对儒经、道经哲学的理解和演绎。此外，收在文集里的大量以基本哲学命题，以基本典籍或重要历史人物为

1　王十朋：《集注分类东坡先生诗序》，《集注分类东坡先生诗》卷首，《四部丛刊》本。

题的论文,如《正统论》《易论》《扬雄论》之类,以及其他记序、书信、题跋,甚至诗赋里,也表现出他对政治历史、宇宙人生的哲学见解。苏轼一方面继承了庆历以来以欧阳修为代表的疑经疑古思潮,非议《周礼》,怀疑《尚书》,以为其中不少内容是"非圣人之所取而犹存者"[1];另一方面,他又提倡尊重原典的慎重态度,不赞成欧阳修等人主张删除经书中所引谶纬的做法。苏轼"毁《周礼》""讥《书》"[2],是以史事、义理、文理为根据,同样他尊重经典上的原始记载,也体现了一种阙如存疑的理性精神。

苏轼天道观的基本精神,是把"道"视为无所不包的"大全",是自然全体的总名,包含了万物之理。因而苏轼哲学的精华,不在于形而上的本体论方面,而在于实践性较强的认识论方面。由此出发,他特别强调"观万物之变""尽万物之理"[3],在认识活动中打破事物之间的界限,发现其共同规律。这种对自然全体之"道"的认识如果移植到人性论上,就是顺应自然的人性。圣人之"仁",便是"使天下之事各当其处而不相乱,天下之仁各安其分而不相躏"[4];而君子之"道",便是要达到"性命自得"的自由精神境界。

如果说程颐的"道"注重真向善的倾斜的话,那么苏轼的"道"则侧重于真与美的结合。在他的哲学体系中,作为自然万物之理总体的"道"常常是"美"的渊薮,是审美活动和艺术创造的依据。"惟江上之清风,与山间之明月,耳得之而为声,目遇之而成色,取之无禁,用之不竭,是造物者之无尽藏也,而吾与子之所共适。"[5]"造物"就是"道"的形象化表述,它给人们源源不绝地提供着无穷无尽的美。苏轼认为,"凡物皆有英华,轶于形器之外;为人所喜者,皆其华也"[6],物的英华是"道"的内涵的发露,同时也能给人以美感,因此"道"与"美"原为一体。为了做到"循万物之理,无往而不自得"[7],苏轼提倡一种"寓意于物"而不"留意于物"的人生态

1　苏轼:《东坡书传》卷六,《四库全书》本。
2　皮锡瑞:《经学历史》八《经学变古时代》,中华书局,1959年。
3　苏轼:《上曾丞相书》,《苏轼文集》卷四十八,中华书局,1986年。
4　苏轼:《策略三》,《苏轼文集》卷八,中华书局,1986年。
5　苏轼:《赤壁赋》,《苏轼文集》卷一,中华书局,1986年。
6　苏轼:《大还丹诀》,《苏轼文集》卷七十三,中华书局,1986年。
7　苏轼:《苏氏易传》卷九,《四库全书》本。

度[1]，即以非功利的审美态度去观赏客观对象，从而在精神自由的状态下获得审美愉悦。他的这种人生智慧，在中国古典美学中独树一帜。

作为一个杰出的思想家，苏轼善于从各种学说中吸取合理的成分。"读释氏书"，"参之孔老"[2]，塑造了他"大全"的天道观与"会通"的认识论，并使他在儒、释、道思想中发现不少共同的精神。苏轼将道家的"清净无为""虚明应物""慈俭不争"的宗旨，等同于《周易》"何思何虑"和《论语》"仁者静寿"的学说。[3]他用佛教的"本觉必明，无明明觉"来解释儒家的"思无邪"[4]，还把"思无邪"当作道教炼内丹的方法。[5]苏轼和韩愈被后人并称为"韩潮苏海"，但韩愈是一个正统的儒家学者，他曾经写过《原道》，把老庄和佛教都视为异端，他认为应当把其他思想都统一到儒家正统思想之下，这难免显出他思想的狭隘。苏轼就非常地不同，他认为在中华民族的文化积累中，各家各派都有自己的精华。他曾写过一篇祭悼佛教天台宗僧人辩才大师的文章。对于当时禅宗与天台宗之间的矛盾，苏轼竭力调停，并进一步主张将各派学说调和融通，不赞成"孔老异门，儒释分宫，又于其间，禅律相攻"那种儒释道三家形同水火的现象，认为宇宙人生的真理如同大海，各家学说如同"江河虽殊，其至则同"[6]。所以他既反对儒家和佛家之间互相斗争，也反对佛教内部宗派之间相互攻击。苏轼认为各家各派都有自己的精彩之处，即都有符合人类精神的普遍原则，就像每一条江河都要流到大海，无论是浩瀚的大江还是潺潺的小溪，都有它自己的意义和价值。正因如此，苏轼的哲学从整体上存在着为多元化辩护，为异端辩护，反对用唯一之理统治思想的倾向。他的思想产生于北宋中叶相对自由的学术环境中，并且被后世奉为反对思想学术专制的旗帜。

在政治学方面，苏轼撰写了大量的策论和奏议等政论文章，提出了一系列治理国家的主张。早在应制科之前，他就写下一组系统阐述治国之策的政

1 苏轼：《宝绘堂记》，《苏轼文集》卷十一，中华书局，1986年。
2 苏辙：《亡兄子瞻端明墓志铭》，《栾城集·后集》卷二十二，上海古籍出版社，1987年。
3 苏轼：《上清储祥宫碑》，《苏轼文集》卷十七，中华书局，1986年。
4 苏轼：《思无邪斋铭叙》，《苏轼文集》卷十九，中华书局，1986年。
5 苏轼：《思无邪丹赞》，《苏轼文集》卷二十一，中华书局，1986年。
6 苏轼：《祭龙井辩才文》，《苏轼文集》卷六十三，中华书局，1986年。

论文《进策》，其中包括《策略》五篇、《策别》十七篇、《策断》三篇。这组文章的议论都是针对当时的社会弊病而发，涉及吏治、民生、财政、军制等各种问题。尽管他在财政方面缺乏王安石那样的远见卓识，但是他将"安万民"视为治国的重要内容，注重民生多于财政、军制，应该说是比致力于专理财政更为根本、更为长远的政治见解。关于具体的政治措施，苏轼也有很好的建议，如主张专任官员，有意校正宋代政治制度"内重外轻"的倾向；主张移民于腹地，体现了宏远的战略眼光；主张以土兵渐代禁军，解决困扰国家的冗兵问题。苏轼的政治纲领均基于合乎"人情"的思想，"法相因则事易成，事有渐则民不惊"[1]，可以说是他改革的根本思路。熙宁初年，神宗与王安石欲定新法为"国是"，即由国家法权保证其实施的基本路线。在此时刻，苏轼写下体大思精的《上神宗皇帝书》，指出君主之安危系于人心，国家之兴衰在于风俗，朝廷之治乱赖于纪纲，皇帝和朝廷的行为应该是"结人心，厚风俗，存纪纲"。以此出发，苏轼对"新法"的内容、宗旨和实施手段进行了系统的、彻底的否定。此后，熙宁、元丰年间在地方官任上，苏轼还写了《论河北京东盗贼状》等三篇奏议，涉及"新法"造成的流民，科举制度改革与否，请求开放盐禁，要求专掌医疗病囚等问题。元祐年间在朝廷、方镇时，他更写下大量重要奏议，除去表达新旧党争、洛蜀党争的政见之外，其中既有关边军备外交、科举取士、冗官冗费及黄河治理等朝廷大事，又有若干要求放免积欠，请求赈济灾伤，兴修便民工程等为民请命的内容，涉及国计民生，针砭社会弊病，提出治理方法。与王安石励精图治的改革思路相比，苏轼的政治态度确实倾向于保守，但其"结人心，厚风俗，存纪纲"的基本思想，对于一个国家应立足于制定长治久安的政策，而非追求短期的经济效应，颇具启示意义。元祐初，以司马光为首的旧党执政，尽废新法，苏轼对此也持有异议。王安石新法废"差役法"，用"免役法"，实行十多年，收到一定成效。因此针对司马光废除"免役法"，恢复"差役法"的政策，苏轼表示反对，提出"法相因则事易成，事有渐则民不惊"的政治主张，这表现出他言事论理不执一端的一贯思维方式。总之，与

1　苏轼：《辩试馆职策问札子二首》之二，《苏轼文集》卷二十七，中华书局，1986年。

性格倔强执拗的"司马牛"司马光、"拗相公"王安石相比，苏轼的政治态度更为变通和包容，这不能不说与天府文化的熏陶有关系。然而，政治观点上的变通包容并不意味着苏轼是个圆滑世故的人，相反，他始终坚守着自己的政治原则与底线。苏轼自少年时起，就"奋厉有当世志"[1]，以兼济天下为己任，由此而有意识地储备能施之于政治的各种知识，"学通经史"，考察"前世盛衰之迹与其一时风俗之变"[2]。同时，少年苏轼也受到儒家优秀的政治品格的熏陶，特别是东汉的义烈之士范滂、孔融等，给他留下了深刻的印象。在强权的威胁下决不屈服，保持独立的人格，成为指导苏轼一生进退出处的基本原则。更重要的是，苏轼"临大节而不可夺，则与天地相终始"的政治人格[3]，对自然与人类的终极关怀，为立志于治国安邦的士大夫树立了崇高的榜样。

在史学方面，苏轼虽无史传著作传世，却留下了大量的史论、史评，如早年作历史人物论二十余篇，晚年作史评著作《志林》，等等，表现出卓越的史识。他治《春秋》学，推崇《左传》"依经以比事，即事以显义"的实录精神[4]，与以王安石为代表的"新学"鄙视《左传》为"断烂朝报"[5]，尊崇《公羊》《穀梁》微言大义的取向大相径庭。由此，他读《春秋》不拘泥于"凡例"，而主张本人情，审辞气，观大体，坚持尊重史实的基本态度。本于《春秋》家法的"尊王"精神，苏轼在史论上提出了一个颇有争议的观点——"武王非圣人"，认为周武王夺取商纣王的政权，丧失了为臣之道；孟子称武王为圣人，是违背了孔子的家法。[6]这一观点虽显保守，但展示了苏轼不囿于成说，大胆独立思考的勇气，同时也体现了他对历代政治野心家借武王之名，行篡夺之实的历史事实的透彻理解。北宋时期，与《春秋》学直

1 苏辙：《亡兄子瞻端明墓志铭》，《栾城集·后集》卷二十二，上海古籍出版社，1987年。
2 苏轼：《上韩太尉书》，《苏轼文集》卷四十八，中华书局，1986年。
3 黄庭坚：《东坡先生真赞三首》之二，《豫章黄先生文集》卷十四，《四部丛刊》本。
4 张大亨：《春秋通训后叙》引苏轼语，《春秋通训》卷末，《四库全书》本。
5 苏辙：《春秋集解引》，《春秋集解》卷首，《四库全书》本。
6 苏轼：《论武王》，《苏轼文集》卷五，中华书局，1986年。

接相关的史学问题中，以"正统论"最为重要，苏轼也写了《正统论》三首参加讨论。他不同意欧阳修从道德角度来讨论"正统"的做法，而认为"正统"不过是曾拥有过华夏中央统治权之"名"而已，并不一定有既"正"且"统"之"实"。[1]他指出历史批评（褒贬）与历史记录（实录）各有独立价值，两不相妨，从而解构了本具浓厚道德批评色彩的"正统论"，对于厘清宋代史学中褒贬与实录的纠葛做出了贡献。在评价历史人物时，苏轼主张道德与智术兼备，重视道德理想的智慧实践，推崇伊尹、诸葛亮、荀彧、孔融、陆贽等人物；在评价历史事件时，他注意到"风俗"与历史盛衰的关系，关心社会历史发展的运行规律，特别重视社会各种因素综合体的"形势"得失问题。总而言之，苏轼的史学思想是尊重历史实践，主张寓道德于事功，在对历史的评判上更强调道德的效果伦理。这种思想直接影响到南宋浙东学派的史学观。

在社会伦理学方面，苏轼继承了孟子"乐其道而忘人之势"[2]的思想，提倡一种建立在遵行"大道"的基础之上的君臣关系，即平等的"师友"关系。虽然他接受了《春秋》家法"尊王"的精神，但"尊王"的前提是互相尊重的"君臣之道"，士大夫臣服于天下为公的"大道"，而非屈服于君王个人的政治权威。苏轼提出了"大道之行，士贵其身。维人求我，匪我求人"的立身处世原则，批评了"秦汉以来，士贱君肆"的"道"与"势"失衡的政治现象，指出这种现象产生的根源乃在于"区区仆臣，以得为喜。功利之趋，谤毁是逃"，即士大夫整体人格萎缩。[3]苏轼之所以高度评价汉代疏广、疏受（二疏）的行为，就因为他们在"以智力王""以法驭人"的政治权势下，在"凛然君臣，师友道丧"的帝王专制下，能将功名弃如敝屣，使帝王知道区区官职"不足骄士"。[4]他推崇孔融的"英伟冠世之资"，鄙视曹操的"鬼蜮之雄"[5]，其实质是提倡士大夫应以道义力量与政治权势相对抗。苏轼这种思想既是范仲淹、欧阳修倡导的挺立士风、崇尚气节的延续，同时

1　苏轼：《正统论三首》，《苏轼文集》卷四，中华书局，1986年。
2　《孟子·尽心上》，《十三经注疏》本，中华书局，1980年。
3　苏轼：《张文定公墓志铭》，《苏轼文集》卷十四，中华书局，1986年。
4　苏轼：《二疏图赞》，《苏轼文集》卷二十一，中华书局，1986年。
5　苏轼：《孔北海赞》，《苏轼文集》卷二十一，中华书局，1986年。

也表现了他自己尊重理性、反对专制的一贯作风。因此，苏轼一方面欣赏杜甫"流落饥寒，终身不用，而一饭未尝忘君"的忠义精神[1]和他无论穷达始终坚持忠君报国的信念；另一方面，他又称道陶渊明"不肯为五斗米一束带见乡里小儿"的潇洒态度[2]，感叹其不愿牺牲自我个性而向政治权势低头。可以说，陶渊明和杜甫最终成为宋代诗学伦理典范，与苏轼的评价、推崇与仿效分不开。特别是陶渊明价值的发现，在文化史上意义深远。

此外，苏轼在军事学方面也提出一些引人深思的观点，如《代张方平谏用兵书》在战略上反对穷兵黩武、劳民伤财，《代滕甫论西夏书》在战术上主张谨慎从事，反对轻举妄动，都颇能切合当时的军事形势。至于医药学方面，苏轼的《东坡志林》《仇池笔记》等书记载了多种行之有效的养生方法和治疗药方，包括各种炼丹养息以及药物疗效之说，其中不少来源于他自己的亲身实践。后人将他的医药杂说与其政敌沈括的《沈存中良方》合编为《苏沈良方》，足见其在医药学方面的影响。

综上所述，我们在苏轼留下的各领域的文化遗产中总能发现其与"中州人"不同的"川蠚苴"的因素，这是一种富有个性、包容丰富、宏通开放的精神，也就是在天府文化影响下的蜀学精神。

三、包容与融通：蜀党和苏门的文艺思想

在文学艺术方面，苏轼全面的成就和杰出的贡献更是无与伦比。他一生创作欲望非常旺盛，在四十多年的创作生涯中，留下了四千八百多篇文章，二千七百多首诗，三百多首词，数量之巨为北宋作家之冠，质量之优为宋代文学最高成就的代表。他被后世列为唐宋八大家之一，其文与唐韩愈之文并称"韩潮苏海"；他的诗与黄庭坚之诗并称"苏黄"，被后世视为宋诗的典型；他的词开创豪放一派，与辛弃疾词并称"苏辛"。除此之外，苏轼的书法也独树一帜，与黄庭坚、米芾、蔡襄并称宋四大家，打破"蜀人不善书"的魔咒；他是文同"湖州派"的传人，其绘画为宋代水墨写意的文人画的中

1　苏轼：《王定国诗集叙》，《苏轼文集》卷十，中华书局，1986年。
2　苏辙：《子瞻和陶渊明诗集引》，《栾城集·后集》卷二十一，上海古籍出版社，1987年。

坚。这方面学术界讨论极多，已是常识，兹不赘述。

需要特别指出的是，苏轼文学艺术方面的成就也与他文艺思想的包容性分不开。北宋其他学派，如王安石的"新学"、程颐的"洛学"都具有鄙薄文艺、排斥异端的倾向，裂"文"与"道"为二途，尽管王安石本人也是杰出的文学家，但其学说的精神却"以不习诗赋为贤士"。[1]而只有以苏轼为代表的"蜀学"，继承了欧阳修的观点，坚持把"道"与"文"融为一体，延续着诗文革新运动的精神传统。苏轼不仅一再公开为诗赋取士辩护[2]，接纳招揽大批文学之士，而且提出不少具有创作指导意义的文艺美学观点，奉献出诗词、散文、书画等多方面的经典作品，从而成为北宋后期当之无愧的文坛盟主以及整个宋代名副其实的文学保护神。苏轼主盟的文坛，学术界通常称为"元祐文人集团"，除了黄庭坚、秦观、张耒、晁补之等苏门四学士之外，还有苏辙、李廌、陈师道、李之仪、张舜民、李公麟、贺铸等一大批文士。元祐文人集团或曰苏门文人，与政治上的"蜀党"有千丝万缕的关系，而苏轼"蜀学"则是其主要思想基础。

众所周知，苏轼与王安石两位都是跻身"唐宋八大家"的文豪，但他们除了在政治上相互敌对之外，其文化理念也大相径庭。苏轼非常不满王安石执政时期的文化专制，他在给门人张耒的书信中说："文字之衰，未有如今日者也。其源实出于王氏，王氏之文未必不善也，而患在于好使人同己。"王氏即王安石，说王安石的文章固然精妙，但最大的缺点就是"好使人同己"，让大家都要跟他一样。苏轼指出，"自孔子不能使人同"，"而王氏欲以其学同天下"，这是很荒谬的。对此，他做了一个精彩的比喻："地之美者，同于生物，不同于所生。唯荒瘠斥卤之地，弥望皆黄茅白苇，此则王氏之同也。"[3]一片肥沃的土地，可以生长出各样的植物，而只有荒凉贫瘠的盐碱地上才会生长出整齐划一的植物，那就是黄茅、白苇。王安石之"同"，使文化变得单一，思想受到禁锢。这种禁锢是非常悲哀的，所以虽

1　李焘《续资治通鉴长编拾补》卷十五"元符三年五月"条陈瓘弹劾蔡卞语，上海古籍出版社，1986年。

2　见苏轼《议学校贡举状》及《乞诗赋经义各以分数取人将来只许诗赋兼经状》二文，《苏轼文集》卷二十五、卷二十九，中华书局，1986年。

3　苏轼：《答张文潜县丞书》，《苏轼文集》卷四十九，中华书局，1986年。

然王安石本人的艺术成就很高，但是他的学生里却无著名文学家，而苏轼门下却有"苏门四学士"，群星灿烂，异彩纷呈，风格各异。马克思就一贯主张思想的包容，他曾为普鲁士的书报检查令感到愤怒："你们赞美大自然令人赏心悦目的千姿百态和无穷无尽的丰富宝藏，你们并不要求玫瑰花散发出和紫罗兰一样的芬芳，但你们为什么却要求世界上最丰富的东西——精神，只能有一种存在的形式呢？"[1]后来王安石政治上的失败，也当归因于他太好使人同己，听不进批评意见。他的新法成了贪官污吏牟取私利的工具，他的接班人成了祸国殃民的奸臣。这就是"王氏之同"造成的文化和政治的荒漠后果。反观苏轼，他思想的包容性却有很大的积极意义。

苏轼不仅在思想上主张会通各家学说，而且在文学艺术方面也提倡打通壁垒，即文艺各门类应相互融通和超越界限。他有这样三句名言，一是"诗画本一律，天工与清新"[2]，诗本是时间艺术，画是空间艺术，差别很大，苏轼却强调二者之间有共同的规律；二是"味摩诘之诗，诗中有画；观摩诘之画，画中有诗"[3]，从画的角度去欣赏诗，从诗的角度去欣赏画，超越艺术媒体彼此间的界限；三是"少陵翰墨无形画，韩干丹青不语诗"[4]，从诗中看到画的质素，从画中看到诗的质素。这三句名言，在宋代影响很大，苏轼的门人、友人和后人接受其观念并推而广之，如黄庭坚云："凡书画当观韵，此与文章同一关纽。"[5]又云："李侯有句不肯吐，淡墨写出无声诗。"[6]孔武仲云："文者无形之画，画者有形之文。"[7]张舜民云："诗是无形画，画是有形诗。"[8]类似的观点不胜枚举。在苏轼以前，人们强调的是诗与画的区

1 马克思：《评普鲁士最近的书报检查令》，《马克思恩格斯全集》（历史考证版）第1部分第1卷，1975年。

2 苏轼：《书鄢陵王主簿所画折枝二首》其一，《苏轼诗集》卷二十九，中华书局，1982年。

3 苏轼：《书摩诘蓝田烟雨图》，《苏轼文集》卷七十，中华书局，1986年。

4 苏轼：《韩干马》，《苏轼诗集》卷四十八，中华书局，1982年。

5 黄庭坚：《题摹燕郭尚父图》，《豫章黄先生文集》卷二十七，《四部丛刊》本。

6 黄庭坚：《次韵子瞻子由题憩寂图二首》其一，《山谷诗集注》卷九，上海古籍出版社，2003年。

7 孔武仲：《东坡居士画怪石赋》，《清江三孔集·宗伯集》卷一，齐鲁书社，2002年。

8 张舜民：《跋百之诗画》，《画墁集》卷一，《丛书集成初编》本。

别，从苏轼开始，文坛艺苑才真正出现了融通整合艺术各门类的新思想，中国艺术诗书画相通的民族特色的形成，即与苏轼密切相关，而"蜀党"成员在其中起到了推波助澜的作用。

在文学艺术实践方面，苏轼也受到天府文化的启迪。他在大慈寺观看成都画家蒲永升壁画时，评论晚唐旅蜀画家孙位画水曰："始出新意，画奔湍巨浪，与山石曲折，随物赋形，尽水之变。"[1]成都几位画家所画的"活水"，成为苏轼艺术思维的源泉，他曾评论自己的文章："吾文如万斛泉源，不择地皆可出，在平地滔滔汩汩，虽一日千里无难。及其与山石曲折，随物赋形，而不可知也。所可知者，常行于所当行，常止于不可不止，如是而已矣。"[2]这里关于文章形态的描述，其用词与《画水记》中"尽水之变"的"活水"相同，这显然来自他打通艺术门类界限的思路。

北宋末，蜀僧祖秀赞东坡画像曰：

> 汉之司马、杨、王，唐之太白、子昂，是五君子者，皆生乎蜀郡，未若夫子而有耿光。夫子之诗，抗衡者，其唯子美；夫子之文，并轸者，其唯子长。赋亦贤于屈、贾，字乃健于钟王。此夫子之绝技，盖至道之秕穕。夫子之道，是为后稷、伊尹，可以致其君于尧、汤。时议将加之于铁钺，而夫子尤讽于典章。海表之迁，如还故乡。信蜀郡之五杰者，莫得窥夫子之垣墙。[3]

与蜀郡"五杰"相比较，苏轼在各个领域的成就均远远超越前贤。由此可见，早在宋代，人们就已经把文化巨人苏轼与"生乎蜀郡"的因缘相联系，把他看作天府文化的当然代表。

1　苏轼：《画水记》（一作《书蒲永升画后》），《苏轼文集》卷十二，中华书局，1986年。

2　苏轼：《自评文》，《苏轼文集》卷六十六，中华书局，1986年。

3　释晓莹：《云卧纪谈》卷上，《卍续藏》本。

天府历史名人的"乐观包容"精神初探

王　川　　刘朋乐[1]

摘　要: 被誉为"天府之国"的成都平原,文化底蕴深厚,吸引了历代大量
文人入蜀,名士才人兹为盛。文化名人的嘉言懿行,既受天府文化
的影响与熏陶,又为天府文化的繁荣注入新的活力。天府历史名
人,个个特立独行,精神特质独特,"乐观包容"的品质体现得淋
漓尽致。优越的自然地理条件、丰富的精神文化生活、多彩的移民
文化等要素,共同促进了天府名人"乐观包容"精神的发展。在成
都建设世界文化名城、弘扬天府文化的当下,对天府历史名人"乐
观包容"精神的研究、传承与创新,是新时期弘扬天府文化的有效
路径。

关键词: 天府文化;历史名人;"乐观包容";精神特质

　　"观乎天文,以察时变;观乎人文,以化成天下"[2],可见,文化的力量
作用于人类社会历史演进的始终,对于一个国家和民族的进步作用极大。党

1　王川,成都大学天府文化研究院副院长,四川师范大学历史文化与旅游学院
院长、教授、博士生导师。刘朋乐,四川师范大学硕士生。
2　郑天挺、谭其骧主编:《中国历史大辞典》(一),上海辞书出版社,2010
年,第46页。

的十九大报告深刻指出："文化兴国运兴，文化强民族强。没有高度的文化自信，没有文化的繁荣兴盛，就没有中华民族的伟大复兴。"的确，任何一个民族只有从自己的文化中了解过去，把握现在，前瞻未来，才能从过去和现在的文化发展进程中预见本民族文化未来的发展前景。这正是中华民族高度文化自信的底气所在，也是走向文化自强的必由之路。

2017年4月，成都市第十三次党代会提出，大力发展"天府文化"，并将"天府文化"核心定义为十六字——"创新创造，优雅时尚，乐观包容，友善公益"，为新时期"天府文化"的研究及建设指引了方向。因此，通过阐述成都地区历史上知名历史人物的嘉言懿行，总结这些杰出人物的精神特质，并从中归纳出天府历史名人"乐观包容"的情感智慧，以阐释天府文化"乐观包容"精神的源远流长、博大精深，无疑具有较为重要的学术价值。而且，在成都全市大力建设世界文化名城，大力弘扬天府文化的现今，这一论题对于天府历史名人文化价值的研究、文化精神的传承与创新，无疑具有重要的时代意义。

一、导言

"天府"一词在中国历史上含义较多，从周天子的属下职官名，到具有优越地理条件的地名，均有"天府"之称。以地域文化来讲，天府通常指自然条件优越、土地肥美、人民殷富、交通便利的区域，如关中平原、燕赵地区、成都平原等都曾有此称谓。但随着人类活动和自然气候的变迁，迟至两汉之世，能称得上"天府之国"的地方就只有成都平原了。因此，本文所探讨的"天府文化"即以成都平原为核心的地域文化，与习用之"巴蜀文化"一词，颇有相似之处。

狭义的"巴蜀文化"包含了两个核心概念，即"蜀文化"和"巴文化"。所谓"蜀文化"，是指先秦秦汉时期以成都平原为核心，最远辐射今川、滇、陕数省，文献记载由蚕丛、柏灌、鱼凫、杜宇、开明等族系所统治的"蜀国"（古蜀）的文化及其流变。而所谓"巴文化"，是指"巴国"和"巴地"概念相统一时的文化，地域范围上以川东为中心，向北伸至大巴山南缘，向南延及贵州，向西与"蜀文化"西缘相交错，向东达到湖北的文化及其流变。概言之，狭义的"巴蜀文化"，时间上为先秦秦汉时期，地域上为四川盆地及其邻近地区，主体上以"巴文化""蜀文化"为中心。

而广义的"巴蜀文化"概念则经历了一段时间的发展与演变。20世纪30年代，广汉鸭子河畔发现了大量玉石器，时任华西协合大学博物馆馆长的葛维汉和助理林名钧将此次发掘情况向郭沫若进行通报。1934年夏，根据林名钧来信所述，郭沫若在回信中首次提出"西蜀文化"这一概念。[1]1942年8月，神话学者、考古学者卫聚贤（1899—1989）主持出版了《说文月刊·巴蜀文化专号》，将"西蜀文化"扩大为"巴蜀文化"，但那时的"巴蜀文化"概念，主要还是指秦汉以前的巴蜀考古文化。到了20世纪60年代，徐中舒、蒙文通、缪钺、冯汉骥等先生初步扩大了巴蜀文化的研究范围。在20世纪80年代三星堆祭祀坑被发现后，苏秉琦、李学勤等先生据此提出了"自成一系"、独具特色的"古蜀文化区系"的概念。此后，谭洛非、谭继和等学者提出了巴蜀文化应突破狭义的"四川史前文化"，而将其扩大为由古及今的广义的"泛巴蜀文化"概念。现在，学术界一般使用的是"广义的巴蜀文化"概念。[2]

但天府文化的内涵并不完全等同于巴蜀文化。在给天府文化与巴蜀文化做界定时，有学者指出：广义的巴蜀文化，其范围超过了今天的四川和重庆所辖区域，而狭义的巴蜀文化则代指四川、重庆所辖区域的文化，无论广义还是狭义都超过了天府文化的范围。[3]

简而言之，天府文化是以成都平原为核心的地域文化，与巴蜀文化的提法相比，天府文化更加突出成都平原的主体性。在发展过程中，天府文化不断与包括中原文化在内的周边文化交流、融合，是一个开放包容、乐观和谐的地域文化。

1 谭继和：《"西川供客眼"：论西蜀文化的内涵、特征及其现代应用》，《地方文化研究辑刊》第6辑，巴蜀书社，2013年，第29～42页。
2 黎小龙：《"巴蜀文化""巴渝文化"概念及其基本内涵的形成与嬗变》，《西南大学学报》（社会科学版）2017年第5期，第171～182页。
3 参见潘殊闲：《天府文化的源流、特质及其相关概念探析》，《天府文化研究（创新创造卷）》，巴蜀书社，2018年，第62页。

二、天府历史名人嘉言懿行体现的"乐观包容"精神

四川古为巴国、蜀国地，故有"巴蜀"之称，秦汉之际始有"天府之国"之美誉。作为中华文明的重要发祥地，四川文化积淀悠久深厚，文化资源丰富多元，名人巨匠灿若星辰，文献典籍浩如烟海，思想文化深邃高峻。巴蜀大地在五千多年历史进程中积淀而成的特有的人文内涵，是中华优秀传统文化的重要组成部分，也是四川发展的宝贵资源和突出优势。回顾天府历史上出现的一个个历史名人，他们的言行令人印象深刻，影响深远，其中所体现的"乐观包容"精神，更是垂范后世，令人敬仰。

"文翁治蜀文教敷，爰产扬雄与相如。诗人从此蜀中多，唐有李白宋有苏。"[1]郭沫若的这一诗句，是对西汉以降两千多年来天府人才荟萃、文脉昌盛的高度概括，其中列举的李白、苏轼两人，便是天府历史名人"乐观包容"精神的典型代表。

中国文学史上著名的浪漫主义诗人李白（701—762）字太白，号青莲居士，出生于绵州昌隆青莲乡（今四川江油）。青少年时期，李白在家乡匡山博览群书，从开元十二年（724）起出蜀壮游，浪迹天涯。[2]李白一生风流倜傥，不屑于求官入仕，表现出天府文化的"乐观"精神。

开元十五年（727），青年李白初游安陆，与故相许圉师的孙女结婚后，便以安陆为中心四处漫游。但日子一长，便招来一些人的非议，说他胸无大志，不去应考，年纪轻轻就隐居起来。李白在扬州结交的朋友孟少府听说后十分忧虑，给李白写了一封信，虽然没有直接批评李白的作为，却对李白居住地小寿山发了一大通牢骚，说它不该把贤才隐藏起来。于是，李白在《代寿山答孟少府移文书》中表明了自己胸中志向：

> 近者逸人李白自峨眉而来，尔其天为容，道为貌，不屈己，不干人，巢由以来，一人而已。乃虬蟠龟息，遁乎此山。仆尝弄之以绿绮，卧之以碧云，漱之以琼液，饵之以金砂。既而童颜益春，真

1　郭沫若：《蜀道奇》，《郭沫若全集·文学编》第4卷，人民出版社，1984年，第319页。

2　缪钺、张志烈主编：《唐诗精华》，巴蜀书社，1995年，第199页。

气愈茂，将欲倚剑天外，挂弓扶桑。浮四海，横八荒，出宇宙之寥廓，登云天之渺茫。[1]

李白此文表面看来是代山立言，实际则是借寿山口吻表达和宣扬自我，从中可以看出青年李白的价值取向。他亲近自然，喜欢神仙道教，同时又有着强烈的入世激情，对自己的才能较为自信，希望在事业上展示自己的才华，具备积极的乐观情怀。

李白的另一首诗《梁园吟》中也有"人生达命岂暇愁，且饮美酒登高楼"的语句。这时的诗人虽西出长安，辗转两载，一事无成，但在对酒悲歌的同时，尚能自慰自解。诗的最后说："歌且谣，意方远，东山高卧时起来，欲济苍生未应晚。"表达了诗人对自己前途的乐观。[2]

开元二十五年（737），元丹丘、岑勋来到洛阳，三人一见如故，他们一边开怀畅饮，一边高谈阔论，在酒酣之时，李白写下了著名的《将进酒》一诗："君不见，黄河之水天上来，奔流到海不复回。君不见，高堂明镜悲白发，朝如青丝暮成雪。人生得意须尽欢，莫使金樽空对月。天生我材必有用，千金散尽还复来。"[3]流传千古的诗句节奏欢快，朗朗上口，表达了诗人不甘失败、乐观向上的心态。

李白一生写诗无数，流传至今的作品仍有千余首，其中表达诗人乐观向上的诗句比比皆是。"仰天大笑出门去，我辈岂是蓬蒿人"[4]表达了诗人实现抱负后的喜悦心情和豪迈心境；"宣父犹能畏后生，丈夫未可轻年少"[5]彰显了李白勇于追求目标而且自信豪迈、不畏流俗的精神；"长风破浪会有时，直挂云帆济沧海"[6]则体现了诗人对前途命运的乐观；"俱怀逸兴壮思飞，欲上青天览明月"[7]也写出了诗人慷慨豪迈之情。

1　郁贤皓主编：《李白选集》，上海古籍出版社，2013年，第629页。
2　萧涤非、程千帆等：《唐诗鉴赏辞典》，上海辞书出版社，1983年，第261页。
3　缪钺、张志烈主编：《唐诗精华》，巴蜀书社，1995年，第215页。
4　缪钺、张志烈主编：《唐诗精华》，巴蜀书社，1995年，第245页。
5　缪钺、张志烈主编：《唐诗精华》，巴蜀书社，1995年，第239页。
6　缪钺、张志烈主编：《唐诗精华》，巴蜀书社，1995年，第216页。
7　缪钺、张志烈主编：《唐诗精华》，巴蜀书社，1995年，第248页。

不少文人在遭受贬谪后，难免愁绪满怀：李白虽豪放，但也有"平生不下泪，于此泣无穷"的苦闷；韩愈敢于直言，可被贬潮州时也有"知汝远来应有意，好收吾骨瘴江边"的悲痛；柳宗元到达柳州后更是有"肠一日而九回"的凄凉。[1]与这些诗人不同，天府历史名人苏轼的乐观包容品质则更多表现在身处逆境时的豁达与洒脱。

"长江绕郭知鱼美，好竹连山觉笋香。"[2]这是苏轼七言律诗《初到黄州》中的一句，单看字面，这首诗描写的景色是如此的美好。可黄州是苏轼生平第一次被贬的地方，初到贬地，换作常人一定是愁眉不展的，但苏轼不然，无论走到哪里，无论境遇如何，他都能看到希望，乐观面对。

宋神宗元丰七年（1084），被贬黄州的苏轼与朋友一同出游，途中忽遇大雨，朋友们都被大雨淋得狼狈不堪，然而，东坡却自得地在雨中吟着诗歌漫步前行。随后，他写了《定风波》一词，记录了这次经历：

> 莫听穿林打叶声，何妨吟啸且徐行。竹杖芒鞋轻胜马，谁怕？
> 一蓑烟雨任平生。　　料峭春风吹酒醒，微冷。山头斜照却相迎。
> 回首向来萧瑟处，归去，也无风雨也无晴。[3]

这首词蕴含词人处变不惊、坦然行世的人生态度。苏轼经历了仕途上的风云变幻，多次受到排挤和打击，多次遭遇罢官和贬谪，但仍然无所畏惧。即便是被贬到黄州，遇到风雨，仍然可以漫步前行。

苏轼被贬黄州时所作的另一词《浣溪沙》与上文也有异曲同工之妙。

> 山下兰芽短浸溪，松间沙路净无泥，萧萧暮雨子规啼。谁道人生无再少？门前流水尚能西！休将白发唱黄鸡。[4]

1　曹方林：《从苏诗看苏轼的个性》，《西华大学学报》（哲学社会科学版）1987年第2期。

2　缪钺等：《宋诗鉴赏辞典》，上海辞书出版社，2015年，第440～441页。

3　刘乃昌选注：《苏轼选集》，齐鲁书社，1980年，第167页。

4　刘乃昌选注：《苏轼选集》，齐鲁书社，1980年，第168页。

苏轼与友人在阳春三月游玩蕲水清泉寺时，看到眼前美景，不禁触景生情。此时的作者虽处困境，但能老当益壮、自强不息，表现出一种积极向上的人生态度。

苏轼一生历经坎坷，但他从不悲观厌世，对生活始终保持热爱。他喜爱祖国山河的壮美，写下了"众峰来自天目山，势若骏马奔平川""安得夫差水犀手，三千强弩射潮低""天外黑风吹海立，浙东飞雨过江来"等诗词，富有豪迈洒脱之意。他也用清新跃动的笔调，写下了春日的乐趣："东风知我欲山行，吹断檐边积雨声。岭上晴云披絮帽，树头初日挂铜钲。"

苏轼的人生虽是曲折的，但他的生活态度是积极乐观的。其个性的形成与其家庭教育、学识、思想等固然有着直接的关系，但蜀地自古乐观闲适的生活氛围与和谐包容的文化环境，对苏轼价值观的形成或许也起到了一定的作用。

李白与苏轼面对困境积极向上、豪迈洒脱的态度，无疑是天府历史名人乐观包容精神的典型代表。除此之外，天府四川还有大批历史名人也拥有同样的人生态度。

唐代著名女诗人薛涛（约768—832）一生大部分时间都在蜀中度过，创作了诗词500余首，收于《锦江集》中。薛涛幼年丧父，不幸沦落乐籍，后以女诗人、女隐士的身份与西川文人雅士来往频繁。薛涛一生虽历经坎坷，但是她却乐观向上，所创作的作品多为赞美大自然的诗篇。如她的代表作《棠梨花和李太尉》："吴均蕙圃移嘉木，正及东溪春雨时。日晚莺啼何所为，浅深红腻压繁枝。"[1]将蜀地的美好景色表现得自然清新。

南宋著名历史学家李焘（1115—1184），字仁甫，号巽岩，四川丹棱人，所著《续资治通鉴长编》，为有宋一代史学界有较大影响的著作。李焘十七岁中眉州解魁，二十三岁考中进士，先后在四川、江西、湖北等地任职，多任史职。李焘早年在家乡读书时，曾写了一篇表明自己热衷学问的《巽岩记》，其中"处己非乾健无以立，应物非巽顺无以行"一句，表明了

1　薛涛著，张蓬舟笺：《薛涛诗笺》，四川人民出版社，1981年，第45页。

他的乐观包容态度，即要求自己自强不息，待人接物要谦逊温和。[1]正是在这种乐观包容处事原则的影响下，李焘平生操守得到了时人广泛称赞。

南宋著名理学家魏了翁（1178—1237），四川蒲江人，开创了宋明理学中的"鹤山学派"，其一生穷经学古，致力于理学的总结与传播。即便如此，在其诗作中仍然可以看出他乐观包容的生活态度。其《柳梢青》云："等闲作个扁舟，便都把湖光卷收。世事元来，都缘本有，不在他求。"游山玩水，收揽湖光山色，只要能做到自我充实、内心宁静，便不会刻意追求其他了。[2]魏了翁的乐观精神，扎根于其精深的哲学思辨中。

《毛诗序》有言："诗者，志之所之也，在心为志，发言为诗，情动于中，而形于言。"[3]清代蜀中才子李调元少年时便显露出对人生的积极态度，"斥鷃为鹏笑，所争九万里"。李调元反用庄子的意思，明确表明了自己鹏程万里的追求。中年的李调元经历了仕途的曲折，但却毫不泄气："君如问我踪，泥上觅鸿爪。"用苏轼的处境比喻自己的现状，对生活依然充满热情。[4]

清代中期以来的西蜀大学者刘沅（1768—1855），学有师传，静存动察。史籍说，刘沅于成都纯化街家中聚徒讲学，其讲学地名曰"槐轩"。其青年、中年无子，"六十后连举八男，皆能传其学"。尤其是其孙刘咸炘（字鉴泉），为抗战时期入蜀的全国各地学者所推崇，名重一时。刘沅在中国学术史上具有重要的地位，他在八十八年的人生历程中，潜心治学，以家学、易学为本色，以儒家为底色，同时兼采佛道。他著作丰富，现存著作逾200卷，立论平允，学采三家之长，而能重新阐发，蔚然为乾嘉之世大儒，民间有"川西夫子"之誉。刘沅之学，亦胜在能够兼容并包，最终臻于大成。

刘沅对待学术的这一态度，与其对待人生的态度亦相一致。如他在《十三经恒解》中对"子曰：不怨天，不尤人"一句注释道："不怨天则知

1　刘复生：《李焘和〈续资治通鉴长编〉的编纂》，《史学史研究》1981年第3期。
2　谢桃坊：《论魏了翁词》，《天府新论》1996年第1期。
3　杜占明主编：《中国古训辞典》，北京燕山出版社，1992年，第312页。
4　罗焕章：《评李调元的人生观》，《四川师范大学学报》1987年第3期。

得失枯荣。天定者，非人为。仁义礼智，天赋者，宜体备。不尤人，则念念责己而毁誉胥忘矣。"[1]通过注解典籍，刘沅表达了自己对于"不怨天，不尤人"的见解。可以说，刘沅在生活中乐观豁达，器大能容，得享高寿，而其子孙也能传刘氏之学，并传其孝道和家风，举止有范。乐观包容，使刘氏一族蔚然为西蜀人文大族，维持数世风流。

上述历史名人都是天府文化"乐观包容"精神的典型代表。这些历史名人的成长成才都受到了天府自然环境、文化环境的深刻影响。反之，天府文化之所以能够不断发展，呈现出乐观包容的独特魅力，也有赖于一代又一代历史名人对天府文化的传承，并为其注入新的活力。

因此，理清天府历史名人"乐观包容"精神特质形成的客观条件，对我们继承和发扬天府文化有着重要意义。

三、天府历史名人"乐观包容"精神特质形成的原因

其一，得天独厚的自然地理条件。

如前所述，历史上被称为"天府"的地区除了成都平原外还有关中平原等地。实际上，蜀地在先秦时期的自然条件还较为恶劣，据《华阳国志·蜀志》记载"江、潜、绵、洛为池泽，以汶山为畜牧"[2]，可知，当时的川西地区还是一片沼泽，十分不利于农业耕种，而这时的关中平原则是"田肥美，民殷富，战车万乘，奋击百万，沃野千里，蓄积饶多，地势形便"[3]。到了秦昭王时，李冰出任蜀郡太守，依据蜀人治水旧法，"凿离堆，辟沫水之害，穿二江成都之中"[4]，自此成都平原"沫水之害减，而耕桑之利溥矣"[5]，成都平原民众过上了水旱从人、时无荒年的生活。由此可见，都江堰工程对维护成都平原持续的繁荣稳定起到了不可或缺的作用，都江堰工程从李冰修建开始便滋养着成都平原，延续两千余年从未间断，这一点在中国乃至世界的

1　刘沅著，谭继和、祁和晖笺解：《十三经恒解》卷二《论语恒解》，巴蜀书社，2016年，第63页。
2　常璩撰，刘琳校注：《华阳国志校注》，巴蜀书社，1984年，第182页。
3　刘向编著：《战国策》，齐鲁书社，2005年，第22页。
4　司马迁著，韩兆琦译注：《史记》，中华书局，2010年，第2314页。
5　冯广宏：《都江堰文献集成·历史文献卷（先秦至清代）》，巴蜀书社，2007年，第100页。

农业发展史上都是独一无二的。

自然地理条件的嬗变，也使得关中平原等传统天府之地再也无法与成都平原相比拟。在两汉交替的战乱过程中，关中地区遭受到了巨大摧残，加之自然地理条件的恶化，西北气候日趋干旱，以致"光武建都洛阳，盖因关中衰落不足自给，必因洛阳汴渠以通东南漕运也"[1]。到了东汉末年，"关中平原支撑自身持续稳定的繁荣富庶的资源和条件逐渐凋零"[2]，"天府之国"的称号遂专门代指以成都平原为中心的巴蜀地区。据悉，成都平原大部分位于北纬30度，是世界公认的黄金纬度，气候类型属于亚热带季风性湿润气候，终年温暖湿润，一月均温5.6℃，七月均温25.8℃，可谓冬无严寒，夏无酷暑。[3]

这样平和温润的气候条件不仅是古代成都平原农业生产的基石，也是历代迁客骚人文学作品创作的源泉。单以唐诗为例，描写蜀地物产丰美、气候宜人的诗句就不胜枚举，如李白的"九天开出一成都，万户千门入画图"，杜甫的"晓看红湿处，花重锦官城"，李商隐的"何当共剪西窗烛，却话巴山夜雨时"，刘禹锡的"濯锦江边两岸花，春风吹浪正淘沙"，温庭筠的"巴水漾情情不尽，文君织得春机红"，等等，都表达了诗人们对锦城秀美景色的喜爱之情。

由此可见，得天独厚的自然地理条件不仅使得成都平原超越关中平原，一跃成为名副其实的"天府之国"，也造就了蜀地民众乐观向上、包容友善的人生态度与处世哲学，使得古今天府历史名人精神上呈现出"乐观包容"的独特魅力。

其二，包容闲适的文化氛围。

西汉时期，蜀郡文翁兴学，派张叔宽等18人前往长安学习"七经"，学成归来后在蜀地大兴教化，开启了蜀地儒学化的进程。从此蜀地民智大开，经过历代传承发展，形成了影响深远的"蜀学"。汉赋四大家中，蜀人占据

1　徐中舒：《古代四川之文化》，《史学季刊》1940年第1期。
2　谭平：《天府文化创新创造能力的活水之源》，《天府文化研究（创新创造卷）》，巴蜀书社，2018年，第17页。
3　谭平：《天府文化创新创造能力的活水之源》，《天府文化研究（创新创造卷）》，巴蜀书社，2018年，第20页。

三席，司马相如、扬雄、王褒皆"以文章冠天下"。天文学方面，落下闳创立的"太初历""浑天说"，是中国历法史上的第一次大改革，也是当时世界上最先进的历法。魏晋南北朝时期，谯周、李譔、范长生、陈寿、常璩等蜀人为一时经史大家。唐代蜀中安定富庶，天府学术文化得到快速发展，形成了"天下诗人皆入蜀，文人雅士遍蜀中"的繁荣景象。[1]到了宋代，天府文化发展更是达到新的高度，文学领域有苏洵、苏轼、苏辙一门三父子；哲学方面有张栻、魏了翁等理学大家；史学方面，范祖禹的《唐鉴》、李焘的《续资治通鉴长编》、李心传的《建炎以来系年要录》构成了有宋一代的史学主流。

与中原文化重礼、荆楚文化重巫不同，天府文化重道。蜀地独特的地理环境使它成为各种宗教扎根繁盛之地。道教是蜀地土生土长的宗教，是中原道家思想和蜀中原始宗教、神仙方术相结合的产物。东汉末年，张道陵"闻蜀民朴素可教化，且多名山，乃将弟子入蜀于鹤鸣山隐居，依法修炼"，他在蜀中创立了天师道，标志着中国道教正式产生。据蜀人谯秀记载，蜀中的著名道人还有容成公、李耳、董仲舒、张道陵、严君平、李八百、范长生、尔朱先生等"蜀中八仙"，比中原地区定型于明代的八仙更具仙风道骨。此外，蜀地还有精通天文地理、阴阳历数的袁天罡、李淳风等人；有学识渊博、著作等身的医疗养生家杜光庭；还有一大批隐居世外、求仙问道的方士、道人。

在蜀地，佛家思想影响也同样显著，佛教发展水平也非常高，以至佛学界素有"言禅者不可不知蜀国"的说法。蜀地有佛教圣地峨眉山，有世界最大石刻佛像——乐山大佛，有被称为"震旦第一丛林"的大圣慈寺，有西蜀名寺文殊院……名刹古寺数不胜数。智诜、无相、马祖道一等人创立的巴蜀禅系，为佛教世俗化、生活化做出了奠基性的贡献。

四川人兼取各种文化思想，既有原始的尚仙习俗，又接受儒学思想、佛家思想、道家思想。儒释道三家思想奇妙融合，并驾齐驱，为川人种下独特的慧根。在儒、释、道思想的熏陶下，蜀地的文化呈现出"仙道在蜀""儒

---

1 舒大刚：《精研"天府文化"，重建精神家园》，《天府文化研究（创新创造卷）》，巴蜀书社，2018年，第10页。

学在蜀""菩萨在蜀"的独有特点。三教并治、诸法圆通的文化氛围，使得蜀人安居乐业、悠闲自适，呈现出"乐观包容"的精神特质。

其三，兼容和谐的移民文化。

在中国历史上，蜀地大规模移民至少有六次。公元前316年秦灭蜀后，为了加强对蜀地的控制，曾"移秦民万家"充实巴蜀，规模十分庞大。东汉末到西晋，由于政局动荡，战乱频繁，亦时常有大规模流民涌入蜀地。此外，唐末五代、南宋初年、元末明初等时期，每逢战乱，便有大量外来人口迁入蜀地，以求安居。不过，历史上规模最大、影响最深远的移民活动要数明末清初长达一个世纪的人口迁徙。

明末清初，受到连年自然灾害与长期战乱影响，蜀地人口锐减，据《四川通志》记载："蜀自汉唐以来，生齿颇繁，烟火相望。及明末兵燹之余，采蒿迁徙，丁户稀若晨星。"[1]于是，清初康乾时期施行了一系列移民政策，主要是鼓励外省移民入川垦荒。各省入川的移民中，以湖广最多，其次是广东、福建等省，因而清初这次大规模移民活动被称为"湖广填四川"。湖广移民的大量迁入，使蜀地许多山区得到广泛开垦，耕地面积大为增加，土地开发利用程度超过历史上任何时期。据傅崇矩《成都通览》记载，经过此次移民活动以后，"现今之成都人，原籍皆外省也"[2]。清代四川流行的一首竹枝词也表达了蜀地移民甚多的现象："大姨嫁陕二姨苏，大嫂江西二嫂湖。戚友初逢问原籍，现无十世老成都。"[3]由此可见，清初大规模人口入蜀，不仅使蜀地人口结构发生了重大变化，也对蜀地的经济、社会等方面产生了巨大影响。

如清代大儒刘沅，祖籍湖北麻城之刘家沟，刘氏先祖于明末迁蜀，在省内之眉山、长洲、温江等地居住，最后迁居双流。刘沅即出生于双流，至嘉庆丁卯（1807）始迁居成都城区纯化街，最终名扬一时。其他诸如郭沫若、朱德等近现代四川名人，其先祖也都是从外省迁入四川的。

多次移民所形成的兼容共处、融合发展，造就了天府之国和谐包容的地

1　黄廷桂等：雍正《四川通志》卷五上，文渊阁《四库全书》本。
2　傅崇矩：《成都通览》，天地出版社，2014年，第65页。
3　张国雄：《生生不息：长江流域的人口迁衍》，武汉出版社，2006年，第244页。

域文化特质，移民文化使蜀人具有开放兼容心态，能够海纳百川，友待九州。四面八方的移民只有到来的先后之分，没有主客高下之别。四川人正是在汇纳百川的过程中创造自己的文明，同时也熔炼出自己立身待人的精神品质。直至抗战时期，一大批流离失所、无家可归的政界、商界、文化教育界人士以及无数平民百姓，纷纷以流亡者身份寓居四川。四川人则在自身生活贫困，仍然缩衣节食负担本省和前方军民供养的同时，尽可能安置入川者的生活。[1]

历史上的多次移民，为蜀地带来了文化习俗上的变化，使天府文化在与其他省份地方文化的交流碰撞中表现出新的生机，也造就了天府文化友善包容的内在特质，这或为天府历史名人表现出"乐观包容"精神的又一原因。

其四，广泛持久的对外交流。

世人一谈到巴蜀，更多想到的是"尔来四万八千岁，不与秦塞通人烟"的封闭独立、与世隔绝的特征。而实际上，尽管成都深居内陆，地处盆地，但却有着特殊的自然地理优势，即居于古代长江经济带、南方丝绸之路和北方丝绸之路三大经济文化带的交汇点[2]，这使天府四川与外界始终保持着全方位、多层次的广泛交流。

巴蜀一地与关中的联系主要通过古"蜀道"来实现，如"褒斜道"便是川北陕南通往关中地区最早的主干道。《华阳国志》里面"五丁开山""五丁迎石牛"等记载，便反映出古蜀先民力求打破闭塞、走出盆地的愿望。战国时期开通的"金牛道"，成为秦、蜀两地的主要通道。秦末汉初，又修建了"米仓道"，广泛为人们所用。于是，蜀地便形成了"栈道千里，无所不通"[3]的对外交流渠道。之后还有丝绸之路"河南道"等通道的开辟，唐代的成都亦可识见胡僧、胡贾，乃至后来有五世土生成都的波斯人李珣撰写医书《海药本草》传世。

巴蜀与南亚、东南亚等地的交通要道则是"南方丝绸之路"。"南方丝

1　参见王川、吴其付：《天府成都古今"创新创造"名人的情感与智慧》，《天府文化研究（创新创造卷）》，巴蜀书社，2018年，第74页。
2　谭平：《天府文化创新创造能力的活水之源》，《天府文化研究（创新创造卷）》，巴蜀书社，2018年，第26页。
3　司马迁著，韩兆琦译注：《史记》，中华书局，2010年，第7582页。

绸之路"指历史上不同时期四川、云南、西藏等中国南方地区对外连接的通道，包括历史上有名的"蜀身毒道"、茶马古道等。早在汉代张骞打通丝绸之路前，蜀地就与这些地区发生着直接或间接的经济文化交流。如张骞在自己出使西域后报告称，在大夏国见到了产于蜀地的邛竹杖、蜀布，问其原因才知"西可千余里有乘象国，名曰滇越，而蜀贾间出物者或至焉"[1]。

由此可见，蜀地虽然交通相对闭塞，但并不是人们想象中的完全封闭独立。从较早的历史时期开始，蜀地便与周边地区乃至域外国家有着稳定的经济、文化往来。正是这种全方位、多层次的对外交流，使天府文化呈现出典型的外向型特征。这种外向型的文化特征对天府文化"乐观包容"特质的形成无疑有着一定的促进作用。

四、结语

"自古文人多入蜀"，名士才人兹为盛。这些天府名士与入蜀文人中涌现了不少天府历史名人，他们的嘉言懿行所体现的"乐观包容"精神，深深根植于中华优秀文化的母体中，受益于蜀地博大精深的文化土壤，是新时期天府文化持续发展的精神财富。系统梳理天府名人乐观包容精神产生的原因，归纳总结天府名人内在的精神特质，其学术意义与时代价值至少体现在以下几个方面。

第一，可以更加系统地梳理天府名人的精神品质。

如前所述，成都市第十三次党代会将"天府文化"核心定义为"创新创造，优雅时尚，乐观包容，友善公益"十六字，"乐观包容"作为其中的重要内容，是古今天府名人不可或缺的精神品质，这样的精神品质深刻地影响着一代又一代的天府儿女，成为天府成都独特的文化标识。天府成都历史悠久，人文荟萃，从先秦时的大禹、李冰，到两汉的司马相如、扬雄、落下闳，再到唐宋的李白、杜甫、苏轼等人，都是天府优秀儿女的典型代表。但长期以来，学术界对这些历史名人所表现出的意志品质的系统梳理还较为单薄。

通过对天府历史名人"乐观包容"精神的研究，我们可以更加清晰地了

1　司马迁著，韩兆琦译注：《史记》，中华书局，2010年，第7287页。

解天府名人的内心世界与情感变化；也可以对天府名人的思想文化进行归纳提炼，总结出天府成都独特的文化内涵；更可以此为契机，对天府历史名人的精神品质进行系统梳理，全方位展现出天府名人古已有之的情感态度与价值追求，为新时期天府文化与四川历史名人的研究做一些铺垫。

第二，可以进一步挖掘天府历史名人的文化价值。

天府历史名人作为一个文化群体，在成都平原4000余年的发展历史中有着重要的文化价值。这些历史名人创造的功绩、留存的形象，承载着巴蜀儿女优秀的精神品格，闪烁着天府成都独特的气质风范，潜移默化地影响着后世的思想和行为。天府历史名人留传下来的意志品质，体现出的精神品格，广泛而深远地影响着后世，对世代巴蜀儿女世界观、人生观、价值观的形成，起到了突出作用。

通过对天府名人"乐观包容"精神的研究，我们可以更好地发现这些历史名人身上所蕴含的精神品质及其产生的自然社会基础，这对于新时期继续挖掘和发现天府历史文化的巨大价值，传承和弘扬天府历史名人的精神内涵，具有重要的意义。

第三，对增强"天府文化"的自信心有积极作用。

2016年习近平总书记在庆祝中国共产党成立95周年大会上的讲话中指出，"文化自信，是更基础、更广泛、更深厚的自信"。如果说，一个民族的文化自信对于人和人类社会的变革与发展至为重要，它是一个国家、一个民族的"根"与"魂"，是推动社会变革、发展的更基本、更深沉、更持久的力量，那么天府文化的自信作为中华民族文化自信的有机组成部分，无疑是成都建设世界文化名城之根基所在。[1]因此，对于成都这座充满活力的城市来说，要想使改革发展保持强大持久的动力，就必须要在"天府文化"的深厚传统中找到根基，要在不断进取中增强对"天府文化"的自信心。

从这个意义上讲，系统地梳理天府历史名人的嘉言懿行，总结归纳其乐观包容精神的来源，就是从自己的文化中了解过去。只有了解过去才能更好地把握现在，前瞻未来；才能增强"天府文化"的自信心；才能为天府成都

---

[1] 杨继瑞：《天府文化：成都建设世界文化名城的文化自信》，人民网，2018-04-12。

的不断发展贡献力量。

第四，对弘扬优秀传统文化有重要的推动作用。

党的十九大报告明确提出，要坚定文化自信，推动社会主义文化繁荣兴盛，并对传承和弘扬优秀传统文化提出更加明确的要求。文化是一个国家、一个民族的灵魂。历史和现实都表明，一个抛弃了或者背叛了自己历史文化的民族，不仅不可能发展起来，而且很可能上演一幕幕历史悲剧。更好地弘扬中华民族优秀传统文化，是事关国运兴衰，事关文化安全，事关民族精神独立性的大问题。对天府文化的深入阐释与进一步研究，无疑是新的历史条件下大力弘扬优秀传统文化的重要举措。

成都市在大力阐发天府文化，传承天府文化之际，不断推进文化传承创新工作，其目的在于让成都历史人物活过来，动起来，不断提升天府文化的软实力、影响力、竞争力。这些工作的开展，使天府历史名人能有系统性、集体性亮相的机会，对全市、全川、全国民众了解和传承成都的优秀历史文化，必将产生积极作用。让成都市学界同仁积极行动起来，以传承、弘扬天府文化为契机，推动中华优秀传统文化的创造性转化、创新性发展，为天府文化更加灿烂的明天而努力奋斗！

天府文化"乐观包容"文化特质形成与发展研究

——基于地缘文化学的视角[1]

顾斐泠　刘兴全[2]

摘　要： 天府文化作为中国传统文化的分支，是基于古蜀文化不断融合其他文化而形成于成都平原的一种地缘文化，是一种不断丰富、动态演变的文化形态。本文基于地缘文化视角，结合成都平原的地理位置、气候物产等自然条件和民俗传统、移民文化等人文历史条件诠释天府文化"乐观包容"特质的形成与发展，阐明天府文化"乐观包容"特质的当代内涵，呈现天府文化"乐观包容"特质中所独具的魅力，联系成都在进行世界文化名城建设历史节点提出的"天府文化"再出发，指出在天府文化"乐观包容"特质传播中应当注意的三个层面的问题，以期在新的经济社会发展形势下，将天府文化"乐观包容"特质进行创新性传承发展。

1　本文系2018年成都市哲学社会科学规划项目"天府文化'乐观包容'特质的内在养成与外在呈现研究——兼论天府文化的多民族性"（项目编号：2018B09）研究性成果。

2　顾斐泠，西南民族大学马克思主义学院教师。刘兴全，西南民族大学发展规划与学科建设处处长、教授。

关键词：天府文化；乐观包容；地缘文化学

每一座城市都有自己的独特磁场，文化就是不同文明积淀在城市精神谱系上的独特印记，正是这些不同的印记成就了不同城市的独特魅力。马克思说：

> 人们自己创造自己的历史，但是他们并不是随心所欲地创造，并不是在他们自己选定的条件下创造，而是在直接碰到的、既定的、从过去继承下来的条件下创造。[1]

被誉为"天府之国"的成都平原是长江文明的子系统古蜀文明的发祥地，其具有悠久的建城历史和厚重博大的文化根脉。数千年文明积淀于天府之国精神谱系上，故而孕育出独一无二的地缘文化——天府文化，并凝结出"创新创造、优雅时尚、乐观包容、友善公益"的文化特质。2018年春节前夕，在四川考察的习近平总书记为文化底蕴深厚、城市历史悠久的天府之国指明了发展方向。他指出，成都应以传统文化的文化基因进行世界文化名城建设，建设全面体现新发展理念的城市。

天府文化作为中国传统文化的子文化系统，是基于古蜀文化不断融合其他文化而形成于成都平原的一种地缘文化，是一种不断丰富、动态演变的文化形态。在其随着时代变化而成长、发展的过程中，不断融合其他文化，不断自我更新完善。因而跨越时间、地域、民族局限的天府文化，是具有丰富性和发展性且动态发展的地缘文化。在多个重要历史时期，自古人文荟萃的天府之国，并未因"蜀道难"而形成文化桎梏，反而成为中华文化的同构体，形成"乐观包容"的文化特质。本文力图以地缘文化相关理论解读天府文化"乐观包容"特质的形成与发展，阐明天府文化"乐观包容"特质的当代内涵，并在新的语境下联系现实，呈现天府文化"乐观包容"特质中所独具的魅力，进而去探寻应当如何来认识和理解这个文化特质生成的一般规律，以及地域文化参与中华民族文化建构，形成中华民族文化共同体的历史

1　马克思、恩格斯：《马克思恩格斯全集》第1卷，人民出版社，1956年。

必然和时代趋势。

一、天府文化"乐观包容"文化特质的形成因素

重视探索和分析地理环境与人类社会的关系，在中国古老的史学中由来已久。早在西汉时期，司马迁就提出史学要"究天人之际，通古今之变"[1]。但受古代早期星相学和风水学影响，我国古代史学重在从五行生克、星象祸福、风水吉凶等角度为历史中的事件和人物探寻自然属性，而分析历史进程中地理环境与人类社会，尤其是与文化形态的相互作用则较少。孟德斯鸠在《论法的精神》中就阐述了关于社会制度、国家法律、民族精神"系于气候的本性""土地的本性"。[2]自然地理条件对于一个民族的道德、风尚、法律性质和政体构建起着决定性作用。黑格尔则认为地理环境、地理位置、气候条件等自然因素和社会制度、宗教信仰、民俗习惯等人文因素的合力是人类文化产生、发展和演变的根本原因，因而历史的地理基础与民族文化的产生之间有着密切联系。他在其著作《历史哲学》中还谈道："地方的自然类型和生长在这土地上的人民的类型和性格有着密切的联系。"[3]20世纪80年代兴起了新文化地理学，该学派认为文化是在特定的社会情景或社会关系之下由社会群体自下而上地建构或生产的。各种地理学要素如自然景观、地域空间等对于"文化"而言，不仅仅是被动的表达方式或承载器皿，而是具有建构意义与系统价值的关键维度。受新文化地理学观点影响，英国学者迈克·克朗（Mike Grang）提出了"地缘文化"的概念，研究以处在同一地域的地缘关系为纽带结成的族群，及该特定的地域自然地理环境、人文地理环境等诸多因素对生成区域社会文化和保存、巩固当地独特社会意识形态的影响和作用，以及这种文化所天然蕴含的独特品质。"地缘文化"理论旨在探求不同自然地理环境的独特性渗透、投射于地域历史文化资源所生成的具有当代意义的地缘文化符号。[4]

"蜀道之难，难于上青天"是对盆地四塞地形导致古蜀交通困难的感

1　司马迁：《史记》，崇文书局，2017年。
2　孟德斯鸠著，欧启明译：《论法的精神》，译林出版社，2016年。
3　黑格尔著，王造时译：《历史哲学》，商务印书馆，1963年。
4　迈克·克朗：《文化地理学》，南京大学出版社，2003年。

叹，封闭地形对以农业文明为主的天府文化势必会产生影响，但闭塞的环境却又激励着古蜀先民走出盆地桎梏，勇于开拓，敢于改善生存环境。斗转星移，沧海桑田，天灾、战祸数次降临成都平原，但蜀先民都以"乐观包容"坦然应对，千年古城巍然屹立，持续繁荣几千年。特定的地理环境与族群意识形态相互交融，造就了古蜀文明封闭中有开放、开放中有封闭的历史个性，在历经多次移民浪潮后，古蜀文明融贯各方文化，孕育出兼容开放的天府文化。因此作为成都平原地缘文化的天府文化具有顽强的稳定性和延续力，在历史的长河里日益积淀，成为蜀人的集体潜意识，逐渐形成了由自信而热爱，由热爱而坚韧，由坚韧而豁达，由豁达而接纳的对于自然、社会乃至人生"乐观包容"这一向上而达观、开放而兼容的文化特质。具体而言，从地缘文化的角度分析，天府文化形成"乐观包容"文化特质大致有以下几方面因素。

（一）天府文化"乐观包容"文化特质形成之物质因素

"水旱从人，不知饥馑"[1]的生存环境为天府文化的发展提供了重要的物质基础。人类聚居地的环境、土壤、气候的差异，是影响民族差异和文化差异的重要因素。面积6000多平方公里、海拔约600米的成都平原又称为"川西平原"，属于凹陷盆地底部，坐落于青藏高原东缘，夹于龙门山与龙泉山之间，经人类劳动熟化后，其地表部分为肥沃的黑色土，蕴藏了巨大的农业生产潜力，成为四川省境内最肥沃的农业耕作区，对古蜀先民的生产、生活雏形的形成产生了深刻影响。成都平原地域广大，气候宜人，物产丰富。得天独厚的气候条件和地理条件，有利于农业的发展，而农业的发展，又为文化的繁盛提供了保证，故《华阳国志》称其"地沃土丰，奢侈不期而至也"[2]。历史已经证明凡是水好土肥的地方就会出现人的定居和文明的开化，任何文明的产生，都依赖于农业的繁荣。两河流域、尼罗河流域优良的气候和土壤条件孕育了同中华文明一样耀眼的美索不达米亚文明和埃及文明。而天府文化的发展，得益于2000多年前的都江堰自流灌溉水利工程，使成都平

1　常璩：《华阳国志》，齐鲁书社，2010年。
2　常璩：《华阳国志》，齐鲁书社，2010年。

原因之成为以水稻为主的农业经济发达的膏腴之地，"时无荒年，天下谓之'天府'也"[1]。加之岷江、沱江、金沙江等几条河流冲积灌溉而成的膏腴之地，故有谓"蜀地沃野千里，土壤膏腴，果实所生，无谷而饱。女工之业，覆衣天下。名材竹干，器械之饶，不可胜用"[2]。对1986年广汉三星堆、成都十二桥商周遗址考古发现的研究表明：4000年前成都平原就有相当发达的经济和文明；此外成都地区出土的汉代画像砖生动描绘了养蚕、制盐、酿酒、织锦、宴饮、歌舞、说唱等场景，可见当时的成都"山林泽渔，园囿瓜果，四节代熟，靡不有焉"[3]，物产富饶，生活富足，市民的物质生活和文化生活相当丰富。清初顾祖禹在其所撰的《读史方舆纪要》中对富庶的蜀中感叹道："蜀川土沃民殷，货贝充溢，自秦汉以来迄于南宋，赋税皆为天下最。"[4]经济基础决定上层建筑，繁荣昌盛的区域经济推动了地缘文化的迅速发展，得天独厚的自然环境为天府文化养成"乐观包容"的文化特质提供了重要的物质基础。

"蜀自秦以来，更千余年无大兵戈。"[5]封闭的盆地地理环境为天府文化"乐观包容"文化特质的形成提供了天然屏障。独特的盆地地理环境，庇护着天府之国，正如贯休在《陈情献蜀皇帝》一诗中所言："河北江东处处灾，唯闻全蜀少尘埃。"从历史上看，西南片区缺乏强有力的集权政府，加之地形四塞，交通不便，故相对中原各省而言，成都平原虽历经先秦时期兼并战、两汉农民战争、魏晋南北朝时期的战乱，但其社会环境始终相对安定。其后，由于发达的手工业、农业和商业，成都繁荣于唐、宋时期，南宋后期、明末虽历经战乱，人口两度锐减，但至明中叶、清中叶又迅速恢复发展起来。即使在抗日战争时期，也未经战火直接侵扰，成为抗战大后方。此后的解放战争时期，成都也未经什么大的战争。由于物产丰富、气候宜人，加之受天府文化"安土重迁"习俗的影响，成都平原的经济、文化持续发展

1 常璩：《华阳国志》，齐鲁书社，2010年。
2 范晔：《后汉书·公孙述列传》，中华书局，1965年。
3 常璩撰，刘琳校注：《华阳国志校注》卷三《蜀志》，巴蜀书社，1984年。
4 顾祖禹：《读史方舆纪要》，中华书局，2005年。
5 文天祥：《衢州上元记》，《文山先生全集》卷九，山西古籍出版社，2008年。

享有了重要的稳定的社会环境，天府文化得以细水长流，生生不息，保护了其文化的延续性和创造性。

（二）天府文化"乐观包容"文化特质形成的地理因素

各种外来文化的精髓与成都平原自身的各种文化交相辉映、相互融合，奠定了其开放性和包容性的基础，使天府文化成为一种复合型的文化。成都平原是东亚与南亚文化以及西南、西北民族交汇融合之地，处于长江、黄河两大文明之间，来自四面八方的不同文化在这里汇聚，这种特殊的地理位置造就了文化大熔炉效应。人皆道"蜀道难"，殊不知大山虽有阻隔，但大山之间也有溪谷相勾连；虽有长江天堑，但凭舟楫亦可渡涉。闭塞的地理限制无法阻隔任何一种文明天然具有的对外交流的热情与渴望，即便一时受阻，但限制一旦被打破，文明之间的交流与融合便再难阻遏。为了打破盆地地缘的封锁，克服狭隘的封闭性，古蜀先民以惊人的勇气和非凡的想象力，凭借四通八达的栈道和笮桥打通蜀道。对此，司马迁都赞叹说"栈道千里，无所不通"（《史记》卷一百二十九《货殖列传》）。此外，在《蜀王本纪》《华阳国志》等文献中，大量关于古蜀先民开山辟土的传说，比如五丁移山、石牛开道、武都担土、山分五岭等，都印证了古蜀文明为与其他文明进行沟通与交流而做出的努力。兴于西蜀的夏禹文化流播于中原及至东部吴越。三星堆文化出土的铜牌饰与二里头夏文化相同，出土于三星堆和金沙遗址的玉琮、牙璋与东方的良渚文化的玉制礼器相似，不难推断两种分别产生于东西部区域的文化之间已有交流和汇聚。三星堆不仅出土了大量独特的充满浪漫主义色彩的青铜礼器和神器，还有许多与中原殷墟一致的日常酒器和食器，这说明古蜀文明在与中原文化交流时，在吸纳了中原文化之余，仍保留了自己的文化特色。从天府文化发展的历史进程看，其南与耕织结合、自给自足的楚文化相遇，把荆楚文化的代表楚辞发展为汉大赋，有了卓越的诗词成就；其北与讲究礼制、看重历史的中原文化相融通，在中原文化影响下，史学名家辈出；其西与讲究耕战和商业的秦陇文化交汇，注意综核名实，从而工商业繁盛，有了"陇蜀多贾"一说，进一步带动了蜀中文学和史学的发展。"尔来四万八千岁,不与秦塞通人烟。"[1]在李白的诗句中,蜀地是神秘而与世隔绝的,但是来自海洋文明的青铜贝与阿文绶贝玉佩饰,出土于蒙古诺音乌拉和朝鲜乐浪郡的汉蜀郡漆器,文献记载中大量在西蜀传播佛教文化的印度僧人,出现在日本、高句丽的"西川印子"和龙爪蜀刻,被谑称为"李波斯"、定居成都的波斯人李珣家族等等,却为我们勾勒了一个开放且包容的天府之国形象。作为天府文化的中心城市,成都也就毫无疑问成为一座开放、包容的城市,担负着古代中国内陆地区对内对外开放的枢纽职责,是南方丝绸之路、北方丝绸之路、长江经济带三大经济带的交汇点。

相对于中原等地区,成都及其周边城市在汉、唐、五代、两宋时期,由于战乱较少,故而社会稳定,经济文化高度繁荣,成为"财利贡赋率天下三之一"的大都会,赢得"扬一益二"的美誉。陈子昂称赞道:"蜀为西南一都会,国家之宝库,天下珍货,聚出其中;又人富粟多,顺江而下可以兼济中国。"[2]繁华的成都源源不断地为沟通东西方的"北方丝绸之路"提供丝绸、布帛、书籍等货物,为连接内地与西北、西南各族的"茶马古道"提供茶叶、食盐等物资。此外四川盆地虽为高山和高原所环抱,但处于西南民族与汉民族的多民族互动交流地区,穿行于横断山脉的岷江、雅砻江、大渡河和金沙江流域,存在大量可通行的河谷,不仅仅是古氐羌民族迁徙的南北走廊,同时还是文化与科技交流的通道区。此一时期的成都平原人文荟萃,商贸业等繁盛甲冠天下,社会安定,激发了蜀人乐观上进的信心,而这种乐观向上的社会心态正是培养天府文化的优良土壤。此时的蜀地本土文化经过与多元外来文化碰撞、融合、创新和发展,形成了汇集众家之长于一体的复合型"天府文化",在中华文明史上谱写下了灿烂篇章。进而,这也使多种文化精华在蜀地聚合、积累,并体现为其文化上和科技上的极大优势,表现出"水库"特征。孙中山先生曾感言"唯蜀有才,奇瑰磊落",郭沫若在诗歌《蜀道奇》中赞扬"文宗自古出西蜀"[3]。优越的生产生活条件,动人心魄的山水胜景,多元文化的碰撞,自由浪漫思维的传统,滋养出了成都的逸

---

1 钱志熙、刘青海:《李白诗选》(古代诗词典藏本),商务印书馆,2016年。
2 刘昫:《旧唐书·陈子昂传》,中华书局,1997年。
3 郭沫若:《郭沫若诗》,浙江文艺出版社,2000年。

致闲情和绵延才情，成就了蜀人在文学上的卓尔不群。与身处盆地的人渴望看到外面的世界相对应的是，盆地以外的人们也渴望了解这片神奇、神秘、神妙的土地。天府成都安定繁荣，自然吸引了大量文人墨客纷至沓来。"我行背城阙，驱马独悠悠。"[1]历史上诸多名家都与蜀地结下了不解之缘，如杜甫、白居易、李商隐、黄庭坚、陆游等，他们或入蜀为官，或游历，或移居，无一不眷念和咏赞"天府之国"。对于文人墨客而言，偏安一隅的蜀地不仅是保护他们免受战乱之苦与命运不济的避风港，还是成就其诗才与文名的福地，更是抚慰他们灵魂，让他们得以追求更寥廓、更自由灵魂的精神故乡。成都在文人士子的眼中，是"喧然名都会，吹箫间笙簧""万里桥边多酒家"的繁盛街市，有"腊日巴江曲，山花已自开""水绿天青不起尘，风光和暖胜三秦"的惬意气候，更有那"成都海棠十万株，繁华盛丽天下无""草树云山如锦绣，秦川得及此间无"的令人陶醉的景色。在这座诗意的城市里，文人墨客源源不断迸发灵感，在成就蜀地千年风华的同时往往也在文学上成就自己，故而才有"自古诗人例到蜀"[2]之奇观。无论是走出剑门关的蜀地士子，还是自外省入蜀的文人，似乎都能沾染到蜀地的灵气，写出优美壮丽的文学作品。正如"流水不腐"一般，文人士子的入蜀与出蜀正好构成不同地域文化间的交融，使历史上天府文化在与其他文化的经常性互动中将不同因素加以整合，锲而不舍地更新自身表层结构，从而始终位于中国文化主潮流的前沿。天府文化形成于受崇山峻岭屏蔽的成都平原，但又由于四川盆地"聚宝盆"地形而兼容四方文化，发展为多层次、多维度且独立的文化复合体。同时，源于成都与西南各族和南亚各国所保持的密切交往，作为西南丝绸之路的枢纽，天府文化冲破了自身的地域限制，影响了西南各族乃至南亚诸国，具有大西南意义和国际文化交流意义，具有很强的辐射能力。

---

1 卢照邻：《卢照邻集》，中华书局，1980年。
2 李调元：《童山诗集》，商务印书馆，1936年。

（三）天府文化"乐观包容"文化特质形成之心理因素

"九天开出一成都，万户千门入画图。"[1]富饶美丽的盆地地理环境，为天府文化形成"乐观包容"文化特质提供了心理基础。《诗经》曰："安之逸之，适之豫之。"[2]，外界纷扰很难让成都感到不安，坦然知足正是成都的独特气质，也是吸引各路英才进入蓉城的魅力所在。从视觉的角度看，生活在有约16万平方千米土地的四川盆地的人们被东边的巫山，南边的大娄山、大凉山，西边的邛崃山、岷山，北边的大巴山、米仓山等群山环绕包围，自然会传递出一种源自土地的坚实的安全感。蜀人从自然环境中得到的安全感，又在历史的事件与发展中，逐渐形成了"盆地即天下"的观念，而这种观念又通过人们的潜意识代代传递。同时，成都这块风水宝地因为有了都江堰水利工程的千年滋养，成为长江流域有名的鱼米之乡，如《汉书·地理志》所言"民食稻鱼，亡凶年忧"[3]，故被誉为"天府之国"。清代诗人吴好山在成都竹枝词中描绘说："成都富庶小巴黎，花会年年二月期。"[4]所谓靠山吃山，有了群山作为后盾，加之物产丰富，有饭吃，有衣穿，有屋遮风雨，在农业经济时代，自然无需再有什么担心，这是天赐的幸福。元代的双流人费著《岁华纪丽谱》曾说："成都游赏之盛，甲于西蜀，盖地大物繁而俗好娱乐。"[5]从历史的角度看，经济的富足带动了好游乐这一民俗。成都亦以好游乐而见载于史籍，其风之炽到唐宋时达到顶点。以成都而论，光全年固定的年节游乐活动就有23次之多，每到年节时，结伴而行的蜀人或游山玩水，或参禅礼佛，或策马郊游。但逍遥舒适的成都，又往往在危难时节成为全国大后方，甚至是最后堡垒，这亦成为蜀人自傲的资本。秀丽的家乡山水和瑰丽的文化资源，促使成都人形成了乐观开朗的性格，使他们即使在面对天灾人祸或者是其他异质文化入侵时，对自己生存的自然环境和地方文化都抱有信心，不会悲观绝望和盲目抵制排斥外来文化。因此可以说，天府文化

1　萧涤非：《唐诗鉴赏辞典》，上海辞书出版社，1983年。
2　周振甫：《诗经译注》，江苏教育出版社，2006年。
3　周振鹤：《汉书地理志汇释》，安徽教育出版社，2006年。
4　王利器：《历代竹枝词》，陕西人民出版社，2003年。
5　谢元鲁：《岁华纪丽谱等九种校释》，巴蜀书社，1988年。

中的"乐观包容"文化特质是源于蜀人长久以来生存较少受到威胁而产生的一种自给自足的优越安定的心理状态。

雄奇秀丽、多彩多姿的蜀地山水充满原始的神秘和野性，雄奇壮美的自然环境形成了"民神杂糅"的社会风俗。古蜀流传着许多怪异神奇的传说，如大禹治水、望帝啼鹃、鳖灵复生等，而蜀地自然风光秀丽多姿，崇拜自然的宗教气氛浓烈，因而成为"道法自然"的道教发源地。道教思想充满奇思瑰丽、乐观向上的集体意识，投射到艺术创作中，使得蜀人的作品富于想象、乐观豁达，充满浪漫色彩。例如同时期的中原青铜器多为强化统治权力和彰显王者之气的青铜礼器，而在神秘的三星堆与金沙则出土了大量生动活泼的鸟、蛇、龟等动物形象青铜器，充满了浪漫的诗意想象和乐观向上的生命激情，鲜明地体现了蜀地的自然观念和审美情趣等。因此，在中原文化辐射区域的外围，绮丽多姿的自然环境和自给自足的经济使植根于成都平原的天府文化形成了自己独特的文化品格与追求，具有了自足和自信的气质，进而形成了天府文化颇有特色的一种"乐观旷达"的气质。同时由于成都平原地处偏远，远离王权中心，受正统礼教束缚较少，出产丰富，能够自给自足，同时又地势险要，易守难攻，道家"自然无为"思想、自由奔放的主张盛行，影响着蜀地文人士子，使他们思想意识的独立性、分散性特征十分明显。蜀人常说的"山高皇帝远"，所表现的就是保持自己的独立人格，不愿随波逐流的叛逆性格。因此蜀在政治上常常表现出自为中心、自成体系的倾向，多次成为对抗中央王朝的据点，或成为农民起义反抗专制统治的安身立命之所。蜀人的奇特独行在文学上则表现为创新、务出己见。《汉书·地理志》谓蜀人"未能笃信道德，反以好文刺讥"[1]，虽是贬语，却也写出了蜀人惯于通过文章表达自己的质疑与创新思想的特点。正因如此，自秦汉以后，成都平原的读书人都有着独特的个性，他们大多是坚毅乐观、不以礼法为意而豪放不羁的特立独行者，古有司马相如、李白与苏轼，"五四"时期，则有第一个喊出"打倒孔家店"的吴虞，体现了蜀人勇于开拓、不畏权势和习惯势力的精神。在新文学界，更有如郭沫若、巴金、沙汀、艾芜等作家、文学家。从"安世民""张官甫"等流行甚广的具有批判精神的民间笑话，到

1　周振鹤：《汉书地理志汇释》，安徽教育出版社，2006年。

以辛辣讽刺为主要特色的川剧艺术，以及具有幽默风格的现代四川文学，无一不彰显了天府文化的批判性与乐观精神。

（四）天府文化"乐观包容"文化特质形成之多元文化因素

东晋时期的葛洪《神仙传》写道："闻蜀人多纯厚，易可教化，且多名山。"[1]蜀地因为地处偏远，受中原正统儒家封建礼教影响较弱，鬼神观念、神仙学说盛行，逐渐形成尊重人的自然欲望、热爱生命、推崇自由、灵活变通的蜀学传统，所以在儒、释、道三种文化的交互作用之下，天府文化也就成为融合、集结了儒释道三种思想精华的文化复合体。

在中原文化重礼治的同时，成都平原却盛行"道法自然"的思想。古蜀尚仙文化时期，蜀人希望通过修行和炼丹长生不老，过上逍遥自在的神仙生活。文献记载，三代蜀王蚕丛、柏灌、鱼凫"治国久长，后皆仙去"[2]，即是蜀人羽化飞仙梦魂的开始，后来道教也以羽化飞仙为其理念核心。三星堆出土人面鸟身像、人身鸟足像、鹰头杜鹃等飞鸟形象青铜器，正展现了蜀人羽化飞仙的浪漫想象力。如司马相如的《大人赋》写列仙之儒云游群山，汉武帝读后，感到"飘飘欲仙，似有云游天地之间意"[3]。古蜀人无论面临何种灾难，仍然临危不惧，将追求仙化的思维转化为"仰望星空"的乐观和坚韧不屈的精神，因而才有凿巫峡、劈玉垒山、穿金堂峡的壮举。面对2008年"汶川大地震"，川人表现出的坚强、乐观、豁达就证明了这一点。近年的考古研究表明，佛教由印度，经中亚和西亚传入我国，蜀地正好位于西域、南海和滇缅五尺道、牦牛道的几个主要传播途径的交汇点，因此在蜀地出现了南宗的顿悟和北宗的渐悟斑斓驳杂、复杂交流的局面。佛教向来有"言禅者不可不知蜀，言蜀者尤不可不知禅"[4]的说法，随着佛教文化在蜀地的传入和推广，天府文化的许多思想观念与南传与北传佛教兼容、发展，独创了蜀中禅系。《尚书·洪范》记载蜀人夏禹创"洪范五行九畴"，提出治理国家必须

1　《四库全书荟要》，吉林人民出版社，1997年。
2　扬雄撰，何明礼辑：《蜀王本纪》，新津胡氏《壁经堂丛书》刻本，1923年。
3　费振刚、仇仲谦注译：《司马相如文选译》，凤凰出版社，2011年。
4　陈继生：《禅宗公案》，天津古籍出版社，2008年。

遵循的9条大法，为儒学做出了开源性的贡献。汉时，蜀守文翁因感于秦后天下绝学，命士子负笈万里求学京师，于成都修学宫或居乡开馆，以传道授徒实现移风易俗，进而使儒学在蜀地正式扎根，形成颇具特色的"蜀学"流派，史书称"蜀地学于京师者比齐鲁焉"[1]。蜀人以其特有的思维方式接受中原文化的熏陶，虽然接纳了中原文化的影响，但仍力图保留蜀文化的独立体系。如蜀中严君平既精研儒家经典《易》，又通晓道家典籍《老》《庄》，博采众家之长，形成自己独特的思想体系。常璩则从历史实证学的角度，对蜀史做了全盘整理和总结，完成了第一部系统的地方史著作《华阳国志》。天府文化在接受中原文化的过程中，同时兼取各家之长，以道注蜀人风骨，以儒举蜀人仕进，以释去蜀人彷徨，故而进退之间形成独特的"乐观包容"特质。

自秦惠文王"移秦民万家实之"[2]，及"始皇克定六国，辄徙其豪杰于蜀"[3]，其后各代皆有移民迁徙入蜀，特别是明朝张献忠乱后，各省移民入川之数不可胜计。四川历史上有六次大移民：第一次即《舆地纪胜》载"秦惠王伐蜀，克之。徙秦人万家以实之"[4]；第二次为东汉末至西晋，上层荆州士人集团和大量少数民族流民、移民因避战祸入蜀，促进了民族融合和交流；第三次为唐末五代至南宋初年，大批文人和客家人因避战乱入蜀流寓；第四次为元末明初，长江中游移民因避战乱入蜀，使"户口于此而繁"；第五次，战祸连连的明末清初，大量南方移民为垦荒和经商而入蜀；第六次，抗日战争后，以长江下游流域为主，大量居民为支持国家建设入蜀。[5]从历史记载看，发生在蜀地的移民多为自外地入蜀，而很少有大量蜀人外迁的情况。可见，在中原或长江中下游流域发生战争时，其居民往往将物华天宝的蜀地作为迁徙避祸之目的地。同时，由于天府之国经济较为富庶，故而一旦北方遇到灾荒，朝廷又总是将灾民安置到蜀地。如《汉书·食货志上》："汉兴，接秦之敝，诸侯并起，民失作业而大饥馑，凡米石万千，人相食，死者

1　班固：《汉书·循吏传》，中华书局，2016年。
2　常璩撰，刘琳校注：《华阳国志校注》卷三《蜀志》，巴蜀书社，1984年。
3　常璩撰，刘琳校注：《华阳国志校注》卷三《蜀志》，巴蜀书社，1984年。
4　王象之著，李勇先校点：《舆地纪胜》，四川大学出版社，2005年。
5　朱飞：《四川广记》第一卷，天地出版社，2008年。

过半。高祖乃令民得卖子，就食蜀汉。"[1] 移民不仅仅是一种社会行为，同时也是一种文化行为和经济行为。历史上这几次大规模的移民活动，带来了文化的大交流和大交融，形成"风俗舛杂"的文化特色，使巴蜀文化更加五光十色，光辉夺目。每一次大规模的人口移动，从人口结构到社会层面都给历史文化悠久的成都平原带来极大的影响，并使其在文化兼容并蓄的过程中，创造了新的地域文化特色。成都4500多年的城市文明史，也是一部移民史。今日的四川人可能包括了中国各地区各民族的移民，长期持续不断的移民活动在成都平原形成了一个独特的人群机体，为天府文化的包容特性奠定了文化载体基础。人口和文化的大交汇、大交融，进一步促使"包容"成为天府文化的重要内核。此外，文化的"包容"特性还表现在日常民俗之中。《文选·蜀都赋》李善注引刘渊林言："是时蜀人始通中国，言语颇与华同。"[2] 说明秦汉之际蜀地土著人很快便可以与中原移民进行语言交流。在此基础上，西汉扬雄编《方言》，将"秦晋""陇冀""梁益"并称。随着人口的迁徙，四川各地方言中掺入湖南、湖北、陕西、山东等多省方言词汇，如成都平原方言都是以湖广话为基础，融合了当地语言特征。同时，因为四川话属于北方语系，外地人多能听懂，也不至让其过于感觉到语言沟通不畅。又如川菜、川酒、川戏、茶馆等成都特色的民俗要素也都是南北移民文化的产物。在成都，无论你来自何方，都能因为这里有共通的语言和生活习惯而很快接受和融入其文化和生活中。这些"共融相通"的要素使得天府文化的"包容"特质特别容易得到认同和传承。开放包容的移民文化，不仅为生活在这里的人们提供了共同的心理认同，也为成都这座城市成长为国家中心城市和国际化大都市创造了和谐的社会环境。

二、当代天府文化"乐观包容"文化特质的内涵与呈现

作为一种文化形态，天府文化以成都平原为中心，是古蜀文明的核心和重要组成部分，自然有其产生、发展、演变的过程。2300多年以来，成都作为古蜀文明的发祥地，城名未改，地址未变，中心未移，其文化一直不间断

1　班固：《汉书·食货志上》，中华书局，2016年。
2　萧统编，李善注：《文选·蜀都赋》，中华书局，1977年。

持续传承下来，使得"天府文化"的内涵有了不断的丰富和拓展。成都虽然地处盆地，却并不封闭。它的社会根基正是蜀人具有的开创性、超前性和风险性意识。从古蜀开凿陇蜀金牛道，到唐代的"扬一益二"，天府文化从来都不是单纯捆绑在土地上的农耕文明，开拓创新是镌刻在其自身基因中的。天府文化的发展历史，不仅见证了古蜀先民开拓进取的伟大功业，而且也见证了天府文化绚丽至极、繁盛一时的辉煌。毋庸置疑，厚重的天府传统文化是建立在农耕文明之上的，但是工业文明、信息文明时代的发展同样给天府文化注入了个性和神韵。当代天府文化实际上就是对历史上天府文化的创造性转化和创新性发展。古蜀人经营蜀地，到东汉才被称为天府之国，其富饶安宁才得到外界承认；接下来的2000多年，成都一直保持着天府之国所应有的文明追求。20世纪以来，在民族、国家的理念追求下，天府文化经历了从古典中嬗变，与时代精神相结合，关注现实，拥抱现代的过程，由此获得了新的生机和发展，并呈现了独特的文化特质。

（一）当代天府文化"乐观包容"文化特质的内涵

1. 天府文化"乐观包容"是一种开放而兼容的文化态度

正如习近平总书记所强调的，"中华文化源远流长，积淀着中华民族最深层的精神追求，代表着中华民族独特的精神标识，为中华民族生生不息、发展壮大提供了丰厚滋养"[1]。不忘本来才能开辟未来，善于继承才能更好创新。从历史上看，天府文化秉持着一种开放兼容的文化态度，不封闭，不狭隘，世界上各种各样的文化形态都可以在成都平原平等落地，共融发展。特定的盆地物质基础、悠久的历史沉淀、独有的生活追求，孕育出蜀人的乐观豪爽、博大洒脱的人生态度。无论是险峻的地势，抑或是沉重的历史，都从未拖住他们前进的脚步。融合儒释道文化，彰显着古蜀先民对生活"进""退"张弛有度的传统农耕林盘人居文化；传递着古蜀先民乐观向上、向往光明的生活态度和精神追求的金沙遗址文化；凸显"五方杂处"移民社会多元文化融合，"酸甜苦麻辣，五味俱全"的饮食文化；代表着蜀人平和包容的心态，传递出他们积极乐观、豪爽洒脱个性的生动诙谐的四川方

1　人民日报评论部：《习近平用典》，人民日报社，2015年。

言；"少从宦之士，或至耆年白首，不离乡邑"，好游乐的民俗文化；等等。从以上种种，都可见他们积极乐观、从容淡定的生活态度。也正是因为当代天府儿女仍然深受天府文化"乐观包容"文化特质的影响，以豁达、开明的大智慧，热爱生活，在生活中磨砺意志，方能在2008年汶川"5·12"特大地震这样巨大的灾难面前，自强不息，感恩奋进。川人以积极乐观、从容淡定的生活态度，将困难转化成前行的动力，对于自然、社会乃至人生乐观包容，在废墟中从容坚韧地面对生死，在震后救援中无私奉献，在余震生活中幽默而豁达，在灾后重建中自强不息。消极等待，愁眉苦脸，从来都不是川人的生活态度，这也是今天天府文化发展所需要坚持的一种文化态度。

2. 天府文化"乐观包容"是一种坚韧而豁达的精神凝练

每个城市都因为积淀着不同的文化而独具魅力，传统文化是每一个城市的不可替代的灵魂。一方土地，一方情怀。四川盆地地理特殊，历经多次大移民，融会各方，在艰难的环境中一步步凝结成"乐观包容"这一坚韧而豁达的精神。坚韧是在面对危险与灾难时表现出的坚定、坚强、忍耐、勇气和后劲。杜甫诗曰"洪涛滔天风拔木，前飞秃鹜后鸿鹄"，从远古以来，蜀地万山紧逼，交通受阻，江河众多，水害频发，百姓生活困苦，但是古蜀先民乐观坚韧、勇于挑战，利用、改造自然，留下无数与严峻的自然环境生死抗争的悲壮故事。豁达是一种乐观、豪爽、博大、洒脱，是人生中最高的境界之一。受盆地地质保护，自三星堆文化时期就确立的蜀地文化在经历了数千年中的无数次天灾人祸的考验后得以保存，增强了蜀地民族自信心和文化归属感，从而奠定了其坚韧不拔和豁达向上的文化心理基础。从李白的"山崩地摧壮士死，然后天梯石栈相勾连"，到苏东坡的"竹杖芒鞋轻胜马，谁怕？一蓑烟雨任平生"，无不显示出一种超然的豁达来。唐人魏颢曾经说过："蜀之人无闻则已，闻则杰出。"1937年抗日战争全面爆发，在"敌军一日不退出国境，川军一日誓不返乡""男儿欲报国恩重，死到沙场是善终"的号召下，300万川军北上抗日，伤亡60万，以一省之力，承担了全国30%的供应和10%兵源，用自己的血肉长城，为受难的祖国做出了不可磨灭的贡献。20世纪80年代改革开放后，由川人组成的"百万川军大出川"的打工族襟山戴河，席卷祖国东西南北中，投身社会主义建设，伴随他们回乡的是有助于本土农村建设的有形资产、现代观念、各种实用的信息和技术。在天府文化"乐观包容"的文化特质指引下，这种坚韧、豁达的精神鼓舞着无数勤劳勇敢的天府儿女在这片土地上洒下热血和汗水，在这一波波狂飙突进的历史浪潮中乐观向上，坚韧不屈，砥砺前行。2008年"5·12"汶川大地震全国哀悼日首日，成都天府广场数万人聚集默哀，万人齐以手指天，大喊"四川雄起"。这是在巨大的不幸面前，天府儿女对命运不屈的呐喊：天灾纵如此，却能奈我何！将困难转化成前行的动力，正是天府文化"乐观包容"文化特质所凝练的坚韧而豁达精神体现。

3. 天府文化"乐观包容"是一种自信而开放的社会心态

成都以开放包容的气度纳海内之士，取各家之长，融以独特滋味，凝众志以成城。"天府文化"是一个贯通历史、当下和将来，具有开放性和发展性的地缘文化。天府文化"乐观包容"特质是一种由自信而热爱，由热爱而坚韧，由坚韧而豁达，由豁达而接纳的积极社会心态。这样豁达向上的心态是蜀人基于对蜀地及自身所持有的较普遍的自信、满足和热爱而产生的乐观、坚韧的心理状态。在漫漫历史长河中，天府文明历经重重劫难，天府儿女用勤劳和智慧造就了"天府之国"的两个家园：一个是"九天开出一成都"的和谐人居家园，一个是"天地之间人为贵"的和美心灵家园，这两个家园都是中国传统"和"文化的体现。"和"是和而不同，是求同存异，是共同发展。这两个家园的形成正是缘于天府文化"乐观包容"的文化特质，反映了整个天府之国自信而开放的社会心态。形成这种开放、自信的社会心态有几个重要因素：首先是"天府之国"物产丰饶，农业生产完全能做到自给有余，而近乎封闭的地形地势也比较容易防御外来入侵，在战乱中能保持相对的安定，或者成为稳定的后方。受其影响，自古蜀地民众通常具有自足的心理特点，对自己历史悠久的传统文化非常自信。所以许多"少小离家老大还"的川籍游子多年以后仍乡音未改，喜好麻辣的饮食习惯不改。江山多娇，丰衣足食，人美物美，悠闲安逸，这样的氛围与古代安土重迁的意识相合，催生出了蜀地民众"安于现状"的平和心态，使历史上大多蜀地文人乐于诗书却不求仕进。如《隋书》称蜀人"溺于逸乐"，正是其"少从宦之士，或至者年白首，不离乡邑"的原因，《宋史》也认为蜀人"怀土罕趋仕进"。另一个重要因素则是独特的移民文化。据载，蚕丛、杜宇等首领都来自成都平原以外的地方，已经发掘的三星堆和金沙遗址也部分证实了三四千年前古蜀先民的确进行过频繁迁移。在古代，长距离的迁移是移民群体本身优胜劣汰的过程，只有在体力、智力上都为强者方能最终在迁入地成功扎根并绵延生息。随着秦并蜀后移民不断进入，古蜀文化与不同地域文化之间不断碰撞、融合，直至孕育出有别于原有古蜀文化的新文化。第一次跨入蜀地的人总会有耳目一新之感，感受到一种全新的包容、乐观、自信的社会氛围。诗圣杜甫于公元759年逃离战火纷飞的中原来到蜀地，为成都的自信和开放所惊叹："我行山川异，忽在天一方。但逢新人民，未卜见故乡。"[1]在这种历史背景下，天府文化不可能不出现异质并存、错综复杂的现象，也就必然形成"乐观包容"这样一种自信而开放的社会心态。今天要提升成都的文化软实力和文化竞争力，需要对传统天府文化"乐观包容"文化特质加以弘扬，凝聚成都这座城市文化自信、文化自觉和文化自强的底气，以自信而开放的社会心态，建设好天府儿女的"和谐人居家园"和"和美心灵家园"。

（二）当代天府文化"乐观包容"文化特质的呈现

天府文化世代相传，生生不息，蜀先民的智慧和历史的传统，奠定了天府文化厚实的根基，拥有深厚内涵的天府文化也反哺着这片土地。对传统文化遗产的传承与发展成为发展天府文化的内生动力，为城市的可持续发展带来了源源不断的力量。

1. 乐观包容的天府文化凝聚了天下英才在蜀乐居创业

从古至今，天府文化中一直蕴含着对于自然、社会乃至人生的乐观包容。数千年来，成都经历了数次大移民，这座神奇的城市对来自八方之民一概收纳，融会各方文化，淬炼转化出了如今更加兼容并蓄的天府文化。自古就是移民城市的成都以海纳百川的广阔胸襟，不排外，不惧外，不自封，张开怀抱毫无保留地接受来自八方的旅人。蜀道隔绝了中原燃烧已久的战火，为躲避安史之乱的诗人杜甫提供了庇护所，其在《成都府》中用"但逢新人

1　转引自郝润华：《杜诗学与杜诗文献》，巴蜀书社，2010年。

民"描述了成都人的秉性,一个"新"字蕴含着新鲜、新奇和希望,成都人以善良和热情慰藉了诗人漂泊的心灵。常言道"乐不思蜀",却不知还有一句话是"蜀乡即故乡"。成都是"一座来了就不想走的城市",只要踏上这片土地,你就可以属于这里,不管高低贵贱,无论来路出身,只要你为成都做出自己的贡献,在这里就会得到认可与尊敬。如古蜀传说中化为杜鹃的杜宇、死而复生的鳖灵,都是从其他地域入蜀的非土著人。秦时富可敌国的大商贾赵人卓氏、山东程郑,也是迁入临邛(今邛崃市)后东山再起。天府文化天然的亲和性,能够使外地人很快与本地文化相适应,从而创造出一种不断提高、丰富多彩的兼容性文化。这一兼容性文化使成都人乐观、开朗、诙谐,能以一种幽默和大度化解不同文化之间的摩擦或者矛盾。因而,成都往往都是随和热情的,很容易让南来北往的人产生好感并融入其中。在一锅热烈沸腾的火锅里,在钟灵毓秀、风光旖旎的名胜古迹里,每一个外乡人都能在成都找到家的感觉,达到你中有我、我中有你的欢愉。外地人在成都居家生活,求学创业,感受到成都人的热情友好、乐于助人,都能很快融入这个极具包容性和亲和力的城市。

正如陆游所描绘:"当年走马锦城西,曾为梅花醉似泥。二十里中香不断,青羊宫到浣花溪。"成都成为许多外地人首选定居城市,不仅是因为成都人具有不排外、易融合的文化个性,还因为成都被誉为"天府之国",物产富饶,四季温暖,景色怡人,生活惬意,艺术氛围浓郁。如杜甫诗曰:"锦城丝管日纷纷,半入江风半入云。此曲只应天上有,人间能得几回闻。"早在唐朝,成都已是歌舞繁盛的爱乐之城,聚集了来自不同国家和不同民族的艺术家,开创了盛唐时期蜀地音乐的大繁荣。时至今日,成都依然延续了和谐包容、开明开放的文化传统,使今天来自不同民族和国家地区的丰富音乐元素仍然得以在成都孕育滋养,自然生长。古语有云"文宗在蜀",成都是汉大赋的故里,是诗歌的圣地,是"郁郁千载诗书城"[1]的中心,是性灵诗歌诞生地,更是当代多位文化巨人,如郭沫若、巴金、张大千等人的家乡。今天的成都一如既往地传承着天府文化中的"乐观包容",成

1　陆游:《眉州披风榭拜东坡先生遗像》,黄剑华:《文宗在蜀》,成都时代出版社,2009年。

为开放的文化交流场域，领时代之风骚，遗后世以灵气，蕴含着诗意与雅致。包容多元的社会文化氛围，以及优美的自然环境和惬意的生活环境，是吸引高端人才最重要的因素，得天独厚的天府之国恰恰兼而有之，所以越来越多的人才为成都所吸引。

古语云："少不入川。"今天的成都却以广阔的胸襟，"不唯地域，不求所有，不拘一格"，吸引着世界各地的人才纷至沓来。"锦江春色来天地，玉垒浮云变古今"[1]，成都在"安逸"的外表下保有一颗积极向上的"雄心"。近年来，成都的知名度和美誉度不断提升，这与成都开放包容的城市态度密不可分。2018年7月今日头条发布的天府文化大数据中，"乐观包容"指数不容小觑，"蓉漂""人才公寓""人才安居工程"等人才新政吸引了社会的广泛关注，反映出成都"乐观包容"的一面。2017年9月，米尔肯研究院发布《中国最佳表现城市》，报告称，成都的多元化和高附加值产业的发展，对创新和创业精神的鼓励和支持，人才储备的丰富，以及土地和劳动力成本的合理，使其在众多大城市中脱颖而出，超越北上广深，当选"中国最佳表现城市"。[2]数据显示，2017年7月"成都人才新政12条"实施后，短短10个月内就有本科以上人才17.62万人落户，其中30岁及以下青年人才占八成。2018年7月成都发布"先落户后就业"的人才政策以来，成都"蓉漂""人才公寓""人才安居工程"等热词在发布的第一周内就受到了超千万人的关注。[3]成都以更开放、更包容、更便利的新人才观提出实施传递时代风尚的、温暖的"蓉漂"计划。据智联招聘发布的《2018年春季中国雇主需求与白领人才供给报告》，新一线城市就业市场异常火爆，成都城市竞争指数超过上海跃居全国第二位。今天的人才竞争已经成为城市发展动力的核心要素，成都，正在以开放的胸怀拥抱世界，以优秀的开放成果和过人的勇气智慧赢得先机。

2. 乐观包容的天府文化促进多元文化交融发展

先秦以来多个历史时期的大规模移民提高了成都的人口素质和人口规

1　杜甫：《登楼》，郭知达：《九家集注杜诗》，中华书局，1982年。
2　《国际智库米尔肯独家详解：为何成都能拿下"中国最佳表现城市"》，人民网·每日经济新闻，2017-09-19。
3　《天府文化彰显全球吸引力》，人民网，2018-07-03。

模，促进了工商业繁荣，同时带来了新的语言、饮食、风俗习惯以及生产技术、生产经验等，使成都成为各民族、各地域文化的交流重镇。成都历史上多次出现的文化发展的高潮正是得益于这些新的文化因子的交汇激荡和激励推动。移民文化特征构成了各个历史时期成都人生活方式的主要特点，大量移民文化交流融合的结晶在这里产生，如五种声腔昆、高、胡、弹、灯形成的川剧；以湖北话为基础，多种方言糅合演变而形成的当代四川话；融合南、北菜系之长而形成的川菜菜系等。天府文化的多元文化特征，构成了农业时代成都平原地区文化"乐观包容"的重要特质。

天府文化的形成和发展过程，是各种文化不断碰撞融合的过程。从数千年前的三星堆、金沙时期，到改革开放以来的新时期，天府文化在不断汲取外来文化营养的基础上形成了独具特色的和谐文化，具有很强的包容性，既不排斥外来文化，也乐于接受新鲜事物。天府文化体现出巨大的包容性，决定了成都是一个多元文化元素汇聚的城市。米尔肯研究院亚洲中心研究部董事总经理黄华跃（Perry Wong）在接受《每日经济新闻》独家采访时说："在迄今为止的排名中，成都一直在进步……在人口增长和经济规模快速扩张的同时，成都仍保持了多元化的发展，并不断扩大着与全球市场的联系。"在2007年公布的中国城市包容性排行榜中，成都排名第二。[1]成都如同一个巨大的磁场，以和谐包容、海纳百川的胸怀，不仅吸引了世界五百强等工商业巨头，也吸引了无数海内外英才。成都正在成为创业者和居住者的天堂，作为中国三大经济带——南方丝绸之路、北方丝绸之路、长江经济带的交汇点，成都是古代中国内陆地区对内对外开放的枢纽。今天的成都作为全球性大都市，要高水平打造西部国际门户枢纽，建设泛欧泛亚、向西向南开放的全球城市网络节点，开放的大门进一步打开。截至2018年8月，成都有60万名外籍人士停留，1.4万名外籍人士长期居留；在成都设立领事机构的国家达到16个，国际友好城市增至50个，涵盖了全球五大洲；开通了国际、地区航线103条，与85个国家地区实现了通航，国际通航城市78个；对51个国家的游客实施72小时过境免签。全球化智库（CCG）与智联招聘联合发布

1　零点集团：《中国公众城市宜居指数2006年度报告》，《天府早报》2007年4月25日。

《2017中国海归就业创业调查报告》，显示成都在海归创业最爱的城市中排第三，成为海归创业新热点城市。来自世界各地的人们在成都汇聚，亚洲、美洲、非洲、澳洲、欧洲，他们文化差异巨大，文化认同大相径庭，身份背景迥异（宗教、教育、政治或商业），似乎彼此冲突在所难免。但令人惊奇的是，无论来自哪里，人们都为成都所接纳和吸收，他们带来的文化，不但没有与成都本地的文化相冲突，反而与之和谐地交织、融合和共生，发展出新的文化模式。外籍人士留在成都，所带来的不仅是资金、技术、产业等商贸交流，还有思想观念、异质文明和品牌效应等人文融合，更促进了以成都平原为中心的天府文化与世界其他国家和民族优秀文化的交流与学习。

要将天府文化多元性、包容性体现在成都现代文化名城的建设中，就需要传承好、转化好金沙文化、三星堆文化、熊猫文化等以本土特征为主体的地域文化，同时积极融合、吸收中原文化、齐鲁文化、湖湘文化等我国其他传统地域文化，还需加强与西方文明、海洋文明、现代科技文明、现代法治文明等优秀异质文明的沟通交流，以天府文化特色元素与现代手段融合、创新、创造，多元发展，将文化融入人们生产生活中，不断传承和创新，形成体现成都"乐观包容"文化特质的创新发展，增强当代成都文化的感召力和说服力，塑造成都开放兼容的城市文化形象，进而推进成都地域特色鲜明、多元文化融合发展的世界文化名城建设。

3. 乐观包容的天府文化使市民生活多元化

天府文化的"乐观包容"有助于生活于此的人们实现生活平衡。人生幸福指数在当下得到了人们的普遍关注，对人生形态与生活价值观等的选择和认同，开始成为世界性的话题。生活休闲、文化深厚等关键词是成都重要的城市文化符号，而当代成都更是一个多元包容的城市。在长期的发展过程中，天府人民的生活遵循着一种张弛有道的方式。成都茶馆文化兴盛发达，美食文化独步天下，农家休闲文化引领全国，诗歌文化独领风骚，麻将扑克等益智休闲文化久盛不衰，这些都充分展现了成都本土的文化个性。历史上，成都已经是西南重镇，其"天府之国"的自然地理环境、移民社会的历史渊源、开放四通的西部国际枢纽地位等，使成都市民生活历来呈现多元化的特征。

易中天说："如果说北京是帝王贵胄、文人学者、市井小民共生共处的地面，那么，成都则更多的是平民的乐土。"现代人被市场经济时代的洪流裹挟着，面临日趋激烈的竞争，由于担心自己跟不上现代化节奏，适应不了时代的要求和标准，不得不透支精神和身体而疲于奔命。即便是成功者，所谓的成功也没有带给他们预期的幸福生活。于是，人们开始反思何谓"幸福的生活"。诚如亚里士多德所说："幸福的生活"是人得以从劳役和工作中解脱出来，不再受迫于生存需要，不再受到肉体生命过程的束缚。[1]成都以"乐观包容"的文化视角关怀人们的内心，审视生活幸福的真谛，吸引汇聚四海之内向往宁静闲适生活，追求自由快乐精神，寻找自己幸福生活之人。成都以对人性的理解之心与包容之心汇聚四海之人，四海之人也在这块平等自由的土地上尽展天性，在轻松宽容的氛围中感悟生命的意义，以自己喜爱的方式去追寻幸福。因为海纳百川，成都市民的社会价值观日趋多元，生活方式日益多样，市民生活呈现出休闲与进取、时尚与传统、本土与国际、大众化与高雅并存等多元化特征。

自古以来，成都人一面努力劳动，创造物质财富，一面珍惜时光，尽情地享受美好的生活，形成了特有的生活习俗、生活情趣，以及张弛有道的生活状态。除了知足而乐的生活态度外，成都这座西部中心城市所体现出的还有"时尚、节奏、动感"这些鲜明的特征。深厚的历史文化和时尚的现代文化，在这座城市融汇一体。改革开放以来，成都和全国其他大城市一样进入了迅猛发展期。随着中国"西部大开发"战略的推进，近年来，众多跨国企业争相进驻这个城市。传承着"创新创造"文化基因的成都，以科技创新为核心，聚焦高新技术、汽车以及航天航空等特色产业，在新型工业化进程中取得骄人成绩；在城乡统筹的新型城镇化进程中，也持续发挥示范作用，勇于开拓进取。目前，成都市已正式启动实施"创业天府"行动计划，预计到2025年，成都将成为全国领先、国际知名的创新之城、创业之都。人力资源充沛、自然资源丰富、市场前景广阔等得天独厚的优势，吸引了如英特尔、戴尔、德州仪器、富士康等多达262家世界五百强落户成都。这些都激励了

1　亚里士多德著，苗力田译：《亚里士多德全集》，中国人民大学出版社，1990年。

大量青年学生、高校院所人才、海外高端人才等融入成都，在成都创新创业、安居乐业。来自世界各地的精英以他们对人生真正价值和幸福生活真谛的不同理解，影响和改变着成都市民的生活方式。高雅的意大利歌剧与传统的川剧折子戏一同受到追捧，浪漫安静的西式餐厅与充满烟火气的火锅店比邻而居，广场热闹的坝坝舞与舞姿翩翩的国标一样让人身心舒畅，博物馆和书店里静静品味文化的人群与茶馆中高谈阔论的人群都体会着人生闲趣，东郊音乐公园中夸张的二次元表演与街边小巷随处可见的麻将牌戏都在演绎着各自独特的意趣。天府文化所具有的包容性，使成都市民与时俱进，开拓创新，善于吸取国内外其他城市良好的生活方式，并与自身的文化相融合。因而今天成都人的生活既传统又时尚，既本土化也国际化，日益丰富多彩，品位高雅，越来越多层次、多元化。

4. 乐观包容的天府文化创造了舒适怡然的社会氛围

"和我在成都的街头走一走，直到所有的灯都熄灭了也不停留……"赵雷的一首《成都》走红全国，唱出了多少人对成都的想象和向往。古往今来，成都人素有秉性善良、脾气温和、待人热情、乐善好施的美名。"乐观包容"是成都舒适怡然、兼济天下的文化温度。这正是成都走向世界、面向未来的人文基础。很多外地人对成都的印象用四川话中两个常用词来说就是"安逸"和"巴适"。

成都的"休闲"传统可说是源远流长，史书上屡有成都人"勤稼穑，尚奢侈，崇文学，好娱乐"或"好音乐，少愁苦，尚奢靡，喜虚称"的记载。成都人之所以会"休闲"，皆因成都自古"田肥美，民殷富，战车万乘，奋击百万，沃野千里，蓄积饶多，地势形便"（《战国策》）。这样的优良天赋，让成都人有更多时间和精力去关注生活和自身，让身心从物质束缚中超脱出来，回归生命存在的本原。另一方面，从文化历史上看，成都具有相对独立、自成一体的文化始源。成都地处古蜀文明中心，古蜀文明虽然与中原文明相互影响，却风貌独具、禀赋殊异。从三星堆遗址发掘的青铜神树、青铜立人与纵目面具、人面鸟身像，以及金沙遗址出土的太阳神鸟、蟾蜍金箔可见，古蜀文明具有重仙重神器的特征，与中原文化重礼重礼器的特征迥然不同。此外，从自然地理来看，成都偏居西南一隅，地处盆地中央，四周皆有崇山峻岭将之与外部世界阻隔，形成了相对独立自由的小王国。成都人注重生活，关注内心，素喜与自然和神明交往，对自由与平等有着发乎本能的热爱和追求。成都平原境内有中国道教发祥地青城山和鹤鸣山，市内有道教名胜青羊宫，道教"天人合一"的思想与成都超脱达观的精神气质可以说是不谋而合。

成都人既用自己的辛勤劳动和智慧创造了这座城市，同时也尽情享受人生的美好时光。需要强调的是，成都这种喜好游乐、善于休闲的文化习俗并非是消极的、不思进取的表现，恰恰相反，这正是成都人对生活所具有的积极态度，是其热爱自然、热爱生命的表现。成都人在辛勤创造物质财富和精神财富的同时，也善于享受他们所创造的美好生活，从而形成了成都人张弛有道的文化心态。例如我们所熟知的心怀家国却终生郁郁不得志的诗人杜甫一朝踏上成都大地，呼吸到这片土地上清新自由的空气，感受到成都人热爱自然、热爱生命的生活态度，其创作风格随之发生了明显的转变。到蜀之前，其诗歌内容描绘了战火硝烟下国破家亡的一派晦暗凝重，如"国破山河在，城春草木深。感时花溅泪，恨别鸟惊心"，而在成都草堂所写的却是"黄四娘家花满蹊，千朵万朵压枝低。留连戏蝶时时舞，自在娇莺恰恰啼"，春意盎然色彩明丽，表达着由衷的喜悦。杜甫在成都成为一个富有闲情逸致，热爱生活享受生活，整日忙着种花植树，坐看白云，目送归鸿，对自然生物充满好奇和眷恋的天真孩童。这正是成都舒适怡然的社会氛围带给诗人的巨大变化。勤劳与闲适这两种看起来反差强烈的因素，在成都城市文化中却能和谐统一，这也正是成都城市文化的突出特色和优势之所在。可以说，从璀璨的古蜀文明到丰富多彩的现代城市文化，从茶馆小憩的闲适到购物中心的动感，成都人不停追逐生活的品位和质量，追逐生命的真谛和真理。成都是一座开拓创新的城市，同时也是一座以懂得生活并会享受生活而著称的城市。成都人所具有的独特生活方式和生活态度，是在长期的历史发展过程中形成的，是天府之国优越的自然环境与和谐包容的人文环境长期协调发展的结果。

三、天府文化"乐观包容"文化特质的发展与传播

从李冰治水，到诸葛亮在《隆中对》中称"益州险塞，沃野千里，天府之土"，经过四五百年的发展积淀，成都平原最终取代关中，独享"天府之国"的美誉。天府之国不仅是物质上的富庶粮仓，更是文化上的丰盛水库。"天府之国"涵育千年的"天府文化"是中华优秀传统文化的重要构成部分。"天府文化"之提出与历史脉络若合符契，与时代主题紧密相连，是成都在新的历史起点上的文化再出发。新时代，新发展，在新的社会经济发展形势下，天府文化"乐观包容"特质应该有新的发展，应该有更加广泛的传播，在这一过程中应该重点注意以下三个层面的问题。

（一）天府文化的"乐观包容"文化特质与中华民族文化共同体的构建

对中华文化共同体的认同是中华民族共同体建构的根基。习近平总书记在2014年召开的中央民族工作会议上强调，加强中华民族大团结，长远和根本的是增强文化认同，建设各民族共有精神家园，积极培养中华民族共同体意识。[1]中华文明是一种自成系统、容纳了许多子系文化群落的"母文化"。就今日而论，五十多个兄弟民族的文化共同组成了中国文化。天府文化始终是中华文明母体中一个最活跃开放的子系群落，它在中华文化系统中与其他子系文化群落不断互补、共生、发展。在中华民族发展过程中，中国由于幅员辽阔，在不同的地理环境影响下形成了多样化的地缘文化。中国文化强大的生命力恰好是来自于其母体文化强大的包容性和其境内的邹鲁文化、三晋文化、燕齐文化、荆楚文化、西蜀文化等丰富多彩的子系区域文化群落的差异性。中国文化有两个基本特点：一是她历史悠久的以融合统一为主导的历史和祖国统一的观念，二是她包容着丰富多彩的诸多子系文化群落。中华文化的开放性和兼容性，奠定了中国统一多民族国家的基础，促使各民族在政治、经济、文化、习俗等方面进行广泛交流，发展壮大，共生共存。正是不同族群文化的异质性相互容纳，才构成了中华民族文化的同一性。中华民族

1　中共中央宣传部：《习近平总书记系列重要讲话读本》，学习出版社、人民出版社，2016年。

文化就是对不同地缘文化的涵容与吸收，体现了多元文化的结构特征，并沉积在国家制度、组织形态、思维方式、宗教伦理、文学艺术、审美习惯以及社会生活的各个层面。

从数千年的历史进程看，蜀文化始源独立发展的时期相对较短，而其与汉文化融合融汇的时期则较长，表明蜀人在各个历史时期对于母体文化有着深刻、广泛的文化认同。很早就有将蜀人与黄帝、颛顼、大禹相联系的传说。神奇的西蜀山水，引发了蜀人对蜀中神奇自然世界的无边向往和热爱。

最奇异的是剑门山峰头石角皆向北俯首，有趋于中原的自然之势。杜甫《剑门》诗："惟天有设险，剑门天下壮。连山抱西南，石角皆北向。"杜甫以心向中原的文化心理观察出石峰石角皆北向的奇特自然景象，故《九家集注杜诗》认为这是写"剑山石皆北向，如拜伏状"，"地势虽险而有趋中原自然之势"，"有面内（即面向中原）之义"，"示朝上国而不背之也"。这种心向中原凝聚的心理，就是今天广元、剑阁一带朝天岭、朝天程、朝天峡、朝天关、朝天驿、朝天水驿等名称的由来。"向帝都者谓之朝天门也"，朝天者，朝向中央王朝也。

特殊的向北倾伏的自然地势，易于使蜀人神与物游，联想而生北向中原中央王朝的文化心理，在中华民族向心力和凝聚力形成和凝结的牢固链条上增加了新的形象思维结晶和历史闪光点。在西蜀的历史语境中，蜀人自古即是黄帝、昌意、颛顼一系降居江水、若水，夏禹兴于西羌，蜀人自古即是华夏族中原文化体系内孕生出来的。这种心向华夏的民族凝聚力和向心力，自古即培毓发展。这也是西蜀文化一个很重要的特点。[1]

富饶的四川盆地融合了多种文化，地理环境特殊，见证了中华民族历史上的纷争、动荡以及流徙。天府文化的发展就是多元文化相互吸收、相互融

---

1 谭继和：《神奇、神秘、神妙的西蜀文化》，《光明日报》2012年9月13日第15版。

合的过程，这也造就了其"乐观包容"的文化特质。随着汉唐时期丝绸之路的开通，倍受世人关注的成都地区以丝绸、织锦为纽带，带动蜀地与外界的商贸经济大繁荣，推进了天府文化与各种文化的交流。1995年，中日尼雅遗址学术考察队在新疆民丰县尼雅遗址考古发掘出了一件绣有"五星出东方，利中国"文字的作为射箭护臂所用的蜀锦制品，它的出土传递着与蜀地有关的信息，表明蜀锦很早就是中国与西域各国贸易的重要商品之一。《史记·天官书》云"五星分天之中，积于东方，中国利"，《汉书》《晋书》《隋书》中亦有相似的记载。儒家认为，所谓"五星"是岁星、荧惑、镇星、太白和辰星，如果五星同时出现在东方的天空中，则表示对中原王朝对外用兵非常有利。蜀锦上的这些文字说明天府文化很早就接纳和融合了大一统中国、以中原为中心的思想，以及已将向外传播中华大一统思想和中华正统论等文化意识作为其重要的历史使命。可见，历史悠久的天府文化是中华优秀传统文化的重要组成部分。这段蜀锦的发现从历史角度证明天府文化因其具有"乐观包容"特质所以很早就与中华民族文化共同体的构建紧密联系在了一起，中华文化大一统是天府文化很早就有的重要历史传统。故而在中国多族群、多文化共同生存的基础上需要不断弘扬天府文化"乐观包容"的文化特质，以构建集中表现传统文化和民族整体精神纽带的中华民族文化共同体。

（二）天府文化"乐观包容"文化特质与"一带一路"倡议结合

"天府之国"成都是长江上游古文明起源和发展的中心，是中华民族文明和中华丝绸文明起源和发展的一个重要摇篮。丝绸是中华文明独异于其他世界三大古文明的标志之一，据历史学家蒙文通研究，对独特的中华丝绸文明的最早记载见于《山海经·海外北经》，书中的"欧丝之野"即指古蜀大地，表明蜀之"都广之野"自古就有桑麻遍野的良好自然条件。此外，据晋干宝《搜神记》记载"蚕丛都蜀，衣青衣，教民蚕桑，则蜀可蚕"的神话，古蜀人源于食虫氏族，最初即食野蚕，后来发现野蚕吐丝的功能，即把它培养为家蚕。"蚕丛"是对蜀王具有丛簇养蚕、缫丝技术而有的尊称，"蜀山氏"则是对以操持蚕桑业为特征的部族的尊称。蜀因其独特的自然和人文条件，成为中华丝绸文明起源和形成的摇篮之一。汉唐以来，成都更因蜀锦、蜀绣、蜀布、漆器及其他特色商品，在丝绸之路的贸易中独放异彩，是连接诸条丝绸之路的一个重要枢纽。同时，自开展古丝绸贸易以来，天府文化与各民族文化在碰撞中互动、融合，呈现出文化多样性的特征。2013年国家主席习近平提出的"一带一路"是新时期我国积极主动与亚非欧等国家建立多边经济贸易合作的平台，为的是借着"古丝绸之路"的文化符号，在发展经济的同时，构建起一条政治互信、经济共赢、文化交融的新纽带。在"开放、共享、合作、互赢"的"一带一路"倡议的引导下与践行中，国家之间建立互利合作的贸易机制，在传播人类文明的同时，逐步改善和提升这条新丝路沿线各国各地区民族的生产和生活水平。[1]

蜀人司马相如所云"苞括宇宙，总览人物"，"控引天地，错综古今"，体现了历代蜀人冲出盆地，开拓四面通道，走向外部世界的精神。在汉唐时代，欧洲尚处于黑暗中世纪的城市衰落时期，唯以扬州、成都为代表的中国都市，通过诸条丝绸之路的商品贸易和文化互鉴独放异彩。天府之国的发展历史证明：成都离不开丝绸之路，丝绸之路也离不开成都。在今天开展的"一带一路"文明交流合作、开放共享中，成都定会承袭它奉献于诸条丝绸之路的文明理念、历史优势和历史经验，发挥其独特的古今魅力，充分展示和发挥天府文化"乐观包容"的文化感召力，在新的语境下联系现实，以新的时代视角审视其传承与创新，建构新的文化语汇，把"乐观包容"文化特质加以创造性转换，呈现成都"生活乐观、兼容并蓄"的独特城市文化魅力。对各种文明的互学互鉴，让天府文化成为全面体现国家中心城市建设新发展理念的文化基石。通过挖掘天府文化丰富的文化资源优势，将其转化为文化产业优势，加强文化载体建设，注重弘扬天府文化"乐观包容"特质的内涵，丰富天府文化"乐观包容"特质的创新性发展，以期为成都经济、社会、文化的发展提供涵养与支持，并使其助力"一带一路"建设。

1　孙江：《"空间生产"：从马克思到当代》，人民出版社，2008年。

（三）天府文化的"乐观包容"文化特质与"人类命运共同体"理论的发展与实践

"建设一个什么样的世界，如何建设这个世界"，是关乎人类前途命运的重大课题。随着科学技术的发展，各国之间相互依存，命运与共，没有哪个国家能够独自应对人类面临的各种挑战，世界各国需要以负责任的精神同舟共济，共同维护和促进世界和平与发展，日益形成你中有我、我中有你的命运共同体。党的十八大以来，习近平总书记站在人类历史发展进程的高度，以大国领袖的责任担当高瞻远瞩，在国际国内重要场合先后100多次提及人类命运共同体，呼吁国际社会携手合作，共同推进人类命运共同体的建设。[1]在人类命运共同体中，不同国家与民族的文明各有特色，却无优劣之分，只有充分尊重、包容、交流，而不能分裂、对立、排他，更不能消灭异己；要以广博的包容性，处理异质文化差异和冲突，有容乃大，求同存异。正如《论语》云"四海之内皆兄弟也"，这是中国人很早就形成的共识。中国文化自古以来就是开放性与兼容性并具的文明。历史上开放的中国文明不仅能使宗教信仰、民族文化差异甚大之人群汇聚团结于同一国家之内，而且善于在四海之内主动寻找新朋友。正是因为中华文明海纳百川，兼容并蓄，古中国文明才得以绵延生息数千年而不断，历经劫难而始终立于东方巍然不动，直至今日仍焕发着勃勃生机。

中华传统文化"合则强，孤则弱"的训示，在构建"人类命运共同体"这个倡议中得到了充分体现。人类命运共同体思想是对西汉开启的丝绸之路历史文明的继承和发展，充分体现了对传统文化的传承和创新。天府文化是中国优秀传统文化中不可或缺的一分子，其"乐观包容"的文化特质正是开放、包容的中国文化的一种。

这种特质也与人类命运共同体中所包含的"尊重""包容""互鉴"的新文明观呈现了极大的契合性。天府文化"乐观包容"的文化特质决定其以尊重文明的多样性为重要前提，以文明交流超越文明隔阂，以文明互鉴超越

1　中共中央宣传部：《习近平总书记系列重要讲话读本》，学习出版社、人民出版社，2016年。

文明冲突，以文明共存超越文明优越。天府文化的多样性是其基本特征，也是天府之国不断浴火重生的力量源泉，多样带来交流，交流孕育融合，融合产生进步。天府文化的包容性使其承认不同文明凝聚着不同民族的智慧和贡献，无高低优劣之分。以多元文化交流、文化互鉴、文化共存为特征的天府文化，超越时空束缚，彰显了以整体意识、全球思维包容不同价值观念的强大魅力，为科学处理国家、国际社会层面的文化差异提供了中国方案和中国智慧。

乐观包容的魅力呈现

▼

传承巴蜀文明　发展天府文化
THE RESEARCH
OF TIANFU CULTURE

▲

　　天府文化乐观包容的魅力主要体现在成都流播均衡的儒释道文化、来自天南海北的移民及多元思想融汇的大格局。四川是佛教传入较早的地区之一，汉代崖墓中的石刻佛像等是佛教传入中国的早期实物资料，佛教在蜀地与道教、儒教交融，展现了天府文化乐观包容的精神。天府禅学阐释经典奥义时体现的乐观包容精神，对于人类身心健康、社会和谐发展皆具有重要意义。天府文化乐观包容精神也受到道家美学的影响，诗意化栖居、市民化休闲、生成化创造，是道家美学思想影响下乐观包容的生活意态的切实呈现。乐观包容也是儒家倡导的人生修为，沉吟浣花溪畔的杜甫描绘蜀地山川、民生百态，其清狂野逸的人生态度是乐观精神的突出体现。他在此创作的诗歌，是对天府文化的杰出贡献，是天府文化的重要组成部分。

从早期佛像传播说天府文化的乐观包容

黄剑华[1]

摘　要：佛教图像在中国的传播要早于佛经在中国的传入和翻译。考古资料揭示，四川地区发现的汉代崖墓石刻佛像，以及出土摇钱树座与树干上的佛像，数量很多，为我们了解早期佛教图像的传播提供了丰富的实物资料。在时间与速度上，南传佛教系统遥遥领先，并由蜀地逐渐向周边其他地区传播，从而促使了中国佛像的流行。早期佛教在蜀地与道教和儒教交融，展现了天府文化在精神崇尚方面的乐观包容。佛教后来对中国文化产生了深刻的影响，而对于南方丝路与天府之国对早期佛像传播所发挥的积极作用，是应该给予充分肯定的。

关键词：早期佛像；考古发现；汉代崖墓；天府文化；乐观包容

1　黄剑华，四川省文物考古研究院研究员。

一、早期佛像由西南丝路传入蜀地的考古发现

佛教起源于印度，其创立时间大约在公元前6世纪。《印度简史》说："关于释迦牟尼佛生活的简单事实，现在已很确定。他生于公元前623年，是释迦族首领净饭王的儿子。他生于岚毗尼园中的旧传说，由于发现公元前250年阿育王所建立的纪念柱已经得到证实，柱上有铭文'释迦牟尼佛生于此'。"[1]中国近代学者依据南齐僧伽跋陀罗所译《善见律毗婆沙》相传的"众圣点记"（从释迦牟尼逝世的当年开始，在书后记下一点，以后每年添加一点），至南齐永明七年（489）共计得975点，由此上推则释迦牟尼生于公元前565年，卒于公元前486年，大体上与中国春秋战国时期的孔子同时代，而比孔子早逝7年。中国学者的研究结论，后来也为日本、印度等国的学者所采用。[2]释迦牟尼成道以后，为了使他的思想学说被世人所理解和接受，开始了长达45年的传教活动。释迦牟尼及其直传弟子所宣扬的佛教，被称为根本佛教，后来在印度几经演变，出现了不同的部派。如佛灭后约100年，佛教分为上座部、大众部两大派，此后又形成了小乘佛教与大乘佛教两大系统。印度早期佛像有犍陀罗（Gandhāra）和秣菟罗（Mathurā）两大艺术流派，犍陀罗佛教艺术汲取了古希腊、古罗马雕刻艺术的元素，而秣菟罗佛教艺术则更多地继承了印度本土的雕刻风格。孔雀王朝时期，阿育王奉佛教为国教，广建佛塔，刻敕令和教谕于摩崖和石柱，并派僧人到周围国家传教，东至缅甸，南至斯里兰卡，西到叙利亚、埃及等地，使佛教遍传南亚次大陆与中亚等地区，并逐渐成为世界性宗教。

关于佛教传入中国的时间，学术界有多种看法，见解不一。有人认为佛教传入中国是在东汉明帝时，其依据是《四十二章经》《牟子理惑论》等书曾记载汉明帝夜梦金人，然后遣使求法，所以学者们认为这是佛教始传中国的时间。或认为佛教在西汉时期就已传入中国，如《三国志·魏书》裴松之注引鱼豢《魏略·西戎传》"昔汉哀帝元寿元年，博士弟子景卢受大月氏王

1　[印度]潘尼迦著，吴之椿、欧阳采薇合译：《印度简史》，生活·读书·新知三联书店，1957年，第28页。

2　《中国大百科全书·宗教》，中国大百科全书出版社，1988年，第117、368页。

使伊存口受浮屠经"[1]的记载。还有学者认为佛教最早传入中国的时间应在秦代，其证为司马迁《史记·秦始皇本纪》有一段记载，说"禁不得祠。明星出西方"[2]，认为"不得"当为佛陀之音译，不得祠即佛祠，也就是佛寺，由此可知"秦始皇是中国历史上第一位禁佛的皇帝"[3]。汤用彤先生认为《史记·秦始皇本纪》说的是"禁不得祠明星"，"不得"为虚字非实字，怎能指为佛陀？"由此言之，禁不得祠，实与佛教无关也"[4]。对于佛教何时传入中国，虽然有诸多说法，迄今仍有争议尚无定论，但东汉时期佛教已经传入中国，这一判断应该是没有什么疑问的，文献史料对此已有比较明确的记载。如《后汉书·西域传》说"汉自楚英始盛斋戒之祀，桓帝又修华盖之饰"，又说"后桓帝好神，数祀浮屠、老子，百姓稍有奉者，后遂转盛"。[5]《三国志·吴书·刘繇传》有笮融大肆修筑佛寺、建造佛像的记载[6]，据学者们研究，笮融筑造佛像的年代大约是汉献帝初平三年（192）四月至初平四年（193）之间。[7]

佛教在东汉时期传入中国，并从宫廷到民间开始在全国流行，这其中有两个非常重要的原因。其一是中华民族自古以来对宗教信仰的宽容：不管是本土的宗教，还是外来的宗教，都一视同仁无分轩轾，各民族的不同信仰都能够和平相处，这一传统在汉代表现得尤其充分。其二是汉代的开放：大力加强中西方文化的交流往来，对外来的新鲜事物常持欢迎态度而绝不排斥。正是这种博大宽容的民族襟怀与开放活跃的时代精神，为佛教的传入提供了绝好的环境与机会，使佛教在中国得以广泛传播，且影响不断扩大，浸入中国思想文化与社会生活的各个方面。

众所周知，中国很早就和周边其他国家有了交流往来。佛教传入中国的

1 　陈寿：《三国志·魏书》卷三十《乌九鲜卑东夷传》，裴松之注引鱼豢《魏略·西戎传》，中华书局，1959年，第859页。
2 　司马迁：《史记》卷六《秦始皇本纪》，中华书局，1959年，第253页。
3 　韩伟：《秦始皇时代佛教已传入中国考》，《文博》2009年第2期，第18～19页。
4 　汤用彤：《汉魏两晋南北朝佛教史》，中华书局，1955年，第7～8页。
5 　范晔：《后汉书》卷八十八《西域传》，中华书局，1965年，第2932页。
6 　陈寿：《三国志·吴书》卷四十九《刘繇传》，中华书局，1959年，第1185页。
7 　何志国：《汉魏时期摇钱树初步研究》，科学出版社，2007年，第217页。

路线，根据考古发现并参照文献记载来看，主要有两条：一是汉武帝时开通的连接中原与西域、中亚各国的沙漠绿洲丝绸之路；二是由蜀入滇经过西南夷地区通向印度和南亚地区的西南商道，亦称南方丝绸之路，或简称西南丝路。司马迁《史记》等传世文献记述，汉武帝派遣张骞出使西域开通沙漠丝路，张骞在大夏（今阿富汗北部一带）曾见到了邛竹杖与蜀布，这些货物是从蜀地运到身毒（印度）然后再贩运到中亚的，由此可知西南丝路早在沙漠丝路开通之前就已存在并发挥着贸易通商与文化交流的作用了。正如方国瑜先生在《中国西南历史地理考释》中所述："中、印两国文化发达甚早，已在远古声闻相通为意中事。最早中、印往还经过西南夷的交通线，各家所说是一致的，至于取道南海及西域，则为汉武帝以后之事。"[1]汉武帝时朝廷大力经营西南夷，到了东汉在云南西部设置永昌郡后，西南丝路这条国际商道才全线畅通，这在客观上促进了中国同世界的经济文化交流，有许多外国使者便是通过这条路线进入中国内地前往京城洛阳朝贡的。从史料记载透露的信息看，罗马人很可能是先由海道至缅甸，然后由西南丝路进入云南和四川，再前往中原的。来自罗马、中亚与西亚的杂技艺人和魔术师们，在西南丝路沿途肯定做过多次表演，在繁华的成都可能有过较长时间的停留。四川地区出土的一些东汉杂技画像砖上，便留下了他们表演的精彩画面。这个时候，早期的佛教图像也传入了中国，而且传入的途径和西南丝路有着非常密切的关系。值得特别注意的是，早期佛教图像在中国的传播应比佛经早。文献记载说汉明帝梦见的所谓"金人"，指的就是佛像。考古资料也告诉我们，早期佛像的传入显然应在佛经的传入与翻译之前。也就是说，佛教传入中国，首先传播的是佛教图像，其后才是佛经的翻译与传播。学术界以往对此并未深究，随着考古资料发现的增多和研究的深入，我们对此才有了越来越清晰的认识。如阮荣春教授通过对中国出土实物的深入研究，就认为近年于南方出土的大量佛教遗物从时代上表明佛像在中国的最早兴起并不在西北丝路，在时间与速度上，南传系统遥遥领先，不仅早于中国北方，且在三国时期即将佛教艺术的图像送达东邻日本。[2]

1　方国瑜：《中国西南历史地理考释》，中华书局，1987年，第7页。
2　阮荣春：《佛教南传之路·前言》，湖南美术出版社，2000年，第7页。

　　从四川出土的早期佛教造像看，印度佛教中的佛像崇拜很可能最早就是从西南丝路传入中国的，并由蜀地向长江流域其他地区传播。1941年彭山东汉崖墓出土了一件陶质摇钱树座，底部为双龙衔璧图像，身部采用浮雕手法，塑造了"一佛二胁侍"人物造型，陶座现藏于南京博物院。当时参加考古发掘的有李济、冯汉骥、吴金鼎、夏鼐、曾昭燏等人，都是中国近代著名的考古专家。学者们一致认为这是真正的佛像，认为这件佛像"对佛教的传播以及佛教在我国的开始年限提供了一些实物依据"[1]。在乐山麻浩和柿子湾两座东汉崖墓后室的门额上，也发现了三尊坐佛像。[2]在彭山一座东汉崖墓的门柱内侧，也发现了雕刻的带项光佛像两尊，以及凿雕在墓壁上的小佛像若干。[3]除了崖墓上发现的佛教造像，四川境内出土的摇钱树座和摇钱树干上也发现有佛教造像。1989年11月绵阳市郊何家山1号崖墓出土了一株摇钱树，在高达70多厘米的青铜摇钱树干上，等距离地分别铸有五尊佛像。[4]类似的摇钱树干佛像在四川、重庆、陕西很多地方都有发现，尤其以四川地区为多。如1998年在四川绵阳双碑白虎嘴发现崖墓30余座，其中M19和M49号墓出土有摇钱树干佛像四尊，四川安县崖墓出土的一件摇钱树干上也铸有形态相似的佛像，摇钱树枝叶上也铸有佛像。1970年在四川梓潼县宏仁羊头山出土摇钱树干上有圆雕裸体佛像，两侧有侧跪人像与侧立之马，其上各有八瓣盛开的莲花，有学者经过仔细观察和研究认为，其组合的形式可能表现了释迦太子出家和成道的经变故事。[5]重庆国友博物馆收藏有一件四川三台县出土的摇钱树，树干上铸有六尊佛像，其体量形态与绵阳何家山1号东汉崖墓出土摇钱树干佛像非常相似。重庆市丰都县发掘的一座东汉"延光四年"（125）砖

1　图见南京博物院编《四川彭山汉代崖墓》图44、彩图1（文物出版社，1991年）第36～37页，时代推断见该书第6、97、100页。

2　唐长寿：《乐山崖墓和彭山崖墓》图版15，电子科技大学出版社，1993年，第72～73页。

3　江玉祥主编：《古代西南丝绸之路研究》第二辑，四川大学出版社，1995年，第55页。

4　何志国：《汉魏时期摇钱树初步研究》，科学出版社，2007年，第43～45页。绵阳博物馆、何志国：《四川绵阳何家山1号东汉崖墓清理简报》，《文物》1991年第3期，第5～6页。

5　何志国：《四川梓潼汉末摇钱树小记——兼考梓潼摇钱树佛像》，《中原文物》2006年第3期。

室墓中，出土的一件摇钱树干也铸有佛像。[1]泸州出土的一件东汉陶灯台上，也有佛像。四川地区以往出土的位于画像石或摇钱树上的早期佛像遗物，均为线刻或浮雕的二维图像。文物考古工作者认为，这件灯台上的佛像，是三维形态的早期佛教图像，对于研究早期佛像具有重要意义。[2]四川地区除了发现有较多的早期佛教造像，还发现有佛塔画像。1986年6月四川省博物馆派人在什邡皂角乡白果村征集文物时，在一座东汉墓的废墟上采集到了中间为佛塔两边为菩提树图案的画像砖，这是迄今发现佛教传入我国后以画像形式保存下来的最早的佛塔实物形象。[3]

上面列举的这些出土实物资料，无可争议地说明了佛教造像在东汉中后期已从西南丝路传入蜀地并在民间广泛流传。早期佛教造像在蜀地传播的时间和速度，很明显领先于华夏中原和其他地区。佛像由蜀地逐渐向长江中下游和周边地区传播，从而促使了其在中国的流行，对后来佛教的盛行产生了重要作用。

二、早期佛教和儒道的交融与传播影响

早期佛像传入蜀地之后，在民间获得了较为广泛的传播。值得注意的是，佛教宣扬的宗教信仰，与中国传统的儒家学说和东汉末兴起的道教并不一致，却未遭排斥，这确实是一个很有趣的现象。分析其中的原因，至少有两个非常关键的缘由：一是早期佛教传播借用了当时的求仙之风和对黄老之术的崇尚，将对佛像的崇拜巧妙地融入了民间信仰；二是天府文化的乐观包容，给佛教传播提供了宽松的空间，这个方面尤为重要，这应该是南传佛教得以兴盛的最主要的原因了。尤其是天府之国的民俗民风，不仅在精神崇尚方面包容性很强，而且善于接纳新鲜事物，为新的文化信仰融入提供了温和

1　何志国：《早期佛像研究》，华东师范大学出版社，2013年，第12～13页。丰都县东汉"延光四年"砖室墓出土的摇钱树干佛像，见何志国《汉魏时期摇钱树初步研究》图9～14，科学出版社，2007年，第197～198页。

2　这件陶佛像灯台现藏于泸州市博物馆，见邹西丹《泸州市博物馆藏东汉陶佛像灯台略考》图版四，《四川文物》2013年第2期，第63～65页。

3　谢志成：《四川汉代画像砖上的佛塔图像》，《四川文物》1987年第4期，第62页。又见《中国画像砖全集·四川汉画像砖》图201，四川美术出版社，2006年，第144页。

宽松的发展空间。商周时期的古蜀文明就充分彰显了这个特点，从而形成了青铜文化的灿烂辉煌。秦朝统一全国之后，天府文化也充分显示了这个特点，无论是接纳外来移民还是和其他区域文化交流融合，都能秉持乐观包容，做到和谐相处。在对待早期佛像的传播上，天府文化的乐观包容，也发挥了积极的作用。

我们知道，四川是道教的发祥地。张陵创建道教时，曾去过很多地方做考察。据历史文献记载，张陵出生于江苏丰县，传说他是晚年跟赤松子学仙的张良后人，自幼便诵读《老子》，曾到洛阳"入太学，博通五经"，深谙老庄学说和儒家经典，他青年时代就到过蜀地，游历过许多地方，探访过传说中的仙源昆仑，并到过长江中下游许多名胜之地，还一度担任过巴郡江州令，但功名利禄并不是他追求的目标，不久他便辞官修道。张陵一生中几次到洛阳，曾在北邙山修炼三年，对于洛阳一带前期活动的各个道派，他是比较了解的，但他从政治、民风等方面深思熟虑后，选择了入蜀这个战略决策。[1]张陵采取了"化道西蜀"的策略，选择位于岷山之域邛崃山脉南段的大邑县鹤鸣山和灌县青城山作为创教与传教之地，经过不懈的努力，他在巴蜀地区的创教传教活动获得了极大的成功。常璩《华阳国志·汉中志》说："汉末，沛国张陵学道于蜀鹤鸣山，造作道书，自称'太清玄元'，以惑百姓。陵死，子衡传其业。衡死，子鲁传其业。……其供道限出五斗米，故世谓之'米道'"[2]。《后汉书·刘焉传》与《三国志·魏书·张鲁传》对此也有相同记载。[3]后来葛洪《神仙传·张道陵传》则做了进一步的神化叙述。张陵创建的道教，以长生不老与成仙为最高目标，这与古代蜀人的崇拜观念是非常吻合的，所以以极易为蜀人所接受和信奉。道教中关于龙、虎的观念，也与古代蜀人的原始崇拜有着非常密切的关系。四川汉代墓葬出土画像中常见有西王母与龙虎座，道教中的神仙多以龙、虎为坐骑，正是这种地域特色的形象体现。早期佛像传入蜀地后，也利用了天府之国的地域文化特点，很自然地和道教混合在一起，开始了广泛的传播。

1　王纯五：《天师道二十四治考》，四川大学出版社，1996年，第7页。

2　常璩撰，刘琳校注：《华阳国志校注》，巴蜀书社，1984年，第114页。

3　范晔：《后汉书》第九册，中华书局，1965年，第2435页。陈寿：《三国志》第一册，中华书局，1959年，第263页。

从宗教的信仰看，道教是一个具有主神崇拜特征的多神教，宣称三清是道教诸天界中最高神祇，三清为玉清元始天尊、上清灵宝天尊、太清道德天尊，认为得道可以成仙，把尊崇诸神和讲究修炼作为人生的追求目标。佛教的说法与道教有很大的区别，佛教有三世佛，说有前世、今生、未来，而没有灵魂之说，主要讲因果轮回，把自度解脱烦恼痛苦与普度众生作为宗旨。佛教与道教虽然说法不同，宗旨有别，但在有些方面却又相互交融，譬如对于地狱与阎王的信仰便是一个例子。道教讲人死了之后去阴间需要路引，佛教说生前作恶死了便会入地狱，而地狱中有判官与阎王却又是借用了中国式的说法。总之，佛教、道教与传统鬼神文化在传播与交融过程中，自然而然形成了你中有我、我中有你的情形。而蜀人在其民间信仰中，很自然地将它们融汇在了一起，这也正是天府文化在精神崇尚方面的乐观包容所致。

汉代的求仙之风非常昌盛，也为佛像的传播提供了机会。在秦汉时期国家统一、经济发展的历史背景下，神仙思想的盛行，已成为意识形态中的一种主流思想。秦始皇曾大张旗鼓地派遣徐福入海求仙，汉武帝更是不厌其烦地重用方士追求仙道，帝王们的倡导，必然会影响整个社会。西蜀是道教的发祥地，求仙与追求长生不老也正是道教倡导的宗旨，当时乐山、绵阳、丰都等地的道教活动都十分活跃。早期佛像传入蜀地后便与鬼神信仰以及仙道崇尚结合在了一起，在传播方面形成了仙佛模式，或称为佛神模式。[1]从文献记载来看，当时东汉统治阶层也认为佛教同中国黄老之术差不多，将信奉佛教同求仙企盼长生不死并列，认为造祠奉祀佛像可以祈福永命，如《牟子理惑论》说佛能飞行虚空、能隐能彰、不死不伤[2]，这同汉代方士们宣扬的神仙道术能够炼形炼神、白日飞升、长生不死的说法非常相似。《后汉书》说楚王刘英"诵黄老之微言，尚浮屠之仁祠"[3]；襄楷上书说"闻宫中立黄老、浮屠之祠"[4]，也都是将佛教同黄老并列。可见汉代人当时还不完全了解佛教理

1　温玉成：《中国佛教与考古》，宗教文化出版社，2009年，第73~94页。何志国：《汉魏摇钱树初步研究》，科学出版社，2007年，第235~254页。

2　太尉牟融：《牟子》，《百子全书》下册，浙江古籍出版社，1998年，第1098页。

3　范晔：《后汉书》卷四十二《光武十王列传》，中华书局，1965年，第1428页。

4　范晔：《后汉书》卷三十下《襄楷传》，中华书局，1965年，第1082页。

论，基本上是用中国黄老之学和汉代道术思想来理解和对待佛教。"将佛陀视若仙人，这是当时宗教信仰的一个总的特点。"[1]在巴蜀地区出土的摇钱树上，常见摇钱树干上有佛像，摇钱树枝叶上有西王母像的现象，正是这种融合传播的写照。正因为对佛像的理解是同求仙意识混淆在一起的，所以汉代画像中西王母的形象甚为常见，始终占据主神地位，而早期佛像则处于配角地位。到了东汉末年和魏晋时期，随着佛教图像的广为传播和佛经的传入流行，佛教才真正成为一种重要的宗教信仰，民从对佛教的信奉这才随之发生了极大的变化。佛教不仅信徒日众，而且大量修筑佛寺建造佛像，其辉煌奢丽的状况已远远超出了对西王母的信奉。"南朝四百八十寺，多少楼台烟雨中"，便是这种状况的生动写照。蜀地不仅佛教传播领先于其他地区，而且随之成为佛教特别兴盛的地区。

另一个非常值得注意的社会崇尚，是儒家的孝道思想在汉代亦非常昌盛，这也对佛像和道教的传播起了有益的作用。在儒学的思想体系里，倡导仁爱、中庸、克己复礼等，都是其重要的组成内容。而儒学对孝道与丧礼的重视，也占有非常重要的位置。如《论语·为政》就强调，对待父母应该"生事之以礼；死葬之以礼，祭之以礼"，认为这是基本的孝道。《论语·阳货》则强调"夫三年之丧，天下之通丧也"[2]。儒学是汉朝的显学，特别是汉武帝"罢黜百家，独尊儒术"之后，随着专制主义中央集权的加强与儒术的独尊，儒家的思想也就成了人们奉行的准则。可以说，儒学独尊的地位，对两汉时期人们的思想和行为都产生了深刻的影响，乃至其时民俗民风也因此而深受浸润。汉代上自朝廷下至民间对孝道与丧礼高度重视，其思想根源便在于此。汉朝重视孝道与丧礼的另一个重要原因，与当时的选举仕进之途径也有着很深刻的关系。从史书中的有关记载，可知汉代察举已成为统治者选用人才的一项重要措施，并形成了制度。也就是说，"察举成为汉代低级官吏或儒生攀登高位的一个重要阶梯"[3]。而察举的重要标准，便是看被

1　阮荣春：《佛教南传之路》，湖南美术出版社，2000年，第34页。
2　刘宝楠：《论语正义》，《诸子集成》影印本，上海书店出版社，1986年，第25、382页。刘俊田等：《四书全译》，贵州人民出版社，1988年，第93、310页。
3　赵吉惠等主编：《中国儒学史》，中州古籍出版社，1991年，第240页。

察举者对儒家孝道思想的奉行情况，除了日常的孝行，尤其看重被察举者在丧礼中的表现。东汉政府实行"举孝廉"制度，更是将"孝悌"作为选拔任用官吏的一条最重要的标准，而最能彰显儒家孝道思想的最直接最明显的做法便是将孝与丧葬礼仪相结合。诚如有的学者所说："'孝'成了人们出仕入宦的重要途径之一，厚葬又是获得'孝'桂冠的重要手段之一。"[1]这正是两汉时期厚葬之风的由来。除了奢侈的随葬品，各地大量体现这种观念和风气的墓葬画像也就应运而生了。四川考古发现东汉时期的崖墓至少有一万多座，在这些墓葬中出土有摇钱树，早期佛像即塑于摇钱树的枝叶与陶质底座上，或刻画在墓葬的门楣等处，借以象征吉祥，寓意长生不老，并以此来表达对已故先人的孝敬，充分揭示了儒家孝道思想对当时丧葬形式的深刻影响，同时也说明早期佛像的传播充分利用了儒家孝道思想的影响，并对其加以了巧妙的融合。

还有蜀地传统的鬼神文化，也具有很大的包容性，它对早期佛像的传播并不排斥，而是兼收并蓄。东汉之后，随着本土宗教道教的崛起和外来佛教的传入，蜀地传统的鬼神文化也随之增添了许多新的内容，形成了更为丰富多彩的民间信仰。这种情形很快获得了巴人与楚人的认同，并传播到了全国更加广泛的地区。作为不同的宗教信仰，道教有自己的修炼宗旨与鬼神谱系，佛教也有自己的佛法理论与庞大的鬼神系列。但双方也相互借用对方的概念来充实自己的教义，比如道教阴间之说与佛教地狱说法的结合，就说明了双方在鬼神概念上的靠拢与交融。蜀人传统引魂升天的意识，也融入了佛教因果轮回的观念。之后随着道教和佛教的广泛传播，二者在长江流域和中原地区的影响不断扩大，中国民间百姓对佛道的鬼神解释采取了兼收并蓄的态度，从而逐渐形成了融佛道鬼神为一体的民间鬼神系统。从秦汉发展到唐宋时期，中国的鬼神文化已将道教的宗旨、佛教的说法，以及传统儒家的某些观念，相互交融在了一起。比如民间神仙谱系之中，既有佛教与道教的神灵，又使用儒教的方式分列君臣与级别，就是显著的例证。

总而言之，早期佛像在蜀地的传播，与天府文化的乐观包容确实有着较为密切的关系。而佛教图像的传播，以及佛典的翻译与佛教的流行，也为蜀

1　罗开玉：《丧葬与中国文化》，三环出版社，1990年，第90页。

人的精神崇尚与天府文化增添了新的内容。佛教后来在中国大为盛行，对中国的思想意识、宗教信仰和社会风俗习惯等很多方面都产生了深刻的影响。南方丝路与天府之国对早期佛像传播所发挥的积极作用，确实应给予充分肯定。

三、天府文化中乐观包容的根源与由来

天府文化有着绚丽多彩的人文内涵，在精神崇尚方面也独具特色。乐观包容是天府文化的一个重要组成因素，并不单纯是一种表现形式，更是一种骨子里的东西，充分展现了天府文化的神韵气质。分析其根源与由来，天府文化乐观包容特色的形成，大致有以下几个方面的原因。

第一是历史社会结构基础。我国西南地区是典型的多民族地区，自古以来就小邦林立，部族众多。汉代司马迁对西南地区部族众多的情形曾做了真实的记述，"西南夷君长以什数"，其西其北又以什数。汉代班固在《汉书》中也对此做了同样的记载。[1]这是汉代的情况，上溯至商周时期，西南地区大大小小的部族数目可能更多。这种情形与历史上的民族迁徙和分布有关，也与西南地区独特的人文地理环境有着很大的关系。从古蜀时代以来，天府之国便是由很多部落和部族构成的宗主国。在成都平原和四川盆地内，大大小小的不同氏族相互联姻或结成联盟，是有悠久传统的。据扬雄《蜀王本纪》和常璩《华阳国志》等记载，蜀山氏曾和黄帝嫘祖的儿子联姻；蚕丛、柏灌、鱼凫、杜宇、开明都是不同的部族，相继成为蜀王。正如蒙文通先生所说，"蜀就是这些戎伯之雄长。古时的巴蜀，应该只是一种联盟，巴蜀不过是两个霸君，是这些诸侯中的雄长"，"可见巴、蜀发展到强大的时候，也不过是两个联盟的盟主"。[2]这种多部族相互联盟的形式，正是古蜀国与中原和其他地区在社会结构与政权模式方面的不同之处，有的学者认为这

1　司马迁：《史记》卷一百一十六《西南夷列传》，中华书局，1959年，第2991页。班固：《汉书》卷九十五《西南夷两粤朝鲜传》，中华书局，1962年，第3837页。

2　蒙文通：《巴蜀古史论述》，四川人民出版社，1981年，第30~31页。又见氏著：《蒙文通文集》第二卷《古族甄微》，巴蜀书社，1993年，第199~200页。

应是一种酋邦式的政权形态。[1]古代的天府之国正是由于长期小邦林立，因而在文明早期阶段经历了由部落联盟到酋邦社会的演进，从而形成了共主政治局面。这种社会形态，也促使了各部族相互之间具有很强的包容性。显而易见，天府文化的乐观包容，有着悠久而深厚的历史根源，是在社会长期发展过程中自然而然形成的。这种社会结构基础，可谓由来已久。

第二是历次移民的影响。天府之国是个大量移民的地区，这种情形早在古蜀时期就开始了。杜宇和朱提（云南昭通）梁氏部族联姻，取代鱼凫，自立为蜀王，号称望帝，其邦国因大力发展农业而日益强盛，"以汶山为畜牧，南中为园苑"。其后鳖灵自荆楚来蜀，因治水而兴，建立了开明王朝。从文献记载看，杜宇得到了朱提梁氏部族的支持，鳖灵应该有其家人和部族跟随入蜀，由此可知，望丛时代就不断有移民入蜀了。四川地区出土的多处船棺葬，也揭示了战国时期蜀地有很多从楚地来的移民，他们的迁徙活动不仅延续时间较长，而且规模颇为可观。通过考古资料与文献记载的相互印证，可见这是一种比较真实的情形。秦并巴蜀之后，秦人认为蜀地"戎伯尚强，乃移秦民万家实之"[2]，按一家最少三口人计算，迁移入蜀的秦民至少有数万人之多，从当时的人口数量来看，这绝非小数字。秦灭六国之后，仍继续实行这种移民措施，将六国的富豪大户大量迁往蜀地。譬如《史记》《汉书》与《华阳国志》等史籍记述的临邛卓氏，便是秦汉之际从北方迁到蜀地的移民中的代表。此外还有从山东迁徙来的程郑等人，这些移民大户都用铁致富，成为临邛的大富豪。[3]秦人的这种做法，既扩充了蜀地人口，又削弱了六国势力，对秦朝的统一大业来说可谓一举两得。这些移民中有善于铸造与经商者，将中原地区的铁器铸造技术与农耕方法带到了蜀地，不仅对蜀地的

---

1 彭邦本：《古城、酋邦与古蜀共主政治的起源——以川西平原古城群为例》，《四川文物》2003年第2期，第18～22页。

2 常璩撰，刘琳校注：《华阳国志校注》，巴蜀书社，1984年，第182、194页。

3 司马迁：《史记》卷一百一十七《司马相如列传》、卷一百二十九《货殖列传》，中华书局，1959年，第3000、3277～3278页。班固：《汉书》卷五十七《司马相如传》、卷九十一《货殖传》，中华书局，1962年，第2530、3690页。常璩撰，刘琳校注：《华阳国志校注》，巴蜀书社，1984年，第225、244～245页。

经济发展起到了积极的作用，同时在客观上也加速了区域文化之间的融合，对天府之国的文化传承以及后世的民俗民风都产生了深远影响。到了汉代，也有移民入蜀。班固《汉书·高帝纪》说汉初曾发生过大饥荒，关中大饥，米斛万钱，人相食。令民就食蜀汉[1]，之后有很多饥民因此而留居在了蜀地。在后来的历史发展进程中，从蜀汉时期开始，历经南北朝、唐代、宋代、明代、清代，以至近现代，都不断有移民入川。历史上的历次移民，在客观上促进了蜀地人口的繁衍，为天府之国的经济繁荣做出了积极贡献，也带来了其他地区的一些传统民俗民风，为天府文化增添了新的因素，从而形成了蜀地多种文化相互共存、乐观包容的格局。

　　第三是区域文化的相互交流融合。天府之国自古以来就与周边区域有着活跃的文化交流与经济往来，对外来文化的吸纳与融汇，也推动了天府文化的开放与包容。上古时期黄帝和蜀山氏已有交往和联姻，商周时期古蜀文明与中原文明有了更为频繁的交流往来。春秋战国时期，古蜀国与巴国和楚国以及西南夷地区各部族的关系都较为密切，相互之间在经济文化上往来甚多。古蜀国通过商贾与周边少数民族进行贸易以获取资源，产于古蜀国的丝绸、蜀布、青铜器、盐巴，以及其他很多物品，通过商贸流通于周边地区，有些物品经过远程贸易还被辗转贩卖到了南亚和中亚。而来自其他区域或异邦的许多东西也不断进入蜀地。由此可知，天府之国虽植根于成都平原与四川盆地，却并不封闭，与周边区域一直保持着密切互动，从而形成了充满活力的绚丽个性与开放活跃的传统。正是这种自古以来的开放活跃和对商贸的重视，不仅促进了古蜀文明与天府文化的灿烂发展，也促进了经济的兴旺繁荣。据文献记载，汉代蜀地已是"女工之业，覆衣天下"[2]。到了唐代，四川已成为全国最重要的绢产地，农业的富饶与织造业的兴旺已显著领先于其他地区，从而为中世纪的成都带来了极大的繁荣，使成都发展成为一座全国最繁华的商业都会。诚如《元和郡县图志》所说，当时扬州"与成都号为天下

1　班固：《汉书》卷一《高帝纪》，中华书局，1962年，第38页。

2　范晔：《后汉书》卷十三《隗嚣公孙述列传》，中华书局，1965年，第535页。

繁侈，故称扬、益"[1]。之后扬州遭遇了唐末五代时的连年战乱，"先是，扬州富庶甲天下，时人称扬一、益二，及经秦、毕、孙、杨兵火之余，江淮之间，东西千里扫地尽矣"[2]，只有成都依然保持着安定和繁荣。在漫长的历史发展进程中，四川地区这种商贸与文化方面的持久繁荣，也是形成天府文化乐观包容特色的重要原因。

第四是蜀人富裕与悠闲的生活状态。从天府之国日常的经济生活情形看，得天独厚的自然条件与丰衣足食的社会生活，使蜀人获得了富裕与悠闲的生活状态，这也是形成天府文化乐观包容的一个重要原因。从大禹治理岷江水患开始，到李冰大兴水利建造了都江堰之后，"蜀沃野千里，号为'陆海'。旱则引水浸润，雨则杜塞水门，故记曰：水旱从人，不知饥馑，时无荒年，天下谓之'天府'也"[3]。成都平原从此成了风调雨顺、物产富饶、安居乐业之地，在以后的两千多年，一直是名副其实的天府之国。与之相关联的是，从人文方面看，汉代文翁在蜀郡大力兴办学校，为蜀地带来了文化的灿烂，促使了人才的大量涌现，由此开创了一代新风，使蜀地成了一个文化勃兴和文运昌盛的地区。我们可以说，正是由于经济生活的优越富裕和人文方面的绚丽兴旺，成都才得以昌盛不衰，具有了优裕而舒适的城市魅力，成了一座包容性很强的宜居之城和特色鲜明的历史文化名城，被称誉为来了就不想离开，或者走了之后还想再来的地方。天府文化的乐观包容气质，在一定意义上也可以说是这种生活状态的反映。

第五是蜀人浪漫活跃的思维方式。从天府之国的民俗民风来看，乐观包容是属于蜀人骨子里的东西，也可以说是天府文化的一个重要的个性特点。这与蜀人喜欢新鲜事物而不喜欢故步自封也有很大的关系。蜀人自古以来便具有浪漫活跃的思维方式，拥有绚丽多彩的精神崇尚，无论是在衣食住行上，或是在社会生活上，都展现出开放包容的情怀。蜀人很少排斥外来的新

1　李吉甫撰，贺次君点校：《元和郡县图志》，中华书局，1983年，第1071页。

2　司马光编著，胡三省音注：《资治通鉴》卷二百五十九，中华书局，1956年，第8430～8431页。

3　常璩撰，刘琳校注：《华阳国志校注》，巴蜀书社，1984年，第202、207页。

鲜事物，对待早期佛像传播的态度，就是一个非常显著的例子。蜀人喜欢将多种文化因素汇聚在一起并加以自己的创新发挥，来表达包容的境界和欢畅的心情。从三星堆青铜像，到汉代说唱俑，以及四川的早期佛像，都堪称乐观包容的传神写照。它们都采用了形象而生动的形式，充分张扬了这种乐观包容的个性特色，这也可谓是蜀人与生俱来的传统了。总而言之，乐观是蜀人的天性，包容是天府的社会属性。乐观包容为天府文化增添了色彩与魅力，也为天府之国的民众生活带来了愉悦和快乐。

以上所述，都是个人浅见。敬请学界师友们指正。

浅论佛教乐观与包容精神的具体体现

释宏开[1]

摘　要： 乐观和包容是中华传统文化中可传承的优良精神，是当今和谐社会发展的重要旋律，也是积极追求美好未来的关键元素。佛教文化中所体现的乐观包容精神，对于人类的身心健康和社会的和谐发展具有重要深刻的意义。本文主要论述了佛教的乐观与包容精神，就其重要体现进行展示和分析，探究其对于人类及社会发展的重要意义。

关键词： 佛教；天府；乐观包容；体现

一、佛教的乐观性

美好幸福生活是每个人都追求的人生目标，但随着社会的快速变化，无论我们的生活方式还是世界观、人生观和价值观都受到了物质化的冲击，有限的物质难以满足无限的心里贪欲。我们往往陷入"求不得"的迷惘压抑而失去人性中应该存在的乐观开朗。佛教中的乐观精神，可以为我们追求幸福人生提供有效良性的指引。

1　释宏开，都江堰天国寺住持。

（一）对人存在价值意义的肯定

我们获得人身是非常珍贵，而且相当难得的，佛经中有一个比喻：

> 尔时，世尊告诸比丘："譬如大地悉成大海，有一盲龟寿无量劫，百年一出其头，海中有浮木，止有一孔，漂流海浪，随风东西。盲龟百年一出其头，当得遇此孔不？"……佛告阿难："盲龟浮木，虽复差违，或复相得。愚痴凡夫漂流五趣，暂复人身，甚难于彼。所以者何？彼诸众生不行其义，不行法，不行善，不行真实，展转杀害，强者陵弱，造无量恶故。是故，比丘！于四圣谛当未无间等者，当勤方便，起增上欲，学无间等。"[1]

盲龟百年才得遇好机会，出一次头，可是想要获得此宝贵人身比这更难。身轻如叶，一直备受业力的牵引，无路可寻，无处落脚，在恶道里昏昧迷惘，想获得人身如大海捞针。世人不断追逐外来之物，反而没有意识到我们现有的珍贵人身是多么难得，以至于忘记了实现我们真正存在的价值意义。

> ……如《与弟子书》云："欲成佛道度众生，具大心力唯人能，天龙、修罗、金翅、蟒、神仙，余趣皆不及。"复次，虽有一类昔于人中修道习气浓厚之欲天，亦能见四谛理，然上界身则定无初得圣道者。欲天多数亦如前说为无暇处，故能修入圣道之身，以人为最胜也。[2]

强调只有人道才能聚力实现菩提心，成佛度化众生，而诸如天龙、修罗、金翅鸟、蟒蛇及神仙等都是不能实现的，凸显了人身的珍贵难得性。这些对于启示我们应该珍惜自己的生命，珍爱他人的生命，把握好自己的人生

1　《杂阿含经》第十五卷，《大正藏》第二册。
2　宗喀巴大师造，大勇法师译：《菩提道次第略论》第一卷，戒幢佛学研究所，2008年，第43～44页。

道路，都具有积极的作用。

（二）离苦得乐

四圣谛中的"苦谛"强调人生本苦：

问：云何苦圣谛？

答：生苦，老苦，死苦，忧苦，忧悲苦，恼苦，苦苦，怨憎会苦，爱别离苦，求不得苦，以略五受阴苦。生苦者，于众生种类诸阴起，此一切苦集义。老苦者，以生诸界熟，此失力色诸根念慧义。死苦者，寿命灭作畏怖义。忧苦者，至苦处心畏惧，此内烧义。忧悲苦者，苦至语言，此内外烧义。苦苦者，身苦此因苦身义。恼苦者，心苦此因苦心义。怨憎会苦者，与不可爱众生共和合，此作苦义。爱别离苦者，与可爱众生共分散离别，此作忧苦义。求不得苦者，乐得与不可爱别离乐可爱和合，彼不得失乐义。已略说五受阴苦者，不离五受阴苦，是故以略五受阴苦。[1]

即我们熟知的人生八苦：生、老、病、死、爱别离、求不得、怨憎会、五取蕴。不过在佛教看来，这并非完全的消极否定，说苦和知苦并不是在痛苦中淹没了人生的目标和方向，而是要在积极探索产生痛苦的原因后，对苦进行出离，达到解脱苦的束缚。佛陀也提出了"道谛"，指出了解脱痛苦的道路，其中最重要的修行方法便是"八正道"：

问：云何苦灭道圣谛？

答：此八正分道，如是正见，正思维，正语，正业，正命，正精进，正念，正定。正见者四谛智，正思维者是三善思维，正语者离四恶行，正业者是离三恶行，正命者离邪命，正精进者四正勤，正念者四念处，正定者四禅。复次，若修行圣道，于泥洹知见，此谓正见。唯于泥洹觉是正思维，彼断邪语是正语，断邪业是正业，

1　《解脱道论》第十一卷，《大正藏》第三十二册。

彼断邪命是正命，断邪精进是正精进，于泥洹念是正念，于泥洹专心是正定。[1]

即正见，正思维，正语，正业，正命，正勤，正念，正定。这便转消极为积极，化烦恼为智慧，增强了人们的信心，从而使人们具备了超越苦难的强大力量，引领人们由以前对悲苦宿命论的叹息转而向幸福人生的积极追求。从某种程度上来说，这便是对人的主观能动性的肯定和凸显，鼓励人们积极努力去破除蔽障，积极去追寻美好的未来。

佛教强调养生"夫心地难安违苦顺乐，今随其所愿遂而安之，譬如养生或饮或食，适身立命。养法身亦尔，以止为食，以观为食"[2]，强调其对生命的重视与呵护，对精神的滋养与泽润。同时佛教强调俭朴，但并非是指苛刻地对待自己，而是要其保持身体健康，积极追求幸福人生。佛陀在二十九岁出家后，依照外道苦行，每天只吃一麻一麦，身体日渐消瘦，却并没有达到解脱之道，如"日服一麻一麦。六年之中，修立难行勤苦之行，宿命不债。六年之中，结跏趺坐，威仪进止未尝有缺，亦无覆盖，不避风雨，不起经行，大小便利亦不屈伸，亦不倾侧，身不倚卧，春夏秋冬巍然端坐。值有众难，未曾举手以自蔽障"。佛陀最后觉悟到，要达到解脱之境，不能严酷对待自己的身体，而是要让自己身体健康，只有在健康身体的基础上才能进一步追寻解脱之道，踏上追寻幸福的道路。

佛教以"涅槃"来比喻烦恼痛苦的真正灭止。《杂阿含经》说："涅槃是贪欲永尽，瞋恚永尽，愚痴永尽，一切烦恼永尽。"《大毗婆沙论》说："涅槃是烦恼灭，三火息，三相寂，离诸趣。"涅槃世界是超越了现实世界束缚的境界，"涅槃寂静是佛教修行的理想境界，是一种超越经验世界回归人性、真实而自在的状态，这便是佛教的幸福，吕澂先生认为'佛教的涅槃不是生命的虚无消灭，而是指生命在一最高的阶段以一种最高的形式存在'"。[3]

1　《解脱道论》第十一卷，《大正藏》第三十二册。
2　《摩诃止观》第五卷，《大正藏》第四十六册。
3　李宇环：《中国佛教幸福观及其对当代教育的启示》，《理论月刊》2014年第11期。

（三）五戒与向善之乐

佛教的五种基本戒律即不杀生，不偷盗，不邪淫，不妄语，不饮酒。

> 五戒，乃我佛出世，初为世间在家之人，特设此教，令人依戒修因，则不负此生，免堕恶道，能感来世，不失人身。得长寿大富子孙，家道丰盛，文明特达之报。凡今高官尊爵，富厚丰盈，聪明利达之人，皆从修持五戒中来。然此五戒，即儒门五常。不杀，仁也。不盗，义也。不邪淫，礼也。不饮酒，智也。不妄语，信也。[1]

佛教的"不杀生"，与之相对应的便是儒家的"仁"，教导我们需要培养一颗仁慈之心，珍爱我们的生命，同时也要尊重他人的生命，以一颗敬畏之心对待每一个生命。"不偷盗"，与之相对应的便是儒家的"义"，教导我们每个人都应尊重他人，不属于自己的东西不能强取，在没有经过他人同意的情况下，不能够随意获取他人的东西。这对于营造良好的氛围，维持社会的和谐稳定具有积极作用。"不邪淫"，与之相对应的便是儒家的"礼"，启示夫妻之间应该相敬如宾，和谐相处。"不妄语"，与之相对应的便是儒家的"信"，《智度论》云："妄语者，不净心，欲诳也，覆隐实，出异语，生口业，是名妄语。"启示我们应该以诚相待，不能说虚妄不实的话。这对于营造良好的社会风气具有非常积极的作用。"不饮酒"，与之相对应的便是儒家的"智"。饮酒可能会造成许多意外之事，譬如五戒中的四戒，即"杀生""偷盗""邪淫"和"妄语"。饮酒过量可能会使我们陷入神志不清的境况，做出一些不理智的行为，所以为了避免许多意外，佛教启示我们不饮酒。由此可见，佛教提倡的"五戒"对于净化社会，营造良好氛围，维持社会稳定，促进社会的和谐发展具有积极的作用。

二、佛教的包容性

和谐发展是我们积极追求的重要目标。人与人之间、不同种族及不同国

1　憨山德清：《憨山老人梦游集》第四十六卷，《卍续藏》第七十三册。

家之间的和谐发展对于维护世界秩序和发展具有重大意义。包容性精神对于和谐世界的建构具有深刻的意义。佛教里的包容性精神更是体现了其对于和谐社会、和谐世界的积极追寻，对于促进社会发展及维护世界稳定具有十分重要的意义。

天台大师智𫖮的"一念三千"理念认为，十法界的体性是相同的，一切众生皆具佛性。但是这十法界不是固定不变的，"六道"可以向上到达"佛"的地位，"佛"也可现身于"六道"，十法界互摄互融，圆融相映：

> 夫一心具十法界，一法界又具十法界、百法界。一界具三十种世间，百法界即具三千种世间。此三千在一念心，若无心而已，介尔有心即具三千。亦不言一心在前，一切法在后。亦不言一切法在前，一心在后。例如八相迁物，物在相前物不被迁，相在物前亦不被迁。前亦不可，后亦不可。只物论相迁，只相迁论物。今心亦如是。若从一心生一切法者，此则是纵。若心一时含一切法者，此即是横。纵亦不可，横亦不可。只心是一切法，一切法是心故。非纵非横，非一非异，玄妙深绝。非识所识，非言所言。所以称为不可思议境，意在于此（云云）。[1]

这种互相含摄的关系，正反映了佛教的包容性是遍于一切法界（一切地方）的。另外，佛教平等观里所流露出的包容性精神，对于社会的和谐发展具有重要的意义。如佛告须菩提：

> 诸菩萨摩诃萨，应如是降伏其心：所有一切众生之类，若卵生，若胎生，若湿生，若化生，若有色，若无色，若有想，若无想，若非有想非无想，我皆令入无余涅槃而灭度之。[2]

1　《摩诃止观卷》第五卷，《大正藏》第四十六册。
2　姚秦三藏法师鸠摩罗什译，田茂志注译：《金刚经》，中州古籍出版社，2007年。

世间一切众生皆有佛性，从根本上来说都是无差别的，如"常于一毛一毫之处，明见一切理事，无非如来性。是开如来性起功德，名为佛性。是知六道四生，山河大地，情与非情，皆同一性"[1]。甚至无生命之物也有其佛性。"非佛性者，所谓一切墙壁、瓦石、无情之物，离如是等无情之物，是名佛性。"[2]万物生灵地位之平等性更是佛教的基本观念："不拣贤愚，不择贵贱，不在贫富，不分男女，不问老幼，不拘僧俗，不论久近，皆可念佛。"[3]佛教强调众生地位平等，不分阶级和种姓，不分高低贵贱。"无等无伦匹，不取其种姓，唯取其德行。种族作诸恶，亦名为下贱，具戒有智慧，是名为尊贵。"[4]种姓平等在佛教里得到了彰显，人地位的高低往往取决于其德行，而并非是种姓。

> 本州安城刘氏子，幼岁出家，每群居论道，师唯默然。闻曹溪法席，乃往参礼。问曰：当何所务，即不落阶级。祖曰：汝曾作甚么来。师曰：圣谛亦不为。祖曰：落何阶级。师曰：圣谛尚不为，何阶级之有。祖深器之。[5]

无论是什么阶级，都有其悟道的平等权利，下贱种姓也能出生坚固牟尼等。

万物之间融摄无碍，每一个个体都是世界大网中的一个小结，彼此映射。《大方广佛华严经疏卷》道：

> 所说唯是无尽法界，性海圆融，缘起无碍，相即相入，如因陀罗网重重无际，微细相容，主伴无尽。十十法门，各摄法界，义分齐中，当具宣说。[6]

---

1 《宗镜录卷》第八十卷，《大正藏》第四十八册。
2 《大般涅槃经》第三十七卷，《大正藏》第十二册。
3 《大庄严论经》第十五卷，《大正藏》第四册。
4 《大庄严论经》第十五卷，《大正藏》第四册。
5 《五灯会元》第五卷，《卍续藏》第八十册。
6 《大方广佛华严经疏》第二卷，《大正藏》第三十五册。

此中用"因陀罗网"来比喻世界上万物生灵之间密不可分的关系，每一个因子都是这张网不可割舍的一部分，并且都互相融摄，这种关系便是"此有则彼有，此无故彼无"的平等无差，互相包容的紧密关系。

每个人的成功和幸福都离不开他人的善意帮助，都是在他人的努力推动下而接近我们的目标，我们每个人都是紧密相连、不分彼此的。《华严经》谈道："一切众生而为树根，诸佛菩萨而为华果，以大悲水饶益众生，则能成就诸佛菩萨智慧华果。"[1]每个人都是世界大网中的不可分割的一部分，若是离开任何个体，我们所追求的目标都不完整的，我们所取得的成就都是不完美的。

慈悲是一种智慧，是一种圆润包容、普盖一切的智慧，是一种无私奉献的舍得，同时也是一种愿一切众生得乐离苦的旷世胸怀。"慈悲即智慧，智慧即慈悲。无缘无念，普覆一切。任运拔苦，自然与乐。"[2]这是一种同体大悲之胸襟。佛教的忍辱大悲观，强调要以悲心对待仇恨。

> 复次，行者欲令戒德坚强，当修忍辱。所以者何？忍为大力，能牢固戒，令不动摇。复自思维："我今出家，形与俗别，岂可纵心如世人法？宜自勉励，以忍调心。以身、口忍，心亦得忍；若心不忍，身、口亦耳。"是故当行者当令身、口、心忍，绝诸忿恨。[3]

佛陀强调应该不断培养忍辱之心，以大悲心待人，方能牢固其戒，若无忍辱之心，不但其戒易破，更会堕入三恶道。如：

> 唯当忍辱，众戒自得。譬如有人得罪于王，王以罪人载之刀车，六边利刃，间不容间，奔逸驰走，行不择路；若能持身，不为刀伤，是则杀而不死。持戒之人，亦复如是，戒为利刀，忍为持

1　《大方广佛华严经》第四十卷，《大正藏》第十册。
2　《摩诃止观卷》第五卷，《大正藏》第四十六册。
3　《大智度论》第十四卷，《大正藏》第二十五册。

身，若忍心不固，戒亦伤人。又复譬如老人夜行，无杖则蹶；忍为戒杖，扶人至道，福乐因缘，不能动摇。[1]

　　如我所说，诸法无我，以诸法中无有我性故说无我，非是无有诸法自性，如来句义应知亦然。大慧！譬如牛无马性，马无牛性，非无自性，一切诸法亦复如是。无有自相，而非有即有，非诸凡愚之所能知。何故不知，以分别故。一切法空，一切法无生，一切法无自性，悉亦如是。[2]

　　人们常以自我为中心，同于己者是之，异于己者否之。"我执"令人迷惘，我们常以"自我"的观念将自己和其他人或物区别开来，并且以分别之心相对待，但是这样常常令自己陷入孤立无援的境地，因此而感到苦恼。"无我"，即将自己从以前的封闭式环境中解脱出来，超越了以自我为中心的精神束缚，打破了所谓的标示界限，与他人他物和谐地融为一体，再没有标示个人的影子。因此而"处于一种自在、自由的状态，使人以开放、宽容、超越的态度对待生活。当自我的界限消退，生活便无所执，亦无所碍，人性本然的状态清净澄明，人在面对悲喜时皆没有困惑，了悟空性"[3]。

　　佛教乐观精神里所体现的超越本苦、养生适调、五戒及寂静涅槃等，对于人类追求幸福人生具有启示性意义，引领人们从对现实的苦恼迷惘中走向开阔舒适自在的幸福道路。佛教包容精神里所体现的圆融平等、慈悲忍辱、弃执无我等，对于世界的和谐稳定、人类的教育发展都具有积极的意义，特别是对于促进人与人之间，不同民族之间，不同国家之间的和谐共处都具有重要意义。

1　《大智度论》第十四卷，《大正藏》第二十五册。
2　《大乘入楞伽经》第五卷，《大正藏》第十六册。
3　李宇环：《中国佛教幸福观及其对当代教育的启示》，《理论月刊》2014年第11期。

乐观包容的天府文化和道家美学[1]

侯李游美[2]

摘　要: 本文将研究焦点聚集于成都乐观包容的天府文化之上,提出天府文化内涵的源头之一即道家美学精神,且对天府文化乐观包容文化特性的呈现做详细的探讨与论述。文章从诗意化栖居——乐观包容的生存智慧,市民化休闲——乐观包容的具象呈现,生成化创造——成都天府文化乐观、包容之气概三个角度,探索道家美学思想在天府文化乐观包容精神中的切实呈现。

关键词: 成都;天府文化;乐观包容;道家美学

　　一座城市的精神定位,包括对其人文性、历史感、空间感的时空定位(场所精神),以及对其文化内涵的源头性、表现性的研究。天府文化的精神,应该是市民在精神层面的同心圆,其内里是历史与愿景、政府意志与百姓心理、城市文化与人文内涵的有效融合。成都既拥有丰厚的历史文化资源,又拥有丰富的经济旅游资源,目前从精神文化到生活方式都已打造了属于自己的国际化

1　本文系2016年教育部人文社科基金青年项目"中国传统乐器陶埙的文化传承与创新设计研究"(16YJC760015)阶段性成果。
2　侯李游美,成都大学美术与影视学院副教授,成都大学传媒研究院研究员。

与现代化典范。"乐观包容"是成都向上而达观、开放而兼容的文化态度。成都文化蕴含着对于自然、社会乃至人生的乐观包容。这是一种由自信而热爱，由热爱而坚韧，由坚韧而豁达，由豁达而接纳的文化态度。

本文将研究焦点聚集于成都乐观包容的天府文化之上，提出天府文化内涵的源头之一即道家美学精神，且对天府文化乐观包容文化特性的呈现做详细的探讨与论述。成都在自身的城市载体之中，以其切实的文化表征，使道家美学思想在其诞生几千年后的今天仍得到真切的呈现。比如，"安逸"和"巴适"是四川话中的两个常用词，包含舒服、很好等意思，也是很多外地人对成都的评价。究其内在含义，其实就是成都人平和的心态、乐观的性格、从容的态度和坚韧不拔的意志。正是这样的特性，造就了成都独特的城市魅力与城市性格：既有现代都市的快节奏，又有休闲城市的慢生活；既有传统文化的优雅从容，又有现代文明的前卫时尚；既有崇尚创新的基因，又有兼容并蓄的气度；既有聪慧勤巧的秉性，又有友善互助的美德。

道家美学思想可以用四个字归纳：安、化、乐、游。而这四个字正是成都人性格和精神的写照：安于自身——对自己身上所发生的事安然接受，不怨天尤人；化于他人——外在与他人化成一团，形式上能融于他人，内心却保持自己的坚守，既保全自己也尊重他人；乐于自然，与自然亲近，从其他生命形式上习得很多人类生命自然的状态、本来的样子，从而享受快乐；游于大道，体认到道的无所不在，在任何情况之下都活得自在（汶川地震发生后，成都人面对大灾大难时的淡定即是典型体现）。成都天府文化与以"道"为中心展开的道家思想不谋而合，它将道家安、化、乐、游全面熔铸在成都市民的个性特征之中。应该说，成都天府文化的源头之一，正来自道家美学思想——我们能通过成都人钟意的闲适、乐观、圆融、随顺的生活哲学，探寻到其对道家哲学精神的主动交融，进而在多元并存且饱含鲜活生机的成都天府文化中，寻访到道家美学关于"道"的隐秘根基。成都是一座因水而生，因水而长的城市，"水"正是道家精神"长生久视"之道的体现。都江堰的治水工程是"活的"，尽管它修建于过去，然而在今天仍发挥着作用，它的存在本身就有"当下性"。古人所用"乘势利导，因时制宜"的治水原则，和"遇难弯截角"的治水方法，正是道家主张顺势而为、道法自然的体现，冥冥中都江堰的兴建与道家思想的"道法自然"，在某个历史交汇点暗合。

一、诗意化栖居——乐观包容的生存智慧

在现代化进程中，成都与其他省会城市一样，进入了高速发展时期，但这座城市独特的生存理念格外引人瞩目，"诗意化栖居"铸就了成都独特的人文风貌和文化气质。道教发源于成都，成都人的诗意生活方式充满了道教"神仙式"的诗性存在，而天府之国含义之一就是"神仙洞府之国"。美国哲学家约翰·凯利指出："中国人对生活与休闲有精深的思想，形成了一个悠久的传统。"[1]德国诗人荷尔德林说："人充满劳绩，但还诗意地栖居在这片大地上。""诗意地栖居"是一种自由的、灵性的、自然的生活态度。老子曰："万物作焉而弗为始，生而弗有，为而弗恃，功成而弗居。"（《道德经·第二章》）放在成都人主张的生活方式上，"诗意栖居"与"生而弗有，为而弗恃"完全交合，是成都生存理念的鲜明体现，即不一定只在拥有巨额财富之后才开始享受生活。成都天府文化在以道为核心的道家精神的浸润之下，已然让诗意栖居的生存方式铸刻到成都人的骨子里，其具体呈现就是乐观包容、幽默闲适的生活态度。他们善于创造生活，更善于享受生活，明白如何真正实现乐天知命，如何品味生活真谛，在诗性生存方式里实现生命的圆满与和谐。这种生存智慧外在地表现为心性恬淡而不失享受快乐的能力；追求财富，又不成为财富的奴隶。在全国轰轰烈烈的城市化进程中，成都一直走在前列，然而这里的"城市化"并不是"机械化"的代名词，"机械化"本身是"诗意栖居"的对立面，在这里，人并没有变得"机械"。

一个人的面貌是由其独特的精神塑造而成的，一个城市的面貌也是由其独特的文化气质塑造出来的。地方文化有自我生成、自我更新、自我生长的天然趋势，今天发生在城市中的所有事件在某种意义上也就是城市文化的自我生成。当我们说城市文化自我生发的时候，指的就是不同人在不同社区点点滴滴努力的交融和汇集。"诗意栖居"本身是一种独特的生存方式，同时

1　[美]约翰·凯利著，赵冉译：《走向自由——休闲社会学新论》，云南人民出版社，2000年，第3页。

它还能成为一个中西方皆适用的全球化科学发展命题。当前，中国现代化进程的重要途径是城市化建设，它是保证人民安居乐业，实现社会持续稳定发展的必然路径，同时它也意味着一个地域的社会经济组织形式以及生产、生活方式发生转变的综合性过程。"诗意栖居"在城市化进程之中，指向人类精神家园的最佳安顿方式，指向人之存在的本真状态，相应地，在城市生存结构方面，它需要将技术文明和生存价值相统一。中西方诗人都曾叩问人类的精神家园之门，社会学家则常常重新审视现代人的生存样态，他们都站在可持续性发展的角度提醒我们关注人自身与其所属环境之关系。成都这座城市的"诗意栖居"，既科学地改变了城乡格局，使城市经济社会中的传统文化延续了下来，又呈现了从乡村（第一家园）到城市（第二家园）文化变迁的诗意图景。成都人所热衷的"诗意栖居"生活，不仅有助于失去乡村家园的农业人口在城市真正找到身心安顿之所，更有利于从农村到城市的所有人的精神家园的重新获得。这种生活态度直指生命本体意义，饱含无上的生存智慧。成都天府文化以这种独有的诗性生活方式，为全世界提供了一个鲜活的样本，也对世界城市文明进行了补充，并做出了特有贡献。

成都天府文化的最大特征就是开放和包容。回顾历史，四川人在世界交通文明史上做出了两大最重要发明：栈道和索桥。四川山多水多，为方便交通，需逢山开道，遇水造桥。全世界有确切文献记载的最早索桥就位于都江堰，可见成都人自古以来对与外界沟通、交流的渴望。在此种开放包容的精神特质指引下，成都一方面保留了那些精致、潮流、温文尔雅的生活趣味，和大众对诗性生活品质的热烈追求；另一方面又呈现出不断包容、更新，接引新时代的锐气。于是，在每一个大时代来临之际，成都天府文化的活力、魄力，以及对诗性生活方式的引导力，都凝结为其独特的气质。这正是成都如今迅速崛起背后的文化支撑力量——没有一种崛起可以脱离文化支撑。

乐观包容作为一种生活形态，在思想上与老庄主张的天人合一、道法自然之原则相呼应，在内容上与道家提倡的顺应自然、顺乎人性、重视生命等相契合。在古蜀先民那里，道家哲学的最高范畴——道，已经通过上千年的生存样式筛选，逐渐凝固为"天人合一"与"道法自然"的内在生命形态相融于外在世界的核心生存观。在这里，"道"既是道家哲学的核心内容，亦是成都天府文化乐天安命（乐观之体验）、随顺大度（包容之内涵）的鲜活呈现。更进一步讲，成都这座城市的"闲适"标签早已闻名中外，喝闲茶，打麻将，寻觅美食，甘当"跷脚老板"等都是成都精神风格的表征。成都人流行一句口号："不要把自己弄得太累。"从社会学来看，休闲已非传统意义上"懒惰""贪耍"的概念。千百年来，在当地特定的自然人文环境之下，经过数千年的文化积淀，今天的成都人体悟了生命本真意义，深谙休闲和创造的辩证关系，把这种生存理念熔铸在了骨子里。有研究者进一步将道家美学提升为休闲哲学，指出："道家休闲哲学的中心观念可以归结为一个字——'道'。……道乃'无为'。"[1]应该说，休闲的最高境界是"无待"，它来自心安，而不依赖外界的物质性条件。休闲的显著特征是无功利性，不受外界束缚，无直接目的和动机。

二、市民化休闲——乐观包容的具象呈现

关于乐观的含义，国内《心理学大辞典》将其界定为："因个体对人、事、物持积极态度而在主观上形成的精神愉快，对前途充满信心的精神状态或先进观念。"[2]在国外，乐观的普遍定义为对人、事、物及其未来抱以积极的看法，同时伴随着愉悦的情绪。乐观作为一种积极的心态，包含认知成分、情感和行为倾向，其中情感是乐观的最基本动力。乐观是各民族都普遍重视的一种品质，被视为推动人类文明进步的动力。衡量一个社会的经济状态是否健康，首先要调查社会中的人的心理和社会资源的健康程度。当前我国正处于社会转型变革时期，人们的精神心理与行为方式正经历着深刻的变化。中国古代乐观心理的主要代表是儒家和道家。儒家倡导的是一种理性的、入世的、乐得其道的乐观，即"仁者不忧"、安处困境之乐观。道家倡导的是天人合一、安时处顺之乐观，是"至乐无乐"的"无为"，即顺应自然、不妄为的生活方式。从中国古代思想中挖掘乐观心理的实际表现和特点，汲取积极进取、化忧为乐的精神，有助于推进社会发展和维护心理健康。

1　胡伟希、陈盈盈：《追求生命的超越与融通——儒道禅与休闲》，云南人民出版社，2004年，第107页。
2　林崇德、杨治良、黄希庭：《心理学大辞典》，上海教育出版社，2003年，第159页。

成都人的乐观，是一种深刻的生存智慧，是一种普遍存在的精神——开玛莎拉蒂的人和开奇瑞QQ的人，能够并肩坐在街头巷尾，共同体会吃串串香的快乐，把市井平民的休闲文化演绎到极致，将娱乐精神深植入骨髓。这是道家美学"无别"思想的体现。这种乐观是一种通达——途之尽也，目之极也，思之通也。应该说成都气质中的物质趣味比较浓烈，但它又没有走向一种泛物欲主义。它是一种精致的、欢愉的、现世的、开放的、自由的、温文尔雅且充满情趣的审美特征，和儒家美学所主张的克制、集体主义、强调秩序的价值观截然不同，它体现为"自信乐观，熙融和谐，张弛有道，精锐卓越"。成都人确实如神仙一般优哉游哉地生活了几千年，不与旁人争短长，只想舒服过日子。好环境酿出好日子，好日子带来好心情。幽默、豁达、乐观，就这样被"惯"出来了。最是乐观成都人！道家普遍强调快乐是一种心境，与物质财富、感官享乐无关。《庄子·至乐》篇有一段专门的讨论："天下有至乐无有哉？有可以活身者无有哉？今奚为奚据？奚避奚处？奚就奚去？奚乐奚恶？"从此论述中可以看出，庄子认为外物、世俗之情所引发的"乐"不是终极之乐。"乐"的终极形态应该是摆脱世俗之"乐"，顺应自然，重生活本身，适合本性。"不囿于物"而寻求"自得"，"安时处顺"而顺其自然，不"妄为"。《庄子·大宗师》说："且夫得者，时也，失者，顺也；安时而处顺，哀乐不能入也。"这是说，客观地对待自身的得失，顺其自然，就不会受到哀乐情绪的困扰。

道家美学始终张扬着一种超越外物，心灵自由驰骋于天地之间的精神。将乐观刻在骨子里的成都人，身体力行地为道家美学的生存智慧做了最好的注脚与佐证。成都人的乐观以回归自然、崇尚自由为价值取向，而道家美学切入现世生活，将鲜活的人本思想渗透到世俗的民众生活中，这正切合了这座城市的脉搏。成都人这种外松内紧的生活方式，体现出道家精神"张弛有度"的辩证哲学，具化为一种乐天知命、知足常乐的生存智慧。成都的生活节奏不紧不慢刚刚好，赚钱不是生活的全部，但成都人赚起钱来也毫不含糊，而且赚到钱后懂得享受。资料显示，成都在汉朝是比较富庶的地区，有钱人家以及官宦不仅生前极尽声色之好，死后仍然想要继续享用，于是导致了汉朝成都的厚葬之风，陶俑就是当时常见陪葬品中的一种。现在出土的说唱俑大多都分布在成都的新都、郫县等地，说唱俑表演时的热情洋溢、喜颜悦色正表现了成都人的乐观开朗、积极向上。

成都打着"休闲之都"的鲜明旗号，在全国引领休闲之风，保持、发扬从容休闲的本地文化，成就了极具特色的宜居品牌。道家主张"齐物""逍遥"，对万物的态度是"无所恃"，这样的境界要通过内心的"无别"才能实现。庄子在《逍遥游》中提出，天地万物皆"有所恃"——大至鲲鹏，小至蜩鸠，都需倚靠适当的外部条件才能生存或活动。他提倡的最高境界是"无所恃"，这样才能达于"逍遥游"。道家思想叩问个体与自然相融相生的问题，在社会实践方面则体现为"人本"思想，以通过这种方式，从达成个体的"安适"最终实现社会整体的"大美"。一代又一代成都人在无意识中深刻理解了"劳""闲"关系的互通之道，形成了向"闲"而生的高超生存技巧。"随顺""通达"的道家哲学精神与神仙式逍遥的道教思想，潜移默化地刻在了成都人的精神文化之中，并在漫长的岁月里逐渐熔铸成了这座城市民俗、民风的重要表征，同时成就了其"休闲之都"的美誉。

成都这座城市的气质，其源头之一就是道家美学思想的文明供养——包容。良好的自然地理条件，使成都人自古就已形成对高品质生活深刻的眷恋，后来又在此基础上生成了一种独特的物质与精神相融的审美观，它呈现为一种因富足而产生的生活趣味。在成都人的生活历程中，此种审美特征自古以来从未消失过，已成为成都气质的一种底色，以不同形式呈现在当下。在全国城市化进程中，不少城市普遍存在"化人"与"化物"之间的错位，即经济快速发展而市民素养却没有同步跟进。而成都的实力与魅力，正呈现为其所彰显的生活方式、生活趣味和生活质量等"化人"的有效力量。让成都人在为成都作为"全国生活方式引领者"而自豪的同时，更能加深自身的文化积淀，有助于人们从思想上找到对于天府文化的深刻自信。

立足全球化和现代化的语境，基于道家美学的视野，在传播学、符号学、旅游学等维度解读成都城市文化精神，从其最为显著的人本平民意识中可看出，"休闲"只是外在表象，蕴藏其中的乐观包容才是成都城市文化精神的灵魂和精髓。在当代，这种意识已经被赋予了全新的内涵和意蕴，其朴素的以生命为本的内涵和价值取向，与道家思想推崇并倚重的惜生和情感与

自由的双重主张相契合。探索这种意识背后所蕴含的文化和精神意义，能为彰显"天府文化"和塑造成都兼具个性与魅力的文化品牌提供学理性阐释。

三、生成化创造——成都天府文化乐观、包容之气概

从逻辑结构上看，城市包容性的理论内核主要包含了发展理念的公平性，发展过程的全民参与性，发展内容的全面协调性，发展成果的全民共享性这四个维度。随着工业化进程的深入，一些本该致力于提供公共服务的机构，反而变成了追逐利润的营利机器；本应以居住为第一功能的住房却成了投资牟利的对象，这些与"学有所教，劳有所得，病有所医，老有所养，住有所居"的和谐社会的要求背道而驰。成都这座城市的包容性，归根结底来自于发展成果全民共享。第一，政府建立了合理的分配制度，重视收入分配问题，坚持以按劳分配为主体，着力改善分配关系，优化居民收入的分配结构，截断财富占有两极化的源头。第二，从人民利益出发，建立全方位的社会保障制度，特别是围绕与人民生活息息相关的教育、医疗、住房、养老等方面设计合理的制度。同时，这也是全民参与发展的前提。人是社会发展的主体，脱离人的发展将永远无法解答"斯芬克斯"之谜。随着世界经济与社会结构的飞速转型与深刻变迁，发展中的各种"瓶颈"在很多国家，包括不同政治制度的社会主义国家和资本主义国家，都以不同的形式有不同程度的显现。居住于城市中的人的包容，以及城市本身的包容，其实是在构建和谐城市的现实语境下恰当处理发展与和谐的平衡关系，从而公平合理地让城市大多数人共享发展成果。"凡受理性指导的人，亦即以理性作指针而寻求自己的利益的人，他们所追求的东西，也即是他们为别人而追求的东西。所以他们都公正、忠诚而高尚。"[1]

道家美学思想还注重"贵己""重生"的生存观，提倡养生，这种养生观超越一般延年益寿的长生观，上升到生命哲学之境，即通过知足知止、抱朴守真等方式达到"缘督以为经""不以物为心役"的状态。道家提出气化万物，生死乃为自然运动之不同状态而已，因此从心理上已解脱了对死亡的终极恐惧；同时要人学会"善摄生"，"贵以身为天下，若可寄天下。爱以

1　[荷兰]斯宾诺莎著，贺麟译：《伦理学》，商务印书馆，1999年，第184页。

身为天下，若可托天下"（《道德经·第十三章》）。天下之事固然重要，但这一切须以保有自身身体为前提。因此人应该学会关注人之存在本身，关注在有限生命里，如何让心不为外物所累，实现返璞归真的自由状态。千百年来，都江堰水利工程为成都平原提供了风调雨顺的自然环境，成就了成都平原千百年来"水旱从人，不知饥馑，时无荒年，沃野千里"的丰饶景象，让人能衣食无忧地在这座城市繁衍生存。

在道家美学思想里，"虚""静"向来受到推崇，"致虚极，守静笃"也历来被人们称为老庄及道家美学关于心性修养的六字真言。"致虚守静"不仅需要守得住孤独，耐得住寂寞（守住孤独就等于守住了本真之美，耐得住寂寞才有可能回归自然本原之美），更为重要的是，只有"虚""静"才能容纳万物。当个体实践活动在毫无欲望功利追求的虚静状态中进行时，人作为个体存在，才能实现真正自由。"无为"之为表现在，人始终敞开并保持其虚静本然状态，无区别地对待、容纳万物，保有一个开放虚空的心理状态（老子所谓的"空故而纳万物"）。道法自然的精髓，是既重视个体生命的自由，又不赞同绝对自由，它提倡适欲、自足、自明，这是一种高超的辩证性思维。适欲既包括物质，又包含精神，当人的正常欲望和基本需求被满足后，又要"见素抱朴，少私寡欲"，因为老子认为"驰骋田猎，令人心发狂"。老子的"养生之道"提出："神静心清。静神心清者，洗内心之污垢也。""故学道之路，内外两除也；得道之人，内外两忘也。内者，心也；外者，物也。内外两除者，内去欲求，外除物诱也；内外两忘者，内忘欲求，外忘物诱也。由除至忘，则内外一体，皆归于自然，于是达于大道矣！"庄子主张人顺乎性情之本然，但在老子这里，"情者，智之附也；智者，情之主也。以情通智，则人昏庸而事颠倒；以智统情，则人聪慧而事合度"。他用"智"完成了对"适情"的注解。"罪莫大于可欲，祸莫大于不知足，咎莫大于欲得。故知足之足，恒足矣。"当人懂得知足，才会对自己的欲望有节制，才会使自己免于祸害，永葆平安喜乐。将这种知足常乐的心态践行于日常工作生活之中的成都人，很少将生命价值完全付诸无尽的操劳。在闲适与逸乐中天府之国孕生出一种独特且鲜活的文化载体。

道家主张以内乐外、安时处顺的快乐之道，强调无为型的"至乐无乐"，提倡顺应自然、不妄为的生活方式。弘扬中国古代乐观思想中的积极要素，汲取其中对于"道"的遵循与体悟的科学精神，继承持续进取、化忧为乐的精神，扬弃"安贫乐道，随遇而安"的安时处顺的态度，有助于克服当今部分人存在的悲观的社会认知方式，维护及改善人们的心理健康状况，提升全社会的幸福感。亚里士多德在2000多年前就指出："幸福是生命的意义和目的，追求幸福是人类生存的终极目标。以前和近期的研究均发现，乐观可以明显地预测主观幸福感。"[1]也有研究发现，乐观主义能直接或间接成为调节人们幸福度的中介。[2]正如著名剧作家奥斯卡·王尔德所说，乐观主义者和悲观主义者的最大区别在于看待世界的方式不同。很多研究结果都表明，乐观的心态与个体的身体和心理健康之间关系密切。乐观是心理健康、成熟自强的标志，它不仅是人们对抗生活挫折的缓冲剂，还是抵抗疾病的第一道防线。美国心理学家迈尔斯指出，乐观主义是追寻生命意义和幸福的法宝。

以道作为核心内涵的天府文化，内化为成都人独到的生存智慧。在优越的自然地理环境下，经过3000年的人文积淀，成都人体悟了生命本身近乎道的本真含义，同时深知休闲和创造辩证关系的精髓。伴随高质量休闲生活而产生的城市活力，成都人在发展与休闲之路上走在了世界的前列。乐观包容是一种向上而达观、开放而兼容的文化态度，天府文化中蕴含了对于自然、社会乃至人生的乐观包容，这是一种由自信而热爱，由热爱而坚韧，由坚韧而豁达，由豁达而接纳的文化态度。从道家哲学思想探寻成都天府文化内核之源，分析一座城市的人文特征并将其与中华传统文化进行互阐，能促使成都天府文化的内涵与时代气息相交融，为切实提高成都与国家中心城市相匹配的文化软实力，为扩大天府文化对外影响力，提供理论支撑和智性启迪。

1　M. Eid and E. Diener, Global Judgments of Subjective Well-being: Situational Variability and Longterm Stability, *Social Indicators Research*, Vol. 65, 2004, pp. 245-277.

2　P. Symister and R. Friend, The Influence of Social Support and Problematic Support on Optimism and Depression in Chronic Illness: A Prospective Study Evaluating Self-esteem as a Mediator, *Health Psychology*, Vol. 22, 2003, pp. 123-129.

清狂野逸之乐观人生

——杜甫《江畔独步寻花七绝句》组诗释义

谢桃坊[1]

摘　要: 在杜甫众多诗作中,《江畔独步寻花七绝句》并非名篇, 向来为选家所不取, 这组诗在杜诗中却极为奇特, 一是七首绝句里竟有五首是拗体, 二是组诗所表达的清狂野逸之乐观人生态度是杜甫全部诗作中非常罕见的, 它为我们展示了这位暂居天府之国的伟大诗人真实的自我本性。

关键词: 杜甫; 天府; 清狂野逸; 乐观人生

在杜诗中,《江畔独步寻花七绝句》[2]并非名篇, 向来为选家所不取, 苏轼仅欣赏其中"黄四娘家花满蹊"一首,《唐诗鉴赏辞典》亦只选组诗之此首。这组诗在杜诗中却是极为奇特的, 一是七首绝句里竟有五首是拗体, 二是这组诗所表达的清狂野逸之乐观人生态度是杜甫全部诗作中非常罕见的,

---

1　谢桃坊, 四川省文史研究馆馆员, 四川省社会科学院文学研究所研究员、硕士生导师。
2　仇兆鳌:《杜诗详注》, 中华书局, 1979年, 第322页。

它为我们展示了这位伟大诗人的一种真实的自我本性。

唐代天宝十四载（755）安史之乱以来，中原陷入连年战争之中，皇室衣冠士族纷纷入蜀避难。杜甫几经颠沛流离，于乾元二年（759）十月弃官携家逃到同谷（甘肃成县），十二月一日自同谷出发入蜀，至十二月底到了成都。我们纵观杜甫前半生，自青年时代开始了十五年的漫游生活，其后十年旅食京华，又历经战乱，到成都时已四十八岁了。当时成都为剑南西川节度使之治所，乃天府之国的中心，已是繁华富庶之地。杜甫在成都西郊找到一个环境清幽之地，即是"万里桥西宅，百花潭北庄"。古今地理变化颇大，原来的万里桥乃今成都南门大桥，百花潭乃今浣花溪南的龙爪堰附近。此地面临流江支流，浣花溪盘涡而过，有一株两百余年的枝干扶疏的老枏树。杜甫决意于此卜居，唐肃宗上元元年（760）春得到亲友的资助开始营建草堂，当年初夏建成。他终于有了自己的家，在乱世里如居世外桃源。《江畔独步寻花七绝句》即作于草堂建成次年的春天。

草堂位于成都通惠门外约四里的西郊，千余年来地理位置从未改变。杜甫描述说："背郭堂成荫白茅，缘江路熟俯青郊。"（《堂成》）草堂前有浣花溪，杜甫时常"洗药浣花溪"（《绝句》）；其旁有锦江，杜诗"清江一曲抱村流"（《江村》），"野老篱边江岸回"（《野老》），"江船火独明"（《春夜喜雨》），其中的"江"皆指的是锦江。唐代称李冰于蜀中所凿内江为清水河，其下游通称锦江，其上游自郫县两河口与摸底河平分走马河水，向东南流经郫县东南，又自马家场至苏坡桥曲折而东，南分为龙爪堰河道。入成都西郊是为南河，即唐代以来所称之锦江。成都以织锦著名，织锦以锦江之水濯洗而色泽愈益鲜丽，故河水又称濯锦江、锦江。唐代诗人刘禹锡《浪淘沙》云：

濯锦江边两岸花，春风吹浪正淘沙。
女郎剪下鸳鸯锦，将向中流匹晚霞。

浣花溪为锦江之支流，此溪南近即是锦江。杜甫春日寻花是从草堂向南过浣花溪而至锦江江畔，这一带正如刘禹锡所说，两岸多花。问柳寻花在早期是指人们玩赏春景，如杜甫《严中丞枉驾见过》云："元戎小队出郊坰，问柳寻花到野亭。"宋元以后"问柳寻花"则用于指代到妓院等处游玩。杜诗《江畔独步寻花七绝句》乃是诗人记述自己于草堂侧近之锦江畔独自玩赏春景的情形。春天是百花盛开的季节，十二番花信风送来春天的信息，然而人们坐在家中是难以感到春的来临的，故每到野外去寻春。草堂之内，杜甫种有桃树、桤木、松树、栗树，辟有药栏，花园里有桂花、梅花、丁香、丽春、栀子、荷花。春到草堂，虽然梅花、桃花、丁香、丽春等都相继开放，但杜甫还是要外出寻花，以便真正感受广阔的、浓郁的春的气息。组诗有序地表现了诗人寻花的过程和内心感受。兹试对组诗七首依次释义。

其 一

江上被花恼不彻，无处告诉只颠狂。
走觅南邻爱酒伴，经旬出饮独空床。

诗人为什么要去寻花呢？这是因为他在江畔被花所恼，而且烦恼的情绪无处宣泄。这即是古代诗词中常见的春愁。排遣春愁，每个人都有自己独特的方式。当诗人无法排遣春愁时，他便失去了理性的控制而处于语言行动异常和行为轻佻的状态，需要充分地释放个人的情绪。"颠狂"的精神状态是组诗的基调，表现出的不是诗人平时的严谨性情，而是此时此刻其真性情的自由显现。杜甫本欲邀请南邻的酒伴斛斯融同去寻春，但他早已出门饮酒了，且经旬未归。诗人只得独自一人去寻春，这虽然颇有孤寂之感，却又可以不受任何拘束地独自领略春光之美。

其 二

稠花乱蕊裹江滨，行步欹危实怕春。
诗酒尚堪驱使在，未须料理白头人。

当诗人见到濯锦江边两岸繁花时，四下充溢着浓郁的春意，心中生出极其矛盾的心情：虽然是为寻春而来，却又怕见到真实的春天。稠密怒放的繁

花似乎包裹着整个江滨，稠花乱蕊的强烈的春的景象，反而使诗人心生畏惧了，因它使诗人的内心情绪更强烈了，之后会发生什么样的事情实难预料。在平日，如果有烦闷的心情是可以用饮酒或赋诗的方式加以排遣和抒发的，然而这种排遣与抒发却不能使白头之人得到真正的慰藉，所以诗人在江畔行走时步履高低偏斜、不易自主。这种怕春的心情流露了诗人精神深处的矛盾，即被压抑的情感与外在社会现实的冲突。由此产生的问题是，是要遵循个人内心的驱使，还是服从社会现实关系的制约？这是两难的选择。诗人坚持的是在寻春之时，遵循内心驱使。组诗的诗意逐渐向更深的层次发展了。

其　三

江深竹静两三家，多事红花映白花。

报答春光知有处，应须美酒送生涯。

诗人从江畔一路寻来，江水曲折之处，竹树掩映着两三处人家。虽然这里也开放着红花与白花，它们却不是诗人所要寻找的花。因此他似乎责怪这些红花白花并无必要争妍开放，它们仅是凑热闹，属于多事之主，不足以体现春光之美。我们不禁感到困惑：红花白花，它们自然是花，红白掩映难道不美吗？它们难道不是诗人所要寻的花吗？它们既然不是诗人所要寻的花，那么他要寻的又是什么花呢？组诗的诗意发生转折，使寻花的线索继续发展，以向最终的目标前进。也许，终会出现"踏破铁鞋无处见，得来全不费功夫"的感叹。可见，诗人寻花原是有预设目标的。诗人虽然在此处颇为失望，但仍感到春光的美好。要怎样报答春光呢？诗人认为仍应以美酒来消遣时光。然而这并不能真正报答春光，正如第二首诗所说，"诗酒尚堪驱使在，未应料理白头人"。尤其正当江畔独步之际，又哪能饮到美酒？所以诗人又陷入自我矛盾中：欲以美酒排遣失望的情绪，却又并无美酒可饮——而且即使有美酒，又可能真正不辜负这良辰美景吗？但这一点失望，并未影响诗人执着的意志。

其　四

东望少城花满烟，百花高楼更可怜。

谁能载酒开金盏，唤取佳人舞绣筵。

当诗人于江畔东望锦城时便产生了对于豪华宴乐的想望。我们还记得杜甫在历经战乱之际曾感叹"朱门酒肉臭，路有冻死骨"，但在成都时环境则不同了。他在《赠花卿》诗中云："锦城丝管乱纷纷，半入青天半入云。此曲只应天上有，人间能得几回闻。"成都的少城为剑南西川节度使府署之所在，这里的达官贵人时常举行豪华宴乐。南朝李膺《益州记》云："少城有九门，南面三门，最东曰阳城门，次西曰宣明门，蜀时张仪楼即宣明门楼也。"杜甫望见之省城百花楼应是成都少城之宣明门楼。百花楼在一片烟花簇拥之中尤显华丽可爱。如果这时在楼中参加宴乐，并有歌妓当筵歌舞，应是恰应这良辰美景的赏心乐事了。然而这仅仅是片时的虚幻想象，并没有达官贵人邀请杜甫参加这样的绣筵，他更见不到轻歌妙舞的美貌佳人。杜甫在草堂的日子是清苦的，故有茅屋为秋风所破之叹息。他这时在江畔忽生出一种世俗的享乐意识，表明了他对生活美好的追求。此短暂的脱离现实的虚幻想象逝去之后，诗人仍然在江畔寻找他所爱的花。如果他找到了它，它所带来的欢愉是否可以胜过世俗宴乐呢？在诗人而言，这是可能的。

其　五

黄师塔前江水东，春光懒困倚微风。

桃花一簇开无主，可爱深红爱浅红。

锦江畔的"黄师塔"，乃是着黄色袈裟僧人之埋骨处。南宋时陆游《老学庵笔记》卷九云：

> 予在成都，偶以事至犀浦，过松林甚茂，问驭卒："此何处？"答曰："师塔也。"盖谓僧所葬之塔。于是乃悟杜诗"黄师

塔前江水东"之句。[1]

此塔周围土地已经荒废，故其上一簇桃花也是无有主人的了。诗人在江畔寻花，已走出很长一段路，春光骀荡，温和宜人，却使人有慵困之感。黄师塔象征着死亡之地，无主桃花则象征生命之美好，在寂灭之处而见生机，给人们一种生命的希望，也给诗人带来新的希冀。唐代诗人杜牧在《叹花》中借花比喻一位年轻少女，多年后再见她时感慨："狂风落尽深红色，绿叶成荫子满枝。"如果我们仔细观察桃花，就会发现当其初开之时，花心是深红色，花瓣则呈浅粉红色；当其极尽繁盛之后，花心之红渐渐褪去，颜色憔悴，最后一一凋谢。诗人杜甫所见之桃花，其花之开放有先有后，先开者花心浅红，后开者深红而美艳。诗人于是提出一个问题，赏花者是爱深红的还是爱浅红的？当我们知道桃花有深红与浅红之别后，答案肯定是爱初开之花，故"深红色"后来也被杜牧用以比喻少女。我们从杜诗未能知悉诗人是爱深红还是浅红，亦仍不知他所寻之花是哪一种。但至此，谜底似乎快要揭开了，只是诗意仍是扑朔迷离。

其 六

黄四娘家花满蹊，千朵万朵压枝低。
留连戏蝶时时舞，自在娇莺恰恰啼。

黄四娘应是杜甫定居草堂后新结识的，否则怎会知道她的姓名，并径自走到她家去？关于黄四娘的形象，宋代诗人苏轼晚年贬谪惠州作《正月二十六日，偶与数客野步嘉祐僧舍东南野人家，杂花盛开，叩门求观。主人林氏媪出应，白发青裙，少寡独居三十年矣。感叹之余，作诗记之》诗，其结尾云："主人白发青裙袂，子美诗中黄四娘。"据此似可以认为黄四娘是一位寡居的白发青（黑色）裙的老妇人。苏轼遇林媪之情景颇似杜诗所记，但以为黄四娘为白发老妪则无任何依据。"娘"为古代妇女之通称，但主要

1　陆游：《老学庵笔记》，三秦出版社，2003年，第311页。

是指年轻妇女。《玉篇·女部》："娘，少女之号。"[1]南朝乐府民歌《子夜歌》"见娘善容媚，愿为结金兰"[2]中的"娘"即指少女。我们所见唐代文献中的刘泰娘、张少娘、范大娘子、永新娘、御史娘、柳青娘、杜韦娘等，都是年轻貌美的著名女艺人。因此黄四娘乃是一位少妇，而且其家既然花开满蹊，应是颇为富裕的。在明刊本《唐诗图鉴》于此诗所配之木刻版画中，杜甫穿着官服，右手执折扇，从小径走到黄四娘家。院旁有柳树和桃树，院前种满鲜花。黄四娘在院内的楼上，是一位美丽的少妇，正在窗前看着杜甫向她走来。这画面较真实地再现了杜诗的诗意。诗人所寻之花终于寻到了。他是寻花还是寻人呢？我们从杜牧《叹花》之意来推测，则是以寻花比喻寻人。然而杜甫对此并无明示，且故意模糊线索。我们肯定杜甫确是在寻春和寻花，且在黄四娘家终于找到了所寻之花。满蹊径的各种鲜花争相怒放，这才是真正春天之所在。组诗多用拗体，直抒胸臆，但此首之三四句对偶却极其工整精细，表现了诗人观物体物之精妙，将春天的气息表达得生动优美。在花间的蝴蝶，流连不忍离去；在柳枝上的娇莺，自然和谐地鸣叫。这是否不仅是写景，而还有隐喻的含义？诗人寻花到此之后是否便流连忘返了呢？我们无法再做推测，因诗中寻花的过程已经至此而止了。在以下最后一首诗里，作者仅仅发出了对此次寻花的感想。

其 七

不是爱花即欲死，只恐花尽老相催。
繁花容易纷纷落，嫩蕊商量细细开。

　　在组诗开头，诗人表示自已被花事烦恼而在精神上处于"颠狂"的状态——为爱花而痴迷便是"颠狂"了。诗人自我剖析说，这种痴迷是深恐花凋落了，人便会老了。此时杜甫五十岁，已有迟暮之感。花象征着春天，象征着生命之美，象征着青春之美，当它们逝去，其生命也就枯萎了，就好像一个人的老去。因此爱花即是留住青春，珍惜生命，充满对人生的希望。这

1　《宋本玉篇》，中国书店，1983年，第63页。
2　郭茂倩：《乐府诗集》，上海古籍出版社，1998年，第502页。

应是诗人爱花而寻花的更深层的文化意义，体现了一种乐观的积极的人生态度。全诗的结尾又以精整的对偶含蓄地表达了留住花，留住青春的深意。花开繁后，便很快会凋落，这已是不可逆转的生命发展之必然，但那些含苞欲放的嫩蕊可以相互商量着细细地慢慢地渐次开放吗？这样似乎就可以延长美好的花期，让生命之花长久地绽放。诗人知道生命的自然规律，因而也就明白花期不可推迟，故唯有珍惜现实，珍惜花期，把握它最美的时光。那么诗人是带着深情珍惜和欣赏现实中黄四娘家的繁花，还是也一并珍惜和欣赏现实中的种花人呢？这使全诗之意达到一个极其优美而微妙的境界。

组诗的七首绝句不是各自孤立的，它们之间存在内部联系，有着诗意发展的合理脉络，描述了诗人由于被花所恼而独自到江畔寻花，当见到春花繁盛时却又怕春，于江深竹静人家虽见到红花与白花但又认为它们不是自己所要寻找的，这时突然望见东面成都少城的高楼因而联想到其中的豪华宴乐，经过僧塔旁见到无主桃花开放而有感花之盛衰，最后终于在黄四娘家寻到真正喜爱的花并因之抒发了珍惜青春和生命的感慨。组诗描写了诗人江畔独步寻花过程中的真实情景与内心感受。我们不难发现此组诗的风格在杜诗中甚为独特，它以浅近的语言做了直叙的白描，尤其不计诗律的工拙，随手写来，故多为拗体。然而在看似粗率的叙述中，却又有极精整工巧的对偶——"留连戏蝶时时舞，自在娇莺恰恰啼""繁花容易纷纷落，嫩蕊商量细细开"，为全诗增添了丰富的艺术色彩。诗人浅近的叙述方式使人们易于理解诗意，似乎诗意是浅露的，但诗人对于为什么"被花恼"，为什么"怕春"并无解释；于为什么黄四娘家是寻花的最终目的地亦无暗示；于为什么以"红花映白花"为"多事"，是爱桃花之深红或是浅红亦无答案；而黄四娘的形象及其与诗人的关系均被隐去。这一切使得整组诗诗意含蕴、隐晦、模糊，难于骤解，体现出诗人的特意安排与精心构思，具有很高的艺术水准。组诗的"江上被花恼不彻，无处告诉只颠狂""不是爱花即欲死，只恐花尽老相催"所表现的诗人的人生态度与真实性情，跟向来人们所认识的杜甫的精神面貌是相异的。

杜诗在中国诗史上的崇高地位是在北宋诗歌革新运动中确立的，此后学杜成为诗坛风尚。此过程中，苏轼对杜诗的评价对其地位的确立产生了重大的作用和影响。他在《与王定国书》中云："杜子美在困穷之中,一饮一食,未尝忘君,诗人以来,一人而已。"[1]

他又在《王定国诗集叙》中云："古今诗人众矣,而杜子美为首,岂非以其流落饥寒,终身不用,而一饭未尝忘君欤!"[2]他还认为杜诗在艺术上尽古今之变,建立了诗的范式,因此将杜甫推上了诗圣的地位。从此杜甫给人们的印象就是一位落魄流离、感时伤世、忠君爱国的伟大诗人。已故四川省文史馆馆长刘孟伉先生的《念奴娇·题杜甫草堂》云:

> 一谈杜甫,便想到,锦里秋风茅屋。百代诗人穷至此,千古异声同哭。细数平生,唯余丧乱,高吟苍茫独。几年吟啸,游踪还遍西蜀。　　犹是垂老无家,陈陶青坂,直至歌同谷。写过堂成宾至了,病橘枯棕相续。眼底疮痍,人间苦痛,入手成金玉。先生休矣,继先生者谁属。

此词全面而深刻地描写了杜甫的生活与性情,以及杜诗蕴含的伟大精神。我们若认真读了《江畔独步寻花七绝句》组诗,就能见到杜甫的另一种生活与性情,以及杜诗的另一种意义,也许它才是诗人真面貌与真性情的体现。苏轼喜读杜诗,他特别喜爱组诗中"黄四娘家花满蹊"一首,发现它"可以见子美清狂野逸之态"(《东坡题跋》卷二)。这"清狂野逸之态"所表现的乐观的人生态度不仅是组诗的意义所在,更是杜诗的一种特殊的精神,可以启发我们对杜诗的重新认识与评价。

1　苏轼:《与王定国书》,茅坤编、崇贤书院译:《经典传家图解唐宋八大家集》,黄山书社,2016年,第331~332页。

2　苏轼:《王定国诗集叙》,陈伯海主编:《唐诗学文献集粹》,上海古籍出版社,2016年,第283页。

杜甫对天府文化精神的建设[1]

——以杜甫天府时期的诗歌创作为考察对象

张 起 姚 芳[2]

摘 要: 中原诗人杜甫因房琯事件得罪肃宗于华州解官,几经迁转流寓巴蜀地区。天府之国相对僻远平静的环境,给了他一段美好而安定的时光;这里以乐观包容的精神接纳了诗人,抚平了他的心灵创伤。在成都期间,他出游,访友,以外来者的身份体会与感受天府文化的精要,将自己融入其中,写下了许多与天府之国相关的诗歌。这些诗都印上了深深的钟灵毓秀的巴蜀痕迹,我们可从中窥见巴蜀腹地天府成都明丽温和的自然与人文风貌,也可从他记录天府历史文化的诗中解读他的精神世界(尤其是他借天府文化的温婉平和所表达的修复与肃宗的君臣关系的渴望),感受他为尊者讳的那份包容婉曲的深意,以及他顾及君王颜面而独自承担内心委屈的沉郁顿挫。

---

1 本文系四川省哲学社会科学2016年度后期资助项目"唐诗解密"(项目批准号:SC16H016)阶段成果;四川省哲学社会科学规划"四川历史名人文化研究"重大项目"近现代杜诗学史整理与研究"(项目批准号:SC17ZDLS05)阶段成果。
2 张起,成都大学教授。姚芳,赴泰教师志愿者。

杜甫后半生与巴蜀地区有着极深的关联，他在此创作的诗歌，是其对天府文化的杰出贡献，是天府文化的重要组成部分。

关键词： 杜甫；诗歌活动；天府文化；建设

晚唐孟棨曾说："杜逢禄山之难，流离陇蜀，毕陈于诗，推见至隐，殆无遗事，故当时号为'诗史'。"[1]说明杜甫流离陇蜀后的诗特别婉曲，推见至隐，殆无遗事，而"诗史"之名是在天府之国最终成就的。而这其中流落蜀中的诗歌又深受天府文化的影响，表现了天府文化丰富的精神内涵，或可以说杜甫以其诗史笔法创作的诗歌是天府文化优秀部分的构成因子。宋人胡宗愈《成都草堂诗碑序》谓杜甫作诗"凡出处去就、动息劳佚、悲欢忧乐、忠愤感激、好贤恶恶，一见于诗，读之可以知其世，学士大夫谓之'诗史'"[2]。这个诗碑实物亦成了杜甫及其诗歌已融入天府文化的一个物证。杜甫所作天府诗篇，多记述自然风貌、历史神话、风俗民情、先贤名流，含有许多天府之国宝贵的地理、历史文化资料。

上元元年（760）初杜甫到成都后，在"厚禄故人"高适等人的资助下，在城西浣花溪畔营建了一座草堂，又在裴冕、严武等蜀中要员帮助下开始了自己的天府生活。从那时起，子美与"草堂"在历史的沉淀下，一步步融入天府文化，成为天府文化一个重要的组成部分。杜甫虽客居天府之地，但他又以主人身份体认着天府文化，所以他既是天府文化的展现者，又是天府文化的贡献者。子美在西川五年，居住浣花溪畔近四载，"五载客蜀郡，一年居梓州"（《去蜀》）。远离中原战乱及朝廷人事纠纷，天府文化的乐观包容，使诗人暂且得以过上一段安宁的生活。在此间，他对天府之国的山川、历史、古迹都有深入游历考察，并以诗做了记录，故而自己的诗亦成了天府文化的一个部分。

1　孟棨：《本事诗·高逸第三》，上海古籍出版社，1991年，第18页。
2　王小红：《杜甫与成都的历史地理研究》，《杜甫研究学刊》2009年第3期，第25页。

一、关于"天府文化"

说到天府文化，人们必然会追问它的精神内涵到底是什么。它是以天府之国成都为中心形成的一个区域中心文化。从时间上看，它从古蜀时期就开始了其漫长的萌芽、发育、生长、定型的历程。它是由无数优秀儿女（既包括天府之国的本地人民，也包括其他区域的外来者）共同构建的特色鲜明的地域文化，并汇入中华文化的巨河，成为中华文化的组成部分。它是古老的，又是现代的，时尚而不张扬，鲜明而不夺目，或温婉似小家碧玉，或激情如壮丽大江。它的一颦一笑都带着地域特色，它的一举一动都可惊天动地。

从文化人类学角度看，天府文化是中华文化中最为独特的文化，成都这座城市是全国所有城市中最独特的一座。中华大地只有这座城市由两种文化基因型构而成，这是由地域决定的，它的一半来自川西山区的古羌文化，另一半来自中原文化的反哺，两种文化基因交汇于成都，相互包容，和谐共存，组合成了独一无二的天府文化。放达豪爽，儒雅谦恭，是天府文化的显要特征。环顾我中华大地，其他城市的文化是由一种单一文化基因，即中原儒家文化型构而成，只有天府文化独具两种文化基因，相互融会，兼容并包，从而形成天下无双的天府文化，这亦是其最为鲜明的性格特征之一。

那么，这一由古人今人共同型构的天府文化，都有哪些特征呢？首先，它的一个最突出特征就是"绿色生态"。这是习近平总书记的总结。习近平总书记对生态文明建设提出了"绿水青山就是金山银山"的发展理念，2018年2月总书记在四川考察，结合天府之国的地域特征，又为天府文化指出了发展方向，提出成都要走"公园城市，生态价值"的开放经济发展道路。总书记在视察天府新区规划展示沙盘时说："一定要规划好建设好，特别是要突出公园城市特点，把生态价值考虑进去，努力打造新的增长极，建设内陆开放经济高地。"这是总书记的殷切希望，也是天府文化新时代发展的方向，这是基于"绿水青山就是金山银山"的绿色发展理念的具体实践。总书记一针见血地为天府文化注入了绿色生态思维，笔者以为这应该是天府文化最新的精神内涵之一，佳山秀水的天府之国不正是与生俱来地拥有这一自然

文化特色吗？事实也确实如此，绿色天府，唐代诗人杜子美入蜀时，就强烈
地感受到了。这里既有迥异于中原的文化风情，又有青翠满目的自然环境，
还有蜀道上的奇山异水。他初入蜀时就写过一首《白沙渡》：

> 畏途随长江，渡口下绝岸。
> 差池上舟楫，杳窕入云汉。
> 天寒荒野外，日暮中流半。
> 我马向北嘶，山猿饮相唤。
> 水清石礧礧，沙白滩漫漫。
> 迥然洗愁辛，多病一疏散。
> 高壁抵嶔崟，洪涛越凌乱。
> 临风独回首，揽辔复三叹。

途中自然风光给了他不同的体验，而在进入天府成都后，诗人对这种迥
异于中原的蜀地风情印象更为鲜明。《成都府》：

> 我行山川异，忽在天一方。
> 但逢新人民，未卜见故乡。
> ⋯⋯⋯⋯⋯
> 曾城填华屋，季冬树木苍。
> 喧然名都会，吹箫间笙簧。

诗中的"异""新"就是这里的地方景色与风俗给予中原诗人的新鲜
感。天府文化源远流长，郭沫若在20世纪40年代就从考古学上提出，汉民族
是起源于川西高原的古羌人，迁徙到川西平原，又随水道徙入中原和长江中
下游地区，诞育了灿烂的周秦文明后再反哺巴蜀。虽如此，作为中华上游文
明重要发源地的江源文明，天府文化仍保持和延续着自己悠久独特的特色，
并形成了与中华其他文化区域不同的特质。秦汉以来，巴蜀腹心地带的天府
文化在区域文化中的地位，一直被扮演官方正统的中原文化视为"边缘文

化",故而受这一传统认知的影响,诗人才写下"忽在天一方""但逢新人民"的诗句。

笔者作为天府之国的西蜀崇州土著居民,对天府地理文化稍有一些不同于学界的认知,谨述如下。

最初巴蜀文化在周秦时是两个截然不同的文化,以地理位置做区分,即以成都平原为中心的"天府文化"(在土著民观念中,岷江冲击而成的黑土区域即为"蜀")和这块平原之外的"三巴文化"(丘陵构成的黄土区域,川人称之为"巴")两部分。后到了东晋,常璩《华阳国志》通过政治疆域来区分,则"蜀"扩至"东接于巴,南接于越,北与秦分,西奄峨嶓"[1]的广袤区域。今天,巴蜀文化则是概指包括"四川省"与"重庆市"两者及邻近地域在内的,以历史悠久的巴文化和蜀文化为源头的,包括移民文化、地域内各少数民族文化在内的,由古至今的地区文化的总汇。[2]本文取用的是巴蜀文化整体概念中的天府文化,即取周秦时期最狭义的巴蜀观念——以川西平原为中心的"蜀文化"(天府文化),以黄泥区域为范畴的"巴文化"来认知的,如"五载客蜀郡,一年居梓州",在天府成都为"在蜀",在东川梓州为"居巴"。唐代梓州即属汉巴西郡,李商隐《夜雨寄北》"巴山夜雨涨秋池"即称梓州的山为巴山。至今在土著居民的观念中,川西平原才是天府核心,在此需特做说明。

明确了"天府"的狭义范围,再来看天府文化的精神特质是什么。文化是一个宽泛的综合性说法,它具有历史性、连续性、地域性,是人类特有的,随历史的变迁而发展,随民族、地域差异而形成的各具特色的社会现象。天府文化无不具有这些特征。在这块平原上,刚脱离动物世界蛮荒状态的远古江源文明的蜀人就开始了在这块土地上的艰苦的文化之旅,并结出了独具特色的文化硕果。天府文化,即具有天府地域特色的一切物质文化和精神文化的成就总和。天府之国经历了远古原始社会的农业革命,这场革命并没有完结,一直延续至今;又经历了近代西方工业革命的输入,鸦片战争以

1　常璩撰,刘琳校注:《华阳国志校注·蜀志》,成都时代出版社,2007年,第89页。

2　林向:《"西蜀文化"的辨证》,中共崇州市委宣传部、崇州市社会科学界联合会汇编:《西蜀文化光明论坛论文集》,2012年,第9页。

来洋务运动的中国式"工业革命",使天府成都有了工业基础,自此农业与工业并存,丰富了天府文化的内涵;还经历了21世纪以来当代社会深刻的信息革命洗礼,这场革命使天府文化具有了全新的现代性科学性内涵,使天府成都跟上了世界的发展节奏。岷江潮流滚滚滔滔片刻不息,天府之国的这一地理特性,使它从不落后于世,文化观念常新常绿,绝不故步自封。自古以来,中国官员无不是文化学者型官员,这当归因于中国特色的古代选拔机制,它的合理性不可否认——中华文化的巨大生命力、影响力,就是由这样一批文化官员与代代相承。今天中共成都市委书记范锐平同志,与历代文化官员一样,非常重视天府文化建设,重视阐释发扬天府文化的精神,符合以习近平为核心的党中央弘扬中华传统文化的战略。一个民族不能没有凝聚人心的精神信仰,同样,天府儿女也需要可以加强凝聚力的天府文化精神。范锐平同志在成都市第十三次党代会上说:"要传承历史文化,弘扬现代文明,让天府文化成为彰显成都魅力的一面旗帜。"他对这一文化精神做了精当的概括总结,提出了"创新创造、优雅时尚、乐观包容、友善公益"的天府特色文化精神。

二、乐观包容:闲适的生活与天府自然风光

杜甫从战乱的中原一路跋山涉水来到成都,这个当时相对幽闭的环境以它的乐观包容,为诗人提供了一个可资暂时栖息的居处,让他从朝廷波谲云诡的政治生活中抽离出来,有了走进和享受天府之国文化和生活的空间。天府独特的区域文化,与诗人之间发生了一次伟大邂逅和亲密接触。

(一)对"西山"的惊喜感受

诗人在蜀中天府之国生活,首先感受到的是新颖新鲜的川西自然风光与风情民俗。从地理上来说,诗人所生活的这块土地,是岷江冲积形成的川西平原腹地,抬头就可望见远处川西西部的连绵高山。"西山"成为他诗中重要的地理元素,如其所写的《绝句四首》其三:"两个黄鹂鸣翠柳,一行白鹭上青天。窗含西岭千秋雪,门泊东吴万里船。"在初夏的晴日,还可望见西岭的雪景。又如《泛溪》"练练峰上雪,纤纤云表霓",《出郭》"远烟

盐井上，斜景雪峰西"，《秋尽》"雪岭独看西日落，剑门犹阻北人来"，《早起》"贴石防隤岸，开林出远山"，《赴青城县出成都寄陶王二少尹》"东郭沧江合，西山白雪高"，《野望》："西山白雪三城戍，南浦清江万里桥"，《春日江村五首》其三"经心石镜月，到面雪山风"……这些描写成都西山的诗句，意境悠然，或大气包容，或细致入微。其创作手法，《杜少陵集详注》引周斑语总结为："少陵人蜀诸篇，绝脂粉以坚其骨，贱丰神以实其髓，破绳格以活其肢，首首摘幽撷奥，出鬼入神，诗运之变，至此极盛矣。"[1]杜诗的这些变化是天府地理环境的厚赐，西山四时变化之景，给予他创新创造的精神，他不断变换笔法，对西山各个角度、各个季节展开描写，将西山的点点滴滴都融汇于诗中，丰富了西山文化。以西山入诗，展现了诗人在川西平原悠然闲适的安居生活，也将天府之国独特的自然风光展现了出来，留给天府文化一座文学化的"西山"。

关于西山，杜诗亦用"西岭""玉垒""雪山""岷山""雪岭""雪峰""青山"等指代，西山实为岷山。道光《茂州志·岷山考》："《方舆胜览》：禹贡梁州之山四，岷、嶓、蔡、蒙。西山皆岷，北山皆嶓，南山皆蒙也。"可见西山即岷山。"汉《地理志》：岷山，在湔氐道西徼外，江水所出。"可见岷山在天府之国的极西。

> 《明一统志》：在茂州列鹅村，去州四十里，实咸茂彭灌之中。其高六十里，山有九峰，四时积雪，经暑不消，晨光射之，烂若红玉。去成都五百里，西望之若在户牖。居人呼为九顶山，杜子美诗所咏西山即此也。[2]

西山并非一处，它连绵分布于威、茂、彭、灌，从成都西望若在户牖，故为杜甫所咏。可见杜诗之"西山"，就是诗人居住在川西平原，对蜀西山区的地理感受。杜甫甚至到过西山，据嘉庆十年《汶志纪略》，杜甫游川西北时，曾于汶川绵虒大禹庙题写《禹庙》诗：

1　仇兆鳌：《杜诗详注》第二册，中华书局，1979年，第727页。
2　杨迦怿：《茂州志·舆地志》卷一，道光十一年木刻本。

> 禹庙空山里，秋风落日斜。
>
> 荒庭垂橘柚，古屋画龙蛇。
>
> 云气嘘青壁，江声走白沙。
>
> 早知乘四载，疏凿控三巴。

（二）对"坝子"的愉悦体会

除西山外，杜甫对自己所处的川西坝子的农家田园有着更深刻直观的印象，如《西郊》：

> 时出碧鸡坊，西郊向草堂。
>
> 市桥官柳细，江路野梅香。

多么优雅自在的生活！他来往其间，逐渐消弭了安史之乱带给他的动荡不安，又走出了与君王有罅隙而产生的痛苦。

此外，人们通常都认为杜甫到成都是为了逃避中原战乱，这种认识实际是片面的。经笔者考证，杜甫到成都除了躲避动乱这一原因，更重要的是因为他在朝中几件事上与肃宗产生了极深的矛盾，一是护佑房琯，反对肃宗对其加以处罚；一是同情玄宗，批评肃宗不孝。这两件大事，使得君臣结怨极深，以致所有"琯党"成员皆可平反，只有杜甫不能。不仅不平反，肃宗还进一步追责，罢免了杜甫华州职务，将其流放陇蜀边地，不准允返回长安。但两《唐书》因为尊者讳，未予以客观记载，皆说诗人因饥荒"弃官"，而这一说法为今日学界完全接受，以讹传讹，遂断为主动"去官"。诗人作为贵族，也多为尊者讳，诗中均以隐晦手法委婉反映此事。多种因素使得他人蜀因由被人简单化。我对杜诗做了仔细考察，在《杜甫华州去官考》一文中提出新说"罢官说"，这是国内学术界从未有过的说法，因中原饥灾就主动辞官，显然有辱具有"致君尧舜上，再使风俗淳"理想的杜甫，是不合实情的。国内诸家说法都应推翻。"罢官说"的真相，是杜甫人生的重要关节，他日后的一切苦难皆生于此。这样，他那些不能解释的诗歌也就通透了。这一重大发现，如同重新建立坐标还原真正的杜甫形象，并且他的一切传记及此后他的诗歌都要重新解读！诗人在天府成都时期的诗歌中不论是咏史还是写景，多婉曲地反映了他们君臣之间的矛盾，不仔细揣摩必难以看出。这些合符《春秋》旨意和笔法的诗，才是构成"诗史"的隐秘。它们多包含在天府时期的诗歌中，所以说杜诗"诗史"之名是在天府之国形成的。下文会结合天府文化中的历史与神话传说予以解密。遗憾的是，许多人，包括我身边教古典文学的一位副教授也说"三吏""三别"之类的现实主义就是"诗史"。这是把"诗史"简单化、浅薄化了，现实主义诗歌多矣，岂非都是"诗史"？这样讲，既误人子弟，又曲解了子美。

应该说杜甫遭逢"罢官"后是带着不能言说的委屈来到天府之国的，天府以她的乐观、包容与友善接纳了这位流放诗人。西山与水流环绕的川西坝子构成了杜甫对西蜀的地理认知。他对川西平原自然风光的描写朴实而细致，这亦符合地理环境决定诗人心境，再决定诗风的规律。如写川西坝子田园里的小荷与细麦："圆荷浮小叶，细麦落轻花。"（《为农》）圆荷小叶、细麦轻花都是其在居处所见。写竹笋："绿竹半含箨，新梢才出墙……雨洗娟娟净，风吹细细香。"（《严郑公宅同咏竹》）诗人行走田间农舍，看竹笋包壳，新松出墙，感受着大自然的生命伟力。"无数春笋满林生，柴门密掩断人行。"（《三绝句·其三》）春竹蓬勃生长，阻断了道路。写春水："三月桃花浪，江流复旧痕。"（《春水》）三月川西坝子春水上涨，去年的江流又恢复了原有的水量。写初夏杨花和荷叶："糁径杨花铺白毡，点溪荷叶叠青钱。"（《绝句漫兴九首·其七》）写川西早春及桃花艳丽多情："红入桃花嫩，青归柳叶新。"（《奉酬李都督表丈早春作》）诗人笔巧，用一"入"一"归"即将桃花嫩和柳叶新的动态写了出来。"桃花一簇开无主，可爱深红爱浅红。"（《江畔独步寻花七绝句·其五》）"颠狂柳絮随风去，轻薄桃花逐水流。"（《绝句漫兴九首·其五》）写杨柳柔美多姿："榉柳枝枝弱，枇杷树树香。"（《田舍》）"隔户杨柳弱袅袅，恰似十五女儿腰。"（《绝句漫兴九首·其九》）写花草："繁枝容易纷纷落，嫩蕊商量细细开。"（《江畔独步寻花七绝句·其七》）把很正常的一个自然现象，写成花蕊之间彼此商量的结果。写夜雨后的清晨："野径云俱黑，江船火独明。晓看红湿处，花重锦官城。"（《春夜喜雨》）雨后成都雾气缭绕，满地落红。

以自然万物入诗，不论巨细皆可成吟。诗歌史上，在子美之前和之后，对天府之国乡间风景有如此细微细致体会的诗人是几乎没有的，因为没有哪位诗人有足够的时间去细赏蜀地风光，更没有谁能像子美那样深刻地感受到天府之国自然美景对他心灵创伤的抚慰。正是有了这种闲适和川西这一片宁静、祥和、友善的风景，诗人才有了足够的时间和空间，用他的才华将这些素材组织成美丽的诗篇。

天府之国处处水田林盘，这是天府人居文化的最大特色，也是天府文化绿色生态的物质组成，符合习近平总书记的绿色发展理念。林盘文化是古蜀人因地制宜，尊重环境的创造，体现了天府文化"创新创造"的精神。杜甫来到成都，首先就营造了属于自己的绿色宜居林盘。《诣徐卿觅果栽》：

> 草堂少花今欲栽，不问绿李与黄梅。
> 石笋街中却归去，果园坊里为求来。

诗人不仅营造了草堂，种植了花树竹丛，还记叙了邻里间互相照顾的日常生活情景，抓住了天府文化中"友善公益"的社会公德，诗人以此与朝廷的人事纠纷和中原的动乱形成对比。这即是"诗史"的真谛，虽细小日常，却蕴含深意。

（三）对"蜀道"的惊险体验

要进入天府之国这仙境般的地方，对唐人来说要历尽千难万险，李白《蜀道难》即概括了蜀道的崎岖险峻。子美入蜀翻山越岭，所过的险山恶水自然不少，这在他的诗中都有所记载。如：

五盘（节选）

> 五盘虽云险，山色佳有余。
> 仰凌栈道细，俯映江木疏。

地僻无网罟，水清反多鱼。

好鸟不妄飞，野人半巢居。[1]

龙门阁（节选）

清江下龙门，绝壁无尺土。

长风驾高浪，浩浩自太古。

危途中萦盘，仰望垂线缕。

滑石欹谁凿，浮梁袅相拄。

目眩陨杂花，头风吹过雨。

百年不敢料，一坠那得取。[2]

龙门阁是古金牛道上著名的栈阁，作为古代沟通秦蜀的险要陆栈，曾具有军事作用。杜甫经此仰望绝壁，俯视嘉陵江水，顿生寒意，"终身历艰险，恐惧从此数"。一路走过山山水水，自是遇山赞山，遇水叹水，在遇到津渡时，又写下《桔柏渡》：

青冥寒江渡，驾竹为长桥。

竿湿烟漠漠，江永风萧萧。

连筒动袅娜，征衣飒飘飖。

急流鸨鹢散，绝岸鼋鼍骄。

西辕自兹异，东逝不可要。

高通荆门路，阔会沧海潮。

桔柏渡在广元昭化古城东白龙江、嘉陵江汇合处，战国以来即是古驿道连接南北的要津。江面雾气腾腾，风声呼呼，竹索长桥颤悠，桥下江水激流。

---

1 五盘山，又名七盘岭，《一统志》载，在保宁府广元县北一百七十里。详见仇兆鳌《杜诗详注》第二册，中华书局，1979年，第713页。

2 《元和郡县志》载，龙门山在利州绵谷县东北八十二里。详见仇兆鳌《杜诗详注》第二册，中华书局，1979年，第715页。

剑门（节选）

唯天有设险，剑门天下壮。

连山抱西南，石角皆北向。

两崖崇墉倚，刻画城郭状。

一夫怒临关，百万未可傍。

剑门关，《大清一统志》云："四川保宁府：大剑山在剑州北二十五里。其山削壁中断，两崖相嵌，如门之辟，如剑之植，故又名剑门山。"[1]剑阁"一夫当关，万夫莫开"，确是惊倒了不少文人。虽然入蜀道路艰险重重，地理环境极恶，但它们在诗人笔下却是那么伟大，那么自然。诗人一路走来，一路惊奇，一路记录，用诗笔记下了蜀道上巴山蜀水的雄奇、险峻、秀丽。

应该说，西山、坝子、蜀道构成了子美对天府之国地理环境的整体认知，并汇集于他的诗歌中，形成了只属于天府之国的地理诗歌文化。天府以它的"乐观包容"治愈了诗人饱经磨难、满腹委屈的心灵创伤，而诗人也以他的诗笔抒发了青山绿水共为邻，曲水流觞愿作家的心愿，歌赞了天府文化的生态秀美（田园）、绿色峻伟（西山）、蕴藉沉雄（大江）。

三、含蓄蕴藉：天府神话与传说中包含的微言大义

（一）对"杜鹃"神话的认知

天府之国流传着关于杜鹃的传说，杜甫在蜀期间有感于中原时政及肃宗对玄宗的不孝和迫害，以蜀地的神话传说和微言大义的春秋笔法写下了三首关于杜鹃的史诗。

杜鹃行

君不见昔日蜀天子，化作杜鹃似老乌。

---

1 仇兆鳌：《杜诗详注》第二册，中华书局，1979年，第719页。

寄巢生子不自啄，群鸟至今与哺雏。

虽同君臣有旧礼，骨肉满眼身羁孤。

业工窜伏深树里，四月五月偏号呼。

其声哀痛口流血，所诉何事常区区。

尔岂摧残始发愤，羞带羽翮伤形愚。

苍天变化谁料得，万事反覆何所无。

万事反覆何所无，岂忆当殿群臣趋。

杜鹃行

古时杜宇称望帝，魂作杜鹃何微细。

跳枝窜叶树木中，抢佯瞥捩雌随雄。

毛衣惨黑貌憔悴，众鸟安肯相尊崇。

隳形不敢栖华屋，短翮唯愿巢深丛。

穿皮啄朽觜欲秃，苦饥始得食一虫。

谁言养雏不自哺，此语亦足为愚蒙。

声音咽咽如有谓，号啼略与婴儿同。

口干垂血转迫促，似欲上诉于苍穹。

蜀人闻之皆起立，至今相效传遗风，乃知变化不可穷。

岂知昔日居深宫，嫔嫱左右如花红。

杜　鹃

西川有杜鹃，东川无杜鹃。

涪万无杜鹃，云安有杜鹃。

我昔游锦城，结庐锦水边。

有竹一顷余，乔木上参天。

杜鹃暮春至，哀哀叫其间。

我见常再拜，重是古帝魂。

生子百鸟巢，百鸟不敢嗔。

仍为喂其子，礼若奉至尊。

鸿雁及羔羊，有礼太古前。

行飞与跪乳，识序如知恩。

圣贤古法则，付与后世传。

君看禽鸟情，犹解事杜鹃。

今忽暮春间，值我病经年。

身病不能拜，泪下如迸泉。

诗中杜鹃，取自蜀地神话，据《华阳国志·蜀志》：

后有王曰杜宇，教民务农，一号杜主。时朱提有梁氏女利，游江源，宇悦之，纳以为妃。移治郫邑，或治瞿上。巴国称王，杜宇称帝。号曰望帝，更名蒲卑。自以功德高诸王。乃以褒斜为前门，熊耳、灵关为后户，玉垒、峨眉为城郭，江、潜、绵、洛为池泽；以汶山为畜牧，南中为园苑。会有水灾，其相开明，决玉垒山以除水害。帝遂委以政事，法尧舜禅授之义，禅位于开明。帝升西山隐焉。时适二月，子鹃鸟鸣。故蜀人悲子鹃鸟鸣也。巴亦化其教而力农务。迄今巴蜀民农时先祀杜主君。[1]

子美在此借杜宇禅让而受迫害化为杜鹃鸟日日悲啼的神话，寄予了自己对安史之乱中玄宗禅位遭遇的深切同情。采这一神话入诗，无疑是他深受天府文化影响的结果，是他在这一文化系统中的独到发现——以杜鹃神话暗示玄宗冤情，这是"春秋史笔"，也是其诗被尊为"诗史"的证据。其中《杜鹃行》"古时杜宇称望帝，魂作杜鹃何微细"一作司空曙诗，非是，他贞元四年（788）前后才在剑南西川节度使韦皋幕中，天宝政治风云早已时过境迁，况"大历十才子"诗风平和雅淡，不疾不徐，所以司空曙不可能作此诗。从三首杜鹃诗诗意的逻辑连贯性，及他与肃宗的矛盾和对肃宗的批评看，都应是子美的诗。子美作为中原古老贵族，固守传统古礼，以"杜鹃悲

---

1 常璩撰，刘琳校注：《华阳国志校注·蜀志》，成都时代出版社，2007年，第92页。

啼"刺肃宗的不孝行为，颇具风人之旨。在巴蜀期间，子美始终痛感于肃宗这一违背纲纪伦常之事，此并非小事，甚至会成为社会失序之乱源，所以子美念念不忘，不能释怀，对肃宗政权的合法性提出质疑。他运用天府杜鹃神话传说，指斥当世，体现了杜甫与天府文化的深度融合。应该说，这一时期杜诗与天府文化是相互包容的，以天府神话委婉表达微言大义开启了他的"诗史"之旅。我还可以给出一个前人所无的结论：缺少天府历史文化与神话传说就无法形成"诗史"！"诗史"不是他人所误认的，真实叙述了唐王朝历史那么简单。"诗史"之誉关合孔子《春秋》，《春秋》"言王事"，杜诗能称"诗史"的部分亦是"言王事"，这才是"诗史"的真相，国内诸家解释皆误。子美"言王事"是进《三礼赋》，达于天庭，才开始他与君王之间的纠葛的。他反对肃宗不孝，反对肃宗罢黜大臣，因此遭遇迫害而流蜀。所以中原时期的子美之诗尚不能称"诗史"，来到蜀地以天府之国的神话传说与历史文化典故微言大义"言王事"后，其诗方有"诗史"的美誉。也就是说，天府文化奠定和成就了杜诗一代"诗史"的地位。

（二）对"蜀王"传说的发微

"蜀王"可以追溯到古蜀时期江源文明起源时的"王"。子美曾游成都北郊武担山，作有《石镜》诗：

> 蜀王将此镜，送死置空山。
> 冥寞怜香骨，提携近玉颜。
> 众妃无复叹，千骑亦虚还。
> 独有伤心石，埋轮月宇间。

这是一首长期被忽略的重要咏史诗。此诗的传统解读，皆是借古蜀传说讥蜀王好色，再无别意。据《华阳国志·蜀志》：

> 武都有一丈夫，化为女子，美而艳，盖山精也。蜀王纳为妃，不习水土，欲去，王必留之，乃为《东平》之歌以乐之。无几，亡

故。蜀王哀之，乃遣五丁之武都，担土作冢，盖地数亩，高七丈，上有石镜表其门，今成都北角武担是也。后王悲悼，作《臾邪》之歌、《龙归》之曲。[1]

但笔者认为此诗并不简单，其中蕴含了子美的"春秋笔法"，用以暗指上皇玄宗与贵妃生死情事。杨妃生长于蜀地崇州，杜甫此诗正好应合，"冥寞怜香骨，提携近玉颜"乃杨贵妃，"众妃无复叹，千骑亦虚还"乃玄宗还京，"独有伤心石，埋轮月宇间"乃独留杨妃于天府葬地。此诗巧借蜀王石镜传说，当是披露了一件千古迷雾的大事，即贵妃归葬故乡蜀州。[2]子美之诗不愧为"诗史"，诗人以婉曲之诗笔补史之阙如，倾写李杨爱情，诗中哪句又不是指向玄宗的伤心呢！"独有伤心石，埋轮月宇间"，玄宗晚景孤独的痛苦子美知道。作为贵族的子美深具儒家忠厚情怀，谨守贵族勤王传统，他不忘天宝十载玄宗的提携和识才之恩，在蜀地以古蜀王传说巧妙地记载了玄宗安葬贵妃的大事，这是玄宗给爱妃的最后交代。葬，古制中的大事，若是如史载，玄宗对此不管不问，这又怎能是一个开创盛世的君王的作为呢？可惜历代对此诗的解读都简单化了，未能阐发其中隐含的"诗史"之意。杜甫以"春秋笔法"补写了一段关涉玄宗的、历史不该缺漏的大事。这又是天府文化历史传说对"诗史"做出的贡献之证。所以如若没有其天府之行，中国历史就少了一位诗作被誉为"诗史"的诗人！由于学界错误认识太深，在此，我再次重申一下，"诗史"不全是记录唐王朝现实，而是指"言王事"时婉曲的微言大义，又为尊者讳，这才是"诗史"要义。

（三）对"神仙"传说的杂感

天府之国是仙道文化的发祥地。杜甫刚到成都时，游蜀州青城县遣怀，

1　常璩撰，刘琳校注：《华阳国志校注·蜀志》，成都时代出版社，2007年，第96页。

2　贵妃马嵬之变后安葬何处，历史上一直有争议。笔者《〈长恨歌〉杨贵妃马嵬坡生死及墓葬揭秘》一文已考为归葬蜀州：一是杨妃生长于蜀州，归葬故土为古制；二是马嵬事变后玄宗去向为蜀；三是玄宗眷思杨妃，不会不管她，平息马嵬之乱后，他应该暗中使人迁坟，但由于杨氏谋逆事大，史亦不载。

作有《丈人山》：

> 自为青城客，不唾青城地。
>
> 为爱丈人山，丹梯近幽意。
>
> 丈人祠西佳气浓，缘云拟住最高峰。
>
> 扫除白发黄精在，君看他时冰雪容。

清彭洵辑《青城山记》："昔宁封先生，栖于北岩之上，黄帝筑坛，拜为五岳丈人，晋代置观。"[1] 这是丈人观由来的一个传说。诗中"扫除白发黄精在"是说神仙王烈服黄精后，老而更少。历来此诗解读都停步于此。这是杜甫的本意吗？

我的解读是：杜甫置身蜀州青城丈人峰，由神仙不老传说，不免推及自己满腹委屈的遭遇。此时子美刚到达成都不久，想到自己去年此时尚在华州司功参军任上，今已遭受肃宗疏远被逐西蜀，站在荒僻的青城山中，生出强烈落差感。面对此情此景，忽感不如退隐山林，像前辈神仙一样修仙学道，换一种活法。其实并非真修，实为子美鼓励自己从被朝廷抛弃的痛苦中解脱出来，要像服丹的王烈那样，老而更少，老而弥坚。子美与肃宗的矛盾致其解官，但又得为尊者讳，不能外道，从而只能以曲笔出之。这样理解子美诗，才符合其身为贵族坚贞的个性。此诗主意在此。由于总是走不出与肃宗的矛盾所带来的纠葛痛苦，他终于赴仙道圣地蜀州青城山遣怀。这同样可以证明他在华州不是主动辞官，而是被罢官的事实。

子美诗以天府神话传说作诗歌素材，推见至隐，关联现实，不愧"诗史"之誉。

四、优雅韵致：出游与体味天府名胜古迹

子美写了许多歌咏天府名胜古迹的诗，而一些原本籍籍无名的景点，也因其诗之歌咏而成为名胜。他在蜀中天府写下了《石笋行》《石犀行》《琴台》，又在巴地梓绵二州写下了《越王楼歌》等诗作，这些诗都可归入天府

---

1 仇兆鳌：《杜诗详注》第二册，中华书局，1979年，第826页。

古迹歌咏之作，是诗人对天府名胜古迹的缅怀。

（一）对"大石"文化遗迹的关注

成都建城历史悠久，战国中后期秦灭蜀，张仪筑城，开启了成都的城市史。同时它又位处中原文化辐射区域与川西边缘文化区域的交界地带，它既有中原文明反哺，又有来自西部古羌人徙入平原形成的蜀地文化，二者在成都达到了很好的融合共存，使成都有别于其他任何城市，直至今天仍未改变，这是特殊地理环境造就的。子美来到古老而又富于传统的成都，自然会思接千载，感念古人，在出游中咏怀古迹。

石笋行

君不见益州城西门，陌上石笋双高蹲。

古来相传是海眼，苔藓蚀尽波涛痕。

雨多往往得瑟瑟，此事恍惚难明论。

恐是昔时卿相墓，立石为表今仍存。

惜哉俗态好蒙蔽，亦如小臣媚至尊。

政化错迕失大体，坐看倾危受厚恩。

嗟尔石笋擅虚名，后来未识犹骏奔。

安得壮士掷天外，使人不疑见本根。

此诗又含春秋笔法，表面是写成都的石笋，实际又关联中原现实，"亦如小臣媚至尊"。诗人考证石笋"恐是昔时卿相墓"，叹息"嗟尔石笋擅虚名，后来未识犹骏奔"，刺其虚伪，"政化错迕失大体，坐看倾危受厚恩"句句都指向朝政。诗人已看透肃宗乃险诈之人，接受父亲皇位又不孝于父，最后发出"安得壮士掷天外，使人不疑见本根"的强音！"本根"即真相，"壮士"即明君明时之喻。诗人在此亦有寄望明时廓清真相，平反自己冤屈之期盼。

诗中也有杜甫求真求实的科学精神，他否定石笋是用来镇海眼的民间传说，考证石笋即古代墓碑。据《华阳国志·蜀志》：

> 时蜀有五丁力士，能移山，举万钧。每王薨，辄立大石，长三
> 丈，重千钧，为墓志。今石笋是也，号曰笋里。[1]

这一观点得到后世证实，20世纪冯汉骥、童恩正、庄学本等对成都及周边考古调查，发现墓石、独石、列石遗迹多处，据此他们认为文献记载的成都"石笋""石镜"等大石遗迹来源都很古老，与古蜀石棺葬俗有关，是"秦代未入巴蜀以前的遗物"[2]。可见杜甫对石笋的看法，与实际情况相去不远。笔者认为成都"大石"遗迹，包含着地理逻辑因素，古蜀人生活的西山，属于石山，石材丰富，古蜀人与大石的亲密关系，也随蜀人的迁徙而进入了川西平原，并得以保存下来，成了天府文化的一个组成部分，使成都出现了与"大石"有关的传说。

（二）对"水环境"的诗意书写

古蜀时期川西坝子到处是水洼水凼，尤其岷江西岸的低洼之地，河汉纵横，《华阳国志·蜀志》云李冰"又溉灌三郡，开稻田，于是蜀沃野千里，号为陆海；旱则引水浸润，雨则杜塞水门，故《记》曰：'水旱从人，不知饥馑，时无荒年，天下谓之天府也。'"成都的一些人文风景自然与水文化相关；这些景观也因子美及其诗歌而添色加彩，成为名胜，如锦江、浣花溪、百花潭、万里桥以及草堂等。他的"锦江春色来天地"（《登楼》），"南浦清江万里桥"（《野望》）等，给我们描绘出一幅幅温柔宁静、清新透明的水世界画卷。浣花溪因子美而闻名，它是子美在草堂作诗时经常描写的水景，"清江一曲抱村流"（《江村》），"竹寒沙碧浣花溪"（《将赴成都草堂途中有作先寄严郑公五首·之三》），"舍南舍北皆春水，但见群鸥日日来"（《客至》），"浣花溪水水西头，主人为卜林塘幽"（《卜居》）……子美诗中的浣花溪及草堂已成千古绝唱。天府水文化，低调平

---

1 常璩撰，刘琳校注：《华阳国志校注·蜀志》，成都时代出版社，2007年，第94页。

2 王小红：《杜甫与成都的历史地理研究》，《杜甫研究学刊》2009年第3期，第30页。

和，乐观包容，也因杜诗而诗意氤氲。

（三）对"蜀州"名胜的寻访

蜀州为笔者故乡，子美在成都时期去得最多的就是这里。也许是由于不熟悉川西平原的地理，学界并未留意这一现象。岷江西岸的"蜀州"才是川西平原腹地。

岷江将这块平原切分为两部分，岷江西岸为蜀州，东岸为成都，两块富庶的坝子遥相呼应，子美居住在东岸的成都西郊，离蜀州很近，他常去西岸的蜀州访友、游历。乾元二年（759）底子美到成都时，王缙正任蜀州刺史，携裴迪在任。因为是在长安的故交，他常到王缙处游玩，伴游新津、唐兴等县（均为蜀州辖地）。四安寺在蜀州东门安阜乡，安阜唐宋时称四安，平畴风光十分旖旎。唐时这里是成都与蜀州的通衢大道。上元元年秋，诗人到访泗安寺，登上寺内钟楼，遥望蜀州城郭，西山上白雪皑皑，晚霞在雉堞上即将隐退。城外的原野上，竹林边，暮霭像青翠的浮烟搭起烟桥；楼下僧人敲响铜钟，声音像涟漪泛开，更显出田野的寂静……面对此景，诗人想起住在州城的友人，给裴迪写去了著名的《暮登四安寺钟楼寄裴十迪》：

> 暮倚高楼对雪峰，僧来不语自鸣钟。
> 孤城返照红将敛，近市浮烟翠且重。
> 多病独愁常阒寂，故人相见未从容。
> 知君苦思缘诗瘦，太向交游万事慵。

诗中"多病独愁常阒寂"，"病愁"，非真病，乃是自己受肃宗迫害的不幸遭遇，而又顾及尊者不能外道。只有来自长安的裴迪理解子美苦衷，故言"故人相见未从容"。泗安寺历史悠久，所在地曾设有四安铺，是蜀州通成都的要道。唐时该寺已非常著名，楼观高耸，田畴风光萃于一寺，曾吸引不少文人雅士前来游赏，杜甫便是其中之一。寺亦因子美诗而影响甚大，明末毁于兵燹，雍正时复建，殿宇齐整，钟磬毕备，为川西大寺。王缙调回京城后，高适继任，子美更时常去蜀州访胜做客。

上元二年，子美两游蜀州新津县城东南五里修觉山修觉寺。前游时作
《游修觉寺》：

> 野寺江天豁，山扉花竹幽。
> 诗应有神助，吾得及春游。
> 径石相萦带，川云自去留。
> 禅枝宿众鸟，漂转暮归愁。

后游时作《后游》：

> 寺忆曾游处，桥怜再渡时。
> 江山如有待，花柳自无私。
> 野润烟光薄，沙暄日色迟。
> 客愁全为减，舍此复何之？

这两诗，前人均当作一般游旅诗，未作深解，忽略了诗人的"诗史"笔
法。鄙意《后游》诗末透露了诗人对遭到肃宗疏远及至迫害之愁，但蜀州
的自然人文美景又让他释怀，"舍此复何之"，这是天府文化的"乐观包
容"。子美流落巴蜀山水间，如屈原蒙怀王放逐之难。主因是肃宗对"琯
党"的迫害，一年后"琯党"又都得到平反，官复原职，唯有子美一人不予
平反。加以中原未定，干戈不止，民生多艰，子美满腔愁愤无由排解，徜徉
蜀州山水，虽得以"减愁"，但益增其哀。子美诗表面豁达，实则沉郁，他
因对肃宗不敬孝父亲的批评而引起的华州罢官事件（史载为辞官，笔者不认
可，实是肃宗亲自解其职，史载乃为尊者讳），才有漂转西南天地间的经
历，想来肃宗追罚杜甫至秦州，仍觉不解恨，最好的流放之地就是"西南
夷"巴蜀之地了。史载"杜逢禄山之难，流离陇蜀"只说到了问题的表面，
更为重要的是他还遭逢了屈原之难。与肃宗微妙的关系，杜甫亦终身不能向
人道，在皇权社会，个人即使有再大的冤屈也必须为尊者讳。因此诗人只是
以顿挫委曲之态出之，正因为如此，杜诗才感人尤深。以此来解子美天府诗

才可通透，才不负春秋隐笔的"诗史"之尊。至此，我们可以揭秘：子美诗的"沉郁顿挫"是被肃宗逼迫形成的，而天府文化又熔铸其中，成为暗示诗人不幸遭遇的"诗史"的重要素材。

（四）对"琴台"故迹的幽情

天府成都有司马相如与卓文君琴台遗迹，子美由是写下了《琴台》：

> 茂陵多病后，尚爱卓文君。
> 酒肆人间世，琴台日暮云。
> 野花留宝靥，蔓草见罗裙。
> 归凤求皇意，寥寥不复闻。

这也是一首长期被学界简单化为凭吊爱情的咏史诗。鄙以为子美琴台凭吊，又用隐笔，不单赞颂千古传诵的真情至爱，实际也暗含子美对肃宗的期许。"茂陵多病后，尚爱卓文君"，乃期望修复二人君臣关系；"归凤求皇意，寥寥不复闻"，乃有屈原离骚之忧，但肃宗始终不给他机会。天府文化教会诗人对待人事乐观包容，友善平和，他是多么聪明，巧借蜀中古迹抒发心意，"诗史"之名正是由此一点一滴在成都铸就。惜传统解诗多背离诗人经历，停留于赞美爱情之解的层面。

（五）对"巴地"名胜的抒怀

东川梓州、绵州亦属广义天府文化区域。宝应元年（762），子美初至绵州，时成都徐知道反，诗人阻迹绵州，游越王楼作《越王楼歌》：

> 绵州州府何磊落，显庆年中越王作。
> 孤城西北起高楼，碧瓦朱甍照城郭。
> 楼下长江百丈清，山头落日半轮明。
> 君王旧迹今人赏，转见千秋万古情。

这亦是一首不受重视、罕有解读的诗。越王李贞为太宗第八子，虽才华出众，因非嫡出，从不作非分之想，谨守人伦纲常，先后被封为汉王、越王。越王楼有秩序的象征意义，子美借楼歌越王事，抒发了其遵守古礼法度的贵族磊落情怀，批评了徐知道谋逆叛乱。子美游名胜亦不忘关联现实，实因其心中有伦常尊卑之序的标杆。《绵州图经》载：

> 越王台，在州城外西北。有台高百尺，上有楼，下瞰州城。唐高宗显庆中，太宗子越王贞为绵州刺史作。[1]

广德元年（763）子美游梓州兜率寺，作《上兜率寺》：

> 兜率知名寺，真如会法堂。
> 江山有巴蜀，栋宇自齐梁。
> 庾信哀虽久，何颙好不忘。
> 白牛车远近，且欲上慈航。

又作《望兜率寺》：

> 树密当山径，江深隔寺门。
> 霏霏云气重，闪闪浪花翻。
> 不复知天大，空余见佛尊。
> 时应清盥罢，随喜给孤园。

兜率寺是大寺，《寰宇记》称："前瞰郡城，拱揖如画。"《图经》："兜率寺在梓州郪县南二里。"《方舆胜览》云："兜率寺在南山，一名长寿寺，隋开皇中建，即苏轼诗所称'牛头与兜率，云木郁堆垅'者。"[2]这里如今已属巴文化区域。何以子美客居天府之国时常去佛寺游览？鄙以为实是

1　转引自仇兆鳌《杜诗详注》第二册，中华书局，1979年，第921页。
2　转引自仇兆鳌《杜诗详注》第三册，中华书局，1979年，第991页。

诗人欲借佛学以摆脱所遭遇政治迫害的烦恼。这类诗就是这种心境的反映。杜甫在中原也有游寺诗作，但绝无借佛教解除烦恼之意。

五、乡邦文贤：天府历史人物给予杜甫的精神鼓励

子美出身中原世家大族，他有"致君尧舜上，再使风俗淳"的儒家社会理想，深怀对先贤的敬仰。因此，他在缅怀天府之国的古人，如司马相如、扬雄、诸葛亮，及与他时代相近的先贤陈子昂时，便"神交作赋客，力尽望乡台"（《云山》），因神交而拜访先贤故土，凭吊遗踪，写下如《琴台》《蜀相》《陈拾遗故宅》等诗章，俯仰追怀间，表现了子美对天府历史人物的敬仰和效仿。

上元元年（760）子美游武侯祠，作《蜀相》：

丞相祠堂何处寻，锦官城外柏森森。

映阶碧草自春色，隔叶黄鹂空好音。

三顾频烦天下计，两朝开济老臣心。

出师未捷身先死，长使英雄泪满襟。

借对诸葛亮一生行藏出处的高度认同，申述自己如诸葛亮那般徘徊瞻恋朝廷和中原的情感实际。"出师未捷身先死，长使英雄泪满襟"，是诗人被肃宗永远罢黜而发出的感同身受的慨叹，忠君而见弃，缱绻难抒。

子美对天府蜀中人物的赞扬，从入蜀之初就已开始。

鹿头山（节选）

殊方昔三分，霸气曾间发。

天下今一家，云端失双阙。

悠然想扬马，继起名碑兀。

有文令人伤，何处埋尔骨。

过德阳鹿头山，进入成都尚有数十里，诗人对蜀地的历史风云人物已产

生了深切的感受。他此行迫于无奈，是肃宗加害的结果，但想到历史风云人物皆在此成就英名，他仍感受到莫大的激励。三国风云人物刘备、诸葛亮，汉代成就杰出而身世寥落的文学家司马相如、扬雄，都在天府之国巴蜀大地留下了他们的传奇，让巴蜀这块远离中原的土地一点点肥沃起来，成为中华文明不可忽视的一个部分。子美这样一个幽思缱绻，极具贵族古典情怀的人，自然在踏上这片先贤的故土时就"悠然想扬马"了。草堂建成，他写下《堂成》：

> 背郭堂成荫白茅，缘江路熟俯青郊。
>
> 桤林碍日吟风叶，笼竹和烟滴露梢。
>
> 暂止飞乌将数子，频来语燕定新巢。
>
> 旁人错比扬雄宅，懒惰无心作解嘲。

在描写其环境时，不免又想到先贤扬雄茅宅。子美罹祸流落巴蜀，有意取"草堂"之名，却"懒惰无心作解嘲"。不作解，这就留下谜团，他何以独取"草堂"为宅名？这里也说一下我对"草堂"的解密：鄙以为子美是被肃宗流放驱逐于蜀地，他本为贵族，又有强烈的"致君尧舜上，再使风俗淳"的理想，朝廷才是他该施展抱负之地，但命运却安排他流落民间。因此他的"草堂"极有深意，有以民间姿态宣示于"庙堂"之意。子美执拗得如此高洁，如此可爱，千百年来与草堂一起备受后世敬爱。子美多次提到蜀地文人代表"扬马"，如《陈拾遗故宅》"公生扬马后，名与日月悬"，《送顾八分文学适洪吉州》"视我扬马间，白首不相弃"，《苏大侍御访江浦，赋八韵记异》"乾坤几反覆，扬马宜同时"……扬马二人作为诗人敬仰的先贤反复出现于其诗中，一方面体现了子美对二贤的仰怀之情，另一方面也体现了他们的历史影响力，甚至诗人还自比扬马的天真。可见，诗人是真心爱着天府文化的。

梓州射洪人陈子昂为初唐诗文革新人物，回乡后忧愤瘐死。宝应元年（762），子美陪严武至绵州，遇李使君去梓州上任，他当即托请李使君顺道射洪，为他洒泪凭吊冤死的子昂，并作下"遇害陈公殒，于今蜀道怜。君行射洪县，为我一潸然"（《送梓州李使君之任》）的诗句。诗人有感自己劫难而缅怀子昂，不仅托人相祭，还亲往寻访故迹。是年秋，子美自梓归成都家，后又返梓，冬往射洪，作《冬到金华山观，因得故拾遗陈公学堂遗迹》：

> 涪右众山内，金华紫崔嵬。
>
> 上有蔚蓝天，垂光抱琼台。
>
> 系舟接绝壁，杖策穷萦回。
>
> 四顾俯层巅，淡然川谷开。
>
> 雪岭日色死，霜鸿有余哀。
>
> 焚香玉女跪，雾里仙人来。
>
> 陈公读书堂，石柱仄青苔。
>
> 悲风为我起，激烈伤雄才。

陈子昂学堂风光仍在，想到子昂的冤屈和自己的遭遇，诗人不免心生同感："悲风为我起，激烈伤雄才。"他又在子昂故居作《陈拾遗故宅》：

> 拾遗平昔居，大屋尚修椽。
>
> 悠扬荒山日，惨淡故园烟。
>
> 位下曷足伤，所贵者圣贤。
>
> 有才继骚雅，哲匠不比肩。
>
> 公生扬马后，名与日月悬。
>
> 同游英俊人，多秉辅佐权。
>
> 彦昭超玉价，郭振起通泉。
>
> 到今素壁滑，洒翰银钩连。
>
> 盛事会一时，此堂岂千年。
>
> 终古立忠义，感遇有遗篇。

诗赞子昂"有才继骚雅，哲匠不比肩"，将子昂与扬马并列，足见子美对天府先贤的敬仰。

六、结语

子美对天府文化的贡献，最直接的就是清代以来形成的人日（正月初七）游草堂的习俗。子美流寓蜀中，时高适为彭蜀二州刺史，常资助被肃宗剥去俸禄的子美。上元二年（761），高适在蜀州寄诗《人日寄杜二拾遗》："人日题诗寄草堂，遥怜故人思故乡。"大历五年（770），漂泊中的子美重读此诗时，故人已去，遂作《追酬故高蜀州人日见寄》：

> 自蒙蜀州人日作，不意清诗久零落。
>
> 今晨散帙眼忽开，迸泪幽吟事如昨。

友人死后还为其作酬诗，川人不由感念子美深情厚意，每至人日即云集草堂，吟诗纪念。人日游草堂亦成了成都士人优雅友善的风俗。

子美在天府之国拥有巨大的影响力，清人王培荀《听雨楼随笔》卷二《盖方泌》收嘉庆成都知府盖方泌《郡斋秋兴八首》其一：

> 鱼凫开国接蚕丛，五马西来问俗同。
>
> 一代诗名杜传曲，百年儒化起文翁。
>
> 秦关树绕青门道，巫峡滩高白帝宫。
>
> 人事重教回首忆，寥天萧飒正秋风。

"杜曲"乃子美郡望之地，在长安东南，故以之代指子美。诗中，子美与古蜀先王鱼凫、蚕丛及汉代文翁等人已成为天府文化的标志性人物。[1]他不是外来者，而是天府文化的创造者、贡献者。

五载客居，天府之国的山水、古迹、神话传说、历史人物无不入其诗。他作诗客观，联系事实，诗作素号"诗史"，他对天府之国全方位的客观描写，可以说是一部宝贵的巴蜀史料，留给了天府文化一笔重要的精神财富。

1　房锐：《从〈听雨楼随笔〉看杜甫在清代的影响》，《杜甫研究学刊》2013年第4期，第25页。

成都对杜甫的接纳与成都对杜甫的改变

潘殊闲[1]

摘　要： 被杜甫喻为"宇宙蜀城偏"的成都，在杜甫走投无路时，接纳了他。杜甫没有想到，这座城市的官员、亲旧、邻里甚至僧寺不仅敞开胸怀接纳了他，而且在悄无声息中改变了他的审美情趣、诗歌风格、生活方式与诗学独照。杜甫一生流离颠沛，只有在成都，才得到难得的喘息。诚如仇兆鳌所言"盖多年匍匐，至此始得少休"。这"少休"，竟成就了杜甫与成都的一段经典"传奇"，在中国诗歌史和文化史上注定要永放异彩。

关键词： 成都；杜甫；接纳；改变；文化传奇

　　唐肃宗乾元二年（759）冬，杜甫带着一家老小从陇南来到成都。这样一座在杜甫眼里"宇宙蜀城偏"[2]（《得广州张判官叔卿书使还以诗代意》）的成都城，一切都是陌生的，杜甫初来乍到，不由产生了"我行山川异，忽在天一方"（《成都府》）的强烈感受。但是，令人奇怪的是，"人们提到

1　潘殊闲，西华大学图书馆馆长，硕士生导师，教授。
2　本文所引杜甫诗歌如未特别注明，均据《杜诗详注》（仇兆鳌注），中华书局，1979年。以下所引，只在文中夹注篇名。

杜甫时，尽可以忽略了杜甫的生地和死地，却总忘不了成都的草堂"[1]。成都与草堂，对杜甫来说到底意味着什么，才在杜甫的一生中占据如此重要的地位？换言之，一定是成都对杜甫的接纳与成都对杜甫的改变，才让成都与杜甫之间结下了这美好的缘分和谱写了众多的"传奇"。本文以此为背景，试图剖析杜甫与成都的这些"缘分"和"传奇"。

一、成都对杜甫的接纳

安史之乱后，杜甫颠沛流离，栖栖遑遑。从沦陷的长安逃到唐肃宗临时政府所在地凤翔（今陕西凤翔），获得"左拾遗"官职。但杜甫不谙世情，得罪了肃宗，被朝廷疏远。长安收复后，杜甫随朝廷回到长安，但很快就被排挤出朝，派往华州担任司功参军。这时的杜甫本以为朝廷能够重振山河，走向中兴，不料却事与愿违。唐肃宗乾元二年（759）七月，杜甫做出了一生中非常艰难的选择——他辞掉了官职，带着一家老小南奔秦州。秦州有他的远房族侄杜佐，还有一位僧友赞上人。杜甫本想在秦州盖一个草堂长期居住，但未能如愿。三个月后，他离开了秦州，因为他得到了同谷县令的邀请，于是，一家老小又长途跋涉来到同谷。遗憾的是，在同谷他并没有得到县令许诺的帮助，不得已，杜甫一家又只得继续南下直奔成都。为什么要选择成都？因为成都未受安史之乱的直接冲击，当年唐玄宗避乱还来到过这里。成都气候温润，物产丰富，最重要的是这里及附近还有杜甫认识的朋友担任地方官。这是杜甫到此寻找新的生活支撑的原因，也是成都接纳杜甫的具体表现。当然，成都对杜甫的接纳还表现在不少方面，下面分别予以论述。

（一）官员的接纳

杜甫在成都先后得到了几任地方长官的关照。杜甫刚到成都时，当时的成都尹兼剑南西川节度使为裴冕。裴冕做中书侍郎同中书门下平章事时，杜甫为左拾遗，两人虽然地位悬殊，但毕竟有共事经历，裴冕对杜甫也多有好感，这可以从杜甫在德阳过鹿头山时写的《鹿头山》中得到一些"信息"：

1　冯至：《杜甫传》，百花文艺出版社，2007年，第128页。

冀公柱石姿，论道邦国活。

斯人亦何幸，公镇逾岁月。

这里所说的"冀公"就是裴冕。《旧唐书》载至德二年（757），"右仆射裴冕冀国公"[1]。"柱石"乃栋梁之义。这显然是在称赞裴冕。而裴冕任职成都，是在乾元二年（759）六月乙未朔，《旧唐书》有载："以右仆射裴冕为御史大夫、成都尹，持节充剑南节度副大使、本道观察使。"[2]杜甫到成都是乾元二年十二月，距裴冕任职成都尹已有半年时间，所以说"公镇逾岁月"。

刚到成都，杜甫就得到裴冕的不少帮助，杜甫不忘在诗中予以记录，如"故人供禄米"（《酬高使君相赠》），这里的"故人"，即指裴冕。

在成都，杜甫还有一位官员朋友，那就是高适。天宝三载（744），高适曾与李白、杜甫相遇于洛阳，同游梁宋。杜甫在成都期间，高适先后担任彭州刺史、蜀州刺史和成都尹。杜甫刚到成都，高适就写诗问候。高适《人日寄杜二拾遗》与杜甫《追酬故高蜀州人日见寄》的酬赠佳话，也成就了后来杜甫草堂年复一年的人日祭拜传统。在高适任蜀州刺史时，杜甫还专程去拜访过高适。

在成都，对杜甫关心最多，帮助最多的，当属严武。严武两度任职成都，不仅给予杜甫经济上的资助、生活上的关怀，还给予了政治上的关照。广德二年（764）三月，严武再任东西川节度使时，给杜甫谋得一个官职——节度使署中参谋、检校工部员外郎、赐绯鱼袋。这是杜甫一生最高的职务（从六品），杜甫非常看重。但天有不测风云，就在杜甫履职的第二年（765），严武英年早逝。失去倚靠的杜甫不得已决心离开蜀地，流寓三峡。

以上是三位地方长官。杜甫在成都，还有一些县令等卑官微职者也给予了杜甫不少的帮助，如成都县令萧实、绵竹县令韦续、涪江县尉韦班、绵谷

1　刘昫等撰：《旧唐书》卷十，中华书局，1999年，第168页。
2　刘昫等撰：《旧唐书》卷十，中华书局，1999年，第172页。

县尉何邕等。

（二）亲旧的接纳

在成都，杜甫还有一些远房亲戚和新老朋友对其伸出了援助之手。如一位在成都府当司马的表弟王十五，听说杜甫要营建住房，主动送来钱财，对此，杜甫有诗作记：

王十五司马弟出郭相访遗营草堂赀

客里何迁次，江边正寂寥。

肯来寻一老，愁破是今朝。

忧我营茅栋，携钱过野桥。

他乡唯表弟，还往莫辞劳。

在成都白手起家盖起房屋，屋内屋外的营造建设相当费事费心。成都的这些亲旧，面对杜甫的请求与需求，纷纷给予力所能及的各种帮助。杜甫通过诗歌，为我们保留了这些珍贵的镜头，如《萧八明府实处觅桃栽》《从韦二明府续处觅绵竹》《凭何十一少府邕觅桤木栽》《凭韦少府班觅松树子栽》《又于韦处乞大邑瓷碗》《诣徐卿觅果栽》等，从中我们可以非常清晰地看到杜甫营建草堂时成都各方亲旧的真诚帮助。

（三）僧寺的接纳

杜甫来到成都，首先要解决的就是一家人的住宿问题。成都城西七里有一座寺庙叫草堂寺，里面还有一些空房，可能是府尹裴冕特意的安排，也可能是主持复空的善意，杜甫一家刚到成都时就暂住在寺院里，直到第二年春天杜甫自己的草堂落成后才离开。为此，杜甫有诗记载："古寺僧牢落，空房客寓居。"（《酬高使君相赠》）草堂寺自梁时即有，故名"古寺"。据《成都记》所载，草堂寺极宏丽。因为规模宏大，所以尚有一些空房。对初来乍到的外乡人来说，这个古寺的接纳对安顿诗人一家的身心非常重要。如果没有这个古寺空房，很难想象杜甫一家能在成都住多久，是否能有后来草堂的安营扎寨也说不清楚。古寺的环境非常好，让杜甫深深地爱上了这里。后来杜甫营建草堂，选址就在草堂寺西边靠近浣花溪的地方。杜甫在《卜居》中有这样的描写：

> 浣花溪水水西头，主人为卜林塘幽。
> 已知出郭少尘事，更有澄江销客愁。
> 无数蜻蜓齐上下，一双鸂鶒对沉浮。
> 东行万里堪乘兴，须向山阴入小舟。

诗中的"主人"，历来有不同的解释，有的认为就是当时的成都尹裴冕，有的认为是成都当地的亲友，有的认为就是诗人自己。但不论是谁，都可以看出杜甫对这里的环境是非常满意的，这说明草堂寺的暂时接纳为杜甫决意定居成都浣花溪奠定了相当的基础。

（四）邻里的接纳

杜甫居处的周围，有不少热心的邻居主动接纳这位陌生的客人，给予杜甫多方面的帮助。如杜甫刚到草堂寺住下，就有"邻舍与园蔬"（《酬高使君相赠》）。别小看这不起眼的"园蔬"，这可是最朴素、最自然的帮助，也是最让远道而来的人感动的生活场景。杜甫草堂建好后，邻里对这位新邻居表示了热烈的欢迎，这些邻居从一个侧面表现了成都人的友善、开放与大度。他们有的请他喝酒；有的送他樱桃，"西蜀樱桃也自红，野人相赠满筠笼"（《野人送朱樱》）；有的送他鱼鳖，"邻家送鱼鳖，问我数能来"（《春日江村五首》之四）。草堂的北邻是一位提前辞官的县令，杜甫这样描写道：

北 邻

> 明府岂辞满，藏身方告劳。
> 青钱买野竹，白帻岸江皋。
> 爱酒晋山简，能诗何水曹。

时来访老疾，步屧到蓬蒿。

这位爱酒能诗的邻居不时来拜访杜甫，显示了和洽的邻里关系。草堂的南邻是一位隐士，杜甫称他为"锦里先生"：

南　邻

锦里先生乌角巾，园收芋粟不全贫。

惯看宾客儿童喜，得食阶除鸟雀驯。

秋水才深四五尺，野航恰受两三人。

白沙翠竹江村暮，相送柴门月色新。

这位锦里先生在自家园内栽种了芋、栗，杜甫开玩笑说他"不全贫"。因为好客，家中儿童见到宾客没有诧异，显得很友好，很高兴。锦里先生经常在屋阶撒些粮食，引得鸟雀频频光顾，如同家养。杜甫在锦里先生家一直逗留到黄昏，主人才把杜甫送出柴门。这种安贫乐道的田园生活与热情好客的邻里情怀，给杜甫留下难忘的印象。

这些是比较儒雅的邻里，杜甫诗中还给我们留下了直率奔放的邻里形象：

遭田父泥饮美严中丞

步屧随春风，村村自花柳。

田翁逼社日，邀我尝春酒。

酒酣夸新尹，畜眼未见有。

回头指大男，渠是弓弩手。

名在飞骑籍，长番岁时久。

前日放营农，辛苦救衰朽。

差科死则已，誓不举家走。

今年大作社，拾遗能住否？

叫妇开大瓶，盆中为吾取。

感此气扬扬，须知风化首。

语多虽杂乱，说尹终在口。

朝来偶然出，自卯将及酉。

久客惜人情，如何拒邻叟。

高声索果栗，欲起时被肘。

指挥过无礼，未觉村野丑。

月出遮我留，仍嗔问升斗。

原来这位田父正在服兵役的大儿子放了农假，老父得以摆脱劳苦，所以非常感谢成都尹严武，乡野之人所用的赞美之语也是非常的朴野——"畜眼未见有"。这一定是乡人的原话，杜甫照单入诗。因为高兴，又临近春社，所以，老人拉着路过的杜甫到他家去喝新酿的春酒。这一喝竟然从卯时（早上5—7点）一直喝到酉时（傍晚5—7点）。杜甫几次起身欲告辞，都被老人拉着手肘留下来。这样的执着与盛情，让杜甫非常感动，直呼"未觉村野丑"，言外之意就是这样的强拉硬留，非但不是无礼，相反却更显真诚与纯朴。但这样的乡情却被《旧唐书》误解，指责杜甫在成都"与田畯野老相狎，荡无拘检"[1]。联系杜诗所述，还原当时历史，《旧唐书》不亦诬也。须知蜀人好客，像杜甫这首诗中的场景，在蜀人生活中是十分常见的，只是在远道而来的外地人杜甫眼里，显得尤为难忘。

正如杜甫由衷感慨的"未觉村野丑"，他不仅不以为丑，还将美赞充溢字里行间。不可否认，这种融洽的背后就是相互的信任："邻人有美酒，稚子夜能赊。"（《遣意二首》之二）夜晚让小孩到邻居家去赊酒，和谐温馨的乡风扑面而来。

从以上数例可以看到成都人的包容、好客、不排外、不欺生的地域特性，这些地域特性给杜甫留下了深刻印象。对比杜甫到成都前后的诗作，成都人的友善更加凸显。如杜甫39岁在长安写的《奉赠韦左丞丈二十二韵》，里面有大家非常熟悉的诗句：

1　刘昫等撰：《旧唐书》卷一百九十下《杜甫传》，中华书局，1999年，第3440页。

朝扣富儿门，暮随肥马尘。

残杯与冷炙，到处潜悲辛。

57岁写于湖北公安的《久客》：

羁旅知交态，淹留见俗情。

衰颜聊自晒，小吏最相轻。

这种"到处潜悲辛"与"小吏最相轻"的境况在成都时期的杜甫诗作中是没有出现过的。成都无论地方长官，还是小吏，抑或是无亲无故的邻人，都对杜甫比较友善。一联"但有故人供禄米，微躯此外更何求"（《江村》）的诗句，道出了杜甫在成都得有众多亲友故旧眷顾帮助的历史事实，也烛照出杜甫感念感动成都众多亲友故旧惠助的心灵独白。

二、成都对杜甫的改变

成都与杜甫过去生活的城市完全不一样。首先，成都位于西南，杜甫此前没有到过西南。偏于西南一隅的成都，其自然生态与人文风情大大有别于杜甫过去曾经去过的城市。其次，成都是天府之国的首城，自然条件优渥，人文底蕴厚重，整个城市充满了浪漫闲雅之气。再次，成都向为移民城市，没有排外倾向，谁都可以在这里找到自己的归宿。第四，经过二十多年宦海沉浮与挣扎，杜甫对功名，对社会，对政治，对人生，对家庭已有了全新的认识。第五，在北方走投无路所投奔的成都，彻底改变了他头脑中固有的蛮夷之城的原始印象，涤除了"忽在天一方"（《成都府》）的最初惊恐感与抵触感。随着时间的流逝，杜甫已经完全融入成都的生活之中，被成都改变了。

（一）审美情趣的改变

因为浣花溪风光旖旎，景色优美，杜甫居住其中，对这里的花草虫鱼、溪水禽鸟，细细地观察，动情地吟唱，并做好了在这里终老的准备——"卜宅从兹老"（《为农》）。在这里，杜甫表现出了在此前的人生旅程中所从未有过的闲情逸致和浪漫情怀。

如对草堂环境的钟情：

堂　成

背郭堂成荫白茅，缘江路熟俯青郊。

桤林碍日吟风叶，笼竹和烟滴露梢。

暂止飞乌将数子，频来语燕定新巢。

旁人错比扬雄宅，懒惰无心作解嘲。

草堂屋顶用白茅草覆盖，周边树林枝繁叶茂，翠竹掩映，乌鸦和燕子都对这里的环境十分惊奇，频频光顾。邻人知道这里居住的是一位文人，纷纷将其比作汉代的蜀中名人扬雄。杜甫欣喜于自己的新房，无心对此多做解释。类似这样对草堂及其周边环境的赞美还有很多：

狂夫（节选）

万里桥西一草堂，百花潭水即沧浪。

风含翠筱娟娟净，雨裛红蕖冉冉香。

绝句四首（之三）

两个黄鹂鸣翠柳，一行白鹭上青天。

窗含西岭千秋雪，门泊东吴万里船。

对江村生活的描摹：

田　舍

田舍清江曲，柴门古道旁。

草深迷市井，地僻懒衣裳。

杨柳枝枝弱，枇杷对对香。

鸬鹚西日照，晒翅满渔梁。

江畔独步寻花七绝句（之五）

黄师塔前江水东，春光懒困倚微风。

桃花一簇开无主，可爱深红爱浅红。

江畔独步寻花七绝句（之六）

黄四娘家花满蹊，千朵万朵压枝低。

留连戏蝶时时舞，自在娇莺恰恰啼。

对平淡家庭生活的体味：

江　村

清江一曲抱村流，长夏江村事事幽。

自去自来梁上燕，相亲相近水中鸥。

老妻画纸为棋局，稚子敲针作钓钩。

但有故人供禄米，微躯此外更何求。

这完全是一幅怡然恬淡的家庭生活写照。老妻、稚子、故人与微躯是这幅生活图景的主角，而清江、长夏、梁上燕与水中鸥则构成这幅图景的背景。人与人、人与自然的和谐共生在这短短的五十六个字中已被点亮。对此，黄生不仅发出这样的感慨："杜律不难于老健，而难于轻松。此诗见潇洒流逸之致。"[1]诚为知言。

对花木的怜爱。杜甫对自己手种的树木格外怜爱，哪怕是春风吹折了花枝，也会表现出一种由衷的怜惜之情：

1　仇兆鳌注：《杜诗详注》，中华书局，1979年，第747页。

绝句漫兴九首（之二）

手种桃李非无主，野老墙低还是家。

恰似春风相欺得，夜来吹折数枝花。

如此细腻柔婉之情，全然不像之前那个写"三吏""三别"的中原诗圣杜甫！也绝不类那个写"风急天高猿啸哀，渚清沙白鸟飞回。无边落木萧萧下，不尽长江滚滚来"（《登高》）的夔州诗圣杜甫！

对邻里关系的礼赞。在杜甫以往的诗歌中，很少有描写邻里之间怡然共乐的场景与画面。而筑室浣花溪畔，杜甫对这种和谐融洽的邻里关系十分珍爱，多次在诗歌中表达对成都这种邻里关系的颂赞。如这首《客至》诗：

舍南舍北皆春水，但见群鸥日日来。

花径不曾缘客扫，蓬门今始为君开。

盘飧市远无兼味，樽酒家贫只旧醅。

肯与邻翁相对饮，隔篱呼取尽余杯。

诗中所写之客，乃是杜甫的舅舅崔明府。对杜甫来说，这当然是重要客人了，所以，平时难得洒扫的花径也因为舅舅的到来而被打扫得干干净净。但因为集市较远，不方便采买，所以，款待客人只能凑合一下，且用"无兼味"与"只旧醅"，点出了自己的寒碜。全诗真正的高潮和动人处在尾联——"肯与邻翁相对饮"好像是征求客人的意见，问其愿不愿意跟自己的邻居一同饮酒。面对自己的贵客，杜甫居然提出能否邀请邻居一同过来饮酒的问题。这表明杜甫与这些邻居的关系是非常融洽的，同时也表明，杜甫与这些邻居亲密无间。自己远道而来的舅舅，自当是有家里话要传达诉说的，但他不仅不避邻人，还特意邀请邻居来参加自己的家宴，这种场面十分温馨。诚如黄生所评："上四，客至，有空谷足音之喜。下四，留客，见村家真率之情。前借鸥鸟引端，后将邻翁陪结，一时宾主忘机，亦可见矣。"[1]再

1　仇兆鳌注：《杜诗详注》，中华书局，1979年，第793页。

看他广德二年（764）从梓州回到阔别一年多的成都草堂时的情景：

草 堂

旧犬喜我归，低徊入衣裾。

邻里喜我归，沽酒携胡芦。

大官喜我来，遣骑问所须。

城郭喜我来，宾客隘村墟。

这完全就是一幕电影的场景，颇有戏剧画面感。旧犬、邻里、大官、城郭对杜甫回归草堂纷纷表示欢迎欢喜，表情丰沛，动感十足。这四十字浓缩在一起，可以概括为一个城市及其市民的和谐友善，而这背后，实际上是一种开放包容的城市心态使然。

（二）诗歌风格的改变

成都温润的气候，甜美的风景，温存细腻的生活，在不知不觉中改变着杜甫的诗风。这主要表现在以下几个方面。

1. 诗歌体裁

近体诗多于古体诗，短篇多于长篇。据浦起龙《读杜心解》统计，古体诗在杜甫成都诗中占比不到17%，而近体诗占比高达83%。长篇古体，往往需要呕心沥血苦思苦吟，而近体短篇往往冲口而出，随兴即赋。即便是排律，在成都创作的《赠王二十四侍御契四十韵》《寄张十二山人彪三十韵》与中原时期创作的《自京赴奉先县咏怀五百字》《北征》和夔州时期的《秋日夔府咏怀奉寄郑监审李宾客之芳一百韵》相比，篇幅已经少了很多。更有意味的是，在来成都之前，杜甫很少写绝句和七言律诗，而大量开始写绝句（特别是七言绝句）和七言律诗则是从营建草堂开始的。对此，有人风趣地称这类诗为"公关诗"[1]。

2. 诗歌题材

在成都，杜甫吟诵最多的不外家居生活、田园风光、诗酒酬赠等，而之

1　周啸天：《草堂与杜甫的"公关诗"》，《龙门阵》2007年第4期。

前宏大的政治、战争、民生等题材，虽仍有触及，但已不是主体。这不是杜甫初心已改，而是成都相对安稳的生活，让杜甫有了更多的闲情逸致关注生活与自然之美。如脍炙人口的《春夜喜雨》：

> 好雨知时节，当春乃发生。
> 随风潜入夜，润物细无声。
> 野径云俱黑，江船火独明。
> 晓看红湿处，花重锦官城。

成都的雨是"好雨"，她"润物细无声"，催开了锦官之城的繁花秾艳，不像杜甫笔下其他地方的雨是"天阴雨湿声啾啾"（《兵车行》），"雨抛金锁甲"（《重过何氏五首》之四），"一秋常苦雨"（《留别贾严二阁老两院补阙》），"黄鹄翅垂雨"（《秦州杂诗二十首》之十一），"客舍雨连山"（《秦州杂诗二十首》之十五），"檐雨乱淋幔"（《秦州杂诗二十首》之十七）。

3. 诗歌意境

杜甫在成都期间，总体而言生活是有保障的，诗人有更多的闲心、闲情去细致观察大自然，体味大自然，表达大自然；有更多的耐心去与各色人等应酬交往，体验多姿多彩的生活，并从中发现生活中的真、善、美。因此，杜甫在成都期间的诗歌，其意象多是和美的，其意境多是平和柔婉的。比如，"无数蜻蜓齐上下，一双鸂鶒对沉浮"（《卜居》），"圆荷浮小叶，细麦落轻花"（《为农》），"风含翠筱娟娟净，雨裛红蕖冉冉香"（《狂夫》），"榉柳枝枝弱，枇杷对对香"（《田舍》），"自去自来梁上燕，相亲相近水中鸥"（《江村》），"市桥官柳细，江路野梅香"（《西郊》），"颠狂柳絮随风舞，轻薄桃花逐水流"（《绝句漫兴九首》之五），"细雨鱼儿出，微风燕子斜"（《水槛遣心二首》之一），"风轻粉蝶喜，花暖蜜蜂喧"（《敝庐遣兴奉寄严公》），等等，简直举不胜举。在成都，杜甫已将身心尽融入这座城市的自然与生活，他由衷地感慨"眼边无俗物，多病也身轻"（《漫成二首》之一）。杜甫诗歌过去常被人定格为

"沉郁顿挫"[1]，但"沉郁顿挫"并非杜诗的全貌。在成都，杜甫的性格、精神与情趣被成都温婉、温暖、温馨的自然风光和人情世态软化了，熨平了，表现出了从未有过的舒缓、驰荡的情致。这种富有蜀风蜀韵的杜诗"新貌"，几乎俯拾皆是。如：

可　惜

花飞有底急，老去愿春迟。

可惜欢娱地，都非少壮时。

宽心应是酒，遣兴莫过诗。

此意陶潜解，吾生后汝期。

虽然诗中仍潜藏着一种不得已的无奈甚至失落，但面对现实时，杜甫更多的还是选择面对当下，适意当下，沉醉当下。在《江上值水如海势聊短述》中更有客观的陈述：

为人性僻耽佳句，语不惊人死不休。

老去诗篇浑漫与，春来花鸟莫深愁。

"为人性僻耽佳句，语不惊人死不休"是述往，"老去诗篇浑漫与，春来花鸟莫深愁"是叙今。现如今的杜甫，已经深深地喜欢上成都的氛围，将自己融入这座城市的血脉之中。这种投入的生活，陶醉的氛围，甚至可以从他的"仰面贪看鸟，回头错应人。读书难字过，对酒满壶频"（《漫成二首》之二）中深刻地感知到。这时的杜甫已少有"少陵野老吞声哭，春日潜行曲江曲"（《哀江头》）的悲怆与苍凉，和美的成都真正改变了诗人的旨趣与审美，也改变了诗人诗歌的意境。

4. 叙事主体

在过去杜甫的诗歌创作中，叙事主体往往是旁观者、评判者，而非角色自身。如"三吏""三别"等诗歌均是如此。比如："暮投石壕村，有吏夜

1　欧阳修、宋祁：《新唐书》卷二百一，中华书局，1999年，第4394页。

捉人。老翁逾墙走，老妇出看门。"（《石壕吏》）这完全是第三人称叙事。但在成都所写的诗，第三人称很少，大多都是自己的亲身经历，有的甚至自己就在诗中，是诗中之一角色。如：

过南邻朱山人水亭

相近竹参差，相过人不知。

幽花欹满树，细水曲通池。

归客村非远，残樽席更移。

看君多道气，从此数追随。

这位南邻就是被称为"锦里先生"的隐士。杜甫从城里回村，路过隐士门前，遇隐士正在饮酒吃饭，就被邀请进去，添加碗筷凳子，一同喝酒聊天。杜甫盛赞隐士多有"道气"，表示今后要多跟他来往。

（三）生活方式的改变

来成都之前，杜甫大多时候不是在感时伤乱，就是在与穷苦与梦想斗争，生活从总体来说是紧张的、困顿的、失意的、失落的，甚至是慌乱的、走投无路的。而到蜀中，因为有多位达官和亲旧的接纳、接济，甚至是政治上的照顾，所以，杜甫在成都虽谈不上生活无忧，但与之前相比，已不可同日而语。再加上成都这座城市的浪漫气息和休闲气质，在不知不觉中使杜甫的生活方式已悄然发生改变。

1. 城市生态美和生活美的颂扬与营造

杜甫为这座城市的生态美而感动，常常不禁由衷赞美："市桥官柳细，江路野梅香。"（《西郊》）类似的诗句已在前文中多处引述，此不赘举。为此，杜甫主动融入这座城市的生态美的建设中，这就是我们看到他营建草堂时广置各种树木、竹林和花草。杜甫对自己的草堂及其周边的胜景尤为中意与自豪，常常在诗中情不自禁地颂扬："万里桥西一草堂，百花潭水即沧浪。风含翠筱娟娟净，雨裛红蕖冉冉香。"（《狂夫》）杜甫的这种对生态与生活美学的弘扬营建对后世文人影响尤大。两宋之交的叶梦得曾在《玉涧

杂书》中自述其卜山石林谷的竹趣：

> 吾山有竹数万本，初多手自移。今所在，森然成林，有筜竹、
> 斤竹、哺鸡竹、斑竹、紫竹数十种略备。而筜笋最可食。今岁自春
> 不雨，累月笋类不出。顾颇念之。四月初一日雨，逾旬，忽裂地迸
> 出如拔，亟取供庖，而园人靳之，甚请留以候再出。问其故，曰：
> "笋唯初出者尽成竹，次出者多为虫所伤，十不得五六。"乃悟老
> 杜诗"瓜须辰日种，竹要上番成"之意，遂忻然许之。[1]

杜甫的影响卓然可见。

2. 耽美酒与自酿酒

杜甫对成都的美食、美酒赞不绝口，并享受其中。如："蜀酒浓无敌，
江鱼美可求。终思一酩酊，净扫雁池头"（《戏题寄上汉中王三首》之
二）；"山瓶乳酒下青云，气味浓香幸见分"（《谢严中丞送青城山道士乳
酒一瓶》）；"鱼知丙穴由来美，酒忆郫筒不用酤"（《将赴成都草堂途中
有作先寄严郑公五首》之一）；"岂无成都酒，忧国只细倾"（《赠左仆射
郑国公严公武》）；"报答春光知有处，应须美酒送生涯"（《江畔独步寻
花七绝句》之三）。杜甫甚至也尝试要自己酿酒：

归来（节选）

> 洗杓开新酝，低头拭小盘。
> 凭谁给曲蘖，细酌老江干。

在上元元年秋天杜甫描述泛舟浣花溪的《泛溪》诗中，他就曾自谓"浊
醪自初熟"，说明杜甫确实自己也在酿酒。

3. 对成都酒楼文化的欣美

在杜甫笔下，成都的酒楼文化也得以存照：

---

1 叶梦得：《玉涧杂书》，叶德辉辑：《石林遗书》，长沙叶氏观古堂校刊
本，清光绪宣统三年（1911）。

江畔独步寻花七绝句（之四）

东望少城花满烟，百花高楼更可怜。

谁能载酒开金盏，唤取佳人舞绣筵。

这种城市遗韵，我们甚至能在晚唐张籍的诗歌"万里桥边多酒家，游人爱向谁家宿"（《成都曲》）中找到杜诗的踪迹。

4. 慢生活与漫生活

慢生活其实也是一种"漫生活"，即浪漫的生活。成都现在被呼为"慢城"，其实，成都从古至今就是一座"慢城"，也即"漫城"。杜甫在草堂写了《绝句漫兴九首》，就是这种"慢"与"漫"的交融与写照："懒慢无堪不出村，呼儿日在掩柴门。苍苔浊酒林中静，碧水春风野外昏。"（《绝句漫兴九首》之六）足不出户，静享园林中的诗酒人生。这种自适的心境，让杜甫觉得"眼边无俗物，多病也身轻"（《漫成二首》之一），由是告诫自己"莫思身外无穷事，且尽生前有限杯"（《绝句漫兴九首》之四）。这种慢生活，也体现在游赏之乐方面。成都一向有游乐之城的美誉，《岁华纪丽谱》就说成都"游赏之盛，甲于西蜀"[1]。旧时成都，城内及四方都有池泽湖泊，多为游乐玩赏之地。比如成都城内的摩诃池，是一个风景旖旎的地方，也是唐代成都城内最大的人工湖。陆游曾作《摩诃池》诗，中有"摩诃古池苑，一过一消魂"之语，可以想见其风光之美丽。严武是一位能文能武的帅才，任西川节度使时，"拥旄西蜀，累于饮筵，对客骋其笔札"[2]。严武对杜甫多加优待照顾，杜甫经常受邀参加严武的各种宴集游乐，并多有诗载纪。比如，杜甫从梓、阆回到成都后，严武就曾邀约杜甫泛舟摩诃池，其《晚秋陪严郑公摩诃池泛舟》这样描述道：

湍驶风醒酒，船回雾起堤。

高城秋自落，杂树晚相迷。

1　费著：《岁华纪丽谱》，文渊阁《四库全书》本。
2　范摅：《云溪友议》卷上《严黄门》，《唐五代笔记小说大观》（下），上海古籍出版社，2000年，第1270页。

坐触鸳鸯起，巢倾翡翠低。

莫须惊白鹭，为伴宿清溪。

这完全是一种写实：酒后快艇，乘风破浪，鸳鸯惊飞，晚树迷离，一派生机盎然景象。要知道，这是在成都市中心内。这番景致与逸情，羡煞后人。

（四）以诗论诗的运斤独照

来成都之前，杜甫始终处在奔波动荡中。到成都后，虽然有一年多避乱梓、阆，但在成都的生活还是比较安稳的。这种安稳的生活便于他总结自己的创作历程，便于他思考当下的文学思潮与文学现象。于是，杜甫创作了一组诗，名为《戏为六绝句》。仇兆鳌说："此为后生讥诮前贤而作，语多跌宕讽刺，故云戏也。"[1]其实，"戏"也有杜甫谦逊之意。这组诗，蕴含着非常精彩的诗学思想，有的已经成为文学批评史上的定论，如其一、其二、其五、其六。关于这组诗的含义及其评价，前人已经做了很多阐释，这里没有必要再做重复。需要强调的是，这组诗具有的划时代意义在于，杜甫开创了以诗论诗的先河。杜甫之前，人们在诗中阐发诗学观点，点评作家作品并不少见，杜甫也有不少，如在长安作的"读书破万卷，下笔如有神"（《奉赠韦左丞丈二十二韵》），还有"白也诗无敌，飘然思不群。清新庾开府，俊逸鲍参军"（《春日忆李白》）等。但《戏为六绝句》与之不同的地方在于全诗专门作评论，因此开了以诗论诗的先河。后世踵继杜甫这一批评体式的论者越来越多，如元好问的《论诗三十首》等。刘勰说："独照之匠，窥意象而运斤。"[2]浣花溪畔的杜甫在竹林花下以诗论诗，不也是一种独照的运斤吗？由此看来，诗城成都确乎孕育了杜甫的诗学灵感，在中国诗学史上自当占有重要一席。

要之，被杜甫喻为"宇宙蜀城偏"的成都，在杜甫走投无路时接纳了

1　仇兆鳌注：《杜诗详注》，中华书局，1979年，第898页。
2　刘勰著，王运熙、周锋撰：《文心雕龙译注·神思》，上海古籍出版社，1998年，第245页。

他。杜甫没有想到，这座城市不仅敞开胸怀接纳了他，而且在悄无声息中改变了他。杜甫一生流离颠沛，只有在成都，才得到难得的喘息。诚如仇兆鳌所言："盖多年匍匐，至此始得少休也。"[1]这"少休"，竟成就了杜甫与成都的一段经典"传奇"，在中国诗歌史和文化史上注定要永放异彩。

1　仇兆鳌注：《杜诗详注》，中华书局，1979年，第746页。

乐观包容与城市建设

▼

传承巴蜀文明 发展天府文化

THE RESEARCH
OF TIANFU CULTURE

▲

　　天府文化乐观包容的精神为城市建设提供了不竭的动力源泉及丰富的创意资源。自古以来，随着天府文化与丝路文化的交融，乐观包容特质在历史和现实中发展演绎，对天府成都建设世界文化名城有着重要作用。隋、唐、宋时期，朝廷在蜀地采取乐观包容、行之有效的策略，注重刚柔相济、兴利除弊，使得地方秩序井然，城市发展迅速。至明朝，蜀府以乐观包容之心，在坚实的文化基础与雄厚的财力支撑下，在经营都江堰、保一方安定和维护国家统一方面做出了巨大贡献。

"乐观包容"的天府文化与世界文化名城建设

王 苹 李 洁[1]

摘　要: 本文主要探讨世界文化名城建设背景下,天府文化"乐观包容"特质在历史和现实中的传承演绎,分析世界文化名城建设中的天府文化与丝路文化交融交汇的实践与典型案例。期望通过挖掘乐观包容、开放自信等优秀内涵,研究梳理天府文化历史渊源与现实意义,推动成都世界文化名城建设及与世界城市的文化交融、合作实践。

关键词: 乐观包容;天府文化;世界文化名城

成都,又称"蓉城",简称"蜀",是"天府之国"核心区域,地处中国西南内陆腹地,现有人口1700多万,2300多年城址未变,城名未改,成为全国首批中国历史文化名城之一,2016年《中国古都学会·成都共识》将其列为中国十大古都之一。历史上的成都曾"列备五都",又有"扬一益二"之美誉,法国古德尔孟冠之以"东方的巴黎"之称。今天的成都也被称为"一座来了就不想离开的城市",这不仅彰显着成都在经济社会层面的富庶繁盛,更彰显出这座城市在文化上的吸引力和竞争力。

---

1 王苹,中共成都市委党校副校长,成都行政学院副院长,教授。李洁,中共成都市委党校副教授。

以"天府文化"为灵魂的世界文化名城，既有历史性的纵深感，又极具全球化的广阔视野。成都是移民文化交流融合的中心，是南方丝绸之路的起点和重要参与者，是唐宋诗词文化繁荣兴盛的重要阵地，也是国宝大熊猫的家乡。在国家"一带一路"倡议中，蓉欧快铁成为贯通欧亚大陆的重要枢纽。因此，成都提出"创新创造、优雅时尚、乐观包容、友善公益"的"天府文化"理念，绝非封闭保守的概念，而是犹如流水一般充满活力，包容汇聚，以开放发展、拥抱世界和未来的姿态，赋予天府文化新时代的生命内涵。

英国地理学家、规划师彼德·霍尔对"世界城市"的定义是，那些已对全世界或大多数国家发生全球性经济、政治、文化影响的国际第一流大城市，而"世界文化名城主要是指在世界上有着较大文化影响力和较高国际知名度、美誉度和信誉度的城市"[1]。综观世界文化名城，如水城威尼斯、文学之城爱丁堡等，文化决定了其独特个性与魅力。世界文化名城区别于一般城市的关键性因素在于，是否具有城市文化特色和品牌这一核心竞争力。对成都而言，既要遵循各国名城所具备的普遍性规律，又要突出地域文化特征的对比关系，以国际视野和高度确立城市文化战略定位。美学大师宗白华指出："历史每向前一步发展，往往伴随着向后一步的探本穷源。"[2]这就需要对天府文化精神自我和主体性追本溯源。得益于李冰父子修建泽被今世的都江堰水利工程，成都平原"于是沃野千里，号为'陆海'。旱则引水浸润，雨则杜塞水门，故记曰：水旱从人，不知饥馑，时无荒年，天下谓之'天府'也"（晋常璩《华阳国志·蜀志》）。千百年来，成都平原文化在与中原文化、邻近少数民族文化以及遥远的异域文化交流碰撞中积极吸纳转化，形成了开放性、包容性、人文性并举的独特文化魅力。

一、"乐观包容"的天府文化特质与传承演绎

"环境与文化相交融，造就了巴蜀先民封闭中有开放、开放中有封闭的

1　何一民：《建设世界文化名城要有文化自信》，《成都日报》2016年11月9日第6版。
2　宗白华：《美学散步》，上海人民出版社，2005年，第118页。

历史个性。随着时代的推移，开放和兼容终于成为巴蜀文化最大的特色。"[1]
成都建设世界文化名城的优势和底气何在？其重要因素就在于天府文化所孕
育的包容、乐观，以及随之而来的文化多元并蓄。有了这种"有容乃大"的
气势和善于接纳交流的开放性品格，天府文化才能够"苟日新，日日新，又
日新"，在中华文明长河中不断创造奇迹，大放异彩。

（一）天府文化包容性与移民文化大融合

任乃强先生指出："若以四川盆地与黄土高原比，则无亢旱之虞；与冲
积之江浙平原比，则无卑湿之苦；与三熟之广东平原比，则无水潦之患；与
肥沃之松辽平原比，则无霜雪之灾。"[2]这是成都从地理气候特征上吸引和
留住移民的优势因素。而对外来移民文化尊重并吸纳，理解并融化的性格特
征，则是让移民"此心安处是吾乡"的人文要素。

成都被称为"移民之城"。蜀灭于秦之后，秦统治者实施"移秦民万家
实之"政策填补原蜀人逃亡的空白，开启了大规模移民运动的历史。中原铁
器铸造先进技术随着秦代移民进入成都地区，卓文君父辈卓氏便是掌握这一
技能的移民，"蜀卓氏之先，赵人也，用铁冶富。秦破赵，迁卓氏……致之
临邛，大喜，即铁山鼓铸，运筹策，倾滇蜀之民，富至僮千人"（《史记》
卷一百二十九《货殖列传第六十九》）。他们在今成都邛崃熔铁铸器，经营
冶铸业，销往西南各地，富甲一方。

此后，成都历经西晋政权动荡，李唐皇帝避难，宋蒙（元）、明末清初
战争等，又多次成为移民迁入的中心，其中尤以湖广填四川运动最为著名。
清末《成都通览》分析得出"现今之成都人，原籍皆外省人"的结论。明
末清初，成都人口骤降，中原腹地及闽浙湖广等地人民辗转进入四川，部分
落脚到成都东郊的龙泉山下，其中清代康熙至同治年间的洛带客家人主要聚
居在成都东山区域，统称为"东山客家"。客家人被称为中国的吉普赛人，
是性格坚毅、勇于开拓的代表，他们将建筑和耕作技术、农作物、饮食文化

1　段渝：《巴山蜀水寻文化》，《人民论坛》2002年第3期。
2　转引自袁庭栋：《成都为何最具幸福感》，《地方文化研究辑刊》2008年第1
　　辑。

等新的生产生活方式引入成都，物质资源与人力资源如新鲜血液注入，成都促进了这里经济文化的复苏和繁荣。他们秉承"耕读传家"的家训，自强不息，继承创新精神，丰富了天府文化的精神内涵。洛带古镇现存四大会馆——广东会馆、江西会馆、湖广会馆、川北会馆，是客家人与外界沟通贸易，实现与时俱进发展的重要桥梁。[1]

川西林盘是川西平原农业生产和生活方式的集中体现，也是移民文化融入川西农耕文化的家园栖息地。川西林盘由农宅、水流、竹木、田园构成大大小小星罗棋布的聚落，"清江一曲抱村流，长夏江村事事幽"，点缀出川西特有的田园风情。历代移民形成的社会结构具有和平共生、不排外的特征，又使以家庭为单位的林盘聚落形式得以生发开来。"清代大量移民入川后，故土的大家庭分化成单个核心家庭，分散独居，各为院落……林盘之内，小家独院，邻居多为近亲或宗族，既保证了私密又可互通有无。"[2]川西林盘生长于巴蜀农耕文明的土壤之中，遵循"天人合一""道法自然"的传统生活智慧，随着清代移民文化的迁徙汇入而发展定型。延续至今，川西林盘仍然是成都平原上开合自如、生机灵动的文化单元。成都正在以"川西林盘"整治规划为发展天府文化，实现乡村振兴的重要抓手，助力美丽宜居公园城市建设。

历史上多次移民大潮以及抗战大迁移、"三线"建设等人才输入重塑着成都的人才结构，促进了经济、文化、语言、风俗的融合再生，为成都这座城市注入源源不断的养分。移民输入不仅没有构成对原有文化的挑战，而是与之和谐共生，转化为天府文化的有机组成部分，彰显了历代天府成都的文化自信。《李希霍芬中国旅行日记》描述在天府之国的所见所感时充满溢美之词："我们是以这种方式进城的第一批外国人——但我们既没有遭受侮辱，也没有被好奇之徒追随……""坐船渡河时也没有人问我要小费——这

1　唐为之：《洛带一街七巷客天下》，中共成都市龙泉驿区委党史研究室内部资料。

2　成都市地方志编纂委员会办公室：《成都精览》，电子科技大学出版社，2016年，第179～180页。

在中国还是第一次！每问必答，十分干脆。"[1]正是这种文质彬彬又温和友善的气度，令人为之着迷和向往。历史上的成都从不封闭自大，今天的成都仍然延续着胸襟豁达、兼收并蓄、为我所用的文化气度。这一文化气度又促进着成都的城市发展，使其勇于创造，不断推陈出新。

流行歌曲《成都》《留在成都》唱出的正是成都在经济社会各个层面对"蓉漂"创业者们的包容和尊重。成都践行"不唯地域、不求所有、不拘一格"的新人才观，自2017年以来连续推出"人才新政12条"和"金熊猫"人才计划，积极营造人性化的政策环境，让广大"蓉漂""安得了家，扎得下根"，让身在成都奋斗的每个人都能在平等、友好、宽容的社会氛围中抒写今天和未来的美好篇章。成都地铁车厢"蓉漂人才日"的一张宣传单上写道："成都有骨子里的包容，接纳所有为她奋斗的外乡人。"这是"乐观、包容、开放"天府文化的一个缩影。这些优秀品质也是成都建设世界文化名城的文化底蕴。

（二）天府文化开放性与丝路文化走出去

成都平原既有"天府之国"的美誉，也有"四塞之国"的障碍，"地崩山摧壮士死，然后天梯石栈相钩连"。但历代蜀人总在封闭困厄中寻求出路，表现出开拓进取、上下求索、沟通有无的强烈愿望。《史记·货殖列传》记载："巴蜀亦沃野……然四塞，栈道千里，无所不通。"《隋书·地理志》："其地四塞，山川重阻，水陆所凑，货殖所萃，盖一都之会也。"历史和现实证明，有了这种向外冲破桎梏、超越自我的勇气和智慧，成都平原不仅充盈着农耕社会的富足安定，也浇灌出以"蜀锦"为代表的工商贸易之花。这为我国丝绸之路贯通，丝绸文化传播，以及世界文化交流互动做出了不可磨灭的重要贡献，有力诠释了"和平合作、开放包容、互学互鉴、互利共赢"的丝路精神。

蜀地物产丰饶，种桑养蚕等传统是蜀锦产生的优越根基。蜀锦位列我国四大名锦之一，是我国国家级非物质文化遗产，兴起于秦汉和三国时期，成

---

1 转引自刘浦之：《德国人李希霍芬笔下的"天府"与"天府文化"》，《成都史志》2017年第3期。

为当时蜀国进行对外贸易，获取财政收入的支柱性产品。魏、吴两国都折服于蜀锦流光溢彩的美，曹操还曾经"遣人到蜀买锦"（《后汉书》卷八十二《左慈传》）。晋左思《蜀都赋》描述说"百室离房，机杼相和。贝锦斐成，濯色江波。黄润比筒，籝金所过"，对蜀锦的技艺、规模、高品质赞不绝口。同时，他还描述了成都"既丽且崇"的盛况："列隧百重，罗肆巨千，贿货山积，纤丽星繁。"不仅是蜀锦，这里的金银制品、漆器都是畅销全国的"网红产品"，可见成都是西南地区当之无愧的经济贸易中心，构成了成都参与丝绸之路对外贸易的物质基础和先决条件。

成都开放包容的基因源远流长，虽为内陆城市，却站在东西方经济文化交流的前沿，即南方丝绸之路、北方丝绸之路、长江经济带交汇处，发挥着重要枢纽作用。[1]

在历史上众多连接域外的交通网络体系中，成都都是其中至关重要的节点。"从四川成都经云南至缅甸、印度的'蜀身毒道'，是史籍所载最早的中西交通线路。这条中西交通线路，历史上称之为'蜀身毒道'，学术界又称之为'南方丝绸之路'。"[2]早在张骞开拓"丝绸之路"前，古蜀国就通过"蜀身毒道"与印度、东南亚等地区产生了贸易交往。司马迁在《史记·大宛列传》记载："臣在大夏时，见邛竹杖、蜀布。问曰：'安得此？'大夏国人曰：'吾贾人往市之身毒。身毒在大夏东南可数千里……'以骞度之，大夏去汉万二千里，居汉西南。今身毒又居大夏东南数千里，有蜀物，此其去蜀不远矣。"说明成都邛崃的竹杖和蜀锦等蜀地特产当时就已作为外贸产品流通于印度、阿富汗、巴基斯坦等地。汉唐时期，成都是北方丝绸之路的南延线，在北方丝绸之路中具有举足轻重的地位，成都的丝绸织品等主要商品经由丝绸之路转远销至西域、中亚、欧洲等地。

发展至唐宋时期，蜀锦技艺精美绝伦，其品牌形象也通过丝绸之路风靡海内外。"自古以来，日本认为最能代表中国织锦的，当然是蜀锦。"[3]蜀锦不但早在唐代就经由海上丝绸之路传到日本，并且在他们心中犹如明星般耀

1 何一民：《天府之国与古丝路》，《中国城市报》2017年5月22日第28版。
2 段渝：《古代中印交通与中国丝绸西传》，《天府新论》2014年第1期。
3 余涛：《蜀锦研究》，《丝绸》1983年第5期。

眼，对日本国宝级织物"西阵织"的织造技艺产生了重要影响。1995年，带有"五星出东方，利中国"字样的汉式织锦在新疆丝绸之路上的尼雅遗址出土，代表了当时世界上最先进的丝绸织造技术，惊艳世界。而织造这件"五星锦"的织机原型，则是2013年出土于成都老官山汉墓的西汉提花机模型。

"五星锦"不仅仅是射箭护臂之物，还承载着丰富的历史、经济、文化意蕴。它的出土再次证明成都蜀锦曾远销西域，是北方丝绸之路贸易交往的重要参与者和见证者；同时"五星出东方，利中国"汉字体现了蜀锦制作者主动作为，传播中华文化，扩大其域外影响力的前瞻意识。中共成都市委十三届二次全体会议提出，强化城市文化营销，发展对外文化贸易，加快建成欧亚文化交往中心，正是对这一历史使命的延续和发展。

"丝绸之路"不仅是经济文化"走出去"的传播通道，也是外来先进文化"走进来"的重要桥梁。唐宋时期经济交往频繁，天南海北货品汇聚于市，苏轼称"成都，西南大都会也"。北宋赵抃《成都古今集记》记载："正月灯市，二月花市，三月蚕市，四月锦市，五月扇市，六月香市，七月七宝市，八月桂市，九月药市，十月酒市，十一月梅市，十二月桃符市。"独具特色的季节性交易盛会，无疑是成都经济文化蓬勃发展的一道靓丽风景，开成都"国际会展之都"之先河。

历史上的"丝绸之路"带着蜀锦、川茶、金银等商品走进广阔的世界市场，而今它更是天府文化开放包容精神的象征，是成都与世界文明良性互动的自信源泉。当前，成都积极响应"一带一路"倡议，国际友好城市"朋友圈好友"扩大到34个，蓉欧快铁将古代"丝绸之路"精神发扬光大，成都再次成为贯通欧亚大陆的重要枢纽。始发于成都青白江的蓉欧快铁，西达欧洲、中亚各国，北到俄罗斯，南抵东盟。至2017年，共开行1012列，数量居全国第一，占整个中欧班列运行总量的四分之一，打通了与世界进行经贸文化交流的大动脉，为构建开放共享、合作共赢的"人类命运共同体"贡献着"成都力量"。对成都而言，丝绸之路既是见证经济"硬实力"的商业贸易之路，也是彰显文化"软实力"的交流互鉴之路。

（三）天府文化人文性与诗乐艺术多元化

五代后蜀君主孟昶曾在羊马城上遍植芙蓉，令成都"四十里如锦绣"，繁花似锦，留下了"芙蓉城"的美誉。今天，成都人将芙蓉选为市花，并将成都称作"蓉城"，这塑造了成都的"文艺范儿"，成就了历代文人墨客在此诗意的栖居。

1. 天府文化与诗歌艺术

郭沫若《蜀道奇》有"文宗自古出西蜀"之句，又有"天下诗人例到蜀"与之呼应。杜甫《成都府》用文学的笔触描述了他作为一个"蓉漂"初来乍到时的感受：地理环境差异，"我行山川异""季冬树木苍"；人文风情的差异，"喧然名都会，吹箫间笙簧"。杜甫一生颠沛流离，其诗歌多"忧国忧民"之情、"沉郁顿挫"之风，而成都浣花溪友善接纳，成为他短暂的心灵安顿之地，大量描绘成都自然人文风情的诗句应景而生。"黄四娘家花满蹊，千朵万朵压枝低。留连戏蝶时时舞，自在娇莺恰恰啼"道出成都淳朴清新的风俗气息，也是杜诗里难得的明媚风景。

诗人与蜀酒，诗与音乐、歌舞是人文成都的日常图景，文学艺术与市井烟火、慢生活融为一体。唐代诗人张籍《成都曲》道："万里桥边多酒家，游人爱向谁家宿？"李商隐《杜工部蜀中离席》言："美酒成都堪送老，当垆仍是卓文君。"杜甫《赠花卿》："锦城丝管日纷纷，半入江风半入云。"总之，不论地理气候、自然风光、城市情调，还是邻里间和善的人际关系，成都的物华天宝，宜居生活，足以让人留连不舍。

蜀山、蜀水、蜀文化在唐诗宋词中的千古盛名因文人而成就，反之，独特多元的文化又孕育出蜀地异常鲜明的文人性格和创作风格。"从陈子昂、李白到苏轼、杨慎，巴蜀作家多放浪形骸、不拘礼法之人，当他们出蜀进入到一个广阔的天地，多成为大胆开拓、勇于进取的先锋。这种性格和追求在不少的现代作家身上也可以找到。郭沫若、巴金、李劼人、沙汀、艾芜、阳翰笙、林如稷等大多数四川作家都曾卷入过'学潮'，热衷于社会政治活动，就是在日常的学习、生活中，也不时有离经叛道、胆大妄为的事情发生。"[1]

2. 天府文化与音乐艺术

汉代，得益于天府之国经济繁荣，百姓生活安定，说唱艺术广泛盛行于宫廷与民间。《汉书·元后传》载贵戚之家"僮奴以千百数，罗钟磬，舞郑女，作倡优，狗马驰逐"[2]。倡优、俳优是中国早期的说唱表演艺人，因其极具感染力的表演风格，深受上自贵族，下至百姓的广泛喜爱。说唱俑陆续出土，主要分布在以成都为主的四川地区，说明说唱艺术是当年流行蜀地的艺术形式。其中1957年成都天回山东汉墓出土的击鼓说唱俑被称为"东汉第一俑"。由于其造型夸张，神采飞扬，肢体诙谐，极富喜剧感和生命力，又被看作"滑稽戏的鼻祖"。蜀地出土的说唱俑具有一脉相承、特色鲜明的地域文化特征，代表着自由愉悦的娱乐精神和艺术趣味，也体现出蜀人幽默达观、开朗自信的文化性格。

唐代成都是一座音乐之都。卢求《成都记·序》描述蜀地曰："江山之秀，罗锦之丽，管弦歌舞之多，伎巧百工之富，其人勇且让，其地腴以善，熟较其要妙，扬不足以侔其半。"[3]五代前蜀皇帝王建墓的浮雕"二十四伎乐"是一组规模宏大且完整的五代时期宫廷乐队艺术品。这组二十四伎乐石刻所呈现的音乐表演类型属于燕乐，主要在统治者或贵族举办宴会时演奏，它是南北民族及域外音乐文化融合的集大成之作，对于研究唐及五代音乐发展具有重要意义。石刻雕像使用乐器多达20种，"以龟兹乐（西域民族音乐）为主，清商乐（汉族大曲）为辅，又吸纳天竺（印度）、扶南（柬埔寨）、高丽（朝鲜）等外国音乐"[4]。永陵二十四伎乐既源自蜀派本土音乐，又深受随着唐朝玄宗、僖宗逃难到成都的宫廷乐舞的影响，同时跟西域音乐等域外音乐还有着密切的关联。这充分证明了天府之国强大的文化包容性与开放性。

1　李怡：《盆地文明·天府文明·内陆腹地文明——论现代四川文学的文化背景》，《社会科学研究》1996年第2期。

2　班固：《汉书》卷九十八《元后传》，中华书局，1962年，第4023页。

3　董诰等编：《全唐文》，中华书局，2001年，第7702页。

4　成都市地方志编纂委员会办公室：《成都精览》，电子科技大学出版社，2016年，第66页。

清代，随着移民大军来川，蜀地经济复苏，人们"安其居而乐其业"，催生了丰富多样的移民文化生态，川剧、川菜、川酒在移民大潮与本土传统的交流碰撞中，逐渐成长为极具地域代表性的"天府蜀韵""天府蜀味"等天府文化符号。清代吴好山《成都竹枝词》曰："秦人会馆铁桅杆，福建山西少者般。更有堂哉难及处，千余台戏一年看。"[1]会馆的兴盛为戏剧艺术发展提供了重要舞台。来自不同地区的移民怀念乡音，积极引入多省戏班，代表不同审美趣味的多种声腔进入四川。川剧五种声腔（昆腔、高腔、胡琴、弹戏、灯调）跟移民文化有密不可分的关系。比如川昆源于江苏昆腔，属于川剧中有"书卷气"的部分；高腔是川剧的典型艺术标识，源于江西弋阳诸腔，又深得四川方言、劳动号子等民间文化精髓，是川剧中"接地气"的部分。在四川本土方言基础上，川剧于外省诸腔中博采众长，五腔融会贯通，形成典雅、高亢、激昂、喜辣、通达等丰富的艺术风格，是移民文化艺术荟萃而成的一朵戏曲奇葩。丰富多元的音乐艺术资源是取之不尽的宝库，有待成都在建设"国际音乐之都""世界文化名城"过程中用心发掘、继承、转化。

二、"乐观包容"的天府文化转化创新与发展演绎

习近平总书记强调："要加强对中华优秀传统文化的挖掘和阐发，使中华民族最基本的文化基因与当代文化相适应、与现代社会相协调，把跨越时空、超越国度、富有永恒魅力、具有当代价值的文化精神弘扬起来。"中共成都市委十三届二次全会再一次强调，要深入挖掘"创新创造、优雅时尚、乐观包容、友善公益"的天府文化内涵，推动天府文化创造性转化、创新性发展。

（一）以"乐观包容"实现天府文化对成都的滋养

要进一步将天府文化核心价值与公共文化服务工作的结合，从物质层面创造人民群众喜闻乐见的文化产品和服务，从精神层面影响和推动全民文化素质培养，重塑以天府文化为内涵的城市精神。

---

1 成都市词诗学会编：《历代诗人咏成都》，四川文艺出版社，1999年，第143页。

成都市从公共文化阵地"全覆盖"到打造"15分钟文化圈",从首批"国家公共文化服务体系示范区"到"国家公共文化服务标准化试点地区"和"国家基层综合性文化服务中心建设试点地区",一直致力于更好地满足市民对美好生活的文化需要,以文化的力量引领社会主义核心价值观。

近年来,成都在大型公共文化设施建设上取得了有目共睹的成绩。2017年成都博物馆新馆开放运行,提供了高质量的中西文化交流的盛宴,为市民开拓了国际化视野,是博物展览走出去、请进来的重要窗口,更是特色鲜明的城市文化新地标。此外,新声剧场、凤凰山露天音乐广场即将建成运营;成都自然博物馆、艺术大师驻留基地、成都非物质文化遗产博览中心、成都文化创意孵化中心等文化场馆正在酝酿中,这一系列体现国际化理念的公共文化服务平台是成都实实在在的文化惠民政策的物质载体。

成都多次获得"最佳时尚生活城市""中国最具幸福感城市""2017年中国书店之都"等城市美誉。据《2017—2018中国实体书店业报告》从数量上统计,2017年成都的书店已达到3463家,仅次于北京,名列全国前茅。源于成都人对生活美学氛围的热爱,方所、言几又、散花书院等新兴实体书店集创意、颜值、多元业态于一体,迅速崛起,蔚然成风,开启了以"书香成都"为代表的全新文化模式。

构建城市文化软实力,既包括有形的文化,如文化基础设施及公共文化服务产品等硬件;也包括无形的文化,即市民文化素养、城市人文传统等软件。他们共同决定着世界文化名城建设的最终面貌。共享单车之所以能在成都顺利融入,其中的一大重要原因是成都善于尝试,勇于接纳新生事物,本身就具有开放合作基因,这与共享经济中信任、分享理念相契合。成都宽容对待并鼓励扶持文化的多元化、差异化发展,使市民在乐观包容、开放共享的天府文化滋养中各取所需,收获更多的幸福感和充实感,从而焕发成都蜀风雅韵的风采气质。

(二)以"乐观包容"实现天府文化兴城

以天府文化为动力源泉,依托传统文化资源建设文化名城,全面保护传统文化文脉、肌理和内涵。进一步深挖大遗址文化、天府诗歌文化、历史名

人文化、水润天府文化、文博旅游文化、川西林盘文化等资源，将天府文化资源优势转化为文化产业优势。近年来，成都市将天府文化的创新发展贯穿于城市整体规划建设中，提出全面保护历史文化，构建系统完善的历史文化遗产保护体系。其中天府锦城项目承载成都千年立城的历史文化记忆，是成都塑造的具有全球识别性的文化名片，也是成都打造世界文化名城的宏大手笔。

成都因其充满活力、思想自由开放的氛围集聚了大量高端创意人才，正成为文化创意产业发展的风水宝地。成都通过文创龙头企业培育，"创意设计周"等国际性文创交流平台搭建，积极进军世界文化创意产业高地。2018年，成都将自身定位从"西部文创中心"调整为"全国文创中心"，着力推动传媒影视业、创意设计业、现代时尚业、音乐艺术业、文体旅游业、信息服务业、会展广告业、教育咨询业八大产业的重点发展，提升成都文创产业核心竞争力。成都崇州道明竹艺村传承千年竹编技艺，将天府竹文化内涵与现代创意相结合，赋予传统文化全新魅力，其文创中心"竹里"作为代表性建筑受邀参加2018年威尼斯建筑双年展，受到了世界高规格展会的礼遇和关注。在成都多元化音乐传统的历史基础上，成都的文艺气质有利于吸引优质音乐资源，汇集国内外音乐巨星及人才。成都正积极建设"国际音乐之都"，已形成了以东郊记忆音乐公园、青羊少城音乐视听产业园等为核心的四大音乐园区，和以彭州白鹿音乐小镇、安仁音乐小镇为代表的四大音乐小镇，向世界传播"天府好声音"。

（三）以"乐观包容"实现天府文化营城

世界文化名城要产生文化影响力、辐射力、向心力，必须讲好"天府文化故事"。

一是寻找与世界文化名城的共同点，以"天府文化"内涵元素进行国际表达，打造具有代表性的天府文化品牌。如深入挖掘锦官城、蜀锦与丝路文化的历史渊源，依托成都蜀锦织绣博物馆这一阵地，以及《了不起的匠人》等大型纪录片，塑造当代成都丝绸文化的品牌形象，形成天府成都的典型文化符号。进一步发挥国际非遗节、金熊猫文创设计奖、创意设计周的平台效应，将其打造成推动成都深入世界文创舞台中心的"桥头堡"。进一步强化音乐文化、大熊猫文化、诗歌文化、川西林盘文化等地域特色鲜明的天府文化品牌，突出天府文化在世界文化生态位中的比较性优势。

二是善用新媒体等方法强化城市文化营销，既要将"天府文化"送出去，更要将"天府文化"卖出去。"星球研究所"媒体团队创作的《什么是成都》在微信圈广为流传，让成都这座城市在网络上爆红。西安、重庆积极用好"抖音"视频，成为点击率飙升的"网红城市"。这为成都进一步讲好"天府文化"故事，增强对外文化营销的感染力和吸引力提供了重要启示。

习近平总书记指出："文化自信是更基本、更深沉、更持久的力量。"而贯穿在成都文化自信中最基本、最深沉、最持久的核心理念表达非"天府文化"莫属。成都是北方丝绸之路、南方丝绸之路和长江经济带（海上丝绸之路）的交汇点。对成都而言，丝绸之路既是见证经济"硬实力"的商业贸易之路，也是彰显文化"软实力"的交流互鉴之路。总之，根深才会叶茂，如果把成都这座城市的发展比作大树，那么天府文化中豁达乐观、开放包容、多元和合的精神禀赋则是成都生生不息的不竭动力！

论水与成都先秦文明的关系

谢祥林[1]

摘　要： 成都平原先秦文明（也可称之为"早期的天府文化"）的发展演进
线索随着考古的发现愈发变得清晰起来。她的文明具有历史延续
性，她的水脉更是绵延不绝，生机勃勃。结合古蜀史研究成果和历
年的考古发现，从水文化角度出发综览先秦时期成都平原文明的发
展，可以大致分出四个阶段来：一是"随水下迁"，二是"筑水兴
城"，三是"引水腹地"，四是"以水为业"。

关键词： 水文化；古蜀；先秦；成都

　　成都平原先秦文明（也可称之为"早期的天府文化"）就像一方天池雾
气弥漫，充满了诗意和玄想。但她的发展演进线索随着考古的发现愈发变得
清晰起来。她的文明具有历史延续性，她的水脉更是绵延不绝，生机勃勃。
先秦之后的成都，以都江堰水文化为主要动力机制，成就了她的灿烂与辉
煌，赢得了"天府之国"的美誉。已故水文化专家熊达成教授曾精辟地称成
都城市"因水而兴，因水而荣，因水而困，因水而为"，概括了成都城市发
展与水的关系。至于整个成都平原与水的关系，尤其在先秦之前，又是怎样

　　1　谢祥林，四川水利职业技术学院。

的，她是怎样与成都城市的兴起与发展对接的，大禹治水、鳖灵治水与李冰治水构成的逻辑又如何，这些问题值得一探究竟。本文结合古蜀史研究成果和历年的考古发现，依照前贤的启发提出一种看法：先秦时期成都平原文明应有四个阶段的发展：一是"随水下迁"，二是"筑水兴城"，三是"引水腹地"，四是"以水为业"。以下就此展开讨论。

一、随水下迁

本文讨论的成都平原，指以灌县（今都江堰市）、绵竹、罗江、金堂、新津、邛崃为边界的岷江、沱江冲积平原，长约200千米，宽40～70千米，面积在7000平方千米以上，它是一个由地壳运动的继续下沉和河流夹带的泥沙长期堆积发育而成的复合扇形冲积平原。[1]依据现有考古材料和学界比较一致的看法，我们可以把成都平原先秦时期的考古文化序列做出如下划分，即什邡桂圆桥文化—宝墩文化—三星堆文化—十二桥文化—上汪家拐文化。这种划分，只能见得平原内部文化的演进和迁移，而对于这种文明的来源则说法不一，但更多都趋向于认为主要来自川西北高原峡谷区岷江上游。如赵殿增谈四川古文化时认为，"从总的时代来看，大约存在着一种从盆地外缘向内部发展的趋势，其中可能主要是从北面、东面和西北面向盆地中心区域发展"[2]。这里的"西北面"即指岷江上游的河谷地带，"盆地中心区域"包含了成都平原。孙吉、邓文认为："从成都平原史前遗迹中出土的器物表明，岷江上游的新石器文化与成都平原的史前文化有着非常紧密的联系（从现有的考古成果推测，岷江上游的新石器时代遗址时间下限为距今5000年前，宝墩遗址为距今4500年—3800年前），甚至可能是源与流的关系。"[3]徐学书认为："早期蜀文化的最早的主源肇源于岷江上游的新石器文化之中。"[4]范仲远、张孟冬的分析更加细致，他们认为地壳变化，青藏高原隆起，"导

1　中国科学院地理研究所地貌研究室编：《中国地貌图片集》，商务印书馆，1963年，第171页。

2　赵殿增：《四川古文化序列概述》，《中华文化论坛》2003年第2期。

3　孙吉、邓文：《岷江上游新石器时代的文化景观与环境动因》，《四川文物》2006年第5期。

4　徐学书：《岷江上游新石器时代文化的初步研究》，《考古》1995年第5期。

致气候变化，原来生活在甘青地区的远古羌民不断迁徙，不断寻找新的栖息地……当部分古羌人翻下龙门山进入成都盆地后，他们发现了这里，并成为这里最早的古蜀先民，成都平原远古文明也从此诞生"[1]。以上说法从宏观层面对成都平原先秦文化的主要源头给出了解释，其共同的聚焦点即岷江上游，表明古蜀先民是随水下迁开启新文明的。

下面，我们选取典型的考古遗存发掘物来做进一步研究，从微观角度对"随水下迁"的说法进行验证。从时空底层出发，成都先秦文明的源头考察应聚焦在营盘山文化与桂圆桥文化、宝墩文化的连接点上。至于考古遗存发掘物的研究，我们可以侧重关注三地陶器透露出来的文化承续关系及当时的水环境信息等。考古发现古蜀先民的文化遗存，最多的遗物即是陶器。不管是陶罐、陶盆、陶壶、陶钵，还是陶瓶、陶碗、陶瓮、陶缸等，除可用于贮物、烹饪外，还可用于取水、运水、盛水等。比较桂圆桥、宝墩与营盘山的考古发掘简报，三地陶器制作方法大体上一致，营盘山陶器"多为手制，有些器物内壁可见泥条粘接、修抹痕迹。部分器物经过慢轮修整，内壁保留有陶轮旋转纹路"[2]。什邡桂圆桥遗址发掘简报比较简略，对陶器制作方法没有较为明确的说法，却有结论指出："其陶器特征与甘肃大地湾四期、武都大李家坪、茂县营盘山、汶川姜维城有密切的联系。"[3]宝墩陶器"以泥条盘筑加慢轮修整为主，许多泥质陶片内壁手制痕迹明显，甚至能见泥条痕和指纹"[4]。这是其一。

其二，从陶质与陶色来看，营盘山陶器"以夹砂褐陶、泥质褐陶、夹砂灰陶、泥质红陶、泥质灰陶、泥质黑皮陶为主"[5]。仔细分析遗址发掘简报内容，桂圆桥陶器有夹砂红陶、泥质黄陶、夹砂红褐陶、夹砂黄褐陶、夹砂黑

1 范仲远、张孟冬：《论成都平原远古文明的滥觞与发展》，《西南民族大学学报》（人文社会科学版）2012年第6期。
2 成都市文物考古研究所等：《四川茂县营盘山遗址试掘报告》，《成都考古发现（2000）》，科学出版社，2002年，第20页。
3 四川省文物考古研究院：《四川什邡桂圆桥新石器时代遗址发掘简报》，《文物》2013年第9期，第12页。
4 中日联合考古调查队：《四川新津县宝墩遗址1996年发掘简报》，《考古》1998年第1期，第34页。
5 成都市文物考古研究所等：《四川茂县营盘山遗址试掘报告》，《成都考古发现（2000）》，科学出版社，2002年，第20页。

皮陶和泥质黑皮陶。宝墩陶器"分夹砂陶和泥质陶两大类。夹砂陶中灰陶占绝大多数，另有少量外褐内灰陶和褐陶。泥质陶中以灰白陶和灰黄陶为主，另有少量褐陶"[1]。三地陶器的陶质与陶色确有许多共同性，但也呈现了一种异象，即宝墩遗址少见红陶，灰陶占绝大多数。这是怎么回事呢？学界已有较为公认的说法："中国古代最常用的制陶原料是铁质陶土……红陶、灰陶、黑陶采用含铁量较高的陶土为原料，铁质陶土在氧化气氛下烧成便呈红色；在还原气氛下烧成便呈灰色或黑色。"[2]还有论者就这种工艺指出，古代灰陶与红陶、黑陶相比，其机械强度更高，热稳定性更好，这是因为在陶器的烧制后期会向窑顶喷水以快速降温，"古代灰陶实际上经历了一次即热到即冷的测试，其坯体不开裂则足以证明热稳定性也较好。在日常生活中，灰陶在乘装即冷即热的物质时也更加耐用"[3]。如果从水环境角度讲，在成都平原上烧陶取水快速降温显然比在茂县营盘山便利得多。宝墩陶器灰陶占绝大多数，说明当时人们已经懂得灰陶的耐用性和坚固性，并全面掌握了相关烧制工艺，再加上取水便利，所以他们创造性地、有意识地选择了大量烧制灰陶。

其三，从陶器的纹饰来看，营盘山陶器纹饰中的水波纹皆表现在彩陶上，夹砂陶[4]与泥质陶[5]的纹饰种类都很丰富，但是没有水波纹。宝墩陶器与其不同，没有发现彩陶，只有夹砂陶和泥质陶两大类，"纹样有单向、交错、网状等几种形式。划纹中多水波纹，次为平行线纹。水波纹多见于泥质陶器的颈部，腹部偶见；平行线纹多见于腹部"[6]。这里需要注意两个现象：第一，不管是营盘山遗址还是宝墩文化遗址，其胎厚、器形大的陶器，如

---

1 中日联合考古调查队：《四川新津县宝墩遗址1996年发掘简报》，《考古》1998年第1期，第34页。

2 张福康：《中国古陶瓷的科学》，上海人民美术出版社，2000年，第29页。

3 李聪、余小林：《刍议中国古代灰陶的工艺性》，《景德镇高专学报》2011年第4期，第67页。

4 成都市文物考古研究所等：《四川茂县营盘山遗址试掘报告》，《成都考古发现（2000）》，科学出版社，2002年，第28页。

5 成都市文物考古研究所等：《四川茂县营盘山遗址试掘报告》，《成都考古发现（2000）》，科学出版社，2002年，第41页。

6 中日联合考古调查队：《四川新津县宝墩遗址1996年发掘简报》，《考古》1998年第1期，第37页。

罐、缸、瓮等，包括一些用作炊具的陶器，都是施了绳纹或者网格纹的，有的甚至通体施绳纹。究其原因，应该主要是为了增加器体表面的摩擦系数，便于人工捆扎搬移，便于陶器保护，以免陶器相互碰撞而造成损坏。第二，到宝墩文化时期，彩陶的消失之谜尚需要进一步的考古发现来破解，但水波纹的审美现象是传承下来了的，而且明显扩展到了泥质陶器的制作中。这说明亲水是天府人民之本性，平原生活处处可近水亲水，睁眼闭眼都是水。另外，还说明今日天府文化的"优雅时尚"因子古已有之，它是在亲水、观水、爱水的活动中形成的，是代代相传的。

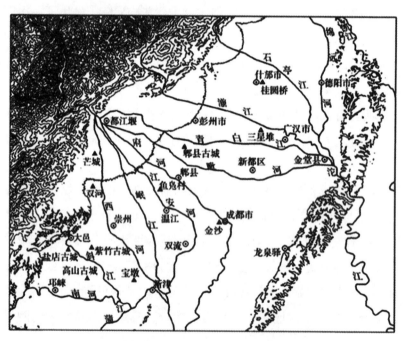

图一　成都平原地貌环境与重要遗址分布示意图
（本图出自江章华《成都平原先秦聚落变迁分析》）

其四，从陶器器底来看，三地陶器都有平底器和圈足器，营盘山陶器"以平底器和小平底器为主，有少量矮圈足器，不见三足器"[1]，宝墩陶器

---

[1]　成都市文物考古研究所等：《四川茂县营盘山遗址试掘报告》，《成都考古发现（2000）》，科学出版社，2002年，第20页。

"盛行小平底器和圈足器"[1]，为什么会出现这种差异？本文的推断是，圈足器比平底器更能防潮，但是其足易被撞损，这是它的缺点。营盘山与桂圆桥、宝墩村相比，地面多石块，较为干燥，使用平底器更安全，也没有太多防潮顾虑。但是到了平原地带，为适应新环境，制陶工艺就得把防潮功能加进去才行。这是因地制宜诱发出来的创新创造性才干之表现，说明古蜀先民并不因循守旧。

二、筑水兴城

成都平原先秦文化遗存的每个阶段在考古上皆有聚落发现。比宝墩文化稍早的有什邡桂圆桥文化一期，目前发现的宝墩文化一、二期聚落有"新津宝墩、都江堰芒城、大邑盐店和高山古城，加上三星堆遗址共有5处，均是大型聚落"。"至宝墩文化三、四期，聚落数量明显激增，除考古调查发现的大型聚落（郫县古城、温江鱼凫城、双河古城等）外，据不完全统计，目前已发表的发现于基本建设中的小型聚落有35处。"[2]这些聚落的分布，尤其是大型聚落与水脉的位置关系很微妙，为了防洪，选址高地是必需的，但又不能距离河流太远，所以大都沿着河流分布，选择在河流台地上筑城，而且城址方向多与河流平行。以新津宝墩古城为例，"遗址东北距发源于崇州市的西河约4公里，西南500米处有铁溪河由西北流向东南。泗江堰支渠由东北流向西南横穿遗址东北部"[3]。根据考古资料可推知，当时有河流从内城西北角蒋林处进入，弯曲往东南行进，过鼓墩子，到现在的宝墩电厂出内城。"道光九年的《新津县江河图》中，现在的铁溪河在当时有一支流从现在的宝墩城内穿过，流入石头河后汇入南河。"[4]内城田角林附近，以及内城东部和东城墙外还有湖或者池塘。外城墙东北转角附近王林盘处，"在城墙外侧

1　中日联合考古调查队：《四川新津县宝墩遗址1996年发掘简报》，《考古》1998年第1期，第49页。

2　江章华：《成都平原先秦聚落变迁分析》，《考古》2015年第4期，第68页。

3　成都市文物考古工作队等：《四川新津县宝墩遗址调查与试掘》，《考古》1997年第1期，第40页。

4　成都文物考古研究所等：《新津宝墩遗址调查与试掘简报（2009—2010年）》，《成都考古发现（2009）》，科学出版社，2011年，第36页。

有一古河道"[1]，"游埂子T2、王林盘T2城墙外侧、赵大林均发现有年代下限为汉代—宋代的古河道或河漫滩堆积，而这些堆积的年代上限难以确定。李坟园2条探沟的地层堆积说明汉代时候这一区域有一条很大的河流，其古河道的废弃或与石头河的截弯取直有关"[2]。还有如三星堆遗址，"鸭子河紧靠遗址北缘从西南向东流过（近年冲刷出不少文化层断面）。马牧河（近世枯萎，河道狭小，但宽广的古河道遗迹明显可见）在遗址西面由西北向东流去"[3]。

古蜀先民出山后选择依水筑城群居是必然的。至于筑城的目的，学界认为防御洪水、抗御外敌侵略皆有之，其中防御洪水是最主要的，如阮荣春、罗二虎谈宝墩文化古城群时，即明确指出"古城自身的许多特点也都体现出它的防洪挡水功用"[4]。持防洪论的学者，甚至指出："宝墩古城群的建造年代与传说中的鲧筑城的年代相当，宝墩时期各个城池的防洪功能，是鲧的治水理论在成都平原得到广泛运用的印证。"[5]我们经研究认为，筑城目的除了防洪御敌外，还应加上防止野兽侵害。因为成都平原狼虫虎豹成群出没的现象一直都存在，早期的情况应该更甚，这可以从考古材料中发现一些迹象。如三星堆遗址文物中即有青铜虎形饰[6]、虎形箔饰（K1:11-1）[7]、龙虎尊（K1:158、258）和虎形器（K1:62）[8]；成都青羊区金沙村遗址也曾出土多件

1 成都文物考古研究所等：《新津宝墩遗址调查与试掘简报（2009—2010年）》，《成都考古发现（2009）》，科学出版社，2011年，第54页。
2 成都文物考古研究所等：《新津宝墩遗址调查与试掘简报（2009—2010年）》，《成都考古发现（2009）》，科学出版社，2011年，第66页。
3 四川省文物管理委员会等：《广汉三星堆遗址》，《考古学报》1987年第2期，第227页。
4 阮荣春、罗二虎：《古代巴蜀文化探秘》，辽宁美术出版社，2009年，第29～30页。
5 黄晓枫、魏敏：《成都平原先秦时期的水工遗产与古蜀文明进程》，《中华文化论坛》2014年第2期，第63页。
6 陈德安：《三星堆—古蜀王国的圣地》，四川人民出版社，2007年，第81页。
7 四川省文物考古研究所编：《三星堆祭祀坑》，文物出版社，1999年，第60页。
8 四川省文物考古研究所编：《三星堆祭祀坑》，文物出版社，1999年，第33页。

虎形器炉，如石卧虎2001CQJC:211[1]和石卧虎2001CQJC:684[2]；等等。另据史料记载，成都平原的虎患到了清代都还存在，不仅成都郊区、各县有，就连当时成都城内都曾有老虎出没。这一现象已有学者做过专门研究，这里仅转引一小段文字为例："方象英也谈到汉州、新都一带'虎迹遍街'，陈奕禧则称汉州'成虎狼之窝'，王士正又称新津'虎迹纵横'。"[3]

图2　宝墩遗址出土陶片（左为ⅢT2029⑦:158，右为ⅢT2030⑦:108）

古蜀先民在成都平原筑水兴城形成的文化与营盘山文化相比明显有了变化，水成为重要的文化符号。上文已指出，营盘山陶器的水波纹极少，仅见于彩陶上。到了宝墩时期，水波纹成为陶器划纹中的主要内容，形态各异，花样百出。这里就一些特别值得关注的现象做细致分析。宝墩遗址发现的ⅢT2029⑦:158和ⅢT2030⑦:108[4]（见图2），两片陶器的纹饰是戳印纹加水波纹，酷似以卵石砌堤埂形成的渠道，沟渠中绿波荡漾，流水潺潺，好不生动。有同样视觉效果的还有ⅢT2129⑥:17、ⅢT2129⑦:109、

1　成都市文物考古研究所、北京大学考古文博院编：《金沙淘珍——成都市金沙村遗址出土文物》，文物出版社，2002年，第182页。

2　成都市文物考古研究所、北京大学考古文博院编：《金沙淘珍——成都市金沙村遗址出土文物》，文物出版社，2002年，第186页。

3　蓝勇：《清初四川虎患与环境复原问题》，《中国历史地理论丛》1994年第3期，第205页。

4　中日联合考古调查队：《四川新津县宝墩遗址1996年发掘简报》，《考古》1998年第1期，第36页。

ⅢT1830⑦:131[1]，ⅣT1830④:1、ⅣT2431④:19[2]等，这是随意为之的巧合，还是有意的写实？有意的写实当然更好，说明宝墩时期古蜀先民已经有了引水作业的实践。如果是巧合，是纯粹的艺术表达，则就是蜀人"优雅时尚"之本性的自然呈现，这对于后来的古蜀水利人也是有启发价值的。就像荣获2012年普利兹克建筑奖的王澍，他的建筑设计风格和灵感就受到了中国传统山水画的启发，如他设计的中国美术学院象山校区的摹本即北宋后期王希孟的《千里江山图》，校区内的大山房建筑，其设计蓝本就是北宋后期米友仁的《潇湘奇观图》。又如他设计的宁波博物馆亦好像是将南宋画家李唐的《万壑松风图》中的高山巨石再现世间。

图3　宝墩遗址出土陶片及崇州双河遗址出土陶片

（左为ⅢT2029⑦:141、中为ⅣH12:38，右为崇州双河遗址陶片T4④:2）

再来看宝墩遗址陶片ⅢT2029⑦:141[3]、ⅣH12:38[4]和崇州双河遗址陶片T4④:2[5]，这三块陶片的纹饰也很有意思，尤其是宝墩遗址陶片ⅢT2029⑦:141，其纹饰图样酷似截水工程现场摆放了两排杩槎。到底是不是治水工具杩槎呢？如果我们的想象和推测没错，则可说明早在宝墩时期，古

1　中日联合考古调查队：《四川新津县宝墩遗址1996年发掘简报》，《考古》1998年第1期，第36页。

2　成都文物考古研究所等：《新津宝墩遗址调查与试掘简报（2009—2010年）》，《成都考古发现（2009）》，科学出版社，2011年，第8页。

3　中日联合考古调查队：《四川新津县宝墩遗址1996年发掘简报》，《考古》1998年第1期，第36页。

4　成都文物考古研究所等：《新津宝墩遗址调查与试掘简报（2009—2010年）》，《成都考古发现（2009）》，科学出版社，2011年，第8页。

5　成都市文物考古工作队：《四川崇州市双河史前城址试掘简报》，《考古》2002年第11期，第9页。

蜀先民就已经有了水利意识，而且还有了兴水治水的实践。

三、引水腹地

从目前的考古发现看，宝墩一、二期的大型聚落除三星堆外，全部位于成都平原岷江河右岸沿山地带。而岷江左岸是成都平原的腹心地带，这块宝地上的人类活动确切说是到了宝墩文化兴盛期才逐渐多起来。据考古资料，温江鱼凫村第一、二期"正值宝墩文化的文化兴盛期和走向文化变异的时期"[1]。到了宝墩文化三、四期，这种格局被打破，除了存在温江鱼凫村第三期和郫县古城外，还出现了一些小型聚落，比如黄忠干道A线地点发掘区，"第6层及其下遗迹的年代可能为宝墩文化三期晚段至四期前段之间"[2]；黄忠村干道规划道路B线地点发掘区，"初步推测该地点的时代可能相当于宝墩文化第三期至第四期之间"[3]；"置信金沙园一期"地点发掘区，"主体文化遗存的时代大致在宝墩文化三期"[4]；十街坊遗址发掘区，"是一处宝墩文化晚期遗址"[5]。由此可见，宝墩时期岷江左右岸的文化发展明显不均衡，左岸平原地带处于后发展格局。

经推测，这种文化现象的形成应也与水有关，当时岷江左岸成都平原的腹心地带没有任何大河流，仅仅依靠区间降水、地下水，虽然可以形成小溪流、池塘等，但是没有源头活水，水环境承载能力有限，大型聚落的产生和发展就缺乏支撑。当时岷江出山后的形态与现在不一样，是分散的。根据目前地势状况，可以判断在现在都江堰市鲤鱼沱到温江玉石堤一带，岷江洪水皆能随处闯入，自然形成分水河道。江安河当是最早形成的一大分支，水过土桥镇、玉石镇、寿安镇、和盛镇、万春镇，进入今日温江城地界。鱼凫村

1 李明斌、陈云洪等：《温江县鱼凫村遗址1999年度发掘》，《成都考古发现（1999）》，科学出版社，2001年，第52页。
2 成都市文物考古研究所：《2001年金沙遗址干道黄忠A线地点发掘简报》，《成都考古发现（2003）》，科学出版社，2005年，第87页。
3 成都市文物考古研究所：《成都金沙遗址2001年黄忠村干道规划道路B线地点试掘简报》，《成都考古发现（2002）》，科学出版社，2004年，第61页。
4 成都市文物考古研究所：《成都金沙遗址"置信金沙园一期"地点发掘简报》，《成都考古发现（2002）》，科学出版社，2004年，第41页。
5 朱章义、刘雨茂等：《成都市南郊十街坊遗址年度发掘纪要》，《成都考古发现（1999）》，科学出版社，2001年，第27页。

位于江安河内切平原腹心地带的最深处，安全系数相对较大，又傍水而居，肯定就能得到发展。就这一特例而言，根据以上判断，它也是岷江自然河道催生的古城，但是保险系数都不大，因为上游的天然入水口随时都可能被湮没。而反观岷江右岸，至今由北向南有西河、斜江河、南河、蒲江河，西河上游有味江河、文井江，南河上游有邛江、白沫江等，河网密布，最适宜人类居住。其中，西河、斜江河和南河最养人，现在岷江右岸发现的宝墩文化时期的六大古城皆分布在这三条河构成的水网上。

从岷江左岸平原的文化发展演进过程看，宝墩文化三、四期可称得上是重要的时间节点。这期间该区域在水环境上一定发生了重要改变，才推动了鱼凫古城继续发展和郫县古城的新生。考古发掘简报认为，温江鱼凫古城第三期处在"龙山时代末期至夏初前后（前2050—前1750）"[1]，郫县古城为"（宝墩文化）第三期的遗存，推测其年代距今4000年左右（1997年碳十四测定结果与之相吻合）"[2]。这在时间段上又与夏朝相当接近。根据《夏商周断代工程》项目确认，夏朝开始于公元前2070年[3]，这个时期属宝墩文化三期前阶段。传说中的大禹治水应该就在这个时段，他在蜀地的治水作为，《尚书·禹贡第一》有云"岷山导江，东别为沱"[4]。对这八个字，后世理解众说纷纭，莫衷一是。本文推断大禹蜀地治水之创举，绝非泛泛意义上的、漫无目的的水利行为，他带领民众想解决的一定是民生大事。这里的"导江"指的应该是疏导江安河，保证鱼凫古城的安全；"东别为沱"指的应该是在走马河聚源一带分水一支往东流（今日徐堰河），将洪峰散入毗河，导入沱江，以保新建的郫县古城的安全，也保当时走马河上形成的诸多小型聚落的安全。但是，一定要注意不管是"导"还是"别"，都不是在讲河道的开挖。因为宝墩时期生产力低下，还处在新石器时代。开挖河道，仅靠石器，

1　李明斌、陈云洪等：《温江县鱼凫村遗址1999年度发掘》，《成都考古发现（1999）》，科学出版社，2001年，第40页。

2　成都市文物考古研究所等：《四川省郫县古城遗址1998—1999年度发掘收获》，《成都考古发现（1999）》，科学出版社，2001年，第29页。

3　夏商周断代工程专家组：《夏商周断代工程，1996—2000年阶段成果报告》（简本），世界图书出版公司，2000年，第118页。

4　孔安国传，孔颖达疏：《尚书正义》卷六，《十三经注疏》本，北京大学出版社，2000年，第194页。

这是无法想象的。更大的可能是，大禹带领先民搬卵石，砌堤埂，做疏导，随势而为，引水兴水。2014年考古人员在温江区红桥村发现一处护岸堤，经研究确认为宝墩文化三期遗存，距今4000年左右。[1]这一考古发现，从时间段和技术层面印证了我们对大禹治水的推测的合理性，同时也证明当时古蜀先民虽不能开挖新河道，但随势砌石筑堤、引水兴水是可以为之的。

由此看来，大禹"岷山导江，东别为沱"不仅成效显著，意义也非同小可。对于成都先秦文明来讲，这件事标志着成都平原先民从简单的适应水环境到迈出了改造水环境的第一步，也同时拉开了古蜀王国东进开发成都左岸平原的序幕。

四、以水为业

岷江右岸宝墩时期的古城逐步衰落，在鸭子河畔出现的三星堆文明继而崛起；三星堆文明衰落之后，到了商代晚期至西周时期，成都平原腹心地带的金沙遗址成为又一个政治、经济、文化中心。金沙遗址可以说是后来居上，"我们从目前发现的种种迹象分析，金沙遗址可能不是一般性的聚落，而是一处十二桥文化时期的中心聚落，三星堆文明衰落之后在成都平原上崛起的古蜀国的又一个政治、经济、文化中心，很可能是古蜀王国的都邑所在地"[2]。

十二桥文化时期的金沙遗址为什么没有紧随温江鱼凫、郫县古城直接兴起，而是在三星堆的辉煌后才南迁到成都平原腹心地带？原因必然有多种，本文依旧侧重就水环境来进行观察。宝墩文化三、四期，成都平原腹心地带尽管出现了大禹治水的开创之举，但要达到水旱无忧还是不可能。一遇大洪水，当时引水岷江的工程就立即化为乌有。这种情形直接限制了该区域经济文化的进一步壮大与发展。三星堆文明的崛起，一方面在于它历史悠久，在宝墩文化一、二期就有了积累；另一方面在于沱江水系比岷江水系要温和得多，安全系数相对较高。这据现代的数据也可见一斑，岷江河口多年平均

1　史诺：《四川成都发现最早史前防护堤》，《人民日报》2014年5月8日第19版。

2　成都市文物考古研究所：《成都金沙遗址Ⅰ区"梅苑"东北部地点发掘一期简报》，《成都考古发现（2002）》，科学出版社，2004年，第167页。

流量2850立方米/秒，年径流量900亿立方米；沱江上游多年平均径流量78.2亿立方米，占全流域水量（149.3亿立方米）的52.4%，其中包括岷江年平均来水量26.1亿立方米［这里的统计数据来自《四川省水资源开发总体规划报告》（2000年版）］。至于它的没落，有研究认为也应与洪水相关，三星堆遗址第8层有厚达0.2～0.5米的富水淤泥层，即为当时洪水过境的遗迹。[1]

从现有考古资料分析，自金沙遗址崛起后，这一区域在成都平原的中心地位就一直未被撼动过。其内在的强大支撑，应该与该区域的生业转变和经济大发展有关。据考证，宝墩文化初期，长江中游的水稻种植技术就已传入成都平原。在1998年和1999年的都江堰芒城遗址发掘中，均发现了水稻硅酸体。[2]2009年在宝墩遗址浮选的所有炭化植物种子中，水稻占45%[3]，显示水稻种植规模已经有所扩展。金沙遗址金牛区5号C地点出土炭化植物种子中，水稻和粟合计259粒，占所有出土植物种子总数的86.9%，其中水稻201粒[4]，占据绝对优势，也就是说金沙遗址时期成都平原的粮食作物种植虽然仍采取水旱并行、稻粟并存的农业生产方式，但水稻种植显然已成为大事、要事。《华阳国志》载"杜宇教民务农"[5]，已故巴蜀史专家童恩正先生认为，杜宇族主要活动在西周至春秋中期，杜宇族统治的末期为公元前666年左右。[6]杜宇这里的"教民务农"显然不是教种粟而是教种稻谷，因为旱地作物种植一直就是古蜀先民的生业老传统，在营盘山文化时期以及之前他们就会，哪里还用得上杜宇来教？"杜宇教民务农"，透露出来的最大信息是，稻谷种植在杜宇统治时期得以大力提倡，开天辟地成了古蜀的王国意志。由于杜宇在水稻种植的推广上成就极大，造福了民众，改写了古蜀传统生业史，所以才

1 林向：《论古蜀文化区》，《三星堆与古蜀文化》，巴蜀书社，1993年，第5～6页。
2 中日联合考古调查队：《都江堰市芒城遗址1998年度发掘工作简报》《都江堰市芒城遗址1999年度发掘工作简报》，《成都考古发现（1999）》，科学出版社，2001年。
3 成都文物考古研究所：《新津宝墩遗址2009年度考古试掘浮选结果分析简报》，《成都考古发现（2009）》，科学出版社，2011年，第79页。
4 姜铭、赵德云等：《四川成都城乡一体化工程金牛区5号C地点考古出土植物遗存分析报告》，《南方文物》2011年第3期，第69页。
5 常璩：《华阳国志》卷三，中华书局，1985年，第27页。
6 童恩正：《古代巴蜀》，重庆出版社，1998年，第49页。

有"迄今蜀民农事先祀杜主君"[1]之说。此外，民间几千年来也一直传说杜宇死后魂魄化为了杜鹃（布谷鸟），年年春暮便催促人们快快播种谷物。这个神话代代相传，至今鲜活，由此可见蜀人对他的感念历经千年而不衰。

水稻种植在杜宇时期上升为古蜀王国意志，水利方面必然会做出响应。后世的鳖灵治水传说，从这层意义上讲同样不完全是虚构的。《蜀王本纪》云："望帝积百余岁，荆有一人名鳖灵，其尸亡去，荆人求之不得。鳖灵尸随水上，至郫，遂活，与望帝相见。望帝以鳖灵为相。时玉山出水，若尧之洪水，望帝不能治，使鳖灵决玉山，民得安处。"（《太平御览》卷八八八引）《华阳国志》也载杜宇时"会有水灾，其相开明决玉垒山以除水害"[2]。这两处文献皆指鳖灵仅仅是为应对洪水而"决玉山"（玉垒山），本文则认为"决玉山"防止洪水在岷江左岸平原泛滥成灾是一方面，更重要的是服务于杜宇推广水稻种植的王国意志。因为成都平原腹心地带从大禹治水开始，已经解决了引水岷江的问题，但是如何确保引水口工程既能够不被水毁，又可以达到节水让人安处的目的才是关键，才是永久的福祉。鳖灵横空出世，承继了大禹的传统，他"决玉山"，将引水口工程上移至今日都江堰的宝瓶口，翻开了安全引水岷江灌溉成都平原腹心地带的历史新篇章。鳖灵时期的一些水利作为，说明当时水利技术相比大禹时期又有了新的发展，使"决玉山"成为可能。1985年考古人员在方池街街北省总工会办公楼地下发现一处东周时期的防洪、支水、护岸工程。该工程有东、西、中三条大的有规律的卵石石埂，用竹篾络卵砾石砌筑而成，形状呈"工"字形；1990年在其附近又发现了多处类似的工程，时代仍属东周时期。[3]1986年成都指挥街周代遗址出土了一排柱桩和竹木编拦沙筐，发掘报告明确指出竹木编拦沙筐"可能与防洪治水有关"[4]。

这里还有一个重要的问题需要做辨析和讨论，那就是铁的发明和应用。

1　常璩：《华阳国志》卷三，中华书局，1985年，第28页。
2　常璩：《华阳国志》卷三，中华书局，1985年，第28页。
3　雷玉华：《考古所见川西先秦两汉水利》，《古今农业》1992年第1期，第40～41页。
4　四川大学博物馆、成都市博物馆：《成都指挥街周代遗址发掘报告》，《南方民族考古》第一辑，四川大学出版社，1987年，第175页。

查有梁先生曾指出：中国最早的关于使用铁制工具的文字记载，是《左传》中的晋国铸铁鼎。在春秋时期（前770—前476），中国已经在农业、手工业生产上广泛使用铁器，巴蜀大地也在春秋时期进入铁器时代。这一判断用查先生自己的话说就是，"当然需要有考古的新发现来确定"[1]。当前的考古发现表明，成都平原在东周时期就已经出现铁器，只不过先秦铁器中以战国时期的居多，春秋时期的很少而已。笔者检索成都平原多年的考古材料，发现有3篇发掘报告提及铁锸的出土：一是在郫县"西部民族"风情园及"花园别墅"战国至秦汉的墓葬中发现铁锸2件，秦墓FM21中发现1件，另外1件出现在西汉早期墓FM16中[2]；二是在成都新都龙安镇清镇村的一座战国墓葬2002CXQM1中发现铁锸1件[3]；三是在成都市青羊区金沙村遗址（人防地点）的灰坑（H900）底层发现铁锸1件。其中第三个发现最值得关注，由于灰坑（H900）与报告中的14座春秋时期竖穴土坑墓类似，"开口都在第3层下，打破商周时期文化层"，那么这件铁锸应是春秋铁器。[4]铁锸的发明和应用，可以称得上是改写成都平原水利史的革命性科技力量。虽然目前这种工具在成都平原的考古发现中以战国时期的居多，而春秋时期的似乎仅见一例，但也可以证明杜宇教民种植水稻和鳖灵"决玉山"应该是运用了铁器的。因为没有铁器的运用作为生产力保证，当时的古蜀先民要开凿山体引水，开垦田地播谷，开挖沟渠灌溉，则是很难想象的。

正是因为有了铁器的发明与应用，有了杜宇将水稻种植上升为古蜀王国意志，有了鳖灵治水"决玉山"，成都平原才由此开启了大规模"以水为业"的新时代。随后，历春秋战国到秦伐蜀之前的数百年间，不像中原兵戈不断，成都平原的经济得以快速发展，积累了丰厚的财富。《史记》载，秦

1　查有梁：《浅论巴蜀科技史的宏观分期》，《中华文化论坛》2012年第2期，第71页。

2　成都市文物考古研究所、郫县博物馆：《郫县风情园及花园别墅战国至西汉墓群发掘报告》，《成都考古发现（2002）》，科学出版社，2004年，第280~281页。

3　成都市新都区文物管理所：《成都市新都区清镇村土坑墓发掘简报》，《成都考古发现（2005）》，科学出版社，2007年，第297页。

4　成都市文物考古研究所：《金沙村遗址人防地点发掘简报》，《成都考古发现（2003）》，科学出版社，2005年。

国当时伐蜀看中的就是成都的富饶，"得其地足以广国，取其财足以富民缮兵"[1]；《华阳国志》也云："其国富饶，得其布帛金银，足给军用。水通于楚，有巴之劲卒，浮大舶舫以东向楚，楚地可得。得蜀则得楚，楚亡则天下并矣。"[2]公元前316年，秦统一巴蜀。其后秦以巴蜀为根据地多次对楚国发动战争，仅以公元前308年战争的给养为例，史料记载司马错聚集了"巴蜀众十万、大舶舫万艘、米六百万斛"[3]，如此强大的人力物力保障都是"以水为业"造就的。

后李冰为蜀守治水，"凿离堆，辟沫水之害，穿二江成都之中。此渠皆可行舟，有余则用溉浸，百姓飨其利。至于所过，往往引其水益用溉田畴之渠，以万亿计，然莫足数也"[4]。依照冯广宏先生的论断，李冰的筑堰时间在公元前272年—前270年之间[5]，这是秦国经营成都平原的重大建设性举措，实现"溉田畴之渠，以万亿计，然莫足数也"，表明当时对水资源的利用已由粗放利用开始迈向精细利用，力求寸水寸功。李冰承继了大禹、鳖灵的传统，更加坚实地巩固了成都平原"以水为业"的基础，最终推动成都平原真正变成了"水旱从人，不知饥馑，时无荒年"的"天府之国"[6]。

1 马持盈：《史记今注》第五册，台湾商务印书馆，1979年，第2308页。
2 常璩：《华阳国志》卷三，中华书局，1985年，第29页。
3 常璩：《华阳国志》卷三，中华书局，1985年，第29页。
4 马持盈：《史记今注》第三册，台湾商务印书馆，1979年，第1433～1434页。
5 冯广宏：《李冰任蜀守年代新考》，《天府新论》1985年第3期，第43页。
6 常璩：《华阳国志》卷三，中华书局，1985年，第30页。

都江堰与明朝首富

胡开全[1]

摘　要： 明代的都江堰灌区出现了两个特殊局面：一是被蜀府占有十分之
七，二是逐渐成为茶马交易的主要通道，并造就了明朝首富——蜀
府。同时，蜀府对都江堰的维修也贯穿了整个明朝。本文重点关注
明代都江堰的边界和通道意义，以及都江堰灌区对成都、四川安定
的作用。因为明朝的疆域划分，都江堰处于边境地区，其地位也随
之上升到国家安全战略的层面，蜀府对都江堰附近涉及藏区的佛教
积极扶持，对边疆民众进行优抚，同时布置宗室人员居住在都江堰
附近，这种政策起到了维护一方安定的作用。这种局面维持了200
年左右，但随着万历十年的勘界，蜀府经济实力下降，没能在明末
力挽狂澜。

关键词： 都江堰；明蜀府；王庄；茶马交易；边界

　　李冰开凿都江堰，导江水以利航运，并最终确定成都城市的永久选址。

1　胡开全，成都市龙泉驿区档案馆研究员。本文脱胎于笔者关于明蜀王研究系
　　列计划之一的《明蜀府"以诗书礼乐化一方"的策略研究》中的"尊农"部
　　分。

同时，使岷江水成为可控资源，"水旱从人，不知饥馑"之说虽稍嫌夸张[1]，但其灌溉之利在全国和全世界都是典范。李冰治水，功垂千古，受到灌区人民世世代代的敬仰和历朝政府的尊崇，被尊为"川主"。笔者初步调查发现，"川主庙"的数量在四川民间应该仅次于土地庙。历代政府对其封王晋爵，为之立祠塑像，以资纪念。现存最早的石像是东汉建宁元年（168），蜀都水掾尹龙和都水长陈壹在都江堰渠首所立李冰石像。据《李冰及堰工石像出土纪实》[2]，李冰石像立式，高2.9米，重约4.5吨，肩宽0.96米，厚0.46米，造型简洁朴素，神态从容，平视而立，眼角和唇边微露笑容，身着冠服，手置胸前。特别具有考证价值的是其两袖及衣襟上有浅刻隶书题记3行39字，字迹清晰，字内朱砂犹存。中行为"故蜀郡李府君讳冰"；左袖刻"东汉建宁元年闰月戊申朔二十五日都水掾"；右袖刻"尹龙长陈壹造三神石人珍（镇）水万世焉"。

都江堰的影响是巨大的。在政治上，为统一提供了重要支撑。如战国末年，秦国利用都江堰修筑后蜀地的富饶，取其布帛金银供给军用，以蜀中之兵，利用岷江航道顺流而下得以灭楚，最后统一中国，建成了第一个封建集权制国家；蜀汉时"诸葛亮北征，以都江堰为农本，国之所资"；西晋太康初年，晋将"王浚楼船下益州"灭了孙吴，结束了三国鼎立的局面；北周先期平定四川，为隋统一全国做了铺垫；元朝继续执行这一策略，强攻四川，试图先行控制长江上游，然后再进攻南宋。在经济上，都江堰也造就了四川在全国由晚唐、五代、北宋、南宋逐渐升高的地位。

明代都江堰灌区地位很特殊，四川经济实力虽然始终没有恢复到南宋的水平，但却在明万历朝以前仍造就了天下首富——蜀府。明朝王世贞的《弇州史料后集》记录了一段谈资，严嵩的儿子严世藩经常与朋党谈论天下能数得上的富人，他认为"天下富家居首等者，凡十七家……所谓十七家者，己与蜀王、黔公、太监高忠、黄锦及成公、魏公、陆都督炳，又京师有张二锦衣者，太监永之侄也，山西三姓、徽州二姓与土官贵州安宣慰；积赀满

1　宋代有大量蜀人到成都市东郊龙泉驿区安静观和圣母堂求雨的记载，如宋代潘洞的《圣母山祈雨诗》、侯溥的《灵泉县瑞应院祈雨记》等。

2　张绪造、钟维昭：《李冰及堰工石像出土纪实》，《四川水利》1994年第4期，第58页。

五十万以上，方居首等"[1]。在这个榜单中，宗藩中只有蜀藩入榜，而且名列前茅。谭纶在奏折中称"蜀府之富甲于天下"[2]；陆钚在其《病逸漫记》中认为，藩王中"蜀府为最富，楚府、秦府次之"[3]；张瀚曾经亲自去过四川成都，并在其《松窗梦语》中写道"城中为蜀王府，其富厚甲于诸王"[4]。以上几则史料，第一则属于私下的议论，后面三则却是公开性的表述。因为有种种限制，严家的私产不敢或不愿意暴露，但蜀王富有，甚至是首富，却没有人指责其有问题，这是一个很奇怪的现象。这跟都江堰灌区关系紧密，下面将展开叙述。

一、都江堰灌区被蜀府占据十分之七，出产粮食和茶叶等大宗商品

万历三十四年（1606），四川巡按孔贞一上奏说："蜀昔有沃野之说，然唯成都府属，自灌抵彭十一州县，开堰灌田故名焉。近为王府有者什七，军屯什二，民间仅什一而已。"[5]这份奏书的表述是中性的，描述在万历十年（1582）完成勘界后，蜀府仍然在都江堰灌区占有全部土地的约70%。但到天启年间修《成都府志》时，编撰者将这种现象定性为贬义："腴田膏土尽是王庄，贫民或为彼佃户，以偿租佣，此亦天府中之最可悯者。"[6]这中间出了什么问题？笔者带两位学生在大邑县圆通寺找到一块《西蜀正字山寺碑铭》（全文见第四部分），通过对其残文的解读，或可将蜀府圈地变富，成为首富，再逐渐衰落的过程基本弄清。

从地区看，江浙一带是明朝的主要赋税来源地，四川地处偏远的西南，

1　王世贞：《弇州史料后集》卷三十六《国朝丛记·严氏富赀》，《四库禁毁书丛刊·史部》第50册，北京出版社，1997年，第2页。

2　谭纶：《恳乞圣明讲求大经大法以足国用以图攘以建永安长治疏》，《谭襄敏公奏议》卷七，万历间刊本。转引自王毓铨：《明代的王府庄田》，载《莱芜集》，中华书局，1983年，第112页。

3　陆钚：《病逸漫记》，《纪录汇编》卷二百一，中华书局，1985年，第12页。

4　张瀚：《松窗梦语》卷二《西游记》，中华书局，1985年，第40页。

5　《明神宗实录》卷之四百二十一"万历三十四年五月丁酉"，台北"中研院"史语所影印本，1961年，第7976页。

6　赵世瑜：天启《成都府志》卷四，成都时代出版社，2007年，第79页。

上缴赋税的运输成本很高，其主要任务是监管茶马交易，满足国家用马的需求。当地的田地，则分为民田、屯田和王府庄田。总体而言，明代的王府庄田可分为两种，"一种是受封以后出京就藩以前的养赡田和香火地；一种是就藩以后的藩国庄田"[1]。宗藩获得庄田的方式为"钦赐、请乞、纳献、直接侵占等"[2]。由于明代皇帝赐予藩王庄田是从仁宗时期开始的，故仁宗之前蜀府的庄田应该是通过直接侵占，以及后来的纳献而获取的。

碑文云："各掌印官查得本卫各所，原无屯田。临近州县田土，委系本府王庄于分封时自行开垦。"尤其是"分封时自行开垦"出现三次，显然是为特别强调其王庄土地的合法性。日本学者研究认为："明初，官方接受了大量的国有土地，其中既包括南宋后期以来就由官方占据的公田和元代由国家所有、军队开垦耕种的屯田，也包括元朝和群雄势力遗留的无主土地。"[3]而明朝初年的四川因宋元战争造成的损耗，变得地广人稀，洪武四年开始执行的"徙楚实蜀"移民政策，给蜀府大量圈占和开垦土地提供了机会。朱椿的兄长秦王曾来信关心其生活，朱椿在回给秦王的书信中提到："闻命之初，遣人亲诣贵竹，葺庐舍以安其居止，辟土田以积其糇粮，凡百为备，不烦吾兄之过虑也。"[4]朱椿是第二批被封王的王子，其在洪武十一年（1378）受封后，就仿效其他先期封王的兄长，开始安排身边的人员到封地"辟土田以积其糇粮"。这个圈占土地的过程似乎到朱椿正式之国后还在进行，如蜀府官员许淳在《蜀府重建秀山碑》中就有"洪武间，献王分封之初，一闻斯境，遂捐储蓄，鸠工命匠，始建一观，名曰上皇。复建一寺，名曰中峰。又构一亭，名曰蜀府官山"[5]之记载。这个"蜀府官山"肯定要管辖周围很多土地。结合巡按孔贞一奏书中的"王府有者什七"，可以看出其圈占的土地主要集中在成都平原最肥沃的土地上。

1 王毓铨：《明代的王府庄田》，《莱芜集》，中华书局，1983年，第112页。
2 玉京宝、闫海青：《明代山东王府庄田初探》，《山东教育学院学报》2007年第2期。
3 森正夫：《明代江南土地制度的研究》，同朋舍，1988年，第48～55页。
4 朱椿：《献园睿制集》卷四《复秦府书》，成化二年刻本，日本公文书馆内阁文库藏，书号"汉16870"。
5 许淳：《蜀府重建秀山碑》，龙显昭主编：《巴蜀佛教碑文集成》，巴蜀书社，2004年，第321页。

陈宝良先生认为王庄有"管庄内臣"和"管庄官校"两个职务，这个"管庄内臣"在这里就是门正官里面的"蜀府正字"，而"管庄官校"则跟蜀府护卫有关。嘉靖朝的谭纶担任过四川巡抚，他曾在奏疏中提到过这件事：

> 昔臣尝奉先帝之命巡抚四川，见蜀国之富甲于天下诸王府，且又恪守祖训，不敢一毫侵损于民。臣因求其致富之故，则由先年请去二护卫，而二护卫之屯田属焉。其征收子粒亦止如例，每遇水旱虫蝗，辄又蠲免有差，特自蠲免之外，不复有升斗遗负，遂因以致富焉。[1]

蜀王自己说蜀府富裕的原因，是一护卫管理了原先三护卫的屯田，也交待了最初圈占土地的人员，就是以那三个护卫的两万多人为主力（同理，另外的"军屯什二"之地则被岷江上游松潘等处军民指挥使司所圈占）。蜀府总体上与佃户的关系良好，遇到灾情，当免则免，佃户都没有欠租的。这说明王庄佃户租金不高，同时负担的徭役也不重，这才能保证佃户按时交租。这也为后来农民主动纳献土地、勘界后蜀府经济实力下降埋下伏笔。

同时，蜀府有这么多的收入却并不为人所忌妒，显然其使用有其合理性。首先是分配给其宗室成员，让其在基本爵禄外，还有一笔稳定收入。而作为代价，他们则要安分守己，同时驻守都江堰一带[2]，为稳定边疆出力。其次是提高臣属待遇，使其安心完成本职工作。[3]最后是为了保证成都平原的灌溉，对都江堰进行的水利维修。蜀府从朱椿开始就非常重视都江堰水利工程，由此还培养了一位水利专家——明清漕运制度的确立者陈瑄（1365—1433）。最初蜀府派他去修堤防，"灌口都江堰坏，民苦水患。公修其堤

1　谭纶：《恳乞圣明讲求大经大法以足国用以图攘以建永安长治疏》，《谭襄敏公奏议》卷七，万历间刊本。转引自王毓铨：《明代的王府庄田》，《莱芜集》，中华书局，1983年，第112页。

2　顾山贞《客滇述》有"蜀府宗支多在灌县，乃发兵围之，不论宗室细民皆杀之"的记叙，载叶梦珠辑《续编绥寇纪略》卷一。

3　前项和此项将在之后的研究论文《献王家范详论》中论述。

防，躬督工作，为坚久计"[1]。陈瑄不仅修得很好，还总结了新的水利经验。嘉靖年间，蜀府出资重修灌口二郎神祠，"灌口旧有祠毁于火，蜀王为民轸念焉，出内帑重建之。命承奉宁仪、周琦主其事用，殚心发虑，益宏阙观"[2]。都江堰铸镇水铁牛时，"蜀王闻而贤之，命所司助铁万斤，银百两"[3]。蜀府每年还出资作堰，"蜀府每年亦助青竹数万竿，委官督织竹笼，装石资筑"[4]。这些都显示出蜀府对都江堰水利工程的常年性关注，及其对灌区农业发展的重要影响。同时，蜀王通过巡视都江堰工程，也真切地掌握了农民的生活状态，怀王朱申鈘（1448—1471）写过一首《悯农》："父子耕田须及春，扶犁荷种极劳神。锄禾当午衣流汗，谁识农家最苦辛。"[5]蜀府自觉肩负维护水利工程的责任，使普通农民只需要安心耕种自家土地即可，这都是蜀府把握实际、尊重农人的表现。

二、都江堰是茶马交易的重要通道，对外辐射作用巨大

明朝版图与前代和后代版图相比都有所收缩，而四川则肩负着稳定边疆和茶马交易的重大责任。对此，蜀府始终重视并投入巨大的经费和人力。第一任蜀王朱椿到成都后就亲自去巡边，陈瑄早年在蜀府任右卫指挥同知时，即"从蜀献王巡边，招抚边夷，兼理茶马之政，边人悦戴"[6]。这次巡边，理论上涉及松潘、天全、马湖等地区，但四川南面有四川行都司带领六个卫所兼管了天全一带，而马湖府也是朝廷重点经营之地，由此可知蜀王巡边后，

1　杨士奇著，刘伯涵、朱海点校：《东里文集》卷十三《奉天翊卫推诚宣力武臣特进荣禄大夫柱国追封平江侯谥恭襄陈公神道碑铭》，中华书局，1998年，第190页。
2　范时儆：《重修灌口二郎神祠碑》，龙显昭、黄海德主编：《巴蜀道教碑文集成》，四川大学出版社，1997年，第215～216页。
3　陈鉴：《铁牛记》，虞怀忠、郭棐等纂修：万历《四川总志》卷二十七，《四库全书存目丛书·史部》第200册，齐鲁书社，1996年，第23页。
4　魏源：《皇朝经世文编》卷一百零六至一百二十卷"工政"，《魏源全集》第19册，岳麓书社，2004年，第545页。
5　朱申鈘：《悯农》，《怀园睿制集》卷七，成化十一年刻本，日本公文书馆内阁文库藏，书号"汉16873"。
6　杨士奇著，刘伯涵、朱海点校：《东里文集》卷十三《奉天翊卫推诚宣力武臣特进荣禄大夫柱国追封平江侯谥恭襄陈公神道碑铭》，中华书局，1998年，第190页。

将其长期经营的边防重点定为松潘地区，这里涉及藏传佛教、藏民羌民回民通道、茶马交易、都江堰水源等重要元素。明成化重臣、有"西蜀小圣人"之称的宜宾长宁人周洪谟（1420—1491）在《雪山天下高》中写道："巨灵擘断昆仑山，移来坤维参井间。内作金城障三蜀，外列碉碉居百蛮。"[1]

《明实录》记载，洪武三十年（1397）朝廷改设秦州茶马司于西宁，敕右军都督："近者私茶出境，互市者少，马日贵而茶日贱，启番人玩侮之心。檄秦、蜀二府，发都司官军于松潘、碉门、黎、雅、河州、临洮及入西番关口外，巡禁私茶之出境者。"[2]为了切实解决问题，朱元璋专门派驸马向朱椿传达指示：

> 秦蜀之茶，自碉门、黎、雅抵朵甘乌思藏，五千余里皆用之。其地之人，不可一日无此。迩因边吏讥察不严，以致私贩出境，为夷人所贱。夫物有至薄，而用之则重者，茶是也。始于唐而盛于宋，至宋而其利博矣。前代非以此专利，盖制戎狄之道，当贱其所有，而贵其所无耳。我国家榷茶，本资易马，以备国用。今唯易红缨杂物，使番夷坐收其利，而马入中国者少，岂所以制夷狄哉。尔其谕布政司都司，严为防禁，无致失利。[3]

为此，朱椿亲往实地调查并做了制度性的安排。"前代两川之乱，皆因内地不逞者钩致为患。有司私市蛮中物，或需索起争端。"[4]茶政的关键是要防止"马贵茶贱"，同时又要维护和睦边疆。《崇庆县志》另有"蜀府正字禁葬碑，在县北莲经庵前，正字，官名也，寺为蜀府正字辖，认办贡茶"的记载，这说明蜀府管理王庄的机构名为"蜀府正字"，同时还兼办茶政。朱椿不仅要求布政司妥善安排，还创办"蜀府正字"办茶，两家形成良性竞

1　祝世德编纂，王川、陈鹤校注：《汶川县志校注》卷七，四川大学出版社，2017年，第267页。此页作"周洪模"，经与陈鹤博士一起查证，确定为周洪谟。
2　《明太祖实录》卷之二百五十"洪武三十年二月丁酉"。
3　《明太祖实录》卷之二百五十一"洪武三十年三月癸亥"。
4　张廷玉等：《明史》卷一百十七，中华书局，2000年，第2367页。

争，从而杜绝了私茶扰乱市场的行为，既达到国家易马的目的，又让"边人悦戴"，显示其施政策略成效卓著。李淮东研究表明[1]，明朝后期松潘一带成为国家最重要的茶马交易通道地区，蜀府应该在其中有所获利。

由此，可总结出蜀府成为万历朝前天下首富的经济来源主要有三点：第一，因为明初四川人少地多，朱椿之国前就派自己的属下和护卫圈占了都江堰灌区（成都平原）大量优质土地；第二，三护卫最初有大量屯田，在将中、右两护卫交还中央后，蜀府又成功申请将其屯田全部留下；第三，蜀府受朝廷指派办茶，掌管部分茶马交易，并从中获利颇丰。这三宗经济来源都很巨大，远远超过蜀府掌管的成都少量小税种收入，而且比得赐《鸿宝之书》而获"炼金术"之说更可信。

三、都江堰周围是人员和宗教的边界，蜀府执行优抚边僧的政策

朱椿于洪武二十三年（1390）到成都。成都西部山坝交接处"夷猓杂居"，常受羌人骚扰。就在朱椿至成都前不久，汶川、茂州羌人联合"生番"（指藏族人）叛乱，"约日伏兵临城"，一度占领灌口。藏羌人"出没为寇，相沿不绝"，"叛复无常，诛赏互见"（俱见《明史·土司传》）。朱椿到成都后，就带领四川行都司指挥同知陈瑄等巡视灌县、崇庆等沿山一带。

对于四川的边地民族及宗教，蜀府采取优抚政策。这其中，朱椿优待常乐寺法仁的做法就是经典之一。僧人法仁元末兵乱走西藏，皈依大宝法王为徒，洪武初年驻锡崇州常乐寺，藏人多来拜谒，于是"蜀藩过江，闻风敬信"[2]。然后对其进行了一系列的优抚，如捐资修建寺庙。蜀府将法仁及常乐寺事上奏朝廷后，先得洪武帝朱元璋赐法仁"悟空"法号，后得惠帝朱允文赐常乐寺"光大严明"匾，之后朝廷又将天下仅有三部的《初刻南藏》之一赐予该寺。蜀府优待常乐寺的做法在藏人心中树立了良好的形象。另外，明初四川高僧楚山绍琦出生在崇州孝感乡，他九岁时因父亲去世而到常乐寺出

1　李淮东：《明代汉藏交通的兴衰演变——以明朝使臣入藏活动为中心的探讨》，《中国边疆史地研究》2017年第2期，第101～112页。
2　释丈雪撰写有《常乐寺记》《光严寺藏经楼记》，均载龙显昭主编《巴蜀佛教碑文集成》，巴蜀书社，2004年，第534～537页。

家，后来驻锡现成都市龙泉驿区的石经寺，开创四川历史上五大禅系之一。[1]
楚山绍琦的法孙一天智宗驻锡松藩大悲寺，以"水观法"教导当地人，减少
了很多冲突，为和睦边境贡献卓著，被蜀府累加表扬并上奏朝廷，最后被封
为国师。待其年老后，又搬到常乐寺东北方向的彭州居住。

> 法藏寺，旧名弥陀庵，明成化二年（1466），诏国师智中优老
> 处也。初，国师住古松州大悲寺，以化洽番彝有功，朝廷闻之，褒
> 以敕谕。景泰四年（1453）赐银章，天顺元年（1457）赐银印、金
> 佛等。蜀和王睿赐近水田五十二亩，又为买水田三百八十亩。[2]

虽然明朝在松藩地区偶有用兵，但总体上维持了安宁稳定的局面。这与
蜀府在佛教方面的经营关系密切。明朝孙复宏《羌佣行》曰："太平天子真
洪福，六合之内不异族……朱离音解变华言，雅有名姓人皆熟。"[3]说明蜀府
最终的治边效果比较好，实现了交往密切，互市共赢，边疆安宁。第五任蜀
王朱友垓（1420—1463）受到皇帝降旨表彰，特写下《迎诏》诗，诗中对实
现民族团结有这样的描述："日星璀璨华夷见，雨露沾濡草木妍。万古岷峨
为保障，亲藩共享太平年。"[4]

四、勘界导致蜀府衰落而无法成为力挽狂澜的核心力量

万历十年勘界对蜀府影响很大。蜀府"分封时自行开垦"的土地毕竟有
限，随着人口增加，四川新开垦的土地也有所增加，同时这些新增加的土地
理论上应该承担政府的赋税和徭役，但事实并非如此。哈佛大学宋怡明教授

1　四川历史上存在五大禅系，分别是唐代智洗禅师所传净众——保唐禅法、宋
　　代昭觉寺圆悟克勤禅法、明代天成绍琦禅法、明末聚云吹万禅系、清代梁平
　　破山禅法。现今流行于西南地区的是梁平破山禅法。见冯学成《巴蜀禅灯
　　录·后记》，成都出版社，1992年。
2　马维翰：《凤凰山法藏寺碑记》，龙显昭主编：《巴蜀佛教碑文集成》，巴
　　蜀书社，2004年，第603页。
3　祝世德编，王川、陈鹤校注：《汶川县志校注》卷七，四川大学出版社，
　　2017年，第267页。
4　朱友垓：《定园睿制集》卷四，成化五年刻本，藏日本公文书馆内阁文库，
　　书号"汉16869"。

在对明代沿海军户进行研究时，指出中国南方地域的人群多为"逃税避役"的专家。在四川，农民们也会采用合理避税之法，自然而然就会考虑将自己的土地纳献到蜀府的王庄。而"一条鞭法"的意图是将赋税和徭役分摊到民田上，以在保证政府运转的同时减轻民田单位面积的负担。为增加民田，就需要将王庄中非"分封时自行开垦"的土地划出来。从实施结果看，蜀府大规模清退了"纳献"土地以支持国家政策。这使得蜀府在保留原先基本收入来源的情况下继续享有"贤王"的美名，但由此造成的自身的经济损失不可谓不大。从朱椿受封的洪武十一年（1378），到勘界的万历十年（1582），已经跨越200年，蜀府内部宗室成员繁衍，臣属和护卫逐渐转化为当地的贵族，所需开支已经远远高于就藩之初；加之对寺庙道观赐田甚多，在办学和维修水利工程上又所费颇多，总体而言是支出增多，而勘界使其收入大为减少。

关于这方面的文献记载比较少，但笔者带两位学生到大邑县圆通寺找到一块万历十年（1582）的勘界碑，碑高约1.5米，宽约0.7米，厚约0.2米，仅一面有字。虽然缺字甚多，但经学生全文录下来后，仍然可以找到很多有效信息，兹将其碑文照录如下。

西蜀正字山寺碑铭

蜀府承奉司为清理田地立碑石杜混淆以图□□事

照得本府田地□自

分封自行开垦坐落临封州县多与民界相连原无置买□□民田亦无□□民田世守至□□□□□□□

奉旨钦题查□□□外边□□□□□□除（以下缺25字）

后于弘治拾柒等年户部又行题查本府具奉（以下缺25字）

（缺一行）

钦差巡抚四川等处地方都察院右副都御史张（士佩）巡按四川监察御史□□□□

朝廷勘合为丈田亩清浮粮以苏民困事案行布政司照行长史司查本府田地界于

　　分封之时自行开垦是否钦赐有无置买军民田土及各处山民有无
□□等□□□在□□正□□□□□

　　各掌印官查得本卫各所原无屯田临近州县田土委系本府王庄于
分封时自行开垦□□至□□□□□

　　令旨行长史司移文两院批行布政司转行崇汉成华等二府三州县
查勘田俱标界线各□并□王□相干□

　　拾年正月内蒙布政司呈详两院奉都院批如行□察院批该司既查
□□□□行□□□□司□行长史司

　　□□□事（该行下缺）

　　（以上缺29字）地有司照田查明□承奉□□□□□

　　头各于该管庄分竖立碑石镌刻界限并将先年近年
□□□□□□□□□□□□□刻于石永远稽□□

　　乱敬此敬遵抄出到司除行该管厅头照庄分立石外为此出给告示
此谕正字中峰山圆通寺□□□

　　古迹山门自祖师于永乐年间住理梵刹进纳供应其山地浅隘寺前
古路山后石岭为□寺□□□沟岩石□□

　　墙垣砌磊民地为界上下四至明白地形□□咫尺从今为始照界遵
守不得□□□民禾执混乱边界倘有□□

　　恭送法司本庄田亩参挈究罪决不轻容欺怠为此谨识

　　敕祝

　　皇风衍庆□道延洪黎民永荷于□年率土具膳于舜世山门钟秀德
行益隆□□永丰乾坤海岳历远之记

　　　　　　　　万历拾年岁次壬午□王孟夏月朔旦谨题

　　由碑文可知，这是万历十年执行"一条鞭法"时所立，划清了属于王府
的圆通寺与周围民田的界限，这与当时全川和全国各地普遍树立的清丈勘界
碑性质相同。如民国十四年版《崇庆县志·艺文十一》载：

　　　　历勘界碑，在县西道民场八里山中妙顺庵内……唯识其为两院

转行崇庆州勘界公件程式，在万历十年（1582）而已。

于是在大邑和崇州能见到"蜀府正字"的碑就不奇怪了。圆通寺牌坊"蜀府禅林"四个大字旁边落款为"正字厅门正官刘士和"，据万历《大明会典》载："亲王府内官十员……各门官门正，正六品；副，从六品。"[1]可知其为亲王府内官，掌管正字厅，正六品。而崇州街子古镇有一座三圣宫，庙里有一口万历六年铸的钟，化主是徐太和，上有"成都蜀府维新轩火烧坡"字样，可推断这为正字厅的下属机构。

此次勘界之后，蜀府内部经济来源减少，必然会出台增加租金和清理欠租的政策，执行过程当中增加"民怨"和摩擦在所难免，矛盾的结果很可能就是蜀府对王庄的控制力下降。到天启年间，一方面是外面抱怨佃农是"天府中之最可悯者"，一方面是蜀府竟遭自己护卫军户的欺凌：

> 甲子，蜀王奉铨言："臣左护卫百户杨琨子杨桂等，倚藉青衿，霸占田土，前后逋粮千石。臣行令承奉拘责其仆，寻仆病故，桂等假借人命，纠党数百，围逼臣宫，世子妃彭氏竟致惊殒，承奉、典仪概被抄掠。仍复呼朋引类，肤愬当道，凡隶名王府者一网打尽。[2]

这固然发生在明末棍徒横行、民变四起的大背景下，但对享有贤名的蜀府而言，显然与其经济衰落密不可分。当骄奢之风逐渐盖过朱椿当年的创业之气，又没有出现能力挽狂澜的贤王重新整顿，蜀府的结局不难预料。

五、结语：都江堰的美名长存和蜀府的身后落寞

事实上，明朝蜀府是有自己上奏的畅通渠道的，"凡宗室有所陈请，即

1　万历本《明会典》卷五十七，王云五主编：《万有文库》第二集七百种，商务印书馆，1936年，第1433页。
2　《明熹宗实录》卷六"天启元年二月甲子"。

为上闻，听天子命"[1]。同时，这个通道意味着蜀府与朝廷之间的信息往来并不需要经过地方政府。在成都诸如桥梁、学堂、祠堂之类的具有公益性质的工程建设，尤其是在维修都江堰等水利项目上，蜀府与地方官员保持着良好的互动关系，同时蜀府也与相对重要的寺庙（僧人）及道观（道士），及王庄管理者和耕种者互动频繁。但这些互动都是点对点的，远不及政府在"富民、保民"的行政方面影响力大。蜀府属于地方的上层社会，隐藏在政府的背后，与民众直接互动并不多，这使得其在地方上存在感不足。但事实上，蜀府"以诗书礼乐化一方"的策略，又通过非武力，非强权，非干预的姿态，以乐观包容之心，通过一系列的制度性安排，并以强大的文化基础和财力水平做支撑，在管理"儒、释、道"和王庄方面，尤其是在经营都江堰，对灌区的水利建设和农业生产管理，对灌区上游的民族和宗教执行优抚政策等方面，坚决执行朝廷的意图，保障了茶马交易的有序进行，为保一方安定和国家大一统做出了巨大贡献。这些事实不应该被忽视，反而应该在已有的基础上加强研究。蜀府的所作所为体现了古代贵族精神的闪光点，也是中华文化中的优秀基因之一。

1　张德信、毛佩埼：《洪武御制全书》，《皇明祖训·职制》，黄山书社，1995年，第406页。

隋、唐、宋三朝治蜀方略与乐观包容理念

张学君[1]

摘　要： 隋、唐、宋三朝都是从分裂割据状态过渡到统一国家的封建王朝的。三个王朝在结束蜀地分裂割据状态的过程中，都采取了乐观包容、行之有效的方略：慎选官守，注重刚柔相济，维护政治稳定，兴利除弊；对贪暴官员破坏地方安定的行为，及时予以惩治、撤换，或绳之以法，使地方秩序得以恢复。

关键词： 隋；唐；宋；治蜀方略；乐观包容

隋、唐、宋三代，都是在结束前代分裂局面后而重建的封建王朝，因此都重视对蜀中的政治稳定和经济开发，坚持刚柔相济、乐观包容理念，慎选官守，举贤任能，兴利除弊，促进地方经济文化的发展，并通过这些地方官守在民族地区实施开边怀柔政策，剿抚兼用，反侧自消，对蜀中经济发展和社会稳定起到了重要的促进作用。因此，在隋、唐、宋三朝收复蜀地后，大致都取得了河清海晏的成效。

　　1　张学君，四川省人民政府文史研究馆馆员，四川省地方志编纂委员会编审。

一、隋、唐两朝消除蜀地割据势力的有效措施

（一）隋文帝杨坚洞察时势，扫除蜀中割据势力

南北朝时期，巴蜀人民饱受南北割据势力和流民乱兵的祸害。隋文帝杨坚十分重视对巴蜀地区的控制，在夺取北周政权之前数月，他目睹王谦之乱对巴蜀地区的祸害，深感"巴蜀阻险，人好为乱"[1]，决心根除巴蜀祸乱之由。在摄政期间，他就已下令毁弃剑阁道，另开平路，以去蜀道之险。平定王谦之乱以后，他以梁睿为益州总管。但由于梁睿不是他的亲信，在蜀中威信太高，容易形成新的割据势力，于是入隋后，他又撤换益州总管梁睿，但不论再任命谁当总管都无法放心，于是他接受大臣建议，树建藩屏，封植子孙，于开皇元年（581）封四子杨秀为越王，不久又任命杨秀为益州刺史、总管，旋改封蜀王，建藩镇蜀。

开皇二年（582），杨坚又置西南道行台尚书省，加蜀王尚书令。杨秀镇蜀前后20余年，其间仅短暂调回京师便很快又回到藩邸。杨秀虽然平庸，但文帝为他选择了杨异、元岩等得力臣僚，故能维持蜀地多年的安宁局面。

开皇十三年（593）以后，隋文帝再选的蜀王臣僚都不称职，无法对蜀王起到约束作用，杨秀在蜀日久，贪婪嗜权本性完全暴露。文帝发现杨秀图谋不轨后，由于早已有所准备，及时扫除了隐患，不再实授他益州总管，又收回军权，使郡县直属中央，郡县官吏位卑权小，不敢造次，因此杜绝了肘腋之变。仁寿二年（602），文帝为防备杨秀生变，任独孤楷为益州刺史，独孤楷勒兵赶赴成都后，发现杨秀果然有谋反嫌疑，便将其送回京师，废为庶人。随后文帝派出大臣"穷按秀事"，详查与蜀王府关系密切的人，结果"州县长吏坐者太半"[2]，相与连坐者共百余人。在隋末天下大乱时，蜀中相对平静，应是隋文帝的遗治之故。

1　魏徵等：《隋书》卷一《高祖纪》，中华书局，1973年。

2　魏徵等：《隋书》卷七十四《赵仲卿传》，中华书局，1973年；并见司马光：《资治通鉴》卷一百七十九"文帝仁寿二年十二月"，中华书局，1956年。

（二）唐高祖刚柔兼济的图蜀方略

唐高祖李渊在扫荡群雄时，注意到巴蜀的富庶和周遭割据势力的虎视眈眈。蜀地北部，有陇西割据势力薛举；巴蜀东部，是荆湖割据势力萧铣；山南诸郡也不断遭到朱粲的劫掠。为防范这些割据势力染指四川，威胁关中，更是为了夺取这块膏腴之地，作为统一全国的根据地，李渊决定迅速攻占巴蜀。当时，汉中割据势力李耆誉归附李渊，长安经汉中进入巴蜀的道路得以畅通，使他得到了入蜀的良机。首先，他采取了先礼后兵的策略，发使持书诏谕巴蜀军民，望其归顺，但是巴蜀地区郡县长官和地方豪强均对其置之不理。受到冷遇后，李渊迅速采取军事行动，迫使割据势力就范。大业十三年（617）十二月，李渊任命李孝恭为山南招慰大使，由关中南下，先击溃剽掠成性的朱粲部队，给巴蜀官守以强烈震动，然后"自金川出巴蜀，檄书所至，降附者三十余州"[1]。李渊乘势推进，再次派出云阳县令詹俊、武功县正李仲衮出使巴蜀，招抚尚未归顺的郡县。在强大军事压力之下，巴蜀各地郡县长官、豪族大姓、氐羌酋帅，纷纷归顺，争相遣送子弟纳款，络绎不绝，"日有百余，梁、益之间宴如也"[2]。

唐高祖武德元年（618）置益州总管府，以窦璡为总管。鉴于"益部新开，刑政未洽，长吏横恣，赃污狼藉"，又于次年特命御史大夫皇甫无逸为持节巡抚，承制除授。皇甫无逸在任期间，"宣扬朝化，法令严肃，蜀中甚赖之"[3]。出于杜绝割据势力滋生的考虑，武德三年（620），置益州道行台尚书省，高祖任命次子秦王李世民为行台尚书令，以窦璡为行台仆射，主持具体军政事务。因窦璡与皇甫无逸不协，被免去官职，改由窦轨任益州道行台左仆射，许以便宜从事。窦轨镇蜀六年，讨平了境内土寇，又西击党项、吐谷浑，巩固了唐王朝在西陲的统治。在整治蜀地取得成效后，李渊对荆湖割据势力萧铣采取了遏制措施，武德元年置信州总管府（武德三年改夔州），先后任命李瑗、李孝恭为总管，加强了对巴蜀门户——荆楚地区的控

1 司马光：《资治通鉴》卷一百八十四"恭帝义宁元年十月二日"，中华书局，1956年。
2 温大雅：《大唐创业起居注》卷三，上海古籍出版社，1983年。
3 刘昫等：《旧唐书》卷六十二《皇甫无逸传》，中华书局，1975年。

制。李渊通过益州道行台和夔州总管府两大军政支柱，对巴蜀地区实施了卓有成效的治理，使之进入经济文化盛期。

二、宋初以暴易暴，导致蜀地动荡、颠覆

（一）暴力征服的惨痛教训

残唐五代到北宋前期（9至11世纪），我国中原地区藩镇割据，武人横行，战乱不断，社会动荡。巴蜀地区则经历了前、后蜀割据势力的统治，到北宋统一全国，保持了半个多世纪的相对安定，商品经济得到持续发展，城市商品流通量和货币使用量都有前所未有的增长。但后蜀王孟昶好大喜功，骄奢淫逸，不顾国力孱弱，多次兴兵北伐，加重了百姓的负担。成都遍街吟诵朱山长《苦热诗》："烦暑郁蒸何处避，凉风清冷几时来。"赵匡胤闻讯意识到，蜀中人民厌恶孟蜀的贪腐统治，这是蜀民盼望统一的呼声，决心为蜀民兴利除害。

赵匡胤在结束五代十国战乱、重新统一中国的问题上，有精心策划的战略部署，他确定了先易后难、先南后北的方针：首先集中兵力解决南方实力弱小的割据政权，利用他们富庶的经济资源统一全国。在南方诸国中，前、后蜀偏安时间长，钱粮布帛又未入于中原，府库充盈，经济富裕，他确定，"先取西川，次及荆、广、江南，则国用富饶矣"。这一方略成为他结束割据的有力支撑。

北宋乾德元年（963），宋军灭掉长江中游的荆南和湖南两个割据政权，对后蜀形成夹击之势。孟昶听信权臣王昭远的意见，决定联络北汉反击宋军。乾德二年（964）冬，赵匡胤以孟蜀勾结北汉攻宋为口实，出动六万大军，分兵两路伐蜀。北路由王全斌、王仁瞻率兵攻取兴州（今陕西略阳），大败蜀兵7000余人，获军粮40余万石。而后，宋军经三泉，进入嘉川、广元一带。后蜀权臣王昭远亲率重兵应战，三战三败，退保剑门。宋兵突破剑门，占据剑州，生擒王昭远，打开了由北入蜀的大门。东路宋军由刘光义、曹彬率领，由归州（今湖北秭归）沿长江西进，攻占了夔州，进军江州（今重庆市）。乾德三年（965）正月，宋军进至川西，成都危迫。孟昶

见大势已去，只好请降。宋军顺利占据成都，东路军也接连攻克川东州县，后蜀全境归宋。

北宋统一后，为了增强中央政府的控制力度，防止蜀地再生割据倾向，立即将后蜀皇帝孟昶与其后宫及众大臣、地方官员连带家族全部迁离蜀地，送到京师安置。对后蜀的大量军队，也下诏撤离蜀地，前往京师，赴阙听候调遣。后蜀政权与当时十国相比，社会比较安定，经济文化也有长足进步，史家言"西川本自一国"[1]。孟昶与前蜀王衍亡国不同，王衍荒淫失政，自取灭亡；孟昶有心治道而用非其人，蜀人惜之。史称孟昶与太后妃嫔及官属由成都沿江而下，至开封称臣于宋，蜀人沿途哭送，至犍为江岸别去。孟昶到开封后不久即暴卒，终年47岁。其母李氏不食而死。后蜀之亡虽然给蜀民带来遗憾，但统一却是历史趋势。

后蜀骤灭，江山易主，对蜀人震动极大，加上宋军将士以胜利者自居，"日夜饮宴，不恤军务，纵部下掠子女，夺财货，蜀人苦之"[2]。这是赵匡胤始料未及的突变，他征服后蜀，并非希望它堕入战乱漩涡。蜀人盼望统一的愿望，竟然一朝变成噩梦。半个世纪的偏安局面，虽然与中原隔绝，但终究享有太平日子。盼望统一，是希望王道重光，九州同乐，万万没有料到，迎来的却是一群凶恶、贪婪的强盗。他们在蜀地恣意横行，白昼奸淫，杀人越货，蜀人无法生存下去，终于激起全师雄发动的蜀兵反宋起事。

宋军平蜀不到一个月，即乾德三年（965）二月，梓州（今三台县）后蜀军校上官进就"啸聚亡命三千余众，劫村民数万，夜攻州城"。事变虽被新任知州镇压下去，但接下来的事情却复杂化了。三月，依照宋朝诏谕，发蜀兵赴阙调遣，优给路费。路费是按每名蜀兵从蜀地到开封的粮饷优给，可惜却被王全斌等驻蜀宋军将领擅自克扣了。不仅如此，他还放纵部曲侵扰蜀兵，致使蜀兵怨愤思乱。蜀军行至绵州，便"劫属县以叛"[3]。时值后蜀文

1　李焘：《续资治通鉴长编》卷三十六"太宗淳化五年八月丁酉"，中华书局，1979年。

2　李焘：《续资治通鉴长编》卷六"乾德二年正月丁酉"，中华书局，1979年。

3　李焘：《续资治通鉴长编》卷六"乾德三年三月己亥"，中华书局，1979年。

州刺史全师雄遵命携带家眷赴京师拜谒大宋皇帝，路过绵州，见乱兵叛宋，急忙弃家避入民舍。因他在后蜀将领中威信素著，被乱兵发现后拥立为帅，一时之间聚众十余万，号称"兴国军"。王全斌派遣马军都监朱光绪将兵招抚，朱则尽灭师雄家族，纳其爱女，夺其财物。师雄忍无可忍，不再归降，率众攻克彭州，成都所属十县起兵响应。全师雄自称"兴蜀大王"，署节帅20余人，分据要害。王全斌遣崔彦进、高彦辉进剿，为全师雄大败，斩高彦辉于阵前。王全斌又派张廷翰进剿，同样大败而回，只好退保成都。全师雄乘胜分兵绵、汉二州，切断剑阁北路，沿江置寨，准备攻取成都。当时邛、蜀、眉、陵、简、雅、嘉、果、遂、渝、资、昌、普、戎、荣和东川等17州，以及成都属县均起兵反宋，月余邮传不通。

王全斌等驻蜀宋将非常恐惧，考虑到成都城内尚有3万余后蜀降兵还未遣送京师，担心其思乱反宋，于是连同老弱病残在内，一并诱入夹城杀害。此举更激起蜀民愤怒，纷纷投身叛军，反抗宋军暴行。不久，刘光义、曹彬率领的东路宋军在新繁、郫县大败全师雄叛军，全师雄退走灌口寨。叛军中实力较强的嘉州吕翰军也被宋军打败，退保雅州。但是蜀中反宋浪潮仍然高涨，乾德四年（966）正月，阆州叛军逼攻州城；二月渝州杜承褒率领民众围攻州城，判官卞震负伤逃窜，民军占据州城。这期间，宋朝任命丁德裕为西川都巡检使率兵入蜀平叛。直到六月以后，宋军才取得反击主动权，先后平息了灌口的全师雄部，攻克了雅州的吕翰部，其他各地反宋民军也被消灭。宋军平息蜀地叛乱，为时年余，杀戮十余万人。赵匡胤采用武力征服的方式和用人不当导致的严重后果，在蜀地留下了积怨和仇恨，成为宋初社会动荡不安的重要因素。

（二）宋初对蜀掠夺政策的后果

在强化暴力统治的同时，宋初在财经方面也对蜀地实行了杀鸡取卵的剥夺政策。为了进行统一战争，宋朝将蜀地作为重要财富来源。历史记载，后蜀府库充盈，宋军取蜀后，为了削弱蜀中府库储藏的大量财富，每天用船舶将重货铜布载运出川，自三峡而下，储于江陵，调发舟船，转运京师；轻货纹縠，则从京师至两川设立传置，征发卒夫负担，每40卒所担负的轻货为一纲，名曰"日进"，不到数年，后蜀积累的财富"悉归于内府矣"[1]。宋朝的府库也因此"储积充羡"，于是在讲武殿后开辟内库储积金帛，号曰"封桩库"[2]。

这以后，宋朝为了在蜀地搜刮更多的财物解送京师，对一些重要商品实行专卖，在蜀中各州设置"博买务""市买院""织造院"等垄断机构控制产品的生产与流通，禁止民间买卖布帛、匹帛、丝绵、绸缎；进而榷盐酤酒，禁止民间制盐、酿酒，增收井税、曲钱。更为严重的是，宋朝将蜀地大量铜钱、金银装运京师，致使蜀中铜钱奇缺，物价飞涨。蜀地自后蜀广政中始铸铁钱，铜、铁钱按比例搭配使用，"每铁钱一千兼以铜钱四百。凡银一两直钱千七百，绢一匹直钱千二百，而铸工精好殆与铜钱等"。入宋以后，滥铸铁钱，致使铁钱贬值，铁钱十乃直铜钱一。"太平兴国四年（979）始开其禁，令民输租及榷利，每铁钱十纳铜钱一。时铜钱已竭，民甚苦之。商贾争以铜钱入川界，与民互市。每铜钱一，得铁钱十又四。"宋朝有意识地将铜钱运出川界，旋又禁止铜钱入蜀，并规定蜀地所征税利须搭缴十分之一的铜钱，其余许以输银及绢暂代，以后每年递增一分，十年仍全纳铜钱。这些措施表明，宋朝对蜀地铜钱的搜刮达到了竭泽而渔的地步。由此造成蜀中铁钱大幅度贬值，金融混乱，物价飞涨，百姓遭殃。于是官府决定用铁钱购买蜀境少数民族的铜斤，复铸铜钱，铜钱在蜀地已成稀罕货币，地方官还乘机将自己"月俸所得铜钱"，高价转卖给百姓，"厚取其直，于是增及三分"。蜀民痛苦不堪，为了得到昂贵的铜，有人剜剔寺庙中的佛像，也有人毁掉铜器，更有人铤而走险盗发古冢，"才得铜钱四五，坐罪者甚众"[3]。在铜钱奇缺的情况下，蜀地商品市场只能使用铁钱。

成都市场因地处富庶地区，商业素称繁华，货币流通量大。而铁钱量重值低，不利于市场交易，作为钱货交易的代金券，实际上是世界最早的纸币——交子开始由成都商家创制并在市场流通起来。由于有实力雄厚的铺户作保，最初的发行量和发行范围也有限制，因此信誉良好。这是宋朝恶性干

1 李焘：《续资治通鉴长编》卷十三"李顺之乱"，中华书局，1979年。
2 李焘：《续资治通鉴长编》卷六"乾德三年三月"，中华书局，1979年。
3 李焘：《续资治通鉴长编》卷二十三"太平兴国七年八月戊寅"，中华书局，1979年。

预蜀地财政和金融问题所带来的一个意想不到的结果。但令人遗憾的是，随着流通范围的扩大，特别是官方利用它作为聚敛工具以后，交子的性质发生了变化，逐步贬值并最终退出流通领域，未能完成金属币向纸币转化的历史过程。

（三）对前朝衣冠处置不当，埋下全蜀动乱隐患

由于蜀地富庶，较少发生战乱，再加上其地理位置上靠近中央王朝腹心地区关中（陕西），每当中原和关中一带发生动乱的时候，总有许多中原移民进入蜀中。隋末和残唐五代时期都分别再现了两次大规模的移民浪潮。移民中有的人是暂时居留，但更多的人则在蜀地定居下来，成为蜀地居民。他们带来了不同的文化和生活方式，对蜀中的人口和经济文化的发展产生重大影响。而移民在蜀地的生存状态，又反过来对唐五代以来的历史发展起到了不可忽视的作用。

北宋皇祐元年进士吕陶为成都人，他平素留心家乡史事，为蜀中31位人士撰写了墓志铭及行状[1]，其中有15家的先祖就是由外地迁徙入蜀的，入蜀士家的数量占了总数的一半。其中，唐中期入蜀的有4家，唐末有9家，五代时有2家。南宋庆元年间的《成都氏族谱》中，共记载了唐宋蜀中的45家著名士族，其中先祖由其他地方迁徙入蜀的有28家，占蜀地士族总数的2/3以上。在入蜀士族中，隋末唐初入蜀的有3家，安史之乱后的中唐时期入蜀的有5家，唐末五代时入蜀的有18家，北宋初入蜀的有1家，唐代入蜀但具体时间不详的有1家。[2]从上述两种不同来源的宋人资料所做的粗略统计可以看出，唐五代时期向蜀中移民，主要发生在隋末唐初、安史之乱以后的中唐时期及残唐五代时期，其中以残唐五代时期移民比例为最高。当时中原、关中地区成为藩镇争战之地，前、后蜀偏安一隅，社会生活环境相对安定，迁徙入蜀的移民更是日渐增多。

1　吕陶：《净德集》卷二，中华书局，1985年。
2　费著：《成都氏族谱》，《全蜀艺文志》卷五十三至五十五，线装书局，2003年。但据日本《东洋史研究》第三十六卷第三期森田宪司《成都氏族谱小考》一文考证，此谱应为南宋庆元时四川制置使兼知成都府袁说友主持编写。

移民蜀中是因为中原战乱，而蜀地的富饶又促使这些家族定居下来。如宋代居于丹棱和华阳的李氏，其始祖为"唐冑也，太宗十四子，少即曹王。五子，少即武卫大将军偲。武后擅政，偲入蜀，来眉丹棱，伏民间"[1]。南宋有名的史学家丹棱人李焘，即这一支"唐宗室曹王之后也"[2]。宋代蜀中大文学家苏洵、苏轼和苏辙，其始祖是因贬官于蜀而留居眉山的。苏洵《苏氏族谱》说："唐神龙初，长史味道刺眉州，卒于官，一子留于眉，眉之有苏氏自是始。"[3]诗人李白，"其先（祖）隋末以罪徙西域，神龙初遁还，客巴西（今江油市）"[4]。宋代成都的宇文氏，原籍河南，"其以史学传自唐谏议大夫籍。籍子从礼，为渠州司马，因家于蜀，后徙成都"[5]。临邛常氏，"其先居长安，自唐季有为唐安掾者，子孙因家焉，至高祖某则又徙临邛，曾祖某、祖某遂为邛大姓"[6]。可见，隋唐两宋时期，蜀地确实是包容和善待各地移民的乐土。

中原衣冠士族入蜀后，受到前、后蜀政权的优待和重用。史书记载说："蜀恃险而富，当唐之末，士人多欲依（王）建以避乱。建虽起盗贼，而为人多智诈，善待士，故其僭号，所用皆唐名臣世族。"[7]在吴任臣撰写的《十国春秋》前蜀列传中，共列有除后妃外的175人的传记，其中在唐末五代时入蜀的有106人，约占总数的3/5；在后蜀列传中，共载有除后妃外的136人的传记，其中由外地入蜀的人士有58人，占总数的2/5。[8]

蜀地原有的土著势力，在前、后蜀时期也成为外来军事统治势力的依靠对象和统治基础。北宋吕陶说："伏缘成都府界四境之土，相距皆百二三十里之远，昔为十县，县之主户各二三万家，而客户数倍焉。"[9]吕陶为成都

1　费著：《成都氏族谱》"李氏"条，《全蜀艺文志》卷五十三，线装书局，2003年。

2　脱脱等：《宋史》卷三百八十八《李焘传》，中华书局，1977年。

3　苏洵：《嘉祐集》卷十三《苏氏族谱》，《四部丛刊》影印宋钞本。

4　欧阳修、宋祁：《新唐书》卷二百二《李白传》，中华书局，1975年。

5　费著：《成都氏族谱》宇文氏条，《全蜀艺文志》卷五十四，线装书局，2003年。

6　吕陶：《净德集》卷二十四《尚书屯田郎中致仕常公墓志铭》，中华书局，1985年。

7　欧阳修：《新五代史》卷六十三《前蜀世家》，中华书局，1974年。

8　谢元鲁：《唐五代移民入蜀考》，《中国社会经济史研究》1987年第4期。

9　吕陶：《净德集》卷四《奉使回奏十事状》，中华书局，1985年。

人，宋神宗时历任蜀州、彭州、邛州、梓州等地知州，其有关西川土著的记载应是十分翔实的。他所记成都府户口，虽是北宋前期的情况，但与相距不远的五代时期也不会相差过大。此时蜀中世家大族与平民百姓的关系堪称融洽，"西川四路乡村，民多大姓，每一姓所有客户，动是三五百家。赖衣食贷借，仰以为生"[1]。峡路诸州，大户势力更加雄厚，"巴、庸民以财力相君，每富人家役属至数千户，小民岁输租庸，亦甚以为便"。这种方式确立后，"皆相承数世"[2]。夔州"自来多兼并之家，至有数百客户者"[3]。蜀民处于安定环境时，对外来移民乐观包容，彼此相安无事。

北宋控制后蜀之后，将业已归顺的孟氏家族押解京师，不久即发生后蜀皇帝孟昶蹊跷暴毙，太后绝食身亡的悲剧。这个晴天霹雳引起了世家大族，甚至蜀中百姓的极大震动。因为世家大族曾经得到后蜀朝廷的厚待和重用，平民百姓至少也享受过数十年的偏安生活。宋朝对后蜀臣民的歧视、掠夺、压榨政策，也导致尚留蜀中的亡国臣民惶恐不安，有如丧家之犬。"时蜀新破，其达官争弃其田宅以入觐。"[4]这些政策也直接影响到广大平民百姓，随着"博买"商品种类的增多和范围的扩大，他们的生活更加痛苦，甚至走投无路，被迫铤而走险，反宋暴政浪潮风起云涌，给大宋统治集团治理蜀地造成重大的心理震动。

太宗淳化四年（993），蜀地最终爆发了王小波、李顺起义。起义军聚众至数十万，占据了四川大部分州县，还攻占了成都，建立"大蜀"政权，改元"应运"。宋王朝投入巨大兵力，花费三年之久才将这场大起义镇压下去。但是，宋王朝并未认真从中吸取教训，咸平三年（1000）正月，益州戍卒不堪钤辖符昭寿的压榨，发动兵变，杀符昭寿，拥都虞候王均为首领，占据成都，重建"大蜀"政权，改元"化顺"，"以神卫小校张锴为谋主"。王均随即攻陷汉州，进攻绵州不克，再攻剑州，兵败退保成都。宋王朝派遣

1　韩琦撰，李之亮、徐正英笺注：《安阳集编年笺注·韩魏公家传》卷九，巴蜀书社，2000年。

2　刘琳、刁忠民、舒大刚、尹波等校点：《宋会要辑稿·刑法》二之五，上海古籍出版社，2014年。

3　刘琳、刁忠民、舒大刚、尹波等校点：《宋会要辑稿·兵》二之十一，上海古籍出版社，2014年。

4　苏洵：《嘉祐集》卷十三《族谱后录下篇》，《四部丛刊》影印宋钞本。

重兵入川征剿，双方反复较量，直到十月这次反抗才被镇压下去。巴蜀民众的反抗斗争，从宋王朝平蜀的乾德三年（965）全师雄的蜀兵起事开始，到咸平三年（1000）王均兵败结束，经历了30余年，付出了数十万生灵的生命代价，可以说是尸骨堆山，血流成河。这以后，四川地方官再也不敢像从前那样肆无忌惮、胡作非为了。"川峡选官多惮行"[1]，官员们开始汲取"水能载舟，亦能覆舟"的历史教训，不再重蹈贪腐凶横的老路，"一朝权在手，便把令来行"。宋初治蜀政策失误的史事证明，统治者的确需要记取惨痛的历史教训。

三、宋王朝改变对蜀方针，实行惠民政策，创造百年安定环境

（一）吸取宋初导致全蜀糜烂的施政教训

入蜀宋军的贪暴行径酿成了全师雄抗暴兵变，而宋初对后蜀府库和民间铜钱的竭泽而渔点燃了蜀民反宋烈火且最后演变为王小波、李顺大起义，几至剑南失守，全川颠覆。蜀地30余年持续不断的反宋浪潮，终于惊醒了北宋朝廷。面对蜀事糜烂，大量后蜀臣民赴阙告状，他们逐步认识了事变真相。乾德五年（967），宋太祖赵匡胤召诸将还朝，审查王全斌等人在蜀地犯下的罪行，将其贬官降职，并将赃物发还原主。对于清廉谨饬、不自矜伐、拒收贿赂的东路军大将曹彬及其部属，则加以褒奖，并提升官职。史书记载："自王全斌平蜀多杀人，上每恨之。"此后令曹彬平定江南，宋太祖再三告诫："切勿暴略生民，务广威信，使自归顺，不须急击。"[2]宋太宗也曾下诏"罪己"，痛感蜀地骚乱不休，蜀民离心离德，究其原因在于"亲民之官，不以惠和为政；管榷之吏，唯用刻削为功"，表明要"改而更张，永鉴前弊"。[3]直至神宗时，其与大臣冯京对话，还念念不忘"曩时西川因榷货物，

1　脱脱等：《宋史》卷三百零七《凌策传》，中华书局，1977年。
2　李焘：《续资治通鉴长编》卷十五"开宝七年十月丙戌"，中华书局，1979年。
3　《宋大诏令集》卷一百八十七《蜀盗平罪己诏》，中华书局，1962年。

致王小波之乱"[1]。

蜀地人士对蜀地倾覆的原因也有比较深刻的认识，士大夫认为是由于"赋税不均，刑法不明；吏暴于上，民怨于下；武备日废而不知讲，盗贼日发而不知禁"，才出现"野夫攘臂以取州邑，其易如卷席"的局面。王小波、李顺起义，"非蜀之罪也，非岁之罪也，乃官政欺懦而经制坏败之罪也"[2]。蜀人感受到，苛政和用人不当给桑梓带来了深重的苦难。同时也看到，蜀地周遭绵延数千里，土地肥沃，物产丰富，商品交易量大，财赋供应量占全国总量三分之一，被称为"外府"。然而蜀地形势又十分险要，北倚险绝天下的剑阁，"西南皆蛮诏，自古犷强"[3]，因此蜀地应当是宋朝在西南的边防重地。蜀地的安危，关系到整个西南地区，以至全国的安危。从此宋廷制定了开发四川经济，确保四川稳定的政策，四川因此获得了持续发展的活力。

（二）选贤任能，整肃吏治，营造太平盛世

北宋太宗、真宗、仁宗三朝大度包容，十分重视治蜀人才的选任，先后任用善体民情、政绩卓著的张咏、任中正、薛奎、程琳、韩亿、蒋堂、田况等干才入川主政，他们兴利除弊，造福一方，深受蜀民爱戴。

淳化五年（994），太宗钦点精明强干的京官张咏任益州知州。张咏

1　刘琳、刁忠民、舒大刚、尹波等校点：《宋会要辑稿·食货》三十七之十八，上海古籍出版社，2014年。

2　张愈：《送张安道赴成都序》，《补续全蜀艺文志》卷二十三，明万历刻本。张愈，郫（县）人张愈，字少愚，祖籍河东（今山西）。史书说他"隽伟有大志，游学四方，屡举不第"，仁宗宝元初（1038），曾上书朝廷论边防事。因人推荐，经试录用为秘书省校书郎，但他把官职让给父亲，自己却隐居在家。益州长官文彦博对他特别优待，为其购得青城山白云溪唐人杜光庭故居安置，他因此号称"白云先生"。"喜弈棋，乐山水，遇有兴，虽数千里辄尽室往。遂浮湘、沅，观浙江，升罗浮，入九疑，买石载鹤以归。杜门著书，未就，卒。妻蒲氏名芝，贤而有文，为之谏曰："高视往古，哲士实殷，施及秦汉，余烈氤氲。挺生英杰，卓尔逸群，孰谓今世，亦有其人。其人伊何？白云隐君。"确如蒲氏所言，像张愈这样古风强烈的士人到宋代已是不多了，宋初柳开、张咏、寇准、石延年以至范仲淹等人犹见余习。蜀中因地处盆地，蜀地士人身上保留的古风也相对多一些。"三苏"中的老苏与大苏那豪迈高逸的风概也有这种古士风骨的影子。

3　吕陶：《新建备武堂记》，《成都文类》卷二十七，中华书局，2011年。

（946—1015），濮州旧城人，太平兴国五年进士，性情刚直，卓尔不群，字乖崖，取自自赞"乖则违众，崖不利物"。历任地方官，颇有政声。太宗闻其强干，召入朝，擢升枢密直学士，同知银台通进封驳司兼掌三班院。张咏与宋将雷有终入川时，李顺、王小波起义方兴未艾，横行川东各地。他鼓舞士气，整顿军纪，用官盐交换大米，以解决军粮问题，不再骚扰蜀民。在做好充分准备之后，他督师进讨，采取分化瓦解策略，"化贼为民"[1]，很快就平息了王小波、李顺起义军。在任期间，他对蜀民实行怀柔政策，鼓励蜀中士子读书进学，参加科举考试，对四川经济、文化的恢复发展起了重要作用。对政声不佳、引起民怨的官吏，或撤职、降职，或调离四川，迅速处理，不让他们贻误大事。

真宗时，张咏因政绩卓著，加谏议大夫，拜给事中、户部使、御史中丞，并出知杭州、永兴军。张咏离蜀后，先后任事的官员宋太初、杨怀忠、张巽、马知节、黄观，均因治绩不彰或互相掣肘难以协调，被迅速从蜀地调离。工部侍郎董俨，贪躁无行，幸进邀宠，玩弄权谋，渴望知益州得肥缺，被真宗识破，责授山南东道司马，不署州事。朝廷还经常派大员入川，明察暗访，了解官吏贤愚，奖惩分明。对政绩优异、才识出众的好官，如袁逢吉、马亮、丁谓、章频、黄梦松等人，则破格擢升，委以重任。

咸平六年（1003），王均兵变平息后，真宗又将"嫉恶太过""人颇怨惧"的益州知州马知节徙知延州。为根治蜀乱，调回张咏再知益州，以其"前在蜀为政明肃，勤于安集，远民便之"。蜀民"闻咏再至，皆鼓舞自庆"[2]。张咏不负众望，审理案件"率尔署决，莫不允当"。其任满之日，益州官吏军民皆"举留"之。史称"张咏治蜀"。张咏之后，继任益州知州任中正也有善政，"吏民列状愿借留"[3]。其后，益州知州薛奎举为政谨慎，遇事恃重明决；程琳体察民情，治蜀有方；韩亿在大旱之年开仓放粮，"又

1　李焘：《续资治通鉴长编》卷三十六"淳化五年九月"，中华书局，1979年。

2　李焘：《续资治通鉴长编》卷五十四"咸平六年四月辛巳"，中华书局，1980年。

3　李焘：《续资治通鉴长编》卷七十三"大中祥符三年五月甲午"，中华书局，1980年。

疏九升江口，溉田数千顷"[1]；蒋堂则扩建成都孔庙，"广其舍为学宫，选属官以教诸生，士人翕然"[2]；皇祐时，田况镇蜀二年，"拊循教诲"，"蜀人尤爱之，以继张咏"[3]。整顿吏治给四川带来了弊绝风清、百年安定的社会环境，也自然成为大开发的重要条件。

（三）广开才路，识拔优秀人才，促进本土文化发展

王小波、李顺起义后，入蜀主政的官员都特别重视发现和培养四川人才。张咏主政时，注意到四川学者只愿做学问，不愿入仕做官的倾向，他主动结交学者，鼓励他们参加科举考试，他器重的张及、李畋、张逵都登科高中，成为栋梁之材。北宋朝廷还制定特殊政策，以吸引四川人才。如真宗祥符三年下诏，准许四川在推荐举人名额外，增加三名，"以其远方多学者，故优之"[4]。天禧四年，准许川峡地区在"依先定条制解合格举人外，更有艺业可取者悉取荐送"[5]，巴蜀推荐人才，不受名额限制。地方官也积极兴学校，办书院，大力培养人才。张逸任青神知县，兴学校，收生徒，后邑人陈希亮、陈庸、陈谕、杨异都相继登科。天圣初年，薛奎任成都知府，见范镇有才学，便让他在府舍设馆与子弟讲学，任满将他带回京师，提拔奖掖。范镇累官至翰林学士、侍读学士、端明殿学士、提举崇福宫。庆历初年，蒋堂镇蜀，也延揽士子入学，并亲自批阅文章，对13岁的吕陶倍加爱惜，抚其成才，后来吕陶成为北宋名臣。由于蜀地推荐人数过多，仁宗天圣二年，才重新规定了推荐限额。此时蜀中人士入仕者与日俱增，大大改善了王朝与巴蜀地区的关系，蜀中士大夫成为宋王朝统治全国的重要力量。

1　李焘：《续资治通鉴长编》卷一百零九"天圣元年十月癸卯"，中华书局，1985年。
2　李焘：《续资治通鉴长编》卷一百五十三"庆历四年十二月甲辰"，中华书局，1985年。
3　李焘：《续资治通鉴长编》卷一百六十九"皇祐二年十一月戊戌"，中华书局，1985年。
4　李焘：《续资治通鉴长编》卷八十三"大中祥符七年七月癸酉"，中华书局，1985年。
5　李焘：《续资治通鉴长编》卷九十五"天禧四年三月癸酉"，中华书局，1985年。

就巴蜀本土而言，宋王朝开发智力、奖掖人才成效很大，蜀中读书风气持续兴盛，蜀人总体素质提高。在宋初数十年间，蜀民救死扶伤不暇，学校衰息，到天圣（1023—1032）以后，"释耒耜而执笔砚者，十室而九"[1]。"读书人""书香门第""耕读传家"等名词的出现，正是时代风气改变的标志。为适应天下人求学、读书的需要，各种官、私学（塾）纷纷开办，代表较高学术、教育水平的书院也在这人文荟萃的繁盛之地开办起来。宋代教育得到前所未有的发展，都是朝廷"以文治国"政策取得的成效。据学者统计，两宋大约开办书院711所，其中四川开办书院27所。[2]读书风气所播，巴蜀人才辈出，造就了数量众多的一流人才，如陈希亮、三范（范镇、范祖禹、范冲）、吕陶、三苏（苏洵、苏轼、苏辙）、四陈（陈省华、陈尧叟、陈尧佐、陈尧咨）、二李（李焘、李心传）、唐慎微、秦九韶、张浚、魏了翁、虞允文、张栻等，他们在文学、经学、史学、艺术等领域取得的成就蔚为大观。

在蜀文化复兴的过程中，以苏洵、苏轼、苏辙父子为代表的宋代蜀学应运而生。蜀学得名很早，但作为一个具有哲学意味的学派名噪一时，则应在北宋时期。"易学在蜀"，这是袁滋前往洛阳，向程颐请教《周易》时，程颐回答他的话。这个典故来源于当初二程之父任广汉知州之时，程颐随行入蜀，在游览成都时发现一个奇怪的现象：一名箍桶的工匠，手里却拿着一册书，走近细看，原来是《周易》。刚想发问，工匠却先开了口，向他问道："你学过这书吗？"随即指着书中"'未济'男之穷"一句询问，程颐不便贸然作答，反问他当作何理解。工匠马上回答"三阳皆失位"。程颐疑团顿释。次日，他再去那里时，工匠已不知去向。[3]

虽然这段故事的细节和真伪已无法考证，但大体上仍可以看到，北宋时期成都学风臻于鼎盛，蜀人读书求学之习俗已普及于寻常巷陌，连像《周易》这样艰深的哲学经典，市井匠作中都有窥其堂奥者。北宋中叶，先有"荆公新学"与"元祐学派"的对立，后来"元祐学派"又分化为以程颐为

1　苏轼：《谢范舍人书》，《苏轼文集》卷四十九，中华书局，1986年。

2　胡昭曦：《四川书院史》，巴蜀书社，2000年。

3　《宋史》卷四百五十九《谯定传》记为二程随行，误。见胡昭曦：《宋代蜀学研究》，巴蜀书社，1997年。

代表的洛学，以苏轼和苏辙为代表的蜀学，以及以刘挚为代表的朔学。学派的增多，正是文化昌盛气象的体现。

　　作为政治和学术派别的宋代蜀学，就是在这种背景下产生的。由于苏氏父子对宋代蜀学的形成具有决定性的影响，苏学往往又成为蜀学的代称，甚至一些有影响的学术著作还以蜀学为题而专论苏氏之学，足见苏氏之学在宋代蜀学中所占分量之重，亦可见当时蜀中学术空气之浓厚。这是乐观包容理念主导政治文化大局的必然现象。

论天府文化

"乐观包容"的特质及文化地理成因

魏红珊[1]

摘　要：历史上，天府大地处于中央王朝的西南边关，既有内地省份的繁荣，又有边疆保疆护土的重任在肩，历经数次大规模迁徙，其基本族群发生了根本性的改变，但天府之国仍长盛不衰，形成了乐观包容等共同的文化特质，甚至在民族危亡之际，还能承载起复兴中华之重任，其根本原因，就在于其地理环境的得天独厚。

关键词：文化地理学视野；天府文化；乐观包容；特质；成因

中国地势西高东低，可划分为四级阶梯，四川盆地属第二级阶梯，是青藏高原与内陆平原地区（第三级阶梯）的联结带。历史上，天府四川也是中原汉族文化与西南藏、羌、彝等少数民族文化的联结带。

现在的四川属内地省份，但在漫长的历史长河中，四川明显承担了历代中央政府的边防重任。自秦汉以来的两千多年里，四川中部、东部实为中央王朝有效统治区在西南区域的"极限"，极限之外的四川西部、南部及西北

　　1　魏红珊，四川省社会科学院文学艺术研究所研究员，文学博士。

部，有一个在历史上长期被称为"西夷南蛮"的羁縻州环形带。他们不服王化，时叛时服，其社会文化习俗也大异于内地汉族，全为"异域风情"。天府四川一方面政治、经济、社会、文化发达，与内地无异；一方面却时时受到"环形带"的威胁，代表中央政府与"西夷南蛮"周旋，巩固西南边防。因此，历史上，天府四川既有内地省份的文明发达，又同时承担着稳固西南边关的边防重任，这种双重的历史地理属性对天府四川的文化特质影响极大。

一、地理生态对天府文化区的影响

文化的发生发展与自然地理环境有着密切的关系。

> 各地文化精神之不同，穷其根源，最先还是由于自然环境有分别，而影响其生活方式。再由生活方式影响到文化精神。人类文化，由源头处看，大别不外三型。一、游牧文化，二、农耕文化，三、商业文化。游牧文化发源在高寒的草原地带，农耕文化发源在河流灌溉的平原，商业文化发源在滨海地带以及近海之岛屿。三种自然环境，决定了三种生活方式；三种生活方式，形成了三种文化型。[1]

在这里，钱穆先生明确指出：文化会直接受到自然地理环境的影响。

"区"的意思比较明确，就是指地域（地区）。"文化区"是指具有某种共同文化属性的人群聚集的地区。天府文化区是聚居在天府四川的人们在漫长的历史长河中累积形成的具有共同文化特质地区。这里的人群并不固定，历史上经历过数次大规模迁徙流动，其基本族群发生过根本性的改变，但仍然在漫长的历史长河中形成了共同的文化特质，这种奇特的现象值得深入研究。

1　钱穆：《中国文化史导论》，九州出版社，2011年，第2页。

（一）地理生态风貌

中国地理地势西高东低，山地、高原和丘陵约占陆地面积的67%，盆地和平原约占陆地面积的33%。分为四级阶梯：有"世界屋脊"之称的青藏高原，平均海拔4000米以上，为中国地势的第一级阶梯；新疆地区、内蒙古、黄土高原、四川盆地和云贵高原，平均海拔1000～2000米，是第二级阶梯；大兴安岭—太行山—巫山—武陵山—雪峰山一线以东至海岸线，多为平原和丘陵，海拔500～1000米，是我国人口稠密区，为第三级阶梯；海岸线以东以南的大陆架浅海区，是第四级阶梯，水深大都不足200米。[1]

四川位于中国大陆地势三大阶梯中的第一级青藏高原向第二级四川盆地及第三级阶梯长江中下游平原的过渡带，盆地内的平原、盆中丘陵和川东谷地的海拔大多在250～750米之间，远低于其东面第二、第三级阶梯分界线的巫山—武陵山—雪峰山的平均海拔，是我国大陆地势中一个特殊的地理存在。由海拔4000米的青藏高原陡然下降到海拔几百米的四川盆地，群山之下，千水汇集，成就了中国第一大河流——长江，不仅润泽了四川盆地，还冲出夔门，惠及长江中下游最富裕的广袤大地。不仅如此，盆地四面环山：北缘米仓山，南据大娄山，东接巫山，西靠邛崃山脉、横断山脉，东北背靠大巴山，西南边缘接大小凉山，东南相望于武陵山，四面周而无缺。同时盆地总面积约26万平方公里，有着广阔的回旋纵深。盆地西面是高大的世界屋脊，北、东、南面崇山峻岭中的出入通道都有雄关险道可以据守，天府四川有着得天独厚、自成一体的地理生态单元。盆地内岩层主要为紫红色砂岩和页岩，这两种岩石极易风化发育成紫色土。紫色土含有丰富的钙、磷、钾等营养元素，是中国最肥沃的自然土壤，四川盆地是全国紫色土分布最集中的地方，素有"紫色盆地"的美称。四川盆地大约位于北纬28°～32°之间，属于亚热带季风性湿润气候。如是看来，四川盆地四面环山，水量丰沛，土地肥沃，气候温暖湿润，占尽天时地利，是上天赐予中华之风水宝地。因此盆地历代人口稠密，物产丰饶，经济富裕，文化发达，自成一体。"天府之

---

1 中华人民共和国年鉴/新华社：《中国地理概况》，中华人民共和国中央人民政府网（www.gov.cn）。

国"名副其实：优裕的地理生态使得任何人群来到这里后都能很快安居乐业、繁衍生息、发展壮大。四川盆地的地理生态是天府文化形成的核心因素。

盆地四周，北面的秦岭山道、东面的长江水路及巫山山道，是历代四川来往于内地和中央王朝的通道。南面的大相岭、大娄山，则是四川挟中央之威镇服"西南夷"地区的雄关。成就天府四川最重要的西部屏障——川西高原也同样阻隔不了"汉夷"之间长达两千多年的博弈融合。高原上群山争雄、江河奔流，汇集了美丽的雪峰冰川、高山草甸、沼泽湿地、湖泊瀑布、地热温泉，险峻的悬崖绝壁、深谷沟壑，天府之水大多发源或壮大于川西高原。不畏严酷的自然地理和高寒气候，氐羌、藏、彝等民族迁徙生存其间，孕育出古老而神秘的高原文明。在与西部高原文明的长期交往中，天府文化深受其影响。

（二）历史地理区位

由于得天独厚的地理生态，天府文化区长时期成为内地和中央王朝沟通"西南诸夷"的桥梁和纽带。

公元前316年秦灭蜀以前，天府大地为独立的文化地理单元，并不隶属于中原王朝。古巴蜀文明早已存在，从考古发现来看，古巴蜀文化可分为三段：第一段是以宝墩文化（今三星堆遗址第一期）为代表的"先蜀文化"，时间上相当于龙山时代；第二段是以三星堆文化与十二桥文化为代表的"古蜀文明"，时间上相当于夏商周时代；第三段是以巴蜀墓葬（船棺墓、土坑墓、石棺葬、悬棺葬等）为代表的"古巴国"和"古蜀国"境内的族群文化，即"巴蜀文化"，时间上相当于春秋战国及秦汉时期。[1]优越的地理自然条件养育了蜀族先民，而他们又创造了不亚于中原文化的古蜀文明，奠定了天府大地丰厚的文化根基。

秦以后，天府四川逐渐融入中原王朝。除短暂的独立时期外，绝大多数时期均为中央政府的一方诸侯。自两汉三国，以至唐宋元明清民国，四川既属内地地方政权，又承担着联结"西南夷"，稳固西南国防的重任。

1　林向：《"巴蜀文化"的辨证》，《成都文物》2006年第3期。

在《中国历史地图集》上，秦代蜀郡位居西南，守护着秦国的西南边关。在两汉、三国（前206—265）长达470余年的历史中，以川西平原为核心的益州刺史部、蜀国守护着中央王朝的西南边疆。西汉十三（或东汉十四）刺史部之一的益州刺史部辖九郡：蜀郡、广汉、汉中、武都（或东汉永昌）、巴郡、犍为、越嶲、牂柯、益州[1]，治所在广汉郡雒县（今广汉市北），所辖地域广阔，雄踞整个西南边疆，守护着两汉王朝漫长的西南国境线。同时，汉王朝雄心勃勃，开疆拓土，益州成为汉王朝与西北强敌匈奴之间争战的西部前哨。益州所辖汉中郡人张骞出使西域，促成了汉王朝西出阳关、玉门关，打通西域，统治地域广大的西域都护府；蜀郡人司马相如参与开发西南夷，则拓通了蜀地去往滇缅、越南、印度的南方丝绸之路。"南夷道"（石门道）和"零关道"的相继开通，加强了汉王朝对"西南夷"的控制和交往。西汉王朝将巴蜀故地和新开拓的"西南夷"作为一个整体设立益州刺史部，治所设在成都平原上，由此确立了天府大地在大西南的中心地位。

西汉王朝奠定的西部疆域，一直维持到唐代。两汉以后的魏晋南北朝时期（265—581），蜀地或是西南边关，或是利用自己独特的地域优势，割据一方自立为王。青藏高原部落分散、弱小，"南蛮"各部亦较弱小，并未对天府之地的政权构成威胁，西南边境线基本没有变化。

短暂的隋朝以后，是强盛的大唐王朝（618—907）。事物都是相生相克的，与此同时，青藏高原也崛起了吐蕃王朝（618—842）。原为两汉西南边疆的益州刺史部变身为剑南道（或为剑南西川、东川、山南西道，世称"剑南三川"）。剑南道辖三十五州，治所在成都[2]，其西南面直接处于战争前线，西抗吐蕃，南抚"蛮僚"。起初，吐蕃赞普松赞干布遣使求娶唐公主不成，归罪于吐谷浑离间，发兵攻破吐谷浑。贞观十二年（638），吐蕃又击败党项、白兰诸羌，并率众二十余万屯松州（今四川松潘）西境，唐发兵

1　谭其骧主编：《简明历史地图集》，中国地图出版社，1991年，第17~20页。

2　谭其骧主编：《简明历史地图集》，中国地图出版社，1991年，第39~45页。

五万拒之。[1]从此开启了唐、蕃长达200余年的角逐。此后唐蕃之间在岷江上游、大渡河流域的松州、翼州、当州、悉州、柘州、茂州、维州、黎州、雅州以及安宁河谷的嶲州等地展开了拉锯战。唐朝在成都平原与川西高原结合部的岷江、大渡河、安宁河流域的弧形地带上密集设置州郡，剑南节度使在上述各州屯重兵防守吐蕃。史籍中记载了剑南道守军（唐代川军）抗击吐蕃的诸多事迹，四川成为大唐王朝国防的重中之重。同时，大唐天子在遭遇危机时多次入蜀避难，可见天府四川在唐朝的重要地位。吐蕃在与唐朝的角力中逐步占据优势，控制了岷江上游及大渡河以西地区，原来的羌系部落逐步成为吐蕃的属部。在长期杂处生活、协同作战、相互通婚的过程中，川西高原各部族发生了不同程度的"蕃化"[2]，逐步形成了后世羁縻州、土司治理格局，并最终演变为今天川西高原的康巴、嘉绒等藏民族。

吐蕃、唐朝灭亡后，出现了地方割据的分裂局面，北方的辽、西夏、回鹘崛起，西部的吐蕃分裂。剑南节度使王建平服巴蜀，在成都称帝，史称"前蜀"。随后，西川节度使孟知祥建立"后蜀"。历经短暂纷乱的五代十国后，内地进入了两宋时期（960—1279）。四川地区被划分为"川峡四路"：成都府路、利州路、梓州路（潼川府路）、夔州路，紧邻西面吐蕃各部和南面的大理国，仍为两宋王朝的西南边陲。川峡四路是宋代的主要经济区，也是抗击金、蒙（元）军入侵南宋的西部防线。南宋时期，金兵已进占陕西关中，在京兆府、凤翔府一带与利州路对峙，四川成为南宋西部的国防要冲。四川抗金名将张浚、吴玠、吴璘等屡次打败金兵，守住了南宋的西部防线。金灭亡后，南宋由东向西布置了对蒙（元）军的三路防御线：东线以淮河为屏障设置两淮战区；中路依托汉水、长江布置了襄阳、江陵、鄂州（武汉）一带的荆襄防线；西线则重点扼守利州路之三关五州（武休关、仙人关、七方关，凤州、阶州、西和州、成州、天水军）为主的四川战区。[3]

1 司马光编，胡三省注：《资治通鉴·唐纪十一》"贞观十二年"，中华书局，1959年。
2 石硕等：《交融与互动——藏彝走廊的民族、历史与文化》，四川人民出版社，2014年，第124页。
3 任昭坤、龚自德：《四川战争史》，四川人民出版社，2009年，第150~152页。

四川守军有效抗击蒙军,合州钓鱼城军民死守孤城,重伤蒙哥汗致死,使蒙军引兵北撤。蒙古内乱,迫使远征西亚的蒙哥之弟旭烈兀停止西征。因此,钓鱼城之战不仅使摇摇欲坠的南宋王朝多延续了二十多年,也改变了世界历史。[1]

元朝统一中国后,四川的地理区位发生了很大的改变。元帝国地域极为广阔,卫藏、西康等地均被纳入元朝的统治,朝廷在宣政院下设立三路宣慰司都元帅府,统领西藏和川西高原,宣慰司下设宣抚司、安抚司、招讨司、万户府、千户府等,此即兴于元朝的"土司制度"。四川陕西合并设立陕西四川行省,治所设在西安,四川成为内地省份。元朝也大多从青海西宁大道来往于卫藏、康区。朝廷又在大理国故地设云南行省,统领西南夷。四川边关重镇的地位在短时间内有所弱化。

明朝时,分裂的蒙古各部在今内蒙、新疆、蒙古、中亚等地建立了众多的独立王国,明朝在西北关外设置羁縻七卫,在河西走廊地区设陕西行都司十二卫,镇守西北边关。朝廷加紧对吐蕃的笼络统治,采取了广泛分封僧俗职官、分散权力、相互制衡的战略。卫藏、康区的国师、法王、都指挥、宣慰使、招讨使、元帅、万户等僧俗官吏进京朝拜,以及京官赴藏区,往来大都经过四川。明朝于四川徼外设置朵甘都指挥使司、董卜韩胡宣慰司(民风剽悍,时有反叛)和长河西鱼通宁远宣慰司[2];并在四川西南弧形带设建昌卫、宁番卫、越嶲卫、盐井卫、会川卫、茂州卫、松潘卫、天全六番招讨司、黎州安抚司[3];同时将南部今贵州、云南的一些土司辖区也划归四川,大大扩宽了四川的境域,使四川成为明王朝的西部国防战略重地。

清朝初期,四川历经张献忠大西军屠戮之难、吴三桂"三藩之乱"等,战火连年不熄,迟至1680年才渐渐得以平服和治理,全境被纳入清廷管辖之中。[4]四川地处边徼、番夷杂处的情况受到清廷的重视和安抚治理,尤其是

1 任昭坤、龚自德:《四川战争史》,四川人民出版社,2009年,第160~162页。
2 谭其骧主编:《简明中国历史地图集》,中国地图出版社,1996年,第61~62页。
3 张廷玉等:《明史》卷三百一十一《四川土司一》,中华书局,1974年。
4 陈世松主编:《四川通史》第五册,四川大学出版社,1993年,第57页。

1718年清廷在由西宁对卫藏用兵遭致惨败后，更加认识到四川对西部康、藏治理的重要性。清中期以后，"治藏必先安康""安康必仰赖四川"的策略在实践中逐步形成并得到强化。清廷为维护对康、藏、彝区的直接统治，屡次用兵，如1720年清廷进军拉萨，1723年平定罗卜藏丹津之乱，1750年进藏平叛，两次平定"金川之战"，平"瞻对之乱"，进剿三岩，两次出兵打败尼泊尔廓尔喀人对西藏的入侵，以及对凉山彝区用兵，等等，主要都是由四川提供兵员、运输、粮秣。清末设立川边特别区，民国成立西康省，都是以四川的人力、物力扶持西康，牵制、治理卫藏，四川是清代以至民国最重要的西南边防重地。

通过以上的简单梳理可知，自秦汉以来，四川以其独特的地理区位长时期为内地中央王朝的西南边疆，是中央政府稳定边疆、维护领土完整和对外开疆拓土的边防重地，同时也是内地与"西南夷"往来的交通要道和商贸集散地，是联结内地汉族与西南少数民族的桥梁和纽带。

二、天府文化"乐观包容"的成因探析

天府四川地处祖国西南内陆，在历史上长时期作为中央王朝拓展疆域、治理西南的根据地和大本营。因此，四川虽处盆地，四面环山，但川人并没有井底之蛙的盆地意识；反而具备强烈的国家意识和民族担当意识，以乐观包容的胸怀接纳四方同胞，在国家危难之际，承担起复兴国家民族的重任。之所以如此，主要有以下四个方面的原因。

（一）天府大地是中华民族的发源地之一，其文化之根与华夏同源

据《史记·五帝本纪》：

> 黄帝二十五子，其得姓者十四人。黄帝居轩辕之丘，而娶于西陵之女，是为嫘祖。嫘祖为黄帝正妃，生二子，其后皆有天下：其一曰玄嚣，是为青阳，青阳降居江水；其二曰昌意，降居若水。昌意娶蜀山氏女，曰昌仆，生高阳。高阳有圣德焉。黄帝崩，葬桥

山。其孙昌意之子高阳立，是为帝颛顼也。[1]

《山海经·海内经》《大戴礼记》等也有类似记载。一般认为，江水指岷江上游流域，若水指雅砻江，蜀山则为岷山。《世本》云："蜀无姓，相承云黄帝后。"[2]夏王朝奠基者大禹，史家一般也认为出生于岷江河谷。《帝王纪》云："父鲧妻修己……胸坼而生禹……本西夷人也。"西汉扬雄《蜀王本纪》云："禹本汶山郡广柔县人也，生于石纽。"《括地志》云："茂州汶川县石纽山在县西七十三里。""按：广柔，隋改曰汶川。"[3]以上事迹集中发生的岷江上游地区，同甘青高原氐羌民族系统有深厚的关系，这已得到考古资料的确切证实。[4]以岷江上游流域文明为代表的古蜀文明与中华人文初祖五帝及大禹有着密切的关系，其文化之根与华夏文明同源。《华阳国志》载："（帝颛顼）封其支庶于蜀，世为侯伯，历夏、商、周。"[5]自岷江上游河谷绕过岷山（或者穿越岷山、秦岭的西部山脉进入陇南）北上甘南，进入黄河流域，向东进入陕西，继而进入中原，沿途都是肥美的草原，远古游牧部落迁徙往来于此。这一地带沿途都有丰富的考古遗址，说明远古人类在此活动频繁。往来迁徙于青藏高原、西北广袤的大草原以及中原黄河流域农耕地域的古蜀人类，天生就具有宽阔的胸怀，不会拘泥于狭小一域。处于这一地理位置的天府四川先天就具有地域上的广阔视野优势。

（二）强烈的华夏民族意识、开放包容的胸怀

黄帝二子降居江水、若水，子孙又返回中原统领部落，大禹生于西羌而治水于九州大地。考古出土器物的相似性等，都说明古蜀人迁徙往来地域宽广。所谓见多识广，其心理印迹必不会拘泥于盆地也。所以，历史上有夏桀伐岷山，殷王朝登人征蜀，周师伐鱼凫氏之蜀，以及战国时秦、蜀反复角力

1　司马迁：《史记》卷一《五帝本纪第一》，中华书局，1959年，第9～10页。
2　司马迁：《史记》卷十三《三代世表》索隐，中华书局，1959年，第507页。
3　司马迁：《史记》卷二《夏本纪第二》正义，中华书局，1959年，第49～50页。
4　段渝：《四川通史》第一册，四川大学出版社，1993年，第27页。
5　常璩撰，任乃强校注：《华阳国志校补图注》卷三《蜀志》，上海古籍出版社，1987年，第113页。

于汉中南郑等[1]，古蜀与中原本有的天然联系，则为必然之显现。秦踞巴蜀110年，古蜀人身在西南而志在天下，成为秦统一六国的粮仓和后方基地，顺江而下可直接威胁强大的楚国。西汉最重要的领土拓展方向一是西域，二是"西南夷"，向西向南大范围扩展了汉帝国的疆域。这其中两位益州人的贡献很大：一是张骞"凿空西域"，二是司马相如拓通"西南夷"。张骞，益州汉中郡人，以强烈的国家意识和担当精神，应募出使西域。十余年俘虏生涯，九死一生仍"持汉节不失"，具有忠贞不贰的爱国气节。他历经磨难逃归汉廷后，又自请第二次出使西域。"骞为人强力，宽大信人，蛮夷爱之。"[2]张骞意志坚强，心胸宽广而诚实可信，由此赢得了西域各国的信任，他以天下为己任，"凿空西域"，终获成功，将大汉王朝的视野拓展到了遥远的西亚。司马相如为蜀郡成都人，因仰慕报国志士蔺相如勇毅忠贞而改名"相如"。汉武帝派中郎将唐蒙以巴蜀之力开通"夜郎道"，民众不堪重负，唐蒙处置失当引起民愤，武帝急派司马相如前往安抚，相如撰《告巴蜀檄》《喻蜀父老》等文，以赤诚之心规劝巴蜀父老以国家利益为重，"计深虑远，急国家之难，而乐尽人臣之道也"[3]。后司马相如成功出使"西南夷"，凿通"零关道"，实现了年轻时立下的报国之志。隋末，巴蜀成为李唐王朝最先占领的三个地区（关中、巴蜀、河东）之一，李渊利用巴蜀富饶的人力、物力来支持统一全国的战争。[4]唐时四川西面环形带羁縻州频繁遭遇吐蕃军队的进攻，剑南道守军（唐代的川军）奋力抵抗，终唐之世，尽忠职守，顽强守住了唐的西南防线，为两位逃难蜀中的皇帝提供庇护之所，避免了唐朝覆国之灾。

天府大地乐观包容之文化特质尤以抗日战争最值得铭记。1945年《新华日报》社论饱含深情地赞扬道：

1　段渝：《四川通史》第一册，四川大学出版社，1993年，第277～279页。
2　司马迁：《史记》卷一百二十三《大宛列传》，中华书局，1959年，第3159页。
3　司马迁：《史记》卷一百一十七《司马相如列传》，中华书局，1959年，第3045页。
4　李敬洵：《四川通史》第三册，四川大学出版社，1993年，第39～40页。

在八年抗战之中，这个历史上最大规模的民族战争之大后方的主要基地，就是四川。自武汉失守以后，四川成了正面战场的政治军事财政经济的中心。随着正面战线内移的军民同胞，大半居于斯、食于斯、吃苦于斯、发财亦于斯……四川人民对于正面战场，是尽了最大最重要的责任的。直到抗战终止，四川的征兵额达到三百零二万五千多人；四川为完成特种工程，服工役的人民总数在三百万人以上；粮食是抗战中主要的物质条件之一……历年来四川贡献于抗战的粮食占全国征粮总额的三分之一……此外各种捐税捐献，其最大的一部分也是由四川人民所负担。仅从这些简略统计，就可以知道四川人民对于正面战场送出了多少血肉，多少血汗，多少血泪！……四川人民的热血洒遍了整个正面战场，滇西缅北之役，更把四川男儿的大量头颅抛掷到国境之外。……现在抗战结束了，全国规模的复员虽还在开始，但是我们对这个为正面战场出了最多力量的四川人民，决不能忘恩负义，无所报答……[1]

（三）羁縻州环形带强敌环伺，天府之国有着强烈的忧患意识而不拘泥于狭小的盆地

在川西地区西北、西、西南三面的环形地带，自古就有少数民族居住，他们在历史上有"西南夷"或"西夷南蛮"之称。这些地区在元代以前不归中原王朝直接管辖（多为属国、外藩），元、明、清初也主要设置土司、土官实行羁縻统治，在清中期以后才被纳入中央政府的直接管理。因此在历史上大多数时期，四川一直是中央王朝的西南边疆。虽然文献史籍晚至《史记·西南夷列传》才有明确记载，但环形带世居的部落人群可以上溯至新石器时代。[2]

1　《感谢四川人民——重庆〈新华日报〉社论》（1945年10月8日），四川省档案馆编：《川魂——四川抗战档案史料选编》，西南交通大学出版社，2005年，第455页。

2　石硕等：《交融与互动——藏彝走廊的民族、历史与文化》，四川人民出版社，2014年，第62~64页。

西南夷君长以什数，夜郎最大；其西靡莫之属以什数，滇最大；自滇以北君长以什数，邛都最大：此皆魋结，耕田，有邑聚。其外西自同师以东，北至楪榆，名为嶲、昆明，皆编发，随畜迁徙，毋常处，毋君长，地方可数千里。自嶲以东北，君长以什数，徙、筰都最大；自筰以东北，君长以什数，冉駹最大。其俗或士著，或移徙，在蜀之西。自冉駹以东北，君长以什数，白马最大，皆氐类也。此皆巴蜀西南外蛮夷也。[1]

巴蜀西南外"蛮夷"部落数量众多，六个"什数"，九个有名号：夜郎、滇、邛都、嶲、昆明、徙、筰都、冉駹、白马。在最强盛的汉武帝时期，这些部落尚且敢诛杀汉太守、使臣，阻止汉帝拓通前往身毒的道路，其后更是不服王化，时叛时服。

安帝永初元年，蜀郡三襄种夷与徼外污衍种并兵三千余人反叛，攻蚕陵城，杀长吏。……延光二年春，旄牛夷叛，攻零关，杀长吏，益州刺史张乔与西部都尉击破之……桓帝永寿二年，蜀郡夷叛，杀略吏民。延熹二年，蜀郡三襄夷寇蚕陵，杀长吏。四年，犍为属国夷寇郡界，益州刺史山昱击破之。[2]

汉王朝极为重视四川西部边关，"筰都夷者，武帝所开，以为筰都县。……至天汉四年，并蜀为西部，置两都尉，一居旄牛，主徼外夷，一居青衣，主汉人"[3]，专门设置边关机构进行辖制。唐朝时吐蕃东侵，更是警报频传。南宋时川北金国、蒙古大军压境，蒙古大军更是屡次侵犯成都，川

1　司马迁：《史记》卷一百一十六《西南夷列传》，中华书局，1959年，第2991页。

2　范晔：《后汉书》卷八十六《南蛮西南夷列传》，中华书局，1965年，第2857页。

3　范晔：《后汉书》卷八十六《南蛮西南夷列传》，中华书局，1965年，第2854页。

人时常处于侵扰惊慌之中。清代借四川之人力、物力，频繁用兵康、藏，小小的"金川之役"不仅扰动全川，且耗损巨大甚至伤及鼎盛时期清王朝的国力。因此，天府之国虽有优越的地理环境、富饶的物产、发达的经济文化，但强敌环伺、屡屡入侵，内乱频发；其安宁休养之日鲜少，混乱之日颇多，无法关闭盆地过悠闲的生活，反而具备强烈的忧患意识和国家、民族的担当意识。

（四）人群的迁徙流动，外来文化的注入，使天府文化得以兼容并蓄

秦代征伐蜀国，在蜀王族南逃后，即向蜀地大量移民，"周赧王元年，秦惠王封子通国为蜀侯……戎伯尚强，乃移秦民万家实之。三年，分巴、蜀置汉中郡"[1]。公元前314年，秦国一次性迁徙"秦民"达万家之多，以对抗蜀地西部的"戎伯"部落，稳定秦国对巴蜀的统治。随后秦国继续有计划、有步骤地移民、流放犯人、迁徙俘虏及流放六国的贵族至蜀。众多考古发现和文献资料表明，在秦统治巴蜀的110年间，原有的"土著"巴蜀文字符号和文化不仅没有因为大量外来移民和秦文化（文字）的推行被削弱，反而得以继续发展，渐次达至顶峰。只是到了秦统一六国后统一全国文字，巴蜀文字才被逐步废除，至西汉初期，巴蜀符号文字骤减，慢慢趋于消亡。[2]古"巴蜀文化"与秦文化共生相容达一百多年。秦代分巴、蜀置汉中郡，刘邦封汉中王入巴蜀之地，以川北板楯蛮（賨人）为主的巴蜀人帮助刘邦平定"三秦"，刘邦免除賨人七姓租赋，并派萧何治理巴蜀之地，同时袭秦旧制移民至巴蜀[3]，西汉时巴蜀经济发达，百姓富足，开放包容的巴蜀文化进入一个新的发展时期。巴蜀邻楚，与楚文化交往频繁，又承秦、汉移民，受到关中、中原文化的广泛影响，即便如此，巴蜀文化本身仍源远流长，自成体系。两汉时期，同时汇聚楚（辞）文化、巴蜀文化、中原文化的天府大地成为汉赋文化的集大成者，汉赋四大家以蜀郡成都人司马相如、扬雄（其余两人为班固、张衡）成就最高。

1　常璩撰，任乃强校注：《华阳国志校补图注》卷三《蜀志》，上海古籍出版社，1987年，第128页。

2　罗开玉：《四川通史》第二册，四川大学出版社，1993年，第334~338页。

3　罗开玉：《四川通史》第二册，四川大学出版社，1993年，第37~38页。

两晋南北朝动乱，四川遭受沉重打击，民众纷纷逃亡。隋末战乱，四川因独特的地理优势未受波及而成为流民的避难之所；唐蕃争战，川人赋税繁重，民众纷纷逃亡，唐末纷乱，民众又大批入蜀避祸。[1]唐朝成都绘画艺术的兴盛，就得益于唐玄宗、唐僖宗南迁入蜀。宋代郭若虚《图画见闻志》记载，唐末的著名画家有27人，其中川籍画家7人，流寓四川的12人，共计19人，占70%之多。难怪宋人李之纯感叹："举天下之言唐画者，莫如成都之多。"[2]而李白、杜甫、薛涛、李商隐、贾岛、元稹等入川，使天府文化进入了一个繁盛时期。两宋、西夏、辽、金、蒙古在北方、中原的战乱争斗，使得民众纷纷逃往四川和南方，"川峡四路"人口鼎盛时占宋朝全国人口20%之多，巴蜀迎来经济和文化的大发展时期。[3]川人以"大江东去，浪淘尽千古风流人物"之开阔胸怀迎"江山如画，一时多少豪杰"，韦庄、贯休、黄庭坚、陆游、范成大、周敦颐、邵雍、程颢、程颐……一批精通诗词、书画、哲学等的文人雅士先后入川，为四川的文化繁荣注入了新的活力，与川人"三苏"等杰出代表一道，促成了宋代的文化大繁荣。巴蜀大地几乎在每一个朝代都有大量的人群迁入，所以有"天下文人多入蜀"之说。

三、天府文化"乐观包容"之表征

由于四川独特的地理生态和历史地理区位，天府文化表现出"乐观包容"的文化特质，其具体表征有二：一是文化纽带，一是文化储存。

（一）文化纽带

天府文化在联结沟通中原文化与西南少数民族文化乃至东南亚文化中发挥了重要的作用。如《史记》记载，张骞出使西域，"在大夏时，见邛竹杖、蜀布。问曰：'安得此？'大夏国人曰：'吾贾人往市之身毒。身毒在

1　李敬洵：《四川通史》第三册，四川大学出版社，1993年，第289～294页。
2　李之纯：《大圣慈寺画记》，《成都文类》卷四十五，中华书局，2011年，第867页。
3　贾大泉、周原孙：《四川通史》第四册，四川大学出版社，1994年，第155～156页。

大夏东南可数千里……'"[1]蜀人身体力行将中原王朝的视野和触觉延展到遥远的南亚、西亚,蜀人开拓的民间商道"蜀—交趾道""蜀—身毒道"拓宽了中原王朝的统治领地和文化交流范围。后来朝廷多次开发"西南夷",更是直接借助蜀人的人力物力和文化影响力。此后宋朝的"茶马互市",元明清对"西南夷"的羁縻统治,都是借助四川的文化纽带和桥梁作用来实现的。

(二)文化储存

四川因其独特的地理优势,经济发达,人民富足,自身文化繁荣,又吸收、融合外来文化,在朝代变革和民族危亡之际,成为全国的文化中心和中华文化的储存之地。这种文化储存并不仅仅是充当一个"文化蓄水池",而是意味着一个动态的演变过程,既包括文化的繁育、包容、吸收、发展,又包括文化的输出与复兴。首先,四川是一个有独立文化体系,回旋余地足够大的地理空间。在和平安宁时期,人们崇尚文化,有一个繁育文化的良好氛围和开放包容的人文环境,外来移民和文化可以快速融入其中,并繁衍生息,发展壮大;在动荡、战乱时期,外来人口大量涌入,必将侵扰原住民的利益,全方位的多文化灌注,更需要川人具备开放包容的博大胸怀,以至忍辱负重,与外来文化迅速融合形成合力,共同抗击外敌。待战乱平息,四川又开始充分发挥"文化蓄水池"的作用,大公无私地输出文化,担当起复兴民族文化的重任。

据《隋书》记载,蜀地"其人敏慧轻急,貌多蕞陋,颇慕文学,时有斐然,多溺于逸乐,少从宦之士,或至耆年白首,不离乡邑。人多工巧,绫锦雕镂之妙,殆侔于上国"[2]。《宋史》亦言,川峡四路"土植宜柘,茧丝织文纤丽者穷于天下。地狭而腴,民勤耕作,无寸土之旷,岁三四收。其所获多为遨游之费,踏青、药市之集尤盛焉,动至连月。好音乐,少愁苦,尚奢靡,性轻扬,喜虚称。庠塾聚学者众,然怀土罕趋仕进……孟氏既平,声教

1　司马迁:《史记》卷一百二十三《大宛列传》,中华书局,1959年,第3166页。

2　魏徵等:《隋书》卷二十九《地理志》,中华书局,1997年,第830页。

攸暨，文学之士，彬彬辈出焉"[1]。蜀人聪明工巧，勤劳乐观，恋故土，崇尚文学艺术而不好功名。蜀土自古就有崇尚文化、开放包容的人文环境，所以巴蜀既有唐宋时期文化繁盛、"天下文人多入蜀"的传统，又有近代抗战时期成为全国文化中心，承载起文化抗战、复兴民族文化重任之担当。

四、天府文化"乐观包容"的魅力呈现

在宋末元初、元末明初、明末清初三个朝代更迭的时期，四川都遭遇了连年战祸的惨烈侵袭，人口锐减，元、明两代都未能得以恢复。直到清初战乱平息后，朝廷采取"湖广填四川"的移民政策，四川才慢慢得到恢复重整。到民国时期，四川再次成为全国第一人口大省，人口于1936年达到5296万。[2]在民族危亡之际，天府大地再次发挥了"文化蓄水池"、民族复兴地的巨大作用，敞开胸怀接纳华北、华中、华东、华南以及东南亚被占领区的人民，构筑起"历史上最大规模的民族战争之大后方的主要基地"，成为全国政治、军事、经济、文化的中心。抗战时期，四川省共有高校60余所，报社、杂志社千家以上。国外著名通讯社、国内七大书局及大部分出版社总部都设在四川。"国民党统治区"居文化领导地位的中央文化机构和民间团体几乎都汇聚于川，珍贵的故宫文物几乎全部藏身四川，大量国家级科研机构和科研团体内迁入川。抗战期间，全国绝大部分文化名流和科学家都曾在四川工作生活过。[3]

民族大义面前，四川军人更显担当和胸襟。以刘湘为首的四川军方实力派，毅然决然以民族大义为重，在蒋介石发表庐山抗战讲话之前，就首先通电全国，力主抗战。为打消国民政府的顾虑，刘湘亲率数十万装备简陋的川军，穿一双草鞋，扛一支"老套筒"，带着巴蜀父老的重托，走向生死未卜的抗战前线。而此时正是国民政府主席林森率政府官员抵达重庆，10万川人

1　脱脱等：《宋史》卷八十九《地理志五》，中华书局，1977年，第2230页。

2　民国内政部统计处：《全国选举区户口统计》，《内政统计季刊》创刊号，1936年10月。转引自张根福：《抗战时期的人口迁移——兼论对西部开发的影响》，光明日报出版社，2006年，第21～22页。

3　魏红珊、冯宪光、马晶：《四川抗战文化地理学研究》，中国文联出版社，2015年，第77页。

夹道欢迎之时。[1]中央政府进川与川军出川奔赴前线的强烈对比，体现了四川人民何等的大义和胸怀！1938年1月，刘湘在前线武汉病逝，死前留有遗嘱："抗战到底，始终不渝，即敌军一日不退出国境，川军则一日誓不还乡！"很长一段时间内，前线抗战川军在每天升旗时，官兵必同声诵读此遗嘱一遍，以示抗战到底的决心！[2]纵横疆场20多年的刘湘，在四川拥有近30万重兵，如果他不承诺亲自带兵出川，国民政府岂敢放心迁都重庆！而离开四川意味着"虎落平阳"，实乃兵家大忌，带兵多年的刘湘不可能不知！由此可见晚年刘湘的胸怀和民族大义！

李庄是长江边一个不见于地图的小镇，当地士绅民众宽厚包容，淳朴善良，抗日战争期间，全国各文化机构纷纷内迁入川，他们以"同大迁川，李庄欢迎。一切需要，地方供应"十六字热情相迎，一所大学（同济大学）、四大中央研究机构（中央博物院、中央研究院史语所、社会学所、体质人类所）和一个著名的民间研究社（营造学社），皆于此时入驻李庄。李庄人民敞开胸怀，让出自己世代居住的祖屋、恭敬拜谒的"九宫十八庙"，把平时自己绝不敢居住的家族祠堂、圣人庙宇全部打扫干净，修缮一新，迎接远道而来的文化名士、莘莘学子。同济大学占据了禹王宫、东岳庙、南华宫、祖师殿、文昌宫，以及曾家、姚家、刘家、范家等各家私宅院子，中央博物院住进了张家祠堂，史语所住在板栗坳的栗峰书院，营造社住在张家院子……[3]李庄一时大师云集，成为川南最耀眼的文化重镇。抗战时期，如李庄一般敞开怀抱接纳同胞的事例不胜枚举，如成都华西坝敞开胸怀接纳金陵大学、金陵女子文理学院、齐鲁大学、燕京大学以及中央大学医学院，成就了"华西坝五大学"的佳话；金堂姚渡镇的曾家寨子，将自家祖上曾氏"大夫第"三寨子，全部免费提供给山西铭贤学校，使铭贤学校从一所中学提升为本科学院，令人崇敬。诸如此类的动人事迹，述说不尽。

1　四川省档案馆编：《川魂——四川抗战档案史料选编》，西南交通大学出版社，2005年，第386~387页。

2　张老侃：《军阀刘湘的多面人生》，《重庆晚报》2010年2月1日。

3　岱峻：《发现李庄》，四川文艺出版社，2004年，第46~55页。

五、结语

四川盆地四面环山，周而无缺。尤以川西高原之千山群峰，汇聚雪峰、冰川、泉水、高山湖泊之水，倾注于广袤的盆地，并以高山蓄积之强力冲破夔门，将奔腾之江河倾泻、润泽于东方大地。富足的天府之国以其优厚的自然条件孕育了古老的巴蜀文明。在漫长的历史长河中，天府大地过客匆匆，历经数次大规模迁徙流动，沧桑巨变，物是人非，但天府灵气始终留存。天府之人聪慧灵巧，以广博的胸怀，吸纳融汇天下文化之精华，在中华民族遭遇危难之际又无私奉献，全力投身于复兴中华民族的伟业之中。天府之灵气，中华之福矣！

乐观包容与社会文化

▼

传承巴蜀文明　发展天府文化

THE RESEARCH
OF TIANFU CULTURE

▲

　　天府文化乐观包容精神熔铸于历史文化、城市建设、市民生活等之中，形成了圆融和谐、生机蓬勃的社会文化形态。天府成都处于西南边陲，经历数次大规模移民迁徙，这些移民活动不仅促进了巴蜀经济文化的恢复和发展，而且推动了成都和谐包容、乐观自信、开拓创新等文化特征的形成。成都是一座典型的移民城市，有独具特色的移民文化，其乐观包容精神使得丰富多元的文化在此地共同发展，如客家山歌文化就为天府文化的创新与发展增添了浓墨重彩的一笔。在和谐包容的社会文化形态下，学术思想也得到了充分的、自由的发展。常璩所撰《华阳国志》是我国第一部地方志，也是我国现存最早的地方志；宋代蜀人张从祖撰、李心传续编的《总类国朝会要》是宋代官修会要中纪事时间最长、总卷数最多的，是进行宋代文化研究的宝贵资料，也是天府文化包容精神的杰出产物。

历史时期成都移民与社会风尚的变迁

李勇先[1]

摘　要: 成都是一座典型的移民城市，历史上以成都为中心的川西平原更是经历了数次大规模的移民。从古蜀时期开始，来自不同地域的族群在长期交流融合中共同缔造了辉煌灿烂的古蜀文明；到明末清初，百万移民入川兴业，不仅有力地促进了包括成都在内的巴蜀经济文化的恢复和发展，而且对成都历代社会风尚产生了深远影响，并形成了独具特色的移民文化，成为天府文化"乐观包容"精神的重要体现。

关键词: 成都；移民；社会风尚变迁

成都是一座典型的移民城市，从战国时期秦灭巴蜀直到20世纪中叶，成都就经历了至少10次以上的大规模移民，并对成都社会经济和生产生活产生了极其深远的影响。

一、各历史时期成都移民的主要经过及其影响

成都是一座五方杂处的移民城市，以其为中心的川西成都平原成为外省

1　李勇先，四川大学教授，博士生导师。

移民的重要聚居地。据清末傅崇矩《成都通览》记载：

> 国初乱平，各省客民相率入川，插站地土，故现今之成都人，原籍皆外省也。外省人以湖广占其多数，陕西人次之，余皆从军入川，及游幕、游宦入川，置田宅而为土著者。[1]

不过，成都移民并不只发生在明末清初"湖广填四川"时期，从先秦古蜀时期直到近代，成都的移民历史持续了几千年，其间发生了至少十次以上的比较集中的移民。

早在四五千年前的古蜀时期，成都平原已经成为来自不同方向族群迁徙、聚居、融合的重要区域。根据相关文献记载以及考古发掘证实，蚕丛、柏灌和鱼凫是来自川西岷山一带的氐羌部落，而后建立古蜀国的杜宇是来自于川南或云南北部昭通一带的部落，替代杜宇的开明氏却是来自于川东荆楚一带的鳖灵部落，从蚕丛到开明，他们先后以成都平原为中心建立起了几个重要的古蜀国。这些来自不同区域的部落，经过长期的族群交流和融合，成为生活在成都地区最早的土著群体。

公元前316年，也就是古蜀开明王朝十二世之时，秦惠王派大夫张仪、司马错从金牛道攻蜀，将巴蜀纳入秦国版图。[2]之后，为加强对蜀地的控制，秦国开始大规模地向蜀地移民，其中成都成为这次移民的重要目的地。据东晋史学家蜀郡江原人常璩《华阳国志·蜀志》记载："周赧王元年，秦惠王封子通国为蜀侯，以陈庄为相。置巴郡。以张若为蜀国守。戎伯尚强，乃移秦民万家实之。"[3]此次秦国向蜀地移民达4万人以上，这也是四川历史上第一次大移民，持续了整整一个世纪。此外，战国时期其他国家的逃亡者也往往携带妻孥到巴蜀避难，如《史记·孟子荀卿列传》集解引刘向《别录》

1　傅崇矩：《成都通览》，巴蜀书社，1987年，第109页。
2　秦灭巴蜀后，开明王后裔战败，率众南迁，最后在越南北部定居，建立安阳国，自称安阳王，立国长达一百余年。
3　常璩：《华阳国志》卷三《蜀志》，清嘉庆十九年题襟馆刻本。

说："楚有尸子，疑谓其在蜀。"[1]商鞅的老师尸佼因"商君被刑，佼恐并诛，乃亡逃入蜀"，死后"因葬蜀"。成都著名历史文化名人扬雄也是典型的逃亡奔蜀的扬氏家族后代，据《汉书·扬雄传》记载，由于晋六卿争权"逼扬侯，扬侯逃于楚巫山，因家焉。楚汉之兴也，扬氏溯江上，处巴江州"[2]。

第二次成都大移民发生在东汉末年三国蜀汉时期。东汉末年，中原板荡，群雄割据，大量人口或死于战乱，或四处流散，全国各地流民与官僚纷纷避乱入蜀，当时安定富饶的益州地区几乎成为灾民的唯一流向。刘焉任益州牧时，"南阳、三辅人流入益州数万家"[3]，被其收编为"东州兵"。此后刘备统率北方军民入川，在成都建立蜀汉政权。荆楚移民入蜀者多达十余万人，其中不少移民来到成都地区。

第三次成都大移民发生在两晋南北朝时期。西晋元康年间，甘肃、陕西大旱，关中饥荒，略阳、天水等六郡十几万流民入蜀。流民李特在蜀中绵竹发动起义，其子李雄在成都建立大成政权。由于大成王朝推行亲民、重视文化等政策，秦、雍二州天水、略阳、扶风、始平、武都、阴平等六郡移民数万家经汉中、剑阁入蜀。据梁朝李膺《益州记》记载：

> 李雄时尝遣李寿攻朱提，遂有南中之地。寿既篡位，以郊甸未实，都邑空虚，乃徙傍郡户三丁已上以实成都，又从牂柯引獠入蜀境，自象山以北尽为獠居。蜀本无獠，至是始出巴西、渠川、广汉、阳安、资中、犍为、梓潼，布在山谷，十余万落。时蜀人东下者十余万家。獠遂挟山傍谷，与夏人参居。……种类滋蔓，保据岩壑，依林履险，若履平地。[4]

1　司马迁：《史记》卷七十四《孟子荀卿列传》，中华书局，1959年，第2349页。

2　班固：《汉书》卷八十七《扬雄传上》，中华书局，1962年，第3513页。

3　陈寿：《三国志》卷三十一《刘二牧传》注引《英雄记》，中华书局，1959年，第869页。

4　郭允蹈：《蜀鉴》卷四《李寿纵獠于蜀》引《益州记》，明嘉靖三十四年刻本。

成汉政权在李寿时从南中、牂牁等地又掠夺了大批僚人（古代文献名作"獠人"）入蜀，以充实因战争而荒芜的城镇，还迁徙了3000多户来充实成都。据统计，成汉时入蜀的僚人就有十余万户五十八万多人。西晋时所设置的蜀郡、犍为、汶山、汉嘉、江阳、朱提、越巂、梓潼、广汉、新都、涪陵、巴郡、巴西、巴东、建平等十五郡中，除新都郡以外，其余十四郡都有僚人。据《华阳国志》记载："蜀土无獠，至是始从山出，自巴至犍为、梓潼，布满山谷，大为民患。加以饥馑，境内萧条。"[1]《魏书》卷一百一《獠传》也记载：

> 李势在蜀，诸獠始出巴西、渠川、广汉、阳安、资中，攻破郡县，为益州大患。势内外受敌，所以亡也。自桓温破蜀之后，力不能制，又蜀人东流，山险之地多空，獠人遂挟山傍谷。[2]

自此以后，原居于云、贵、两广等地的僚人纷纷北上入蜀，巴蜀南部的犍为郡是僚人北上入蜀的必经之路，晋世以降，此地遍布生僚，郡县残破最甚。这些僚人入蜀后，不仅使原来的郡县体系和华夏秩序遭到极大破坏，而且还造成包括成都在内的巴蜀经济文化发展出现几百年停滞甚至倒退的局面。

第四次成都大移民发生在隋唐之交。隋唐之际，蜀中因相对安定的社会环境和富饶的物产而成为北方移民向往的世外桃源，大批北方人纷纷入蜀。据《隋书·地理志》记载，隋大业五年（609），巴蜀地区人口41万余户，到唐太宗贞观十三年（639）短短30年间，巴蜀人口猛增到69万余户。

第五次成都大移民发生在唐玄宗、唐僖宗避乱入蜀期间。唐中叶安史之乱以及唐末黄巢起义期间，唐玄宗、唐僖宗先后入蜀避难，使得这一时期北方人口大量进入巴蜀地区。在这些入蜀避难的移民中，除普通百姓以外，还有北方士族以及各类文化名士，他们为成都文化艺术的发展和繁荣做出了重要贡献。

1　常璩：《华阳国志》卷九《李特雄期寿势志》，清嘉庆十九年题襟馆刻本。
2　魏收：《魏书》卷一百一《獠传》，中华书局，1974年，第2249页。

第六次成都大移民发生在唐末五代时期。黄巢起义后，诸侯割据，政局动荡，战乱频仍，改朝换代频繁，导致大批北方人入蜀避乱谋生。成都先后成为北方人王建、孟知祥建立的前后蜀政权的都城，大批北方人也在这一时期移民成都。

第七次成都大移民发生在两宋之际。尽管宋初灭蜀造成大量蜀人被杀戮，蜀中人口大减，宋廷主动采取措施移外籍之民入蜀，但大规模移民入蜀发生在金人南侵灭宋之际。北方民众为躲避金兵入侵，引发大规模入蜀潮，移民规模达到两百多万人之巨。如范仲淹之孙范正己就是在此时携家眷进入四川避难，寓居蓬州，后来又到成都任官。据万历《四川总志》卷十记载："范正己，文正公第三子纯礼之子。韩城郑可行撰墓志云：徽猷公正己自杭幕召除京师漕。时二圣北征，乘舆南守，大盗充斥，京城连陷。公以死奉法，守节不挠。抗章论事，知无不言。会分镇，罢监司，襄郢路断，四顾无归，逼迫奔窜，徒步携幼入蜀，丐宫祠于宣司局，苟薄禄以赡养，终家于蓬。"嘉靖《四川总志》卷七、雍正《四川通志》卷三十八之二"流寓"门下"范正己"条所载亦同。

第八次成都大移民发生在元末明初。四川经过南宋后期持续半个多世纪的抗元战争，导致包括成都在内的广大地区人口锐减，土地荒芜。[1]据《元史》记载，元至元二十七年（1290），成都路仅有"户三万二千九百一十二，口二十一万五千八百八十八"[2]。元末红巾军起义，全国陷入近20年的战乱。湖北随县人明玉珍带领红巾军入蜀，在重庆建立大夏国，之后大批农民也随之入蜀。在此后的岁月里，两湖一带战乱不断，大批湖广、广东、江西等地移民陆续进入包括成都在内的四川各地。明朝建立后，有鉴于四川"人物凋耗"，为恢复发展生产，从明洪武年间开始，朝廷有计划地组织以湖北、湖南、广东为主体的南方移民入川，史称"奉旨入蜀"，形成了四川历史上第一次"湖广填四川"大移民运动，明朝新都大学问家杨慎的祖辈就是在这一次"湖广填四川"中来到新都定居。据李世平

---

1 宋末元初，因宋蒙（元）战争影响，蜀地许多人口出川，迁往湖广等地，元代巴蜀地区的许多文化名人都是寓居外省的蜀籍人士，如著名文学家虞集等，而四川本地学者终元一代寥寥无几。

2 宋濂等：《元史》卷六十《地理三》，中华书局，1976年，第1434页。

《四川人口史》考证，四川人口也从洪武四年（1371）明王朝平蜀时的93万余人，增加到洪武二十六年（1393）的146万余人。[1]

第九次成都大移民发生在明末清初。从清廷正式启动外省移民入川的康熙十年（1671）算起，到标志"湖广填四川"移民运动结束的乾隆四十一年（1776）为止，这次移民持续了百余年，史称第二次"湖广填四川"。经过明末数十年战乱、张献忠入川、清朝平定三藩之乱，四川人口锐减，以至"千里无烟，空如大漠"[2]，"尸骸遍野，荆棘塞途"[3]。成都城市更是一派破败景象：城内"颓墉废堑，虎迹纵横"，"举城尽为瓦砾"。康熙三年（1664），巡抚张德地抵达成都，所见"城鲜完郭，居民至多不过数十户，视其老幼，鹄面鸠形；及至村镇，止茅屋数间，穷赤数人而已"[4]。康熙十年（1671），蔡毓荣抚蜀，"城中茅舍寥寥，询其居民，大都秦人"[5]。到了康熙二十二年（1683），成都仍是一派残破局面："今通衢瓦房百十所，余皆诛茅编竹为之。西北隅则颓墉败砾，萧然惨人。其民多江楚陕西流寓，土著仅十之二耳。"[6]

清政府为恢复发展四川经济，早在顺治末年就实行鼓励南北各省民众入川垦殖的政策。四川巡抚李国英奏准"招两湖两粤、闽黔之民实东西川，耕于野。集江左右、关内外、陕东西、山左右之民藏于市"[7]，专门出台奖励移

1 李世平：《四川人口史》，四川大学出版社，1987年，第141页。按明初四川人口凋零，急需外省移民入川，但洪武初年，有一部分军户"奉旨"移到山东。据西原村《任氏族谱》记载："明洪武三年，任姓由四川成都府新都县枣林庄迁居山东莱州府掖县。"莱州其他村族谱大都也有"明洪武二年自四川成都府东门里铁碓臼某家""四川成都府大槐树底下铁碓臼某家"等记载，民国五年修《程氏族谱》载，"世传原籍河南"，"南宋之季避乱于蜀"，"明洪武二年（始祖程钮）由四川成都东门里铁碓臼程家东迁山东莱郡，卜居于城西十八里处"。这次移民大多是由朝廷组织的被编入卫所军籍的军户，属"奉旨"移民。
2 费密：《荒书》，清光绪三十四年至民国九年大关唐鸿学怡兰堂刻《怡兰堂丛书·费氏遗书三种》本。
3 李馥荣：《滟滪囊》，民国二十七年双流黄氏济忠堂重校刻本。
4 黄廷桂等修，张晋生等纂：雍正《四川通志》卷十六下《榷政》，清雍正十一年刻本。
5 王沄：《蜀游纪略》，清光绪十七年上海著易堂《小方壶斋舆地丛抄》本。
6 方象瑛：《使蜀日记》，清道光年间吴江沈氏世楷堂《昭代丛书》本。
7 《大清圣祖仁皇帝实录》卷三十六，台湾新文丰出版公司影印本，1978年。

民的措施，实行免赋政策。康熙十年，清政府明令规定："各省贫民携带妻子入蜀开垦者，准其入籍。"[1]康熙二十九年（1690），清政府鉴于"四川民少而地多荒"，制定了《入籍四川例》，规定"以四川民少而荒地多，凡流寓愿垦荒居住者，将地亩给为永业"[2]。清廷通过推行各种优惠政策，鼓励移民入四川垦殖。清康熙至乾隆年间，湖广、江西、广东、福建、陕西等地移民纷纷入川，从事务农或经商，形成大规模的移民浪潮，史称第二次"湖广填四川"。清代思想家魏源在《湖广水利论》说：

> 当明之季世，张贼屠蜀民殆尽，楚次之，而江西少受其害。事
> 定之后，江西人入楚，楚人入蜀。故当时有"江西填湖广，湖广填
> 四川"之谣。[3]

这次大规模移民前后延续一百余年之久，移民数超过了历次移民的数量。根据调查，当代四川人口中80%以上的家庭是清代"湖广填四川"的移民后裔，这个数据在成都更高达95%以上。如嘉庆《温江县志》之《人口篇》记载，清顺治十六年（1659）全县仅有32户54人，康熙二十九年以后，清政府从湖南、湖北、陕西、甘肃、广东、广西、福建等地大量移民入川，开荒定居。到雍正六年（1728），全县已有4903户11957人。新津县人口，据道光《新津县志》记载，明代编户七里，有"人丁三千六百五十八"[4]。明末清初，四川迭经兵燹、灾害、瘟疫，人口锐减，新津"土著仅余数姓，然皆逃至外县，匿迹洪雅"。清朝建立后实行移民垦荒政策，历康熙、雍正两朝，湖广、广东、江西籍移民纷纷进入新津，乾隆中叶仍有福建、广东、湖南、湖北、云南、贵州、山西、陕西等地商人留居新津，从事商业贸易活动。成都大邑县人口，据清光绪《大邑县乡土志》记载："献贼乱后，几

1　曾秀翘修，杨德坤等纂：《奉节县志》卷九《户口》，清光绪十九年刻本。
2　常明等修，杨芳灿、谭光祜等纂：《四川通志》卷六十四《食货志》，清嘉庆二十一年刻本。
3　魏源：《古微堂集》卷六《湖广水利论》，清光绪四年淮南书局刻本。
4　王梦庚原稿，陈霁学修，叶方模、童宗沛纂：《新津县志》卷十六，清道光十九年增刻本。

无孑遗。全资两湖、江西、两广、山陕之人来邑垦荒生聚。麻城人较多，江西、山陕次之，两广又次之。俗传湖广填四川，其明征也。"[1]今大邑世居本地人多为省外移民后裔。成都金堂县人口也多属清代各省移民后裔，来源不同，姓氏繁多。成都崇庆县人口据民国《崇庆县志》记载："（顺治）四年大饥，五年再饥，赤地千里，人相食。"[2]至康熙六年（1667）仅有"一百三十三丁"，不过数百人。此后由于清政府实行招民垦荒、减轻赋税、滋生人丁永不加赋等政策，湖南、湖北、广东、广西等省移民纷纷入川定居，从而加快了崇庆人口增长速度。据光绪《崇庆州志》记载，至清乾隆五十六年（1791），崇庆县"现编花户萧现章等二万七千一百七十二户，共男妇九万五千八百八十五丁口"。至嘉庆中期，崇庆人口大增。嘉庆《四川通志》记载，崇庆州"八万一千四百三十五户"，"男妇二十二万八千五百六十五丁口"。成都新都县在明末清初"地荒民逃，邑中唯何、梅、李等姓略有孑遗"。清康熙十一年（1672），政府实行招徕他省民以实四川，湖广之人首先麇至，于是江西、福建、广东继之。始至之日，田无业主，听民自占垦荒。或一族为一村，或数姓联为一堡，人口得到迅速增长。《崇宁县乡土志》甚至说崇宁境内人民皆自各省迁来，并无土著。[3]此说虽有夸大，但基本反映了当时崇宁人口甚为稀少的情况。随着湖广等省移民大量迁入崇宁县，本地人口得以迅速增长。成都其他地方如都江堰、郫县、彭州、龙泉驿等情况皆与此类似。

第十次成都大移民发生在民国抗战时期。1937年全面抗战爆发后，东北、华北、华东相继沦陷，国民政府西迁陪都重庆，四川成为抗日战争大后方，大批沦陷区工厂、学校、企事业单位纷纷内迁四川各地。在抗战时期，北方27所大学迁到成都，成都一时名人荟萃，成为大后方的文化中心。1940年华东和华中250家工厂迁入四川，到1944年四川工业企业增加到10000多家。随着源源不断的战区移民涌入，成都人口急剧增长。抗战结束后许多工厂学校回迁，但仍有大量人员继续留在成都定居。

1　绍曾修，查体仁纂：《大邑县乡土志》，清光绪三十一年修抄本。
2　谢汝霖等修，罗元黼等纂：《崇庆县志》卷三，民国十五年铅印本。
3　佚名编：《崇宁县乡土志》，清末修抄本。

中华人民共和国成立后，几十万大军云集西南，大批晋、绥、豫、秦、鲁、苏等南下干部来到四川成都。20世纪50年代末60年代初的"三线建设"时期，上千家工厂和科研机构迁到成都、德阳、绵阳、广汉、攀枝花、重庆等地，来自全国各地的建设者纷纷进入四川，投入火热的国防、科技、工业和交通建设之中。今天成都东郊的大片工厂都是在那一时期迁建的，为四川成为我国重要的工业和科研大省奠定了基础。

在历史上，巴蜀经历过无数次战火洗礼，如秦灭巴蜀、四川抗蒙（元）战争、明末清初张献忠入川等重大历史事件，人口急剧减少，社会经济遭到严重破坏。但另一方面，随着战乱被平定，巴蜀社会逐渐趋于稳定，来自不同地域的外省移民大量入川，并进入成都地区，使得成都人口数量迅速增加，再加上外省移民带来的先进生产技术，客观上促进了包括成都在内的四川经济社会的恢复和发展。据《史记·货殖列传》记载，秦灭六国后将赵、齐等国富豪、工匠大批迁徙进入成都，他们不仅带来了大量财富，也带来了先进的工艺技术，尤其是金属冶炼技术。如卓氏祖先原是赵国人，其祖上因冶铁而致富。秦灭赵国后，卓氏祖先以俘虏身份被强制迁移到了四川临邛，他充分利用当地丰富的铁矿资源，成为蜀中乃至全国最大的冶铁大户，一时富比诸侯。齐国的程氏、郑氏也在这一时期被秦国强制移民到蜀地。秦国这次大移民，客观上将中原文化注入到了巴蜀文化的血脉中，实现了巴蜀文化与中原文化、关中文化的大融合。东汉末年，刘备入蜀，大批文人、谋士、工匠追随刘备来到成都，他们将江南、中原的文化、技艺、生活习性也带到成都，客观上促进了成都经济文化的繁荣。又如五代前后蜀时期，前蜀开国君主王建和后蜀孟知祥都能在建国初期励精图治，礼遇士人，一时中原士子多避难蜀中，"唐衣冠之族多避乱在蜀，蜀主礼而用之，使修举故事，故其典章文物有唐之遗风"[1]，前蜀出现了我国第一部词集《花间集》，后蜀有能与文翁兴学相提并论，在中国文教史上堪称壮举的孟蜀石经。明清时期移民入川，带来了湖广等地先进的水利和灌溉技术，随着人口的不断增加和拓垦区域的不断扩大，川中丘陵、盆周山区和川西高原等地得到前所未有的开发，充分体现了巴蜀移民创新创造、艰苦奋斗的卓越精神。在此后的抗日战

1　司马光：《资治通鉴》卷二百六十六，中华书局，1956年。

争以及新中国成立后"三线建设"时期，大量外省移民来到成都，为成都经济社会发展做出了卓越贡献。

二、成都会馆和家谱所反映的成都移民概况

（一）成都各地会馆所反映的移民概况

明清时期，大量外省移民来到成都后，在各地建立了很多会馆。这些会馆不仅是联系移民感情的场所，起到"迎麻神，聚嘉会，襄义举，笃乡情"的重要作用，而且也影响了成都社会生活的各个方面。如成都崇州早在明万历年间就有江西客商于县城小东街建立会馆，以供同乡聚会或寄寓。清末，崇州在交通便利的场镇已设有外省会馆33座。时邛崃县城以及平落、固驿、火井等场镇都有湖广馆、陕西馆、广东馆、江西馆、福建馆，这些会馆都供奉有该省历史名人塑像。大邑县于清初有大批移民从湖广、江西、广东、陕西、贵州、云南等省迁入立家兴业，为了维护同乡人利益，接待来往同乡、同业，各省移民便各自集资修建会馆，逢年过节即聚于会馆，在此举行祭祀活动。清初，新津县有大批湖广、江西、广东、陕西、福建等省移民来此插业，他们各自在县城或场镇兴建本籍人会馆。这些会馆多建于清康熙、雍正、乾隆时期，大多建有戏台、观戏楼、厢房、大殿等，成为同乡聚会、议事、招待外来乡友的重要场所。清初，新都有湖北、广东、陕西、福建、江西等省民众迁徙入蜀，定居开垦。为联络情谊，新都县及各场镇均建有外省会馆，全县共有五十余所会馆，其中新都镇就有七所，分别建于乾隆十六年至光绪二十一年间。新繁镇的会馆分别建于明万历十八年至清光绪年间。蒲江县所建各省会馆也有不少，据《蒲江县乡土志》记载："招徕湖、湘父老，先负襁而至。粤、赣、秦继之。"[1]湖广、广东、江西、陕西等地移民来县后，为联谊互助，分别成立本籍人会馆，并建馆寓，修建戏台。郫县、崇宁县经过明末清初战乱，有广东、福建、湖广、陕西、江西等省移民纷纷迁入。清康、雍、乾时期，各省移民分别在两县县城及一些较大乡场建立会馆，供同乡人聚会或寄居，联络乡人情谊，调解乡人纠纷，防止外人欺凌。

---

1 佚名编：《蒲江县乡土志》卷二，清光绪三十四年抄本。

彭县城关、九尺、濛阳、新兴、敖平等场镇也相继建有陕西、江西、广东、湖广、福建等会馆四十座。金堂县自清代雍正以后，外省来金堂占地落业的移民渐多，为维护同乡人利益，外省移民便集资兴建会馆，供奉原籍神祇。至民国十年，金堂县在交通便利场镇共设有会馆六十五所。

明清以来，成都各地所建移民会馆名称各异，如湖广会馆又名三圣宫或禹王宫、三楚宫、真武宫，福建会馆又名天上宫或天后宫，广东会馆又名南华宫，江西会馆又名万寿宫，陕西会馆又名武圣宫，黄州会馆又名帝王宫，秦、晋人所建会馆也称三圣宫，湖南郴州人所建郴州会馆又名寿佛宫……成都各地会馆名称可从一个侧面反映外省移民省籍及其在成都的区域分布情况（参见表1）。

表1　清代民国时期成都地区移民会馆分布一览表

区县	城厢场镇	会馆名称
崇庆县	城区	江西会馆、湖广会馆、福建会馆、广东会馆、陕西会馆、吉安会馆
	怀远	江西会馆、山西会馆、陕西会馆、广东会馆、黄州会馆、阆州会馆
	元通	湖广会馆、江西会馆、广东会馆、陕西会馆
	三江	江西会馆、湖南会馆、黄州会馆
	大划	湖南会馆、陕西会馆
	羊马	江西会馆、湖广会馆
	廖家	湖广会馆、江西会馆
	街子	江西会馆、广东会馆、福建会馆
	东关	江西会馆、湖广会馆
	王场	江西会馆、湖广会馆
大邑县	县城	湖广会馆、江西会馆、广东会馆、陕西会馆、贵州会馆、云南会馆
	双河	湖广会馆
	韩场	江西会馆
	沙渠	湖广会馆
	高山	湖广会馆
	唐场	湖广会馆、贵州会馆、陕西会馆、江西会馆

续表

区县	城厢场镇	会馆名称
新津县	县城	广东会馆、湖广会馆、江西会馆、陕西会馆、福建会馆
	太平	广东会馆、湖广会馆、陕西会馆、黄州会馆
	普兴	湖广会馆、江西会馆
	张场	广东会馆、江西会馆
	花桥	湖广会馆、江西会馆
	永兴	江西会馆
新都县	新都	江西会馆、陕西会馆、湖广会馆、广东会馆、黄州会馆、贵州会馆、福建会馆
	新繁	广东会馆、福建会馆、江西会馆、湖广会馆、陕西会馆
蒲江县	县城	湖广会馆、广东会馆、江西会馆、陕西会馆
郫　县	郫筒	湖广会馆、福建会馆、广东会馆、江西会馆、陕西会馆
崇宁县	唐昌	湖广会馆、江西会馆、广东会馆、福建会馆、陕西会馆
金堂县	城厢	湖广会馆、福建会馆、江西会馆、陕西会馆、广东会馆、福汀会馆
	赵镇	湖广会馆、福建会馆、江西会馆、陕西会馆、广东会馆、贵州会馆
	祥福	湖广会馆、福建会馆、江西会馆、陕西会馆、广东会馆
	姚渡	湖广会馆、福建会馆、广东会馆
	太平	湖广会馆、福建会馆、江西会馆、陕西会馆、广东会馆、贵州会馆、黄州会馆
	淮口	湖广会馆、福建会馆、陕西会馆、广东会馆、靖天宫
	五凤	湖广会馆、陕西会馆、广东会馆
	竹篙	湖广会馆、江西会馆
	高板	湖广会馆
	赵家	湖广会馆、江西会馆
	官仓	福建会馆、江西会馆、广东会馆
	广兴	江西会馆、广东会馆、黄州会馆
	云合	江西会馆、广东会馆
	土桥	江西会馆、广东会馆、贵州会馆、湖广会馆
	荣丰	陕西会馆
	同兴	黄州会馆
	福兴	文武宫

区县	城厢场镇	会馆名称
	城厢	福建会馆、湖广会馆、广东会馆、江西会馆、郴州会馆
	弥牟	湖广会馆、广东会馆、江西会馆、贵州会馆、陕西会馆、郴州会馆
青白江区	姚渡	湖广会馆、广东会馆、福建会馆、江西会馆
	祥福	湖广会馆、广东会馆、福建会馆、江西会馆、陕西会馆
	清泉	广东会馆、湖广会馆、福建会馆、江西会馆、永州会馆、黄州会馆

资料来源：成都市地方志编纂委员会编纂《成都新方志》，浙江大学电子音像出版社，2007年。

（二）成都家谱所反映的移民省籍及区域分布概况

家谱是记载某一姓氏世系和重要人物事迹的谱籍。从现存情况来看，成都地区家谱基本上都是清代以后所修，而且绝大多数家谱都是外省移民来川后编修而成。

外省移民定居成都以后，按照各自姓氏修建本姓祠堂，成立同宗会，编修家谱。蒲江县内有些世家望族成立同宗会，编纂家谱或族谱，记载本姓世系，列出历代祖宗名号和生卒年月日以及迁居和繁衍历史，著录本姓重要人物事迹，以传之后代，垂训子孙。如鹤山镇徐元善族人编修《徐氏族谱》，松华乡陈姓族人藏有《陈姓族谱》，等等。大邑县许多家族也编修族谱，记载同族世系及其先世迁徙的经历。如《程氏宗支碑序》记载：

> 我祖程明道先生之苗裔也，历四百余年，至明时，徙江南徽州发迹，迁往川南，后落业芦山县清源乡……清康熙时，迁本邑北乡三倒拐落业。

大邑《鲁氏支谱》载：

> 嫡始祖尚义、伯祖尚智，明时由山东迁来川，唯尚义祖曾为阆

中驿宰。及致仕后，兄弟二人创业大邑高堂坝，明末……逃避天全灵关，迨清时定鼎，顺治年间始复故土，认祖归来。

这些族谱还制定了该族后代子孙取名字辈，用韵句固定下来，俗称"排行"。族谱中还记载有族规，如《邱氏族谱》记道："敦孝悌以重人伦，笃宗族以昭雍睦，和乡党以息争讼，重桑农以足衣食，尚节俭以惜财用，隆学校以端士习，黜异端以崇正学，讲法律以儆愚顽。"族规可对族人行为进行约束。都江堰一些族谱也反映了外省移民来此定居的历史。如清道光十八年樊畅园编纂、光绪五年重刻《樊氏宗谱》记载樊氏"世居南阳，分支上党，明永乐初年来四川简州落业"，清中叶迁至灌县柳街鹤鸣村定居。民国二十六年杨念基、杨德成所修《杨氏宗谱》内容包括成书时间、插图、序、凡例、宗规、排行、各支派别名录表、历代祖墓志、各支祖公行谊录等，其中记载道：

> 始祖守发公，祖籍山西。长子厚安，明时授四川潼川府副将，以军功升松藩镇。张献忠进兵川西，厚安公督师至灌阵亡。四世祖春方兄弟五人，逃难三江口，清初插业灌邹街子、两河猛追洞一带居住。

此宗谱现存两河乡杨慕根家。崇州道明乡村民祖籍多为湖北麻城孝感，于康熙年间入蜀，大部分已传十五世。据道明乡《邵氏重修族谱》记载："始祖妣郑氏为湖广麻城孝感乡人，国朝定鼎初，蜀乱甫清，始携二子春详、春友来迁于蜀，由资州而临邛、而崇西之二王庙附近居焉。"从这些族谱的记载中，可以清晰地梳理出成都各地外省移民迁入历史及其地理分布情况。现根据2009年上海古籍出版社出版，由上海图书馆王鹤鸣主编的《中国家谱总目》相关内容编成《清代以来成都各地家谱所见外省移民迁入情况表》（参见表2），可从中反映出清代外省移民定居成都的情况。

表2 清代以来成都各地家谱所见外省移民迁入情况表

市区县	家谱	移民入川情况	版本
成都	《蓉城王氏祠谱》一卷	清康熙由广东迁入四川，清道光十一年兴宁、龙川、长乐、平原四派蜀支于成都建祠合谱	清道光十一年刻本
	《乐阳祠白氏族谱》不分卷	清初由广东惠州府和平县迁居四川成都	清咸丰十一年刻本
	《林氏族谱》不分卷	清康熙间自福建移居四川成都	清光绪年间修、民国增补抄本
	《范氏族谱》一卷	清康熙间自福建上杭入川	1932年石印本
	《周氏宗谱》不分卷	清雍正四年自广东惠州和平县迁入四川成都	清光绪三十一年刻本
	《庄氏族谱》四卷	清乾隆时由闽入蜀	清光绪二十八年广汉庄崇雅祠刻本
	《陈华英公族谱》不分卷	清乾隆二年由广东长荣移居四川成都	1945年成都石印本
	《陶氏族谱》五卷	明末自湖北麻城迁居四川华阳	1932年成都有记文华印字馆铅印本
	《锦官黄氏四支分谱》一卷	黄氏原居湖北麻城，明末动乱时避居贵州遵义，清初入蜀	1932年日新工业社铅印本
	《成都县曹氏族谱》不分卷	清乾隆年间由湖南桂阳县迁成都	民国抄本
	《清河张氏家乘》不分卷	清雍正三年由广东长乐迁四川重庆隆昌，五年迁华阳	清光绪二年稿本
	《张氏蜀谱》六卷	原籍广东长乐县，清雍正四年始迁四川荣昌县，数年后移居华阳县	清光绪十四年刻本
	《成都君平张氏家谱》不分卷	先世居陕西西安府鄠县太安里，清雍正中以货殖入蜀，遂家成都	清光绪三十一年刻本
	《蓉城叶氏宗族全谱》八卷	先世汴梁人，南宋末官闽，流寓梅州程乡县。清康熙六十年自粤入蜀，落业成都仁里乡	清乾隆十一年初修、光绪十年二修刻本
	《傅氏宗谱》六卷	原居福建龙岩州铜钵村，明清之际迁居江西瑞金县上陶，再迁金堂、简州，最后定居成都	清咸丰四年刻本
	《邹氏族谱》不分卷	明代由闽入粤，后迁居四川成都	清宣统元年稿本
	《曾氏通谱》一卷《蜀支谱》一卷	宋代自福建迁居广东石壁，清初先后入川定居，形成蜀支	1914年成都曾氏墓祠刻本

续表

市区县	家谱	移民入川情况	版本
成都	《宁氏族谱》二卷	世居湖南，清初迁蜀	清光绪二十五年刻本
	《四川成都府华阳县郑氏族谱》不分卷	清康熙间由江西龙南县迁四川华阳	清末抄本
	《漆氏续修谱》不分卷	明末清初入川，清代移居华阳	1922年木活字本
	《范阳卢氏宗谱》不分卷	始自范阳，继迁江西，清康熙间由江西吉水迁居贵州遵义，嘉庆间入蜀经商，始迁四川成都	清暨民国稿本
	《新都魏氏祠族谱》十六卷首一卷	宋末由泉州迁漳州，清雍正年间入川，其新都支于清初自湖南澧州迁新都	1930年成都新民权印刷局石印本
	《钟氏族谱》不分卷	清初由广东龙川迁居四川成都西麻糖坝	清同治元年刻本
	《钟氏族谱》一卷	清雍正四年入川，辗转隆昌、温江，后定居华阳	1917年石印本
	《钟氏宗谱》不分卷	明末甲申之变，始祖逃往湖南，清康熙四十二年由湖南新化移居四川成都	1933年石印本
	《谢氏族谱》不分卷	清代自粤迁蜀	民国稿本
	《四川重修廖氏族谱》不分卷	清雍正二年自广东兴宁迁蜀之绵竹，此后散居新都繁阳山、华阳新河堰，以及成都、简阳、金堂等地	清光绪十二年崇礼斋刻本
崇州	《蜀西王氏族谱》十四卷	清初自湖北麻城移居孝感乡三槐树地，后移居四川崇庆城内小北街	1936—1937年山东青岛天眷堂铅印本
	《崇庆岷滨秦氏族谱》不分卷	明洪武时由湖北麻城迁四川，明末再徙崇庆	1937年石印本
	《崇庆李氏族谱》不分卷	明万历间由江西迁四川名山，清康熙十三年再徙崇庆	清光绪元年敦睦堂刻本
	《马氏族谱》不分卷	明初由湖北麻城迁四川洪雅，清初由洪雅再迁崇庆	1916年成都合心印刷社铅印本
	《四川中江崇庆蔡氏族谱》不分卷	明成化间自浙江嘉兴移居四川，清初再徙崇庆	1943年广汉县石印本
大邑	《鹤鸣山牟氏支谱》十卷	明末自湖北麻城迁蜀	清光绪年间刻本
	《大邑陈氏族谱》不分卷	清初由云南昭通府移居四川大邑	1944年稿本

市区县	家谱	移民入川情况	版本
大邑	《鲁氏支谱》六卷首一卷	清顺治年间由湖北麻城迁蜀	清光绪年间刻本
	《大邑崇庆石氏族谱》不分卷	明永乐年间由湖北当阳迁蜀，居四川大邑、崇庆两地后裔合修谱	1928年修抄本
都江堰	《王氏家谱》	祖籍湖北麻城孝感乡，清初率家西迁，首迁四川中江县五家场大桑蹬，清季再迁灌县陈村	1993年铅印本
	《李氏族谱》一卷	清初由江西迁四川灌县	清光绪二十四年刻本
	《陈氏族谱》不分卷	其先江西人，清初移居四川彭山，清康熙间再迁灌县	1935年崇宁麟灵影印社石印本
金堂	《吴氏族谱》八卷	清初由福建入川	清宣统元年云山祠刻本
	《吴氏宗谱》	清康熙间自湖北新化迁居金堂柳溪	1995年铅印本
	《沈氏族谱》不分卷	清康熙四十二年由湖南零陵迁居四川金堂	清同治年间修抄本
	《周氏族谱》	清康熙间由湖南武攸来川，定居金堂县又新乡、水竹林、金鸡山等处	1999年抄本
	《唐氏续谱》四卷	宋高宗南渡时居江西吉安府太和县，明洪武六年迁居湖南永州府零陵县开善乡隆庆桥樟树村，清康熙二十九年由湖南零陵再徙四川金堂	清同治十三年刻本
	《唐氏家谱志》	清康熙五十四年由湖南东安迁居四川三台，再徙金堂	1998年稿本
	《金堂县福兴镇八田村唐氏族谱》	清乾隆年间由湖南邵阳迁居四川简阳，再徙金堂	2003年排印本
	《唐氏族谱》	清康熙四十四年由湖南零陵迁居四川金堂高板桥兴隆沟、三合沟	2004年排印本
	《陈氏族谱》不分卷	清康熙初年自福建龙岩移居四川金堂县东门外玉虹桥（原姓黄，改姓陈）	1914年崇德堂铅印本
	《义门陈氏族谱》不分卷	清康熙四十五年由湖南移居四川金堂	1936年抄本
	《张氏族谱》	清康熙三十四年由湖南零陵迁四川金堂，后裔散居金堂、简阳一带	2001年排印本
	《四川陈氏谱牒》不分卷	清康熙、雍正间由福建移居四川金堂、广汉、新都等地	清光绪年间刻本
	《四川陈氏绍德祠族谱》不分卷	清康熙、雍正、乾隆年间由福建漳州移居四川金堂、新都、新繁、广汉等地	1948年成都铅印本

续表

市区县	家谱	移民入川情况	版本
新津	《四川张氏族谱》不分卷	明成化年间由湖北麻城随军入四川，清代迁新津等地	1925年稿本
郫县	《蜀郫范氏族谱》不分卷	明洪武二年由楚入蜀，家于郫县	清宣统二年丁会祠刻本
郫县	《周氏族谱》不分卷	清初由山西蒲州迁四川郫县	1928年郫县集益石印社石印本
郫县	《胡氏增订蜀谱》不分卷	清乾隆十年由福建长汀迁四川	1915年石印本
郫县	《陈氏润周公派下支谱》不分卷	清康熙间自闽龙岩福门里移居成都县北二十里赛云台，清乾隆初年再由成都迁郫县	1926年培德堂刻本
郫县	《张氏族谱》八卷	元至正间由湖北麻城迁蜀合江，后徙内江，清初徙郫县	清光绪三年刻本
郫县	《张氏族谱》第一卷	清初由广东龙川迁四川郫县	2002年排印本
郫县	《张氏族谱》不分卷	明洪武年间为川南总兵入川	1929年郫西花园场张氏宗祠刻本
郫县	《四川何氏族谱》不分卷	清康熙五十八年自江西迁四川简阳，乾隆二十三年迁郫县	清光绪二十二年泸江堂刻本
蒲江县	《杨氏族谱》不分卷	明洪武三十一年由湖北麻城移居四川蒲江	1916年刻本
蒲江县	《陈氏族谱》四卷	清康熙间由湖北麻城徙居蒲江，一支于明嘉靖年间落籍四川嘉定，后裔于清代迁居蒲江	清道光二十九年王恒义刻本
双流县	《陇西郡李氏族谱》一卷，《附录》一卷	宋代由萍乡迁麻城，明代再徙四川双流	1927年成都大同印书局据清光绪六年修铅印本
双流县	《桂公祠林氏家谱》不分卷	清康熙、雍正间由广东长乐移居四川	清光绪三十三年刻本
双流县	《华阳范氏家谱》不分卷	南宋后期自福建汀州石壁移居广东长乐县，清乾隆初徙四川华阳石板滩巫家桥	清道光八年刻本
双流县	《周氏宗谱》一卷	祖籍湖南宝庆，明隆庆、万历年间因官四川，遂籍涪城，清初再迁双流	清道光二年刻本
双流县	《彭氏源流》	明洪武初由湖北麻城迁居四川，清代自四川犍为迁居双流	清道光二十六年刻本
双流县	《彭氏族谱》二卷	明景泰六年自湖南宝庆迁居四川仁寿牧马山，分属双流	1948年石印本
温江	《赵氏族谱》两卷	先世元末自山西迁四川	1941年石印本

市区县	家谱	移民入川情况	版本
新都	《林氏丰裕祠族谱》不分卷	清康熙六十一年由福建靖县移居四川新都	1945年新都石印本
	《马氏宗族谱》二卷	清顺治间由陕西扶风迁新都	1928年新都德茂生石印本
	《新都夏氏谱》二十卷，首末各一卷	明万历间自武昌宦迁新都	1927年石印本
	《高氏宗谱》一卷	先世隶籍山东，金人南下避居湖广，再入川西，世居繁县	1918年铅印本
	《黄氏族谱》六卷	清雍正二年由广东龙川县迁四川广汉，后迁新都	1930年天章石印社石印本
	《武城曾氏重修族谱》不分卷	清代自广东长乐迁居四川新都	清嘉庆十八年刻本
	《温氏余庆祠族谱》十卷	清康熙间自江西赣州府长宁县迁居四川新都	1923年天章石印社石印本
	《闵氏族谱》	清雍正十年自湖南邵阳迁居新都	1914年孝哉堂刻本
	《杨氏家谱》二卷，首一卷	北宋时移居广东梅州，元代迁湖北麻城，明代徙四川新都，明末再迁县北马家场普利寺附近之乌木沱	1932年新都普利寺杨氏石印本
	《刘氏族谱》	清康熙五十五年由广东兴宁县迁四川新繁，后徙新都	1957年稿本
	《黄氏纂修谱》不分卷	明初由江西迁广东，清康熙间入川开基	清光绪年间刻本
简阳	《王氏宗谱》六卷	明初自湖北麻城移居四川简阳县三江乡	清咸丰九年木活字本
	《王氏宗谱》四卷	清康熙间由湖南永州移居四川简阳	清同治十一年刻本
	《简东王氏初修族谱》四卷	明中叶由湖北麻城移居四川简阳	1929年槐荫堂石印本
	《毛氏族谱》不分卷	明洪武年间由湖北麻城迁来	清光绪二十四年毛体仁抄本
	《文氏族谱》	清康熙间自广东迁来	清光绪二十二年刻本
	《朱氏族谱》不分卷	清康熙间自广东长乐迁蜀	清嘉庆二十年刻本
	《李氏族谱》不分卷	明正德二年（一说洪武年间）由湖北麻城迁蜀，明末再徙简阳大屋沟	清光绪四年刻本

续表

市区县	家谱	移民入川情况	版本
简阳	《李氏续谱》不分卷	明洪武间由湖北麻城迁四川仁寿，明末再徙简阳苏家沟	1913年铅印本
	《李氏族谱简明表》不分卷	明洪武二年由湖北麻城迁四川简阳大屋沟	1937年石印本
	《吴氏族谱》三卷首一卷	明清之际自广东迁居四川简阳	1943年石印本
	《吴氏族谱》不分卷	清雍正三年自湖北麻城迁蜀	民国铅印本
	《楚入川始祖洪家公吴氏宗谱》	清乾隆八年自湖北大冶迁居简阳三岔镇、石庄等地	1993年排印本
	《四川省简阳市吴氏族谱》	清康熙六十年自广东迁居四川简阳	1997年排印本
	《川闽始祖得昌嘉铨振地公后裔吴氏族谱》	原居漳州华封社，清初入川	2000年印本
	《邱氏族谱》	清乾隆间由江西兴国县迁简阳	清刻本
	《邱氏总谱》不分卷	北宋由河南固始县迁居福建莆田县岩头乡，后裔或由福建迁湖北，或由广东而迁江西、湖南，或散居闽、鄂、赣、粤、黔、川等地	1927年刻本
	《邱氏家谱》不分卷	清康熙间由广东迁四川简阳	1946年稿本
	《汪氏宗谱》不分卷	明洪武四年由湖北麻城迁蜀	清同治元年刻本
	《罗家沟汪氏族谱》不分卷	明洪武间由湖北麻城迁蜀，清代迁简阳罗家沟	清嘉庆石印暨光绪排印本
	《周氏宗谱》不分卷	明弘治七年由湖北黄冈迁四川简阳	清光绪二十年周三元抄本
	《胡氏宗谱续》二卷	清初入川	1929年简阳胡氏宗祠刻本
	《侯氏族谱》八卷首末各一卷	明洪武间由湖北麻城迁蜀，明末清初迁简阳	民国年间石印本
	《马氏宗谱》四卷	明洪武五年由湖北麻城迁四川，万历间再迁简阳	清光绪十八年木活字本
	《晋氏族谱》九卷首一卷	原籍山西平阳府洪洞县，明永乐四年移居简阳东乡九洞寺	1939年石印本
	《陈氏族谱》五卷	明洪武初由湖北武昌府兴国州移居四川简阳	清光绪二十一年简州诰公祠刻本

续表

市区县	家谱	移民入川情况	版本
简阳	《简州东乡张家嘴陈氏族谱》二卷	清乾隆七年由广东长乐移居四川简阳	清光绪三十年简州诰公祠刻本
	《陶氏族谱》一卷	原居湖北麻城县孝感乡，明洪武二年徙居简州	清光绪七年刻本
	《黄氏家谱》二卷	此黄氏由广东迁四川，时间不可考	清道光十二年刻本
	《黄氏族谱》	清康熙二十八年由江西上犹县迁四川简阳	1992年打印本
	《张氏续谱》二卷	清初自松江府上海县宦蜀，遂家简州；或云明季自江宁府六合县迁简州，后裔自简州徙居华阳县洗面桥大堆子	清光绪二十四年刻本
	《成都张赓盛公的后裔们》	清康熙初由广东长乐县迁江西上犹县，康熙四十九年自江西迁四川璧山县，再迁简阳	2002年排印本
	《彭氏族谱》不分卷	清康熙间自广东兴宁迁居简阳	1926年成都张大森石印社石印本
	《傅氏万一公族谱》	祖籍福建上杭县白砂蛟洋村，清康熙五十九年徙四川内江，三年后定居简州石桥渡坝村、射洪坝村	2001年清河堂印本
	《邬氏族谱》不分卷	清康熙间自广东迁居简阳	民国年间铅印本
	《曾氏族谱》不分卷	清乾隆间自广东长乐县迁居四川简阳	清刻本
	《重修杨氏族谱》二卷	清康熙间由湖南入蜀	清光绪十一年梅溪堂刻本
	《重修莲宅杨氏族谱》四卷	清康熙四十五年由湖南宁陵入川，四十八年入籍简阳	清光绪十八年刻本
	《杨氏重修宗谱》三卷	明洪武二年由湖北麻城县移居简州	1914年大昌公司铅印本
	《杨氏族谱》四卷	清乾隆年间由广东长乐移居四川	清宣统元年刻本
	《樊氏宗谱》三卷	明洪武二年由湖北麻城迁四川宜宾，明永乐年间迁居成都府简州	清光绪五年刻本
	《刘氏族谱》不分卷	明洪武年间由湖北麻城迁四川简阳	清光绪二年刻本
	《苏氏族谱》不分卷	明洪武二年由湖北麻城迁居四川简阳	清光绪三十一年刻本
	《罗氏族谱》四卷	明洪武二年由湖北麻城迁简阳	清光绪三十三年三合祠木活字本

资料来源：王鹤鸣主编《中国家谱总目》，上海古籍出版社，2009年。

　　根据以上所列124种家谱统计，各省移民数量由多到少可依次排序为湖北、广东、湖南、福建、江西、山西、陕西、浙江、江苏、上海、云南等，其中湖北占29.8%，广东占25.8%，湖南占13.7%，福建占12%，江西占10.4%，其余陕西、山西、浙江、江苏、上海共占7.25%，贵州、云南占1.05%，其中湖北、广东的移民共占到了55.6%，越过了一半。此统计数据虽然与清末《成都通览》统计的入成都籍外省人所占比例有一定差异，但部分反映了外省移民入川定居成都的情况。至于成都各县外省籍迁入情况，从相关资料统计来看，都江堰"楚籍最多，粤、赣、黔、闽、秦、晋次之"；新津县湖广籍占百分之八九十；彭州移民多以湖广籍为主；大邑县"全资两湖、江西、两广、山陕之人来邑垦荒生聚"；新都以粤籍为主，湖广次之；邛崃以江西、福建、湖广籍为主。

　　再从上表统计入川外省移民原属籍贯所在府州县情况来看，湖北移民主要来自麻城，尤其以麻城孝感乡最多；广东移民主要来自嘉应州长乐县（参见表3）。

表3　明清时期成都外省移民所在籍贯分布表

省名	府州县名
湖北	武昌府、兴国州、麻城县、新化县、大冶县、黄冈县、宝庆府武冈州
湖南	澧州、零陵县、武攸县、东安县、邵阳县、桂阳县、新化县、宁陵县、靖县
广东	惠州、梅州、和平县、长荣县、嘉应州长乐县、程乡县、石壁县、龙川县、兴宁县
江西	赣州府、吉安府、瑞金县、龙南县、吉水县、太和县、萍乡、长宁县、兴国县、上犹县
福建	龙岩州、泉州、漳州、汀州、长汀县、莆田县、上杭县
陕西	西安府鄠县
山西	平阳府洪洞县、蒲州、扶风县
浙江	嘉兴府
江苏	江宁府六合县
上海	松江府上海县
云南	昭通府
贵州	遵义府

资料来源：王鹤鸣主编《中国家谱总目》，上海古籍出版社，2009年。

根据对王鹤鸣主编《中国家谱总目》的统计发现，成都地区外省移民并不都是在明末清初"湖广填四川"时来到此地的，有相当一部分移民早在明洪武年间就移居到成都，如崇州《崇庆岷滨秦氏族谱》记载，明洪武时秦氏就由湖北麻城迁至四川，明末再徙崇庆。《蜀郫范氏族谱》记载，范氏明洪武二年由楚入蜀，家于郫县。也有移民在明永乐、景泰、成化、弘治、正德、万历年间入蜀定居，甚至一些族谱记载其先世在元代即从外省移民入蜀。如郫县《张氏族谱》记载，张氏元至正年间由湖北麻城迁蜀合江，后徙内江，清初徙郫县。温江《赵氏族谱》记载，其先世元末自山西迁入四川。明末清初移民，主要集中在顺治、康熙、雍正、乾隆时期。成都外省移民也并不都是一次性移定，而是经过多次辗转。如《锦官黄氏四支分谱》记载，黄氏原居湖北麻城，避明末之乱先移居贵州遵义，清初再迁入成都。《清河张氏家乘》记载，张氏先由广东长乐迁重庆隆昌，再迁成都华阳县。《钟氏族谱》记载，钟氏清雍正四年即入蜀，辗转隆昌、温江，然后才定居成都华阳县。

这些外省人为何移民到成都，主要有以下几个方面的原因：一是从事商贸，《成都范阳卢氏宗谱》记载，卢氏祖籍范阳，后迁江西，清康熙年间由江西吉水迁居贵州遵义，嘉庆年间因入蜀经商，始迁居四川成都；二是宦蜀，双流县《周氏宗谱》记载，周氏明隆庆万历年间因官四川，遂占籍涪城，清初再迁双流；三是随军入蜀，如《四川张氏族谱》记载，明成化年间由湖北麻城随军入四川，清代迁新津等地；四是移居，这是外省人移民成都的主要原因。

三、外省移民对成都社会风尚变迁的影响

历史上外省移民对成都社会风尚的影响是显而易见的，尤其是明末清初成都历史上最大规模的移民活动深刻地影响了成都社会生活各个方面。首先，成都的历次移民，尤其是清初的"湖广填四川"，改善了成都的社会生产力和生产技术，有力地促进了社会经济的恢复、发展和繁荣以及人口素质的优化，当时成都家庭成员往往由几省移民组成已很常见，《锦城竹枝词》就说"大姨嫁陕二姨苏，大嫂江西二嫂湖。戚友初逢问原籍，现无十世老成

都"[1]。其次，成都作为一个典型的移民城市，来自不同地域的移民带来了各地不同的文化和生活方式，并在几百年的时间里相互渗透、交流和融合，从而形成了今天成都和谐包容、乐观自信、开拓创新的地域文化特征。这主要表现在以下几个方面。

（一）饮食文化方面

明清时期外省移民将一批新物种如辣椒、红薯、玉米、马铃薯带入成都，一些新的生产技术如制糖工艺等被移民引入并推广，从而从根本上改变了成都的饮食习惯。作为全国八大菜系之一的川菜，因多种地域文化的碰撞融合在这一时期最终形成，并有了更加广泛的影响力和生命力。被誉为"川菜之魂"的必备调味品郫县豆瓣就是在清代"湖广填四川"移民大潮中，由福建汀州永定县翠亭村移民陈益兼及其后裔陈逸仙创造发明的，他们于清嘉庆年间在郫县开设"顺天号酱园"，享誉全国。

（二）建筑艺术方面

成都建筑也充分体现了不同区域建筑文化的特色。如成都满城作为满蒙八旗官兵的长期驻地，体现了北方胡同建筑特色，今天成都宽窄巷子就是当年八旗官兵居住的等级较低的兵丁胡同。洛带是客家人聚居的地方，这里的客家会馆建筑也反映了两广地区的建筑特色。龙泉谢家大院院落格局是典型的川西四合院，整个院落都是"前出廊后出厦"结构，屋顶盖着一片片小青瓦，屋脊上的飞檐体现了岭南建筑的特征。这些融合了各地移民文化特色的老建筑承载着厚重的历史与文化，传承了成都地区移民的历史记忆。

（三）民情风俗方面

移民文化对成都产生了深刻影响。在秦灭巴蜀以前，蜀地民风淳朴。自秦灭巴蜀以后，一方面，秦开始向四川强制性地迁徙移民，"移秦民万家实"蜀地，并将大量犯罪人群迁移到四川。《汉书·高帝纪》注引如淳曰：

1　杨燮：《锦城竹枝词》，林孔翼辑：《成都竹枝词》，四川人民出版社，1986年，第44页。

"秦法，有罪迁徙之于蜀汉。"[1]这使成都民风开始变得以富相尚，喜欢诉讼。明末清初"湖广填四川"以后，大量移民进入成都平原，川省士人多为移民后裔，性格浮躁，喜生事，"横悍藐法"，更有士人形同徒棍，威福乡梓，"学校、衙门不能约束"。许多士人热衷诉讼，张之洞称"川省最多讼棍，而讼棍多系贡监文、武诸生"，"川省士林，讼风甚炽，琐琐渎告，已为非理"。这种浮躁的社会风气与清初移民群体素质普遍不高密切相关。

（四）丧葬习俗方面

成都丧葬习俗的变化也经历了几个重要阶段。古蜀时期蚕丛氏从岷山石室进入成都平原，将原来在岷山石洞的丧葬习俗也带到了成都，逐渐在成都形成以石棺石椁葬为主要特征的丧葬习俗。开明氏部落来自荆楚，他们将荆楚一带船棺葬的习俗带到成都，近年来在成都市内以及青白江、蒲江发现的大型战国船棺葬遗址就反映了这一时期的丧葬习俗。明末清初"湖广填四川"以后，移居到成都的两广、福建、江西等地客家人也将他们的丧葬习俗带到成都。客家人在迁徙过程中，有"二次葬"的习俗，很多人对故土和祖先难以割舍，他们背上了从坟墓里郑重取出的祖宗骨骸，重新安葬到新的家园，这就是客家人以前长期存在的"拣金葬"习俗，从一个侧面反映了客家人尊祖敬宗的情怀，这在四川客家人留下的大量家谱中可以得到证明。此外，客家人保留至今、古风犹存的舞龙舞狮民俗独具特色。洛带镇是中国西部最大的，也是唯一的客家古镇，洛带古镇一年一度的"水龙节""火龙节"更是几百年来客家人传承下来的特色民俗活动，其火龙舞尤以"刘家龙"最负盛名，已有300余年的历史。

（五）音乐绘画艺术方面

移民对成都音乐绘画艺术的影响也是深远的。唐玄宗、唐僖宗二帝相继入蜀避难，大批宫廷艺人纷纷随之入蜀，从而促进了成都绘画、音乐艺术的发展和繁荣。《益州名画录·序》说："唐二帝播越及诸侯作镇之秋，是时

1　班固：《汉书》卷一《高帝纪第一上》，中华书局，1962年，第31页。

画艺之杰者，游从而来。"[1]入蜀的画家有玄宗时的卢楞枷，"嘉名高誉，播诸蜀川"，随僖宗入蜀的有滕昌佑、孙位，以及后来的刁光胤、赵德元、杜齺龟等。正是这些来自全国各地的画坛高手为成都培养了一代宗师黄筌，为成都绘画艺术的繁荣做出了重要贡献。据王瑛《论前后蜀文化的发展及影响》考证，宋人郭若虚在《图画见闻志》卷二列出的五代画家有91人，其中蜀中画家就有30人，占三分之一。而宋黄休复所著《益州名画录》收录唐肃宗乾元元年至宋初蜀中著名画家58人，其中流寓入蜀者21人，占36%，而被黄休复评定画艺最高的"逸格""神格"及"妙品上格"艺人中，几乎全都是流寓避难入蜀者。

在唐玄宗、唐僖宗先后逃难成都期间，大批宫廷音乐家也来到成都，客观上促进了成都音乐的繁荣。唐玄宗"安史之乱"时入蜀，从马嵬坡经武功入大散关，沿凤县、剑阁到达成都，朝廷大批文武高官、宫廷艺人也随皇帝入蜀，带来了如张野狐等宫廷音乐家，加上燕乐的推广，唐朝宫廷音乐迅速传到巴蜀民间，客观上促进了巴蜀地区音乐艺术的发展和繁荣。唐代大诗人杜甫《赠花卿》诗中有"锦城丝管日纷纷，半入江风半入云。此曲只应天上有，人间能得几回闻"[2]之句。意思是说原来只有皇帝大臣才能欣赏到的高雅宫廷音乐，现在已经普及到巴蜀民间。正因为如此，成都才有"锦城丝管日纷纷，半入江风半入云"的盛况。作为唐朝"南京"的成都，已成为"喧然名都会，吹箫间笙簧"的东方音乐之都。唐末僖宗避乱，也通过蜀道进入四川，带来金五云等宫廷歌手，陈陶《西川座上听金五云唱歌》诗有"蜀王殿上华筵开，五云歌从天上来"[3]的描述。金五云是唐代宫廷艺人，来自福建的陈陶在成都还能欣赏到她精湛的艺术表演。五代前后蜀期间，北方的一些宫廷乐舞也传入前后蜀宫内，许多原为唐朝宫廷的音乐家和舞蹈家也来到成都，为繁荣成都艺术做出了重要贡献。成都市内至今保存有前蜀王建永陵地宫棺床上所刻二十四个龟兹乐队的女乐舞伎浮雕石像，这些石像身材丰腴，

1　黄休复：《益州名画录》卷首《序》，民国四年四川存古书局刻本。
2　彭定求编：《全唐诗》卷二百二十六《赠花卿》，中州古籍出版社，2008年，第1125页。
3　彭定求编：《全唐诗》卷七百四十五《西川座上听金五云唱歌》，中州古籍出版社，2008年，第3803页。

面貌圆润,西边乐伎执拍板,东边乐伎弹琵琶,正面舞伎四人,两两相向,正随着音乐翩翩起舞。据专家考证,她们表演的正是《霓裳羽衣曲》,从中可以看出西域文化对成都的影响。而目前流行于四川、重庆及云南、贵州、湖北部分地区的川剧更是移民文化的产物,是中国西南影响最大的地方剧种。明末清初,昆曲、弋阳腔、青阳腔、陕西梆子、湖北汉调、徽调等声腔流入四川,并于乾隆、嘉庆年间与当地薅秧调、川江号子、地方小调、宗教音乐等逐渐融合,完成了外来声腔"四川化"的演变过程。辛亥革命前后,高腔、昆曲、胡琴、弹戏以及四川本土的灯戏在同台演出过程中融为一体,从而形成"五腔共和"的川剧艺术,一直传承到现在。

(六)方言文化方面

明末清初以来,大量外省移民来到成都,自然将他们的本地语言也带到了成都。这些外省语言与当地语言融合,形成了新方言。如清顺治末年开始了大规模"湖广填四川"移民运动,在近一个世纪的移民潮后,成都本地人口骤增,大多客家后裔至今仍保持着原籍的风俗习惯,使用客家语言。如新都在清康熙、乾隆年间,有大量移民从陕、甘、豫、鄂、苏、黔、赣、粤、闽各省迁来,在语言上逐渐形成两种语系:一种是客家方言,俗称广东话,主要分布在南部丘陵区;另一种属北方方言语系,是新都主要方言。温江县在清朝康乾时期主要是湖广、广东、福建、陕西等省移民的迁入地,移民中以湖广最多,便逐渐形成了以湘语语音为基本口音,并融汇其他语音的温江方言。在发音方面,也往往因地域不同而有一定的差异。龙泉驿区的方言分为"湖广话"和"客家话"两种,"湖广话"与成都方言基本相同,是四川方言的代表;"客家话"即客家方言,以广东梅县话为代表。金牛区辖龙潭乡境内,多为广东客家人后裔,90%以上的人都能讲客家话。青白江区方言在四川省各区县中较有特色,全区不仅有属于北方方言四川官话的青白江话,还有属于客家方言的"广东话"和属于闽方言的"福建话",在回族聚居的乡镇还有"习用语"。这些独具特色的方言大都是在元末明初,特别是在清朝前期"湖广填四川"大移民中孕育和形成的。元末明初的战乱和大移民,使大批湖广籍和部分陕西籍、安徽籍和河南籍的平民、军人留居四川。

他们带来了属于官话方言的湖北话、陕西话、安徽话和河南话。到清朝前期，来自湖广地区，特别是以湖北为主的大批移民入川，形成了今天的四川官话。[1]

　　历代移民对成都社会风尚的影响不止以上所列举的几个方面，诸如成都节日集庆、家风传承、道德礼仪、学术文化等方面都深受移民文化的影响，它已深深地融入每一个成都人的血液之中，镌刻在成都人的精神气质里，是成都开放大气、乐观包容精神的重要体现，在大力弘扬优秀传统文化的新时代应继续加以发扬光大，以更好地彰显天府文化的时代风采。

1　成都市地方志编纂委员会编：《成都新方志》，浙江大学电子音像出版社，2007年。

兼收并融：

客家山歌在天府文化的土壤中绚丽绽放[1]

李天义[2]

摘　要： 客家山歌是客家人在四川生活的重要精神载体，伴随着人口迁徙，客家人在蓉城留下了这一珍贵的生活轨迹，表现出强烈的他者文化符号，为天府文化的创新与发展增添了浓墨重彩的一笔。从人类学的视角观察客家人的文化形态，客家山歌留下的不仅是异乡人在四川生活的精神特质，更是天府文化一部史诗般的音乐交响曲。

关键词： 客家山歌；音乐形态；人类学；精神载体

客家文化是天府文化中一个独特的文化现象，8200万四川人口中有近300万客家人。在战火纷飞的历史更迭过程中，全国各地的客家人随着声势浩大的人口迁徙潮涌入四川，驻足巴蜀，为四川天府文化绘制出一幅绚丽多姿的历史画卷。

1　本文系2016年教育部人文社科一般项目"中国传统乐器陶埙的文化传承与开发创新研究"（16YJC760015）阶段性成果。
2　李天义，成都大学美术与影视学院教授，硕士生导师。

一、四川境内客家文化形成的历史缘由

（一）客家群族定位和历史源头

客家山歌的音乐属性如果单纯从音乐艺术的角度来考察是极为单调的，但如果将它纳入人类学中而衍生出"音乐人类学"，其情况就不一样了。音乐人类学是音乐学与人类学的交叉复合学科。20世纪60年代，美国音乐人类学家梅里亚姆首先提出"音乐人类学"（anthropology of music）这一学术专用词汇，"研究音乐在文化中所起的作用及音乐在人类更广泛的社会、文化联系中的功能"[1]。"客家"在学界被称为他乡人，英文中的"Hakka"和客语白话字"Hak-kâ"或"Khak-k"均是对客家群族的总体称谓。从人类社会学的角度考察客家人谱系，可以将其分为"中原学说"和"土家学说"两大学派。历史学家们认为：客家人最早是从中原迁徙到南方的群体，属于汉民族南方族群的一个分支。"他们（客家）好歌的习尚是没有源泉的了吗？不，他们的歌谣也是曾受过遗传律的支配的。"[2]史料记载，从河南中原洛河流域最早迁出的第一批沿岸居民，对河岸故地的眷恋之情经久难灭，其中游走于南方的河南群族被学界称谓"河洛郎"，"河洛"词汇中的"河"在古时被界定为黄河，也就是"仰韶文化""马家窑文化"和中原"龙山文化"的发祥地；"洛"特指洛水，古称雒水，是黄河右岸重要支流。"中原学说"强调了中原人南下的原根性文化，记载了秦始皇统治时期，百姓为逃避战火经赣南、闽西到达梅州，最终在梅州形成相对成熟的、具有很强稳定性的客家民系。

另一种观点认为，客家群族是南下汉人与闽粤赣三角地区的古越族移民交流融合产生的新型文化载体。古越族在先秦文献中被称为百越、诸越等，包括"吴越""闽越""扬越""南越""西瓯""雒越"等。根据《汉

1　向婷：《如何运用音乐人类学理论方法研究土家族音乐——以土家族打溜子为例》，柯琳主编：《民族音乐研究》（三），光明日报出版社，2015年，第36页。

2　罗香林：《粤东之风》，广东省兴宁市政协文史资料研究委员会编：《兴宁文史》第三十辑，2006年，第32页。

书·地理志》记载，"自交趾至会稽七八千里，百越杂处，各有种姓"。由此可以看出，在东南沿海的广东、海南、浙江、福建、广西、越南等地长达七八千里的半月圈内，都有古越人迁徙的历史足迹。

四川境内的客家人主要来源于17世纪那场举世闻名的"湖广填四川"人口迁徙运动，从康熙三十六年（1697）起，湖北、湖南的客家人从长江三峡水路入川；广东、福建、江西的客家人选择由湘川古道或川黔古道陆路入川，他们手推鸡公车，风雨兼程地赶往四川。"鸡公车"是一种手推的独轮车，在今天洛带古镇的五凤楼广场，客家人用鸡公车推着游客兜风已成为当地的一道文化风景。客家后裔身着浅蓝色传统服饰，头戴草帽，唱着当年祖辈们迁徙来川的客家山歌，以追忆客家先辈和纪念那段遥远难忘的悠悠岁月。为了寻求在他乡的文化身份认同，四川客家人总是以一种特定的方式来表明他们的与众不同。无论是历史上的"中原学说""土家学说"还是"湖广填四川"学说，都留下了华夏儿女迁徙繁衍的历史尘迹，为我们研究客家文化提供了宝贵的史学资料。

客家族系的形成历史极其复杂，客家人不仅遍布于中国各地，而且在国外也建立了一个强大的客家文化群。21世纪伊始，广东省政府在梅州举行了世界性的"客属恳亲会"，来自美国、加拿大、德国、英国、法国、马来西亚、印度尼西亚、新加坡、菲律宾等地的海外客家人纷纷前来寻亲访友，从他们提供的谱系统计来看，分布在海外80个国家和地区的客家人有465万人，中国境内各省市、地区共有5200万人，合计有5665万人之众。据权威机构统计，在四川生活的客家人人口大约有300万人，主要来自广东、福建、江西。客家文化是构成多元天府文化的不可分割的重要组成部分，为天府文化增添了新的文化元素。英国人类学家泰勒1871年给"文化"下了一个经典的定义："就其在民族志中的广义而言，是个复合的整体。"[1]英国学者克里斯·巴克在他撰写的《文化研究：理论与实践》一书中强调：

我们的时代的一个标志就是文化身份的混杂形式正在世界各地

1　黄淑娉、龚佩华：《文化人类学理论方法研究》，广东高等教育出版社，2004年，第24页。

出现，文化混杂的概念使我们认识到新的身份和文化形态的产生。[1]

因而，四川地区的客家文化被纳入天府文化中，成为当代四川多元文化的一大文化元素。

（二）四川境内的客家文化分布情况

尽管历史长河中的客家文化可追溯到秦朝，但是四川境内的客家族系被公认为是明末清初从湖北、湖南、广东、广西、江西、福建等省客家人集中分布的地区迁入四川境内的客家后裔。清黄廷桂等人撰写的《四川通志》记载，康熙七年，四川巡抚张德地目睹川内因战乱满目疮痍、民不聊生。面对如此糟糕的情况，他上任后即向康熙皇帝上了一道奏折，要求从全国各地向四川迁移人口，康熙批准从湖南、广东等省份迁徙近百万人至四川。四川境内的客家人根在中原，在四川分布最集中的区域为龙泉驿，主要为以洛带古镇为中心的西河镇、西平镇、洪安镇以及义和乡、万兴乡、长安乡等四镇十乡，与龙潭寺乡（今龙潭街道）、石板滩镇、廖家场等地构成一个独特的文化群落——东山客家。客家专用名词"东山客家"的"东山"不是指哪座山，而是专指四川客家人居住的一个区域。笔者专门对历史上客家文化中的"东山"进行了社会调研。成都平原东面尽头为龙泉山，西边面对的是龙门山，寻遍全省都没有"东山"这个地名。在《成都通览》一书中，清朝学者傅崇矩是这样描述成都的："成都系平阳大坝，并无大山，东路之山起于五十里简州之龙泉驿……近城一带之凤凰山，东乡之东山，均黄土小坡，实非山也。"金堂淮口镇白塔寺藏有一通明嘉靖三十二年（1553）的古碑，碑刻"东山白塔寺"五字。学界认为，客家文化中的"东山"泛指成都华阳、新都、金堂、简阳一带，包括洛带、十陵、义和、同安等25个乡镇，是客家人大致的居住范围的指称。除此之外，在四川的通州、达县、巴中、仪陇、广安、泸县、泸州、内江、隆昌、威远、资中、安岳、仁寿、简阳、新津、双流、新都、温江、金堂、广汉、彭州、什邡、西昌、会理等地散居客家无

---

1 [英]克里斯·巴克著，孔敏译：《文化研究：理论与实践》，北京大学出版社，2013年，第252页。

数，四川300万客家人的居住地大致以龙泉驿洛带古镇为中心，逐渐向四周散射扩展，构成一道厚重坚实的客家文化风情线。客家人固守其文化习俗，以传唱客家山歌来延续祖辈的文化烟火。

二、四川客家山歌的文化源流

（一）客家山歌继承古代音乐文化的精髓

客家山歌源自中华历史文化，与《诗经》、楚辞、唐诗以及竹枝词、西曲、吴歌等音乐文化元素有内联关系。这里主要对其与《诗经》的关系进行浅要论述。《诗经》最早的作品产生于西周初年，最迟为春秋时期，上下跨度五六百年。其产生地域以黄河流域为中心，南到长江北岸，分布于陕西、甘肃、山西、山东、河北、河南、安徽、湖北等地。黄河流域的《诗经》文化滋润了客家山歌。

> 客家山歌继承了中原地区古代民歌的传统，非常典型地继承了《诗经》以来的民歌传统，主要表现在赋、比、兴手法的广泛运用，这三种传统的表现手法在客家山歌中俯拾皆是。[1]

以四川境内流传的客家山歌为例，有一首歌的歌词是：

> 爹娘养育恩难忘，甜言当过人参汤。
> 在生孝敬四两肉，好过死后祭猪羊。

歌词强调对父母的养育之恩要在今生今世回报。客家人教诲晚辈直截了当，这与《诗经》中的"赋"的文化内涵有关。客家山歌采用比喻的手法也是司空见惯的。在四川客家山歌里有一首鼓励妇女思想解放的歌谣这样唱道：

1　刘晓春等：《客家山歌》，文化艺术出版社，2015年，第12页。

画眉出笼飞山坡，鲤鱼脱网游大河。

打开封建旧锁链，妇女高唱自由歌。

歌中以动物挣脱罗网来比喻人的思想冲破世俗藩篱。"兴"在客家山歌的即兴演唱中处处可见，某些客家山歌的音调是固定不变的，演唱者需随着情景和场合的变化随时改变歌词内容，以通达灵便的即兴演唱赢得听者的掌声。客家山歌用客家方言吟唱，秉承中国《诗经》中的优秀传统遗风，承接唐诗律绝和竹枝词的文化基因。随着时代的变迁，客家山歌同时还吸取了南方各地民歌的优秀成分，歌韵独特，蔚然成趣，形成中国民歌题材中具有"游走文化"性质的独特风情与韵味。星海音乐学院硕士生导师温萍认为："客家山歌应是源于古代民歌，但也受《诗经》、楚辞、唐诗、竹枝词、西曲、吴歌及畲、瑶等少数民族情歌的影响，使它在结构、形式和内涵等方面更加丰富多彩，独树一帜。"[1]

（二）客家山歌的语言派系

客家山歌是中国民歌中的一支，史料记载，客家山歌最早兴起于唐代，经过世代发展到明末清初已经具有诗韵、舞旋、歌咏的显著特征。2006年，联合国教科文组织将其评定为中国境内的非物质音乐文化保护项目之一。客家山歌采用客家语言演唱，客家语并非广东一地的语言，而是因客家人居住地各异而分为广西地区的"新民语"，广东湛江、茂名、阳江、云浮（统称粤西）和广西南部地区的"涯话"（也叫雅话），广东、四川、湖南、江西、广西流行的"广东土话"等。客家语言属于汉藏语系内汉语族的一支，资料显示，客家语言在中国南宋时期初步定型并开始在社会上流传，是汉族客家民系中东南语言文化的主要组成部分，粤东客家人、东江水源人、粤西—桂南涯人、四川广东人把它称为母语。四川境内的客家人主要以湖、广两省人居多，流行"广东语"和"土广东话"，这种语言在四川、重庆、湖南、陕西、台湾等地也流行。广东话也叫粤语，海外华侨称之为"唐话"，属汉藏语系一支，包含藏缅文化元素与汉语的发声腔调。"土广东话"是盛

1　温萍：《客家音乐文化概论》，上海音乐学院出版社，2007年，第6页。

行于成、渝境内客家群族中的一种交流语，统称为四川客家语。成都东山客家人受到巴蜀地域文化的影响，故发音比正统的粤语软绵，行腔更柔润一些，因此称之为"土广东话"以与粤语相区别。时下，川内客家人受现代市场经济的影响，在平时交流时说普通话，也就是我们习惯叫的"川普"；在龙泉驿洛带古镇每年举行的客家聚会中，为了求得客家民系的认同感，"土广东话"就成了客家人互相问候、彼此交往的固有语言。客家山歌演唱也以此为依托，在盛行的梅州客家山歌的基础上衍生出新的龙泉驿洛带风格的客家山歌。

（三）洛带客家山歌的歌词形态与文化特征

成都龙泉驿洛带古镇保留着湖广客家文化的特征，无论是客家会馆还是宗祠和民宅，都留下了南方客家移民迁徙至四川的文化痕迹。在洛带湖广会馆内不仅展出有客家人迁徙来川的珍贵历史图片，还收集有客家山歌原谱，这些资料为我们研究客家山歌提供了极有价值的文献资料。四川地方政府在洛带古镇五凤楼的背后专门开辟出一块空旷的场地，供每年一度的"水龙节"和"火龙节"开展露天活动，全国各地的客家人到四川访亲，与各地游客共同在此欢庆节日，唱着客家山歌，舞着手中的长龙，踏歌嬉戏，热闹非凡。四川龙泉驿客家山歌有室内与室外两种类型，在室内演唱的客家山歌主要是乡民在聚会之前进行集体演唱和个人独唱等仪式性活动。客家人好客善交，每逢家乡人聚集在一起都会欢聚豪饮，喝酒时就会演唱《酒歌》，如"花带酒味花飘香，月有醉态月亮光。客家乡情浓似酒，逢年过节乐洋洋"。此歌描写了客家人以酒会友、以歌叙情的情形，表达了客家人乐观向上，对未来生活充满希望的喜悦心情。《唱起山歌寄深情》改编自梅州客家山歌，是四川洛带客家人在会友时演唱的歌曲，它的歌词这样写道：

> 山歌好比龙泉水，清幽幽来甜蜜蜜。
>
> 妹妹远至故乡来，喝碗山泉好想亲。
>
> 哥哥日思夜又想，妹妹唱歌表忠心。
>
> 哥妹对唱心相印，一曲山歌叙恋情。

这首山歌用饱满的激情与优美的歌谣述说了客家人对久别情人的深切思念，浓浓的爱意经由优美的歌曲表达了出来。客家山歌中的《七盏灯》也是从广东梅州流传过来的，它歌词寓意深刻，韵味十足，表达了男女之间的相思相念和对彼此的美好祝福。

　　一盏灯，送新娘，一对情侣入洞房；二盏灯，送新郎，两人同心结鸳鸯；三盏灯，送新娘，三朝过后把家当；四盏灯，送新郎，四季平安身健康；五盏灯，送新娘，五福临门喜满堂；六盏灯，送新郎，六六大顺万世昌；七盏灯，齐送上，早生贵子状元郎。

歌词首尾押韵，三、三结构有明显的《诗经》遗风，每句的后半段为七言绝句，又很好地保留了唐代诗歌的韵律。由此可见，客家山歌的艺术审美和文化价值都代表了中国民歌艺术发展的一个高度。客家山歌属于中国民歌范畴，源于生活，表达生活。裕固族民歌研究先辈杜亚雄先生认为："民歌是20世纪初才在现代汉语中出现的一个词，古代对它则有不同的称呼。先秦时'民歌'被称为'风'，《诗经》中的'国风'，就是当时各诸侯国流行的民歌。……魏晋南北朝时把民歌称为'民谣'，隋唐称为'曲子'，元明时称'山歌'或'小令'，清代则称'小曲''小调'等。"[1]四川客家音乐文化是儒家文化、移民文化和山区文化的结合体，客家文化深受理学家崇祖思想的影响，忠实地继承了儒家的崇祖文化。建立宗祠，敬拜祖先是客家文化的一个重要特征。客家文化注重文化传承，客家山歌也正是借助传承之道把客家先辈的思想和智慧留存至今。客家文化以儒学为宗，兼收并融，来到四川后又与当地文化融会贯通，形成适者生存、与时俱进的文化风格。客家山歌不仅反映出客家人秉持传统的文化特点，更能够体现客家人入乡随俗、随遇而安的安居乐业的心态，他们听着川戏，品尝着火锅，搓着麻将，欣赏着青山绿水，这种生活如何不令人向往？

1　杜亚雄：《中国民歌地图·北方卷》，安徽文艺出版社，2013年，"引言"第1页。

三、客家山歌的音乐文化特征

（一）客家山歌的分类及歌词内容表达

客家山歌主要是在田间地里和山野小径演唱的"山曲"，它的特点是曲目短小精炼，曲调欢快热情，语言朴素简洁，旋律流畅自然。客家山歌因演唱的场所和所表达的内容不同而分为情歌、耍歌、仪式歌、猜调、竹板歌、号子山歌等形式。客家情歌演唱分为独唱、重唱、对唱三种形式，表达恋人的相爱与相思之情，如《妹妹在哪里》是这样表达爱意的：

> 想妹想到心里头，去年见妹在梅州。
>
> 一双大眼明汪汪，今年不见我心里忧。

客家情歌的对唱通常为前半段对唱，后半段合唱。如《客家山歌美如酒》：

> （男）客家的山也美，客家的水也秀，客家山歌飘悠悠。
>
> （女）客家山歌美如酒，杯杯盏盏醉心头。
>
> （合）山歌声声不离口，字字句句乐悠悠。岁岁年年歌缠绵，
>
> 唱了冬夏唱春秋……

客家人唱山歌有专门的赛歌会，龙泉驿洛带古镇每年的"火龙节"和"水龙节"均有不同形式的歌咏演唱。在五凤楼的戏台上，各路客家山歌好手都会登台献艺，把赛歌当成会友交流的最好方式。客家山歌中的猜调音乐轻快活泼，节奏铿锵有力，一般为男女组群对唱，这种形式我们早在电影《刘三姐》中就见到过。猜调要求演唱者有一定的文化修养和丰富的自然知识，在对方抛出问题后需即刻做出回答，用智慧赢得对手的好感。如在一首客家山歌中演唱者唱：

什么弯弯人前站，什么弯弯能上天。

什么弯弯市场卖，什么弯弯海中间？

演唱者抛出问题后，对应者必须即刻做出回答，并用同样的腔调接上歌词：

扁担弯弯人前站，月亮弯弯能上天。

香蕉弯弯市场卖，虾米弯弯海中间。

音乐文化，特别是歌曲文化，是客家人思想情感的直接表白，他们从遥远的他乡走来，怀抱着对未来生活的期望，在四川落地生根，生息繁衍。习近平总书记曾说："当代中国是历史中国的延续和发展，当代中国思想文化也是中国传统思想文化的传承和升华，要认识今天的中国、今天的中国人，就要深入了解中国的文化血脉，准确把握滋养中国人的文化土壤。"[1]

"竹板歌"是客家山歌中比较风趣的一种形式，客家人叫它"乞食"歌，其歌曲旋律一般较为简单，语言幽默风趣，充满智慧。古希腊的游吟诗人手拿基萨拉琴在希腊岛屿行街演唱，客家竹板歌与之相似，所不同的是，当下的歌手不是为生计演唱，而是为了自娱自乐，以求得心灵的喜悦。客家山歌因歌曲的演唱环境和表达方式的不同而采取不同演唱的形式与内容，我们研究客家山歌时发现，客家人的思想和情感是随着时代的变迁而变化发展的，旧时的歌谣与新时代的歌曲有明显的差异。四川境内的客家人在传承祖辈广东梅州山歌的基础上，衍生出许多新型的歌谣和反映当下生态文化与世俗文化的歌曲，如"一寸光阴一寸金，劝哥莫为妹分心。创业年华没虚度，惜妹要爱惜光阴"。这首歌曲显然表达的是改革开放时期的一种创业新潮思想和与时俱进、锐意求变的精神。

---

1 习近平：《在纪念孔子诞辰2565周年国际学术研讨会暨国际儒学联合会第五届会员大会开幕会上的讲话》，《人民日报》2014年9月25日。

（二）客家山歌的音乐特征

1. 歌曲的调式特征

客家山歌采用五声调式谱写歌曲，无论是梅州传统客家山歌，还是四川境内的客家山歌，均采用五声调式为基本旋律框架。五声调式结构为宫、商、角、徵、羽，每一个骨干音都能够写成独立的调式。客家山歌以徵调式、羽调式、商调式居多，其次为宫调式，角调式少见。五声调式被广泛用于中国各地客家山歌中，并在它的五声框架上形成广义上的客家山歌体。《桃花开来李花开》是刘小光等人在田园采风时收集到的一首梅县松口山歌，该歌曲采用的调式为羽调式，在短短的11小节里，歌曲围绕羽调式骨干音6作弧线运动，将自然界的花朵开放与情人的思念联系在一起，表达的是一种向往与希冀，将对心上人的眷恋之情通过含蓄的方式表达了出来。孔子充分肯定了音乐的教化作用，认为音乐可以"正思维，起和谐"。李从军提出：

> 《晋书·律历》中认为，宫、商、角、徵、羽五音本身，就能够陶冶心性，促人向善。"是以闻其宫声，使人温良而宽大；闻其商声，使人方廉而好义；闻其角声，使人恻隐而仁发；闻其徵声，使人乐善而好施；闻其羽声，使人恭俭而好礼。"[1]

客家人把唱歌看作对人的心境进行历练的一个过程，将此视为对个人性情陶冶的一个重要环节。

2. 歌曲的旋律特征

旋律是音乐的外壳，一首好的客家山歌首先给人留下印象的是其美妙的旋律，然后才是其歌词内容的精神内涵。《客家山歌好甜蜜》是一首创作歌曲，由刘爱斌作词，黄清林谱曲，宫调式与羽调式交替进行，旋律采用级进音阶，整首歌曲流利顺畅，表达出耳系乐声、心系情人那种美好的心境与愉悦的精神。客家山歌有一个特点，就是其旋律写作多用二度级进、三度小

---

1 李从军：《艺术地活着》，商务印书馆，2016年，第145页。

跳，很少见六度或八度以上的大跳。这样的处理使客家歌谣体的山歌更加柔顺与圆润。为了强调这一特性，客家山歌时不时在旋律行进中采用滑音、倚音、波音等装饰音来修饰旋律，使山歌演唱更加悦耳动人。

3. 歌曲的曲式特征

客家山歌曲式结构严谨，通常采用对仗方正的曲式结构，四小节为一个乐节，八小节为一个乐段，上下乐段对称平衡，首尾结构遥相呼应。如《高山岭顶打山歌》歌曲一共有整齐的四句：

> 高山岭顶打山歌（啰），打山歌，妹在房中（啊）（就）织（呀）梭罗。阿妹听嘿（哟）山歌呐（啰嘿），手酸脚软难抛梭（哟啰）。

客家山歌采用的单乐章曲式结构，以两个乐句或四个乐句居多。客家山歌源于对生活的直接感受，它的抒发与表达是对生活的直接反应，山歌的特点就是以简洁、短暂的语言和精炼的旋律来表达主题思想，曲式是音乐表达主题思想的一个关键要素，不同的曲式有不同作用。就像用文学中的长篇小说来对应交响乐中的奏鸣曲式，用中篇小说来对应音乐中的协奏曲一般，客家山歌采用最简洁的曲式，反映的是客家人最直接、朴素的思想情感，其所对应的当是小小说。

综上，在文化全球化视域下，文化多元是当今学界研究的重要课题。2013年，根据《第一财经周刊》综合指标评比，成都处于新一线城市之首，它的光芒甚至掩盖了文化经济最活跃的杭州、武汉、西安；在商业资源集聚度和文化内涵方面，甚至超越了天津和重庆两大直辖市，成为当下全世界关注度最高的城市之一。成都是古都但并不保守，它的文化包容和自身魅力，使其成为极具竞争力的新兴城市之一。客家文化自从落户成都后，与天府文化、巴蜀古韵汇为一体，肆恣泼辣，锐意进取，构成天府文化中一道色泽斑斓、瑰丽多姿的文化风景，而客家山歌正是这道风景中的一抹彩虹。

成都历史乡贤与天府文化

李　军　洪闫华[1]

摘　要："天府文化"已是成都城市文化的代名词，其背后蕴藏着几千年来成都乡贤的奋斗与智慧。在提倡和促进优秀传统文化复兴的当下，各地对自身城市文化的竞争力愈加重视，乡贤文化的价值亦愈发凸显。本文简要梳理了成都的历史乡贤，探寻其与天府文化的关系，以发掘乡贤在传承与创新天府文化中的独特价值。

关键词：天府文化；乡贤；成都

　　学术界一般认为，乡贤有三大基本特征：一、具有地域性；二、具有较高的声望和影响力；三、能够弘扬主流价值观。[2]若以此观之，成都及其辐射的大天府农耕区，乡贤自不在少数。诚如费孝通所说："从基层上看去，中国社会是乡土性的。"[3]天府文化的乡土性是根植在天府的千里沃野里的。《大学》言："有德此有人，有人此有土，有土此有财，有财此有用。"有

1　李军，四川省社会科学院副研究员。洪闫华，西南交通大学助理研究馆员。
2　王泉根：《中国乡贤文化研究的当代形态》，《人民文摘》2014年第10期；张兆成：《论传统乡贤与现代新乡贤的内涵界定与社会功能》，《江苏师范大学学报》（哲学社会科学版）2016年第4期。
3　费孝通：《乡土中国》，人民出版社，2015年，第1页。

德之人就是一方、一地、一国的财富。有了乡贤，才能守土，才能兴邦。故此，乡贤是传统文化的秉承者与传扬者。成都也是如此，在其悠久的发展历史中，涌现了一代又一代杰出的乡贤人物，出现了一大批文化世家和乡邦文献编撰者，既有扬名全国的俊杰，也有默默无闻的奉献者。[1]天府文化滋育了一代代乡贤，历史乡贤也成为天府文化的创造者、涵养者和传承者。只有理解乡贤与天府文化的关系，挖掘乡贤之于天府文化的独特价值，才能更好地继承先贤之志，创建文化天府。

一、成都乡贤撷英

成都乡贤灿若群星，兹按其在"立德、立功、立言"上的成就及其历史影响，选取较有代表性的乡贤（或乡贤世家），将其分为以下五类。

其一，具有全国性文化影响力的标志性人物。他们或以其崇高的德望，或以其全国性的历史与文化影响，名垂青史，为成都带来巨大美誉。如扬雄、司马相如、文翁、诸葛亮、杜甫、巴金。在这些人当中，扬雄、司马相如是最早为成都赢得文名的人物，也是西汉全国知名的文化大家，历来受到国人景仰。文翁以文教之功德垂范汉武之世，功在千秋，是中国古代教育史上开山宗师级人物。诸葛亮、杜甫虽非成都本土人士，但其对成都的历史功绩与文化影响巨大，其文化符号千年以来也与成都融为一体，至今仍是成都对外文化宣传的重要符号。巴金是近现代成都贡献给全国乃至世界的文化人物的杰出代表，以其深广的文化和社会影响为成都文化增光添彩。以上历史乡贤是全国性的文化大德，在成都均有文化遗存或文化纪念载体，具有可资发掘与利用的现实文化价值。

其二，某一专业领域的杰出人才。他们不仅造福乡梓，而且在全国范围内具有重大影响，并在此基础上成为成都标志性的文化符号，如李冰、唐慎微、黄荃、魏长生、贺麟、王光祈、周太玄、彭家元、李家钰、李一氓等。李冰创造性地修建都江堰水利工程，为四川天府沃野的形成做出了杰出贡献，堪称不世之功，百姓代代感念。唐慎微开创性地编纂《证类本草》，不仅可资治病救人，而且对保存传统中医药贡献巨大。黄荃以独步画坛的花鸟

1　屈小强：《四川新乡贤文化建设的传统资源》，《文史杂志》2017年第5期。

画自成一派，成为五代及北宋画师楷模，为蜀画赢得天下名。魏长生以其戏班独步京师，游走苏扬二州，又回馈乡里，为中国戏曲的发展贡献一生，是中国戏曲界广受敬仰的一代宗师。贺麟以"东方黑格尔"闻名中国哲学界，曾为蒋介石师，晚年回馈乡梓，是现代成都智慧才子的一位杰出代表。王光祈、周太玄和彭家元都是近现代中国卓越的教育家，分别以音乐学、生物学、土壤科学的专才为国家、四川以及成都做出了重大贡献。李家钰和李一氓都是爱国爱乡的杰出人物，前者是川军抗日的代表，壮烈殉国后全国为之举哀，他以其个人品行影响了广大在川子弟后学；后者是追求进步，为革命事业奉献一生的川人表率，并长期关心和回馈乡里，受到家乡人民感念爱戴。以上历史乡贤均在事功上对成都、全国或某一行业有重大贡献，且为成都赢得了美誉，成为后世楷模。但这些人多数并未在成都的城市文化塑造中得到充分尊重与重视。

其三，私德高尚之人。他们以其某方面专业才能毕生为乡梓默默贡献，在本乡本土或所在行业内广受爱戴。如汇通中西医的唐宗海、西南音乐教育的开创性人物叶伯和、传统盆景艺人陈玉山、清真学堂创办者周子宾、果木专家张明俊、现代心理学教育家刘绍禹、川剧名家康子林等。这些人品行高尚，素有德望，或以专业能力造福一方，或在行业内承继先贤教化后学，默默奉献，甘之如饴。这就是鲁迅所说的常被人忽略的"中华民族的脊梁"，也是载入成都史册、浩如星瀚的乡贤代表。可惜这些人大多已经被今人所忘记或忽略。

其四，文化世家的代表性人物。他们将其家学传承几百年或多个世代，以仁义礼智信等传统文化价值作为家庭核心价值观，以诗书耕读传家立业，在此基础上协助地方治理，担当地方文教重任，成为乡土社会凝聚力的核心力量之一。如新都杨廷和家族（杨廷和、杨慎）、双流刘沅家族（刘沅、刘松文、刘枨文、刘桂文、刘咸焌、刘咸荥、刘咸燡、刘咸炘、刘东父、刘伯谷、刘奇晋）、华阳范氏（范镇、范祖禹、范冲）、青羊区近代李氏家族〔李璠、李镛、李尧棠（即巴金）〕。这些家族在历史上都曾对国家或地方的文化传承做出过重大贡献，也是地方文星魁斗的渊薮所在，对地域文化的积累、继承和弘扬起到了不可替代的作用。在今天这个越来越强调城市文化

个性魅力的时代，这些文化世家就显得更加难能可贵。但这样的家族，需要几十年乃至百余年的积累才能形成，有些家族虽然今天仍然有所存续，却已经不复往昔的繁华，渐有被人遗忘的趋势。

其五，富于文史才华的人物。他们数十年默默整理和撰写乡邦文献，为保存地方文化，传承地方文脉，传播地方文化特色做出了不可磨灭的贡献。如地方史志第一人常璩、宋代私家修史代表人物范镇、以《蜀诵》整理乡土史志的文史大家刘咸炘、以现实主义小说描摹成都底层社会演变的李劼人、为温江立志的地方鸿儒曾学传等。诚如刘咸炘所说："一代有一代之时风，一方有一方之土俗，一纵一横，各具面目，史、志之作，所以明此也。"[1]成都2300多年的城市史足以傲视世界，如果没有这些乡邦文献的整理者和撰述者，我们后人又如何能了解这座城市的伟大与光荣？以中国历史之悠久、文化之多元、城市之广众，在城市记忆的长度、厚度和完整度上能与成都相媲美的城市，寥寥无几，而这要归功于这些默默奉献的文史乡贤。这类乡贤大多已经被沉埋在历史的尘埃里，在今天的城市文化塑造中，应该给予其应有的尊重。

二、乡贤与天府文化的酿造

习近平总书记指出："在5000多年文明发展中孕育的中华优秀传统文化，在党和人民伟大斗争中孕育的革命文化和社会主义先进文化，积淀着中华民族最深层的精神追求，代表着中华民族独特的精神标识。"[2]2018年春节前夕，习近平总书记在四川考察时明确提出支持成都建设全面体现新发展理念的城市，为成都未来的发展指明了方向。新近公示的《成都市城市总体规划（2016—2035年）》明确提出，成都将建设"公园城市"和"世界文化名城"，并最终建成为"可持续发展的世界城市"。在成都市第十三次党代会上，省委常委、成都市委书记范锐平首次提出发展"天府文化"，并要求"涵养天府文化，扬城市之韵；传承历史文脉，固城市之根；激发文化创

---

1 刘咸炘：《蜀诵》，《推十书》丙辑，上海科学技术文献出版社，2009年，第798页。

2 习近平：《习近平谈治国理政》第二卷，外文出版社，2017年，第36页。

造，立城市之品；共建精神家园，铸城市之魂"，让积淀着"思想开明、生活乐观、悠长厚重、独具魅力"文化气质的天府文化发扬光大。发展"天府文化"之提出与历史乡贤文化的脉络若合符契。

首先，以李冰、诸葛亮、文翁为代表的历史乡贤是天府成都经济、政治、文教的开创者和奠基人，他们是成都城市之根的培植者，是天府文化的涵养者。李冰以天赋之才在二千二百多年前创造性地完成了都江堰水利工程，使河网密集的成都平原从此"水旱从人，不知饥馑"，这是天府文化的物质基础。诸葛亮治蜀，为后世留下宽严相济的治理典范，"不审势即宽严皆误，后来治蜀要深思"的政治文化启迪后世，垂范至今，这是天府文化的制度基础。文翁在西汉盛世之时开创石室藏书并讲经授徒，成为全国官办教育的引领者，并为后世官办学堂、教化后学之典范，这是天府文化的文教基础。这三位都不是土生土长的成都人，但却是成都城市发展史上不可或缺的人物，也是其所在时代数一数二的社会精英。他们以天纵之才建功立业于斯，恰恰证明了成都这座城市自古就有的包容性。而这种包容性，也回馈给成都以绵延不绝的鼎盛人文——自有正史以来，成都虽处江湖之远，却源源不断地诞生堪居庙堂之高的一流人才。这是成都保持悠长厚重的人力资源基础。

第二，以扬雄、常璩、范镇、刘咸炘、贺麟等为代表的文化宗师，是天府文脉的重要传承者。扬雄受业于成都易学大师严君平，以《易经》研究而堪为帝师，且以其文学才华独步当时的首都长安。常璩在建康写《华阳国志》时，承继了蜀州常氏家族数代人的文化积蕴，为中国地方志留下了经典范本，也第一次向全国全面传扬了天府之国的神韵。华阳"三范"以家学之长而担当国史编撰之重任，受到上自皇帝下至学子们的敬重与景仰，以一个文化世家为这座城市赢得了文化自信。刘咸炘并不为当今的学人所熟知，而他却以其不世之才受到钱穆、梁漱溟、蒙文通的由衷赞叹与拜服，是天府文化臻于化境时的一粒被雪藏的钻石。贺麟则是承前启后的文化大家，他开蒙于自汉代延续至今的石室中学，又游学欧美汲取了西方学术的精华，并以"东方黑格尔"和四大新儒家之一的名号，标示了天府文化在现代的智慧高度。这些文化宗师的出现既受益于天府文化的滋养，同时也集中表现了天府

文化开明豁达的特质。

第三，以司马相如、杜甫、黄荃、魏长生、巴金、李劼人、王光祈等为代表的文化艺术家，是天府优雅神韵的传扬者。天府文化最华美的展现是其人文艺术。赋圣司马相如留在驷马桥的豪情至今为人所追忆，其与文君的故事也是古代才子佳人佳话的经典代表，展现了天府文化柔美的一面。"诗人自古例到蜀"，杜甫也被成都所吸引，并在这里开启了人生中最曼妙的一段诗歌生涯，这是成都之为人文乐土的最佳明证。宫廷画领袖黄荃以其独特的花鸟画风格，不仅影响了那个时代的画风，更是淋漓尽致地展现了天府文化的精巧细腻。魏长生不仅以其双庆班促使了京剧的诞生，而且他毕生学习各种戏剧，晚年在成都杂糅川剧、秦腔、扬剧等戏剧形式，直接推动了川剧的创新与发展，展现了天府文化在艺术上的创新精神。巴金与李劼人既是好友，又是知己，一个在外扬名，一个在内坚守，但他们都做了同一件事，即为近现代成都的社会转型和个人的精神追求做了现实主义的描画，他们展现了天府文化的内在觉醒。王光祈留学德国，完成传统与现代音乐理论的精神交响，奏响天府文化在音乐艺术上的华彩。这些文化艺术巨匠从各个方面展现了天府文化的独特魅力。

第四，以唐慎微、周太玄、彭家元、张明俊、陈玉山等为代表的各专业学科的杰出人才，是天府文化创造者，展现了天府文化多元包容的生命力。这些人囊括了社会生活所需要的各个专业——医学、教育、农学、匠艺等，他们的才能与贡献是支撑天府文化保持生命活力的现实基础，没有他们就不可能有天府文化的华彩与绚烂。这样的专才的数量也远多于前面三种乡贤，他们也是当今及未来的天府文化建设中需要倚重的中坚力量。"质胜于文则野，文胜于质则史，文质彬彬，然后君子也。"同样的道理，具有专业才能和建立了现实功业的乡贤，正是天府文化"质"的一面，是打造城市之品、进行文化创造的基本力量。他们的创造力正是天府文化乐观包容的一种表现。

三、天府文化对乡贤的涵养

著名历史学家阿诺德·汤因比在其巨著《历史研究》中研究了6000年来的26个文明体的兴衰，其中只有中国能兴亡继绝绵延至今。[1]

"为什么是中国？"

作为中华文明核心区之一，有着"东方伊甸园"之称的成都，对天府文化的创造与传承，就是对这个问题的绝佳诠释。

与两河流域、尼罗河流域、印度河流域、莱茵河流域等大河文明相近，成都处于长江流域的上游，是早期城市文明聚集地，同样面临着水患威胁，但在这些大河流域的发展历史中，唯有成都的先贤以伟大的智慧建造了完美的水利工程，解决了困扰此地千万年的水患问题。这是天府文化得以长期保持生命力的生态基础。诚如彭邦本所言："秦举巴蜀后大规模建设的又一重要方面是水利建设，建成了运转至今的人类大型水利工程杰作——都江堰，并直接催生了举世闻名的'天府之国'。"[2]与之相较，位于幼发拉底河和底格里斯河交汇处的巴比伦被湮没在滚滚黄沙之中；定期泛滥的尼罗河河水，直到绵延3000年的古埃及王国灭亡也没有休止；印度河流域的天然森林到16世纪时就已毁丧殆尽；莱茵河则是一千多年里欧洲邦国争战的主战场。[3]人类自古择水草丰茂而居，但随着人群繁衍壮大，生态几乎无可避免地遭到破坏，于是族群之间纷争不断，更迭替代，只有成都人自古及今依托着都江堰水利护佑的天府沃野，才能免于其他族群常遇到的发展瓶颈。

由于先贤创下的天府之国的地理优势，成都在漫长的文化基因传续中酿造出一种得天独厚的文化自信，这是成都人乐天包容的文化心理基础。诺贝特·埃利亚斯在其社会心理学名著《文明的进程》一书中探讨了西方社会近千年来"文明化"的过程，并指出其心理发生机制：各种各样的恐惧使人紧张、焦虑、羞耻、克制及服从，于是社会性的规则慢慢产生并从一个小社会

---

1 阿诺德·汤因比著，D. C. 萨默维尔编，郭小凌等译：《历史研究》，上海人民出版社，2016年，第61～65页。

2 彭邦本：《天府之国的起源和形成初探——兼谈先秦秦汉时期成都的崛起》，《先锋》2017年第12期。

3 吴文祥、胡莹、周扬：《气候突变与古文明衰落》，《古地理学报》2009年第4期。

圈子传播到大众，而后被遵从，最后变成文明的"繁文缛节"，进而支撑起社会文明的秩序。在这个过程中，地理因素会起到很重要的作用，如英国、日本这样的岛国会形成与大陆国家（如法国、德国、俄国）很不相同的社会心理性格。[1]以此反观天府之国，由于免于水患的地理优越条件，在社会文明发生之时就少了一些恐惧，多了一些乐观。这一点，从成都地区出土的青铜像、陶俑与黄土高原出土的秦始皇兵马俑的比较中，可获得较直观的认识，前者尽是乐天知命的淡定、欢快表情，后者则无一笑容，尽是肃杀之气。可以说，成都先贤们的乐观包容，正是天府文化得以保持生命活力的社会文化心理基础。

有了生态基础和社会文化心理基础，便有了吸引和凝聚人才的良好土壤。在这样的土壤上，成都又历史性地形成了难能可贵的乐观包容精神。从古蜀神话传说时代到今天，成都一直是以乐观包容的姿态迎接外来优秀人才。[2]也因此，在为成都做出重大贡献的先贤中就有不少是外来者，如李冰、文翁、诸葛亮、杜甫、陆游等。更为重要的是，历朝历代战乱之时，天府之国都是全国人才最佳的避难所，从秦末战争到抗日战争时期，外来移民一波一波融汇到这里，使之成为中华文化最重要的集萃之地。从古至今，成都作为区域中心，汇集人才的优势一直很显著。石硕和奚玲玲通过研究成都在汉藏交流中的作用，发现成都的友善包容不仅使"成都日益成为青藏高原的藏族与内地发生交流、联系的最为重要的桥梁和枢纽城市"，而且使成都在历史上成为东部地区的一个"大后院"，成为中国南北文化的荟萃之所。[3]

所谓"礼失于国而求诸野"，如果说美国是西方文化的集大成，那么成都天府文化也是绵延五千年的中华文化之重要代表。石硕和奚玲玲认为，成

1　诺贝特·埃利亚斯著，王佩莉、袁志英译：《文明的进程——文明的社会发生和心理发生的研究》，上海译文出版社，2013年，第320～326页。

2　彭邦本认为成都是"古代西南地区族群众多、支系纷繁、杂居聚居"的中心城市，见彭邦本《天府之国的起源和形成初探——兼谈先秦秦汉时期成都的崛起》，《先锋》2017年第12期。

3　石硕和奚玲玲认为天府文化的"兼容"特点是成都成为汉藏桥梁的重要文化原因，并因此源源不断地吸引西南地区（包括藏区）少数民族的入居和认同。见石硕、奚玲玲：《兼容：天府文化的特质及其由来——兼论成都在汉藏交流中的连接、枢纽作用》，《天府文化研究（创新创造卷）》，巴蜀书社，2018年，第75～86页。

都的天府文化"是一种'复合'与'次生'形态的文化,这种文化的重要特质是非常善于'兼容'和'学习',有极强的可塑性、适应性和变通性,其中蕴含的乃是一种随意、洒脱、乐观、豁达的人生态度"[1]。无论是对中华传统文化的集大成与"次生",还是对西南区域多民族文化的"复合"与凝聚,都会增强天府文化的多元性、丰厚度和内生力,而这又使天府文化涵养和凝聚出一代代的创造者和传承者,薪火不绝。

四、乡贤文化元素融入天府文化建设

巴蜀文化学者谭继和曾言:"中国的城镇化进程还在加速推进,国内许多城市都在发生日新月异的变化,但是走一走、看一看,'千城一面'的现象并不少见。其实每个城市差不多都有体现自己个性、特色和神韵的实体或遗产作为该城市的代表,关键看怎么用。"[2]要用好成都的乡贤文化,首先要了解和掌握它,而后再挖掘其价值,将其应用于新时代天府文化的创新与创造之中,同时也为成都乡贤文化的传承与发展开辟新路。

(一)整理乡贤文化资源,挖掘乡贤文化精神

"为往圣继绝学"是中国古代道统观念里的一种价值主张,也是天府文化应有的价值担当。成都乡贤中代代都有这样的文化继承者,常璩、范镇、刘咸炘、曾学传等史学家就是今人的榜样。百余年间剧烈的社会变迁导致了传统文化的传承危机,但在中央和政府高度重视传统文化的今天,已经有了充分的条件来对乡贤文化重新进行整理和传扬。传统的乡贤文化资源包括历史乡贤人物资源和与之相关的人文特色资源,他们是传承和传播乡贤文化的源头活水。对其进行有效的挖掘、整理和保护,才能弘扬其文化价值。

首先,应当在传统文化尚存的社区、村落有选择地编修市县、街道、村落的志书、谱牒,编著历史上的乡贤故事、乡贤传记,评选历史乡贤典范并授权建立乡贤碑祠匾额(见表1)。

1　石硕、奚玲玲:《兼容:天府文化的特质及其由来——兼论成都在汉藏交流中的连接、枢纽作用》,《天府文化研究(创新创造卷)》,巴蜀书社,2018年,第81页。

2　刘源隆:《天府文化:成都的根与魂》,《小康》2017年第18期。

表1　党政文宣部应牵头主持的相关事项

序号	事项	措施	价值点
1	编修谱牒、方志	乡贤专家团指导，在地乡贤牵头负责，乡贤参事会支持	传承文化，凝聚人心
2	编著乡贤故事、乡贤传记	文宣部门及相关地区乡贤参事会支持，乡贤专家团负责编撰出版	传承文化，凝聚人心
3	创建乡贤数据库	文宣部门支持，乡贤专家团负责，聘请专业公司维护更新	凝聚人心，整合资源

　　鉴于事项的专业性和复杂性，应将其纳入党政文宣部门日常工作范畴，聘请相关文史专家指导实施，调动成都市及各地地方文化人才积极性，逐步实施谱牒、传记、历史乡贤数据库整理、创建工作。

（二）精炼乡贤文化特色，融入天府文化空间塑造

　　成都市最新的城市规划是要将成都市打造成世界文化名城，为了实现这个目标，势必要全方位提升成都城市文化价值，多层次多样态塑造成都城市文化空间。2018年7月7日，成都市委第十三届三次全会通过的《关于全面贯彻新发展理念　加快推动高质量发展的决定》和《关于深入贯彻落实习近平总书记来川视察重要指示精神　加快建设美丽宜居公园城市的决定》，其中指出："坚持以文塑城，实施历史名人文化传承创新工程，将天府文化融入城市社区、绿道体系、川西林盘，打造'老成都、蜀都味、国际范'的文化景观、文创街区和小镇，创构成都生活美学地图。"[1]按此文件精神，历史乡贤不仅是历史名人的主体部分，而且成都历史乡贤文化作为最具成都本位色彩的一种文化，最应当也最适合融入天府文化空间塑造中。就像已经成为成都文化地标的都江堰、武侯祠和杜甫草堂一样，还有很多乡贤的名字可以成为这个城市或者某个历史文化街区、历史文化名镇或历史文化名村的标志性符号，从而增益整个大成都的文化价值，丰富和充盈天府文化的形式与内容。仅以肖家河街道崇德园改造工程为例，该园不仅以天府文化特色符号为核心设计打造，而且还举行各类天府文化主题活动，如表演四川清音、琴

　　1　中共成都市委：《关于全面贯彻新发展理念　加快推动高质量发展的决定》，《成都日报》2018年7月9日第01版。

书、川剧等传统节目。如果能将清代乡贤魏长生、康子林的文化形象、人文故事、经典剧目等融入其中，就更能体现其地域特色和文化底蕴。同样地，在成都构建"一环两轴四线六片"历史文化空间展示体系过程中，可以把历史乡贤打造成一个个生动的品牌化的IP，使之成为诠释天府文化的媒介，成为成都各历史文化街区、古镇、古村落的形象代言人。

（三）实施祠堂老宅修复工程，重建现代乡贤文化认同

"国之大事，在祀与戎。"中国的"祀"更主要也更重要的是祖先祭祀。但宋以后衍生出对地方乡贤的祭祀，明代承继其传统，从洪武以后历代皇帝对此着意鼓励，推进了明中期以后乡贤祠的全面化和制度化。[1]对乡贤的崇敬和对祖宗的信仰又很自然地融为一体——乡贤背后往往有一个大宗族，光宗耀祖的观念又激励着乡贤回馈乡里，而这又成为明清乡土社会建构的一个基本文化认同。[2]成都传统祠堂和大家族老宅多已毁坏，如今保存较好名声较大的，除了武侯祠之外，还有龙王庙正街的邱家祠堂、新都马家镇杨氏祠堂、崇州怀远镇林氏宗祠、金堂五凤溪镇的贺麟祖宅、龙泉驿谢家大院、温江王光祈旧居、蒲江余家碥老宅院等。祠堂、老宅乃至乡村地区尚存的祖墓，是传统乡贤文化的根基所系。传承历史乡贤文化，激发现代新乡贤对成都天府文化的认同，需要这个精神源头。例如潘石屹的经历就是一个反例，2017年底"潘石屹反思做公益：帮村里人卖苹果，结果祖坟被扒"[3]，此事轰动网络，这就说明当今人对祖宗、祖坟仍然很在意，它们仍然寄托着普罗大众的文化认同。为此应做好四方面工作：其一，积极争取项目资金和吸引民间乡贤资金，抢救濒临残破的祠堂、古墓，激活这些沉睡的文化资源，使其在乡贤文化中发挥载体和平台作用。其二，选择人文鼎盛、经济繁荣之地，复建古已有之的宗祠、乡贤祠、名人祠，以保存和传承乡贤文化，以为当下

1　赵克生：《明代地方庙学中的乡贤祠和名宦祠》，《中国社会科学院研究生院学报》2005年第1期。

2　牛建强：《地方先贤祭祀的展开与明清国家权力的基层渗透》，《史学月刊》2013年第4期。

3　《潘石屹反思做公益：帮村里人卖苹果结果祖坟被扒了》，网易财经频道，2017-12-01。

及后来乡贤榜样，增强乡贤的感召力和价值感。其三，鼓励当代新乡贤（尤其是在外乡贤）回乡建立宗祠，在政策允许且有条件的地方支持其修建家族墓地，以培植和鼓励其认祖归宗、安土重迁、回报故土的意愿。其四，按区县、名镇、名村的地域文化界限，在充分挖掘历史乡贤文化的基础上，有选择有条件地重建乡贤祠，在乡贤祠中为历代先贤画像、立传、刻碑，使之成为众乡邻敬仰和瞻仰的圣地，并每隔5年重新选定德高望重且已仙逝的新乡贤入祠，以示隆重表彰。乡贤祠可以酌情配建墓园，如八宝山一般，祭奠乡贤英魂。

（四）打造具有天府人文魅力的"乡愁记忆"景观体系

除了文化认同，还要在情感认同上重塑成都新的乡贤文化。"望得见山，看得见水，记得住乡愁"——这不仅是习近平总书记的热望，也是成都历史乡贤和当代新乡贤们共同的情感维系。《关于深入贯彻落实习近平总书记来川视察重要指示精神 加快建设美丽宜居公园城市的决定》指出"把乡村作为体现公园城市人与自然和谐共生的绿色基底和最大载体……充分发挥农业农村农民生态产品提供、生态安全保障、历史文化传承的重要作用"[1]。成都的乡村地区是乡贤文化的沃野，在实施乡村文化振兴的过程中打好乡贤文化牌，不仅能传承和发展具有天府文化风格的乡贤文化，也可以强化成都新乡贤（尤其是在外新乡贤）与天府的"乡愁"情感纽带。为此，针对近百年来成都新乡贤的时代情感记忆，可在城市空间和乡土空间中设计和打造"乡愁记忆"文化景观，让天府成都更有人情味儿。

在城区不同社区之间镶嵌着一些田园、林盘、农家乐、新农场，这是成都核心城区打造"乡愁记忆"景观的重点地带。借鉴浙江上虞、安徽歙县、绍兴漓渚等乡贤文化塑造案例[2]，依据成都市最新的天府锦城规划，将成都传统乡贤文化有选择地嵌入天府锦城文化打造中，在"两江环抱、三城相重"古城格局的田园空间和"十景四园一带"的生态地带，有机植入乡贤文化符

---

1 中共成都市委：《关于深入贯彻落实习近平总书记来川视察重要指示精神 加快建设美丽宜居公园城市的决定》，《成都日报》2018年7月9日第01版。
2 钱兴成、周国忠：《乡贤文化在美丽乡村建设视阈下的重构——以绍兴市柯桥区漓渚镇为例》，《文化学刊》2017年第3期。

号，塑造历史乡贤文化品牌，呈现老成都、蜀都味的历史文化内涵。

在"乡愁记忆"景观体系塑造上，大成都二三圈层散布的古镇有更大的发挥空间。应按照四川省《关于建设幸福美丽新村的意见》要求，坚持以"小规模、组团化、微田园、生态化"建设思路，采取新建、改造、保护等多种方式，结合成都市打造1000个川西林盘和"百镇千村"景观化建设行动，因缘就势嵌入乡贤文化元素，充分发掘各乡镇村落历史乡贤人物及其相关建筑、古迹、故事等文化资源，精炼乡贤文化符号，将其融到院落建筑、公共场所和乡村文化空间之中。

《华阳国志》的历史定位与文化价值[1]

汪启明　才　颖[2]

摘　要： 近年来有人认为我国的方志起源很早，如说《山海经》为方志之始；又有人认为方志起源很晚，直到两宋时期才有真正意义上的方志出现。这些观点都没有从历史的、客观的角度来思考。笔者认为常璩所撰的《华阳国志》，是我国西南地区一部非常重要的地方志，也是我国第一部地方志，同时又是我国现存最早的地方志。

关键词： 《华阳国志》；地方志；文化价值

《华阳国志》是我国的第一部方志，这个说法虽然有人并不完全赞同，但反对的声音并不大。有些人把方志的起源说得很早，如说《山海经》是我国最早的方志；又有人把方志的起源说得很晚，认为直到两宋时期才有真正意义上的方志出现。这些观点都没有从历史的、客观的角度来思考，而是从今天的概念出发得出的认识。

1　基金项目：国家社科基金重大项目"方志中方言资料的整理、辑录及数字化工程"（编号：15ZDB107）；国家社科基金规划项目"魏晋南北朝方言研究"（编号：14BYY112）。
2　汪启明，西南交通大学人文学院特聘教授，博士生导师。才颖，成都东软学院基础部教授。

晋常璩所撰的《华阳国志》，是我国西南地区一部非常重要的地方志，也是我国第一部地方志，同时又是我国现存最早的地方志。全书共12卷，包括巴志、汉中志、蜀志、南中志、公孙述刘二牧志、刘先主志、刘后主志、大同志、李特雄期寿势志、先贤士女总赞、后贤志，卷末为序志及益梁宁三州先汉以来的士女名录。它记录了从远古到东晋永和三年（常璩生活的时代）巴蜀地区的历史及其山川形势、地理沿革、物产资源和历史人物。这部书是研究魏晋以前西南各族人民政治、历史、地理、文化、科技、风俗最早也最重要的文献。南朝宋范晔撰《后汉书》，于《华阳国志》中多所撷取。编撰方法上，作者把历史、地理、人物结合起来，采用以地域（卷一至卷四）、人物（卷五至卷十一）、序志及附录三大块为总纲，以地理志、编年史、人物传相结合的体裁来编写，三者互相糅合渗透，虽然在结构上看起来不那么"纯"，但无论怎样，在中国方志史上，《华阳国志》作为地方士人独立完成的第一部地方志，永远闪耀着不灭的光辉！

一、方志渊源记略

"方志"之名最早见于《周礼》，《周礼·春官》载"外史"的职责为"掌四方之志"，《周礼·地官》也存"方志"一语。"方志"即"四方之志"，指记载各诸侯国历史的典籍，又称"国别史"。发展到今天，方志的名称不限于以"志"为名，据黄苇的统计，其名称有28种之多。[1]

但是今天意义上的方志起源于何时，却是一段颇具争议的学术公案。目前，学界对方志的起源有以下几种说法。

（一）史书说

郑玄释《春官》，以"志"为"记"，孙诒让正义曰："方志，即外史四方之志，所以识记久远掌故。外史掌其书，此官则为王说之，告王使博观古事。"北宋李宗谔《祥符州县图经·序》道："地志起于史官，郡记出于风土。"郑兴裔《广陵志·序》认为"郡之有志，犹国之有史"。明代王世贞《通州志·序》说："窃谓今志，犹古史也。"清孙世昌康熙《广信

1　黄苇：《方志学》，复旦大学出版社，1993年，第16～20页。

府志·序》曰："今之志，古之史也。"章学诚《州县请立志科书》称："方志乃一方之全史。"又《州县请立志科议》称："部府县志，一国之史也。"明代，许多私家书目，以地方志别于地理书，将其列入史部。如朱西宁《万卷堂书目》、陈第《世善堂藏书目录》、祁承爜《澹生堂藏书目》，均在史部下设有"方志"一门。

（二）地理书说

晋代左思《吴都赋》："方志所辨，中州所羡。"唐张铣注："方志，谓四方物土所记录者。"宋代学者王存、程大昌、王象之等人推《禹贡》《山海经》等古地理书为方志之祖。清代戴震乾隆《汾阳府志·例言》："余撰汾州诸志，皆从世俗……夫志以考地理，但悉心于地理沿革，则志事已竟。侈言文献，岂所谓急务哉。"谢启昆《广西通志·叙例》认为"志乘为地理专书"。洪亮吉《与章进士学诚书》说："地志者，志九州之土也。"又《新修澄城县志·序》："一方之志，始于《越绝》，后有常璩《华阳国志》。《越绝》先记山川、城郭、冢墓，次以纪传，实后世志州县者所仿，《华阳国志》则有郡县废置。李吉甫《元和郡县志》、乐史《太平寰宇记》体例亦最善……至祝穆《方舆览胜》又采入诗文。于是后之志州县者，舍地理而滥征名宿，略方域而博采词章，有去本求末，流荡忘归者。"梁园东曰："中国之'地方志'，以今日视之，实为一种不完全的地理学书。"[1]从梁阮孝绪《七录》到《隋书·经籍志》《宋史·艺文志》《四库全书总目》等均把地记、图经之类的志书归入地理类。清周中孚《郑堂读书记补逸》、民国《续修四库全书提要》、今人方国瑜《云南史料目录概况》、王重民《中国善本书目提要》也都将方志归为地理之属。

（三）亦史亦地论

民国朱士嘉认为方志："盖无异一有组织之地方历史与人文地理也。书

1　万国鼎：《方志体例偶识》，《金陵学报》1935年第2期。

之关系一方者统称志。"[1]于乃仁《方志学略述》："方志者，以地方为单位之历史与人文地理也。""志兼史地"说的提出是民国方志学的一大进步。李泰棻："方志者，即地方之志，盖以区别国史也。依诸向例，在中央者，谓之史；在地方者，谓之志，故志即史……方志者，乃纪载及研究一方人类进化现象。"[2]

（四）政书说

清李奉翰《永平府志·序》说"志者，固辅治之书也"。

（五）多源论

执此论者见《隋书·经籍志》，宋代欧阳忞《舆地广记·序》，清程大夏康熙《黎城县志·叙例》，纪昀《四库全书总目·史部地理类序》，钱大昕《鄞县志·凡例》《凤阳县志·序》，民国黎锦熙《城固县志》，傅振伦《新河县志》，朱希祖《新河县志·序》等。

中华人民共和国成立以来，对于方志起源问题的讨论，虽未形成完全统一的认识，但方志多源之说，则为多数学者所接受。"方志，顾名思义，'方'，是指地方、方域而言；'志'在这里是'记'或记述的意思。一般来说，完善的方志，它是以地区为中心的综合性、资料性史书。"[3]"方志，是地方志的简称，是记载一个地方古今综合情况的志书。所谓一个地方，古代是指省、府、州、郡、县、乡、镇、里、村等，现在是指省、市、地区、区、县、乡、镇、村等。所谓古今综合情况，是指这个地方的建置沿革、地理环境、民族、户口以及这个地方的古今政治、经济、军事、文化、教育、科技、卫生、体育、民情、风俗、名胜、古迹、宗教、方言、遗闻、轶事、地方文献等等。所谓志书就是记载人、事、物的书。"[4]

---

1 朱士嘉：《方志之名称与种类》，原载《禹贡》1934年第1卷第2期；又收入《朱士嘉方志文集》，燕山出版社，1991年，第45页。
2 李泰棻：《方志学》，河北人民出版社，1990年，第1～2页。
3 刘光禄、胡惠秋：《中国方志百家言论集萃·方志学讲座》，四川省社会科学院出版社，1988年，第9页。
4 黄苇：《方志学》，复旦大学出版社，1993年，第15页。

从目录学来看，方志在国内图书馆归类不一。1992年以前，上海图书馆把方志归入"历史"类中的"地方史"或"民族史"小类。1993年以后，上海图书馆在"历史"类下设"地方史志""民族史志""方志学"三类。《中国图书馆分类法》则在"历史、地理"类中的"中国史"小类下设"地方史志"，下又设"方志学""各代总志""各省市区史志"三个子目。中国人民大学的《复印报刊资料》却将有关方志论著归入"地理"大类中的"中国区域地理"小类。可见由于方志这种典籍体裁的特殊性，其门类尚难有一个很明确的归属。

二、再谈方志性质

（一）方志的概念

前人使用"方志"，含义有四。第一，古方志。此乃一个集合概念，是与史相类的一个门类学科，先秦时期的方志即为此。第二，即前面所讨论的四方物土的记载体。第三，史中志。正史书中下设的志，与"纪、传、表"等体裁并类，是史的主要载体之一。有人认为算是专志，如《汉书》的《地理志》《艺文志》《食货志》等。第四，今方志。此乃两宋时期体例定形的史志分化后的方志，即今天所说的地方志。

许多学者都曾为现代意义的"方志"做过界定，如傅振伦《中国方志学通论》（1988）、黎锦熙《方志今议》（1982）、李宗侗《中国史学史》（2010）、来新夏主编《中国地方志综览》（1988）、黄道立《中国方志学》（2005）、刘纬毅《中国地方志》（1991）、林衍经《方志学综论》（2008）、黄苇《方志学》（1993）。各类工具书也有自己对方志的定义，如《汉语大词典》："地方志，即方志。记载某一地方的地理、历史、风俗、教育、物产、人物等情况的书。如县志、府志等。"《辞海》："方志，记述一方事物的志书。"《中国百科大辞典》："方志：记载一定区域（或行政区划）自然和社会各个方面的历史与现状的综合性著述，有纪、志、传、图、表、录等体裁。分门别类，取材丰富，极具资料性。有全国性的总志和地方性的通志，如州、郡、府、县志。"

2006年5月，国务院第467号令公布《地方志工作条例》，认为："地方志书，是指全面系统地记述本行政区域自然、政治、经济、文化和社会的历史与现状的资料性文献。"笔者认为，这个定义应该涵盖了前述各类的定义，是一个人们可以据之立说的定义。

（二）方志、地理、史书关系论

历代方志都与"史""地"密不可分，但这三者并不等同。

1. 史、地不同

"左史记言，右史记事"，后世大部分学科均以史为宗，地理也是如此。"地理"一词，最早见于《周易·系辞》"仰以观天文，俯以察地理"。《汉书》创设"地理志"，此学始渐发展。《山海经》属地书，《汉书·艺文志》将其列于"形法"类首，《四库全书》又将之列入"小说"类。目录学中，地理类多置于史部下，由此也可窥见史与地为上下属之包容关系。而方志要么置于史部，要么置于地理类。方志中记载了很多地理资料，如疆域、山川、古迹等，如同《水经注》之类纯粹的地理著作较少，因此地理资料的保存常依赖于地方志，很多学者就将地方志也划为地理著作。

2. 志、地有别

李宗侗《中国史学史》："有专记载各地方地理之作，如贺循之《会稽记》专记地理，或如周处的《风土记》专记风俗，此类《隋志》著录甚多；亦偶有载记人物者，即非其专意，又常不甚详细，故只能谓之地理书，而非地方史。自北宋之初，地方史与地方地理方始合流，成为地方图经，后又称为地方志。"[1]

3. 志、史不同

谭其骧先生在谈到地方志与地方史的不同时说：

地方史和地方志虽然同样是以一个地区为叙述对象，二者关系极为密切；但史和志不能混为一谈，二者是有所不同的。不同之处

1　李宗侗：《中国史学史》，中国友谊出版公司，1984年，第158页。

有三：一是地方史以记载过去为主，而地方志是以记载现在为主。虽然说地方志也需要追溯过去，但主要是记载现在。二是地方史以记述这个地方的人类社会活动为主，对自然界的变化只需对特殊的大事记载一下就够了；而地方志至少是应该自然与社会双方并重，要花相当大的篇幅来记载自然方面的事物，应该对当地的地质、地形、气象、水文、土壤、土地利用、动植物、矿物资源都有详细的科学的记载。对社会记载的重点、方法也应该与地方史有所不同。三是写地方史以记载过去为主，所以主要依靠史料；而地方志是以记载现在为主，所以主要依靠调查。当然写地方史有时也要搞调查，写地方志有时也要依靠史料，但是主要的方面不同。[1]

综上，虽然史、志、地三者有交叉，历代地理志、地方志都主要归属在史部下，但方志无论行文风格、记述体裁、编纂条例都与史又完全不同，因此方志别是一体，当无疑义。《华阳国志》中有人物传，将此部分看成是史，也未尝不可。但志之传与史之传还是有很大的差异，如《先贤士女总赞》《三州士女目录》就很有特点，因此方志中有人物传亦无伤其总体为志的大格局。诚如清人姚振宗《隋书经籍志考证》所说：

　　案汉魏六朝地理之书，大抵略如《华阳国志》之体，有建置，有人物，有传有赞，而注意于人物者为多。自来著录之家，务欲各充其类，以人物为重者则入之传记，以土地为重者则入之地理，亦或一书而两类互见，不避复重，或裁篇而分类录存，不嫌割裂。各随其意，各存其是，初无一定之例也。

来新夏指出："我认为史与志的关系是同源异体，殊途同归和相辅相成的，没有必要也不可能分得那么清。"[2]

1　谭其骧：《地方志与总志及历代地方行政区划》，《中国地方志》1984年第4期。
2　来新夏：《中国方志百家言论集萃·关于地方志编写工作中的几个问题》，四川省社会科学院出版社，1988年，第37页。

可见，拿一部跨时空、跨学科、跨门类的，百科全书式的文体去适应一个单独的史类或地类，多有碍难，单列一个地方志类，似更为贴切。

（三）《华阳国志》，方志之始

唐刘知几和杜佑都把《华阳国志》看作地理著作。《史通·杂述》篇："若盛弘之《荆州记》、常璩《华阳国志》、辛氏《三秦》、罗含《湘中》，此之谓地理书者也。"直到今天，对于《华阳国志》的归属，学者们的看法仍不一致。大部分学者认为《华阳国志》是我国现存最早的地方志。如洪亮吉谓汉晋霸史《越绝书》《华阳国志》为方志之始。李泰棻《方志学》说："《吴越春秋》《越绝书》以及未能传世之百二十国宝书等，皆可称为方志。然最古以志名书者，首推常璩《华阳国志》。"清代学者刘光谟《章石斋文钞·县志分篇议》称："方志之书，始于吾蜀。《华阳国志》其鼻祖也。"梁启超《清代学者整理旧学之总成绩》指出："晋常璩《华阳国志》，为方志之祖。"朱士嘉《中国地方志统计表》认为："《华阳国志》十二卷，附录一卷，晋常璩撰。《隋书·经籍志》以之入霸史类，《直斋书录解题》以之入杂史类，《郡斋读书志》以之入伪史类，《四库提要》以之入载记类，而皆不以地志目之。今审其书，乃专记巴蜀地理、风俗、人物之方志也。"[1]张舜徽先生在《中国历史要籍介绍》一书第七章说："这里面的内容，很显明的以风土人物为主，虽十之七八叙述政治沿革，但也注意到了交通险塞、物产土俗、大姓豪族，以及先贤士女各方面，无疑地是今日方志的初祖。"今人杜泽逊认为《华阳国志》是"现存最早的地方志"[2]。傅振伦《中国方志学通论》指出："《越绝》《华阳》二书，皆为方志之类，率述一地偏霸历史沿革，及其掌故、风土、人物。自古志逸，而此遂为地方志之所自昉。此后是体无存，方志大兴，唯《建康实录》《滇载记》《炎徼纪闻》诸书，殆近其体焉。"[3]《中国大百科全书》地理学卷"方志"条曰："现存最早的以'志'命名的志书，是晋代常璩的《华阳国志》。"刘琳

1　朱士嘉：《中国地方志统计表》，《史学年报》1932年第4期。
2　杜泽逊：《文献学概要》，中华书局，2001年，第336页。
3　傅振伦：《中国方志学通论》，上海商务印书馆，1935年，第59页。

《华阳国志校注》、刘重来《华阳国志研究》等也都持此观点。

但也有许多学者认为该书是地方史，不是地方志。持此论者以谭其骧、王仲荦二先生为代表。如王先生说：

> 从这部书的书名看，好像是地方志，其实是一部地方性的通史。所志曰巴，曰汉中，曰蜀，曰南中，曰公孙述、刘二牧（刘焉、刘璋），曰刘先主（备），曰刘后主（禅），曰大同（晋统一），曰李特、雄、期、寿、势，曰先贤士女，曰后贤，曰序志。叙述有法，材料丰富，是研究西南地方史和西南少数兄弟族以及蜀汉、成汉政权的较好史书，有很高的史料价值。[1]

仓修良《中国史学名著评介》专门讨论了《华阳国志》。在梳理前修时贤"史""志"不同的观点基础上，他认为"得从该书的体例和内容作具体论述，不能简单地说是这样，不是那样。当然，我认为两者说法都有相当道理。所以会产生如此分歧，正是因为《华阳国志》确实具有似志非志，似史非史的特点，问题就在于如何作进一步分析了"。经过长达16页详细的分析引证，最后他说："学术界许多学者把它视为留传至今最早的方志，似乎道理更为充足。"[2]

我们认为，不能以前人所论来确定《华阳国志》的性质，而是务必要看这部书的实际情况。这部书虽然有史籍内容，如其中的人物志，但全书开篇三卷就是地域方面的内容，是典型的方志。可以说，没有任何史书是以地理开篇的。因此，《华阳国志》是地方志，以此书为中国地方志不祧之祖，当为的论。

《华阳国志》一书，不仅学者对其性质歧说各异，历代流传的版本也字句纷歧，不可卒读。《华阳国志》版刻流传始于宋代成都府尹吕大防，其后有李𡷫嫌吕刻讹乱，参以前四史整理重刻，为最早刊行之整理本。明代先

1　王仲荦：《魏晋南北朝史》，上海人民出版社，2003年，第843页。
2　仓修良：《中国史学名著评介》第一卷，山东教育出版社，2006年，第253、269～270页。

后有刘大昌刻本（依李㙦本）、张佳胤刻本（依吕大防本）、吴琯刻《古今逸史》本（依张佳胤本）、何允中刻《汉魏丛书》本（依吴琯本）、李一公刻本、影写《永乐大典》本、钱谷抄本（依李㙦本）。清代有李调元刻《函海》本（依李㙦本）、王谟刻《汉魏丛书》本及浙江增补何允中《汉魏丛书》本（依何允中本）、廖寅题襟馆刻本等。校勘《华阳国志》诸家中，惠栋、卢文弨、孙星衍、顾广圻等最为知名。他们的成果可资参证。

《华阳国志》自问世以来，书家多次翻刻。宋人刻本今已不见，明清两代刻本、抄本众多，但错、讹、衍、倒之处不少。据吕淑梅《〈华阳国志〉版本集说》："云南省图书馆庋藏《华阳国志》古今版本计22种之多。"李勇先《华阳国志珍本汇刊》收有23种。基于历代学者的开山之功，半个世纪以来，任乃强《华阳国志校补图注》（上海古籍出版社1987年版）开拓于前，刘琳《华阳国志校注》（巴蜀书社1984年版，成都时代出版社2007年修订版）继起于后，二位先生都是史学名家，功力深湛，于地名之诠译，史实之考订，着力尤多。

任乃强先生《华阳国志校补图注》认为《华阳国志》"开我国地方史志创造之局，有如《史记》之于我国史籍"。他整理此书，以清廖寅题襟馆本为底本，校以现存所有版本（其中包括被任先生本人认为反映了元丰本面貌的何焯校本），参考大量有关典籍，进行校勘、标点、辑补、注释、附加论述及绘图。其校、点、补均反复斟酌，极见功力。其注释、附论和插图，对书中所涉及的我国西南地区的地理沿革、历史事件、人物事迹、民族形成、经济发展、土风民俗、物产资源、著作学术等方面及古西南地区同内地的关系、古西南地区同印度的文化交流等等，做了详细的阐述，有不少独到的见解。在整理《华阳国志》的同时，任先生又综合各方面的材料，纠正了《汉书》及其颜注，《后汉书》及其李注、刘昭注，《三国志》及其裴注，《水经注》，《晋书》，《资治通鉴》及其胡注的若干谬误，对今人研究《华阳国志》及其他史著有重要的参考价值。

刘琳著《华阳国志校注》（巴蜀书社1984年版及成都时代出版社2007年修订版）以廖本为工作本，参张本、刘本、《古今逸史》本、何允中《广汉魏丛书》本、李一公本、李调元《函海》本、《四部丛刊》影印钱谷手

抄本、愚忠堂抄本、山水源头抄本，并参阅了任乃强之《华阳国志校注图补》，成为目前重要的、流行最广的善本。

（四）《华阳国志》的历史文化价值

关于书名。清代廖寅说：

其书称"华阳"者，晋代梁、益、宁三州，故《禹贡》梁州之域，为今四川省及云南，并陕西、汉中迤南之境。按：《禹贡》"华阳黑水唯梁州"。

前人对《华阳国志》评价甚高，如唐刘知几《史通·杂述篇》，称"详审不朽"；宋吕大防在重刻此书的序文中谓"蜀记之可观，未有过于此者"；而清代刘光谟更是奉其为方志之源，称"方志之书，始于吾蜀。《华阳国志》其鼻祖也"。英国李约瑟在《中国科技史》中称其是"中国地方志中一颗耀眼的明珠，是中国古代文化遗产中的精华之一"[1]。

1. 《华阳国志》有珍贵的史料价值

《华阳国志》包含了巴蜀地区政治、宗教、建筑、文学、民俗、艺术、历史人物、对外交往等很多珍贵的"百科全书"式的史料。如最早详细记载了我国闻名世界的都江堰水利工程；记载了我国古代对天然气的发现和使用，这是我国乃至世界上首次使用天然气最早的记载；记载了蜀守李冰在广都主持开凿盐井，这也是中国以至世界上最早的凿井记录。此外，《华阳国志》记载了蜀中是国内最早的茶叶产区；叙述了张陵创立道教五斗米道的缘起，充分证明了成都市大邑县的鹤鸣山是我国道教的发源地；等等。因此，在古代西南地理记载方面，《华阳国志》可以和《汉书·地理志》《后汉书·郡国志》《晋书·地理志》相互印证；在政治史方面，此书可以和《三国志》《晋书》《南史》《北史》比勘。《华阳国志·序志》言："巴蜀，厥初开国，载在书籍。或因文纬，或见史记。久远隐没，实多疏略。"而这

1　转引自高殿楼《常璩对中国方志编纂学的贡献》，《巴蜀史志》2005年第6期，第21页。

部书可补正史之阙，"庶几万分有益国史之广识焉"。正史所阙，《华阳国志》可补者，当为巴蜀及周边地区的"文献不足征"者，尤其是巴蜀及周边地区的众多人物，为正史所不载，《华阳国志》所记就弥显珍贵。再则，常璩之前，蜀地有多种巴蜀史志均佚，赖常书得以传之后世。王仲荦先生认为《华阳国志》"是研究西南地方史和西南少数兄弟族以及蜀汉、成汉政权的较好史书，有很高的史料价值"。

2. 地方性是《华阳国志》的重要特征

由于晋以前巴蜀地区在地理位置、地形气候、建置沿革、物产资源、风土人情、生产生活、历史社会的发展等方面，都有许多不同于中原的特点，所以基于此编成的《华阳国志》，就很自然地有着显著的地方色彩。《华阳国志》中关于农谚、方言、民俗、建筑、土产、矿产等的记载，无不烙有鲜明的巴蜀印记。举凡巴蜀的建制、沿革、疆域、山川、桥梁、关隘、名胜、资源、风俗、物产、气候天文、灾异、人物、艺文等也都为其所包容，如以之与他书相较，异同之间，所获定然良多。

3. 多民族性为《华阳国志》的又一特征

常璩在书中明确地把古蜀人作为华夏民族的一部分，认为华夏各部族有共同的祖先和文化源头。[1]民族史方面，《华阳国志》可以和《史记·西南夷列传》《汉书·西南夷南粤列传》《后汉书·南蛮西南夷列传》配合，考证西南三十几个少数民族和部落的历史及其同汉族、中央政府的关系。它所记载的西南少数民族、部落和他们的社会生活、风俗习惯，多为其他史籍所不载。这为研究巴蜀地区各民族文化提供了丰富的资料，为挖掘西南地区民族史、边疆史等文化资源，开发民族文化产业提供了生动的泉源。

4. 《华阳国志》有重要的语言学价值

魏晋南北朝时期是汉语发展中一个非常重要的阶段，日本学者太田辰夫称之为"质变期"。这一时期，由于战争的原因，民族迁徙的涉及面和数量都很大，这突出表现在侨置、移民、少数民族入主中原等方面，为语言接触和融合造成了有利的条件。例如，我们可以通过书中大量的韵语归纳出当时蜀人蜀地的韵部情况；书中还使用了不少当地的方言（见赵静《〈华阳国

1　汪启明等：《中上古蜀语考论》，中华书局，2018年。

志〉中的蜀语词考释》《〈华阳国志〉中的巴人语词》等）；少数民族语言在《华阳国志》中也有表现（见汪启明等《中上古蜀语考论》的相关章节）。

5.《华阳国志》有很高的文献研究价值

《华阳国志》成书后受到普遍重视，吸引了不少专家学者对其进行大量的整理研究工作。东晋、南北朝学者在其著述中即有引用；唐宋主要以之为撰史材料、类书材料或佐证；明清重在校刻，清代从事校勘此书者20余家，因其书脱稿迄清1600年，历经俗手改窜，手民传抄，匠民翻刻，颇有讹夺衍倒，脱简阙文。至民国，开始走向专题化研究。1949年后，开始趋向多元化研究，诸如经济、民族、文化、人物、版本、史料价值、地名学、民族学、史学思想等均有触及。

历代学者对《华阳国志》多有整理和研究，陈晓华《历代整理与研究〈华阳国志〉综述》（《古籍研究》2001年第4期）分宋前、宋、元明清、民国、中华人民共和国成立后、国外学者六个部分对《华阳国志》的刊刻、校勘和研究进行了系统的梳理，可以说是站在21世纪全面总结了前人对《华阳国志》的研究；张勇《〈华阳国志〉研究概述》（《中国地方志》2016年第4期）则对近年来的《华阳国志》研究成果进行了总结。论文方面，发表有相关研究文章60多篇；专著方面，除了20世纪任乃强先生《华阳国志校补图注》、刘琳先生《华阳国志校注》外，刘重来、徐适端先生主编的《华阳国志研究》，对《华阳国志》的成书、常璩的思想、该书的史料价值等方面做了系统而深入的研究。近年来则有汪启明、赵静的《华阳国志译注》（四川大学出版社，2007年初版，2013年再版），该书诚如赵振铎先生在《序》中所评价，"于词义之引申，文字之假借，疏通证明，多有创获"。此外，《华阳国志》本身和已有研究成果多有龃龉之处，笔者新撰《华阳国志系年考校》即将由中国社会科学出版社出版，是这方面的新成果。《华阳国志》已经成为研究巴蜀史、西南民族史、西南边疆史不可或缺的重要文献，开拓了一个新的专书研究领域。

（五）《华阳国志》反映了巴蜀文化的开放包容特质

自古以来，巴蜀文化最重要的特点是"开放"和"包容"，这一点历代学者论证尚不够充分。巴蜀文化"开放""包容"的两大特质可以从四个方面来说明。

1. 不同民族的和谐共处

《华阳国志》载，蜀地蜀郡、广汉、犍为以外，不远便是少数民族聚居区；巴地除巴郡、巴西、宕渠，更无论焉。巴蜀有名有实的少数民族有30多个，其中有些还仅见于《华阳国志》。例如，武都郡"土地险阻，有麻田，氐傻，多羌戎之民。其人半秦，多勇鸷，出名马、牛、羊、漆、蜜"。少数民族经常来到汉族地区生活甚至生产，如《华阳国志》说汶山郡"有六夷、羌胡、羌虏、白兰峒、九种之戎"，"故夷人冬则避寒入蜀，庸赁自食，夏则避暑反落，岁以为常，故蜀人谓之作氐、白石子也"。汉族通过与其不断的接触，使这些民族部分地改变了自己的风俗甚至身份，蜀汉时，"夷人贪货物，以渐服属于汉，成夷、汉部曲"。《华阳国志》还反映了少数民族和汉族和睦相处的情形："广汉郑纯独尚清廉，毫毛不犯。夷汉歌咏，表荐无数。"汉武帝开发西南夷，《华阳国志》做了详述，汉军"卒开僰门，通南中。相如持节开越嶲，按道侯韩说开益州。武帝转拜唐蒙为都尉，开牂柯，以重币喻告诸种侯王，侯王服从"。这说明汉时开发西南夷都是用很温和的手段来征服少数民族的。《华阳国志·南中志》记载了诸葛亮任用少数民族人士在蜀汉做官的史实："亮收其俊杰建宁爨习、朱提孟琰及获为官属，习官至领军，琰辅汉将军，获御史中丞。"元封五年（前106），汉武帝在全国设13刺史部，巴蜀地区为益州部，州治在雒县（今四川广汉北）。东汉时期，以云南为主的益州亦划入蜀地。有汉以来几百年间，蜀地先后分置蜀郡、犍为、朱提、越嶲、牂柯、建宁、永昌、汉中、广汉、梓潼、巴郡、巴西、巴东、益州等郡，下辖146县，约相当于今四川、贵州、云南及陕西汉中等地。其中包括大量的少数民族聚居区。《华阳国志》说："然要荒之俗，不与华同，安边抚远，务在得才。故高祖思猛士作歌，孝文想颇、牧咨嗟。斯静御之将，信王者所详择也。"又说："南域处邛笮。五夷之表，不

毛闽濮之乡，固九服之外也，而能开土列郡，爰建方州，逾博南，越兰沧，远抚西垂，汉武之迹可谓大业。"如果蜀人和少数民族不能相容，必生战乱。《华阳国志》载，元康八年（298），秦雍二州的天水、略阳、扶风、始平、武都、阴平等六郡（今甘肃东南和陕西西部地区）人民数万家，入蜀就谷。郡守罗尚，要求六郡流民限期返乡，梓潼太守张演在其所辖境内设立关卡，搜夺流民财物，广汉太守辛冉甚至企图将流民首领全部杀死，最终激发民变，李氏起义并建立了在蜀地延续了44年的成汉政权。

2. 对外来移民的吸纳共存

《华阳国志》所载文字表明，巴蜀大地从远古时期起就是一个移民社会，并以博大的胸怀吸收外来移民与文化。《蜀志》："蜀之为国，肇于人皇，与巴同囿。至黄帝，为其子昌意娶蜀山氏之女，生子高阳，是为帝颛顼；封其支庶于蜀，世为侯伯。历夏、商、周，武王伐纣，蜀与焉。"《巴志》："巴国远世则黄、炎之支封，在周则宗姬之戚亲，故于《春秋》，班侔秦、楚，示甸卫也。"《蜀志》记载，秦汉时期临邛县"本有邛民，秦始皇徙上郡实之"。《汉书·高帝纪》载，高祖二年（前205）"关中大饥，米斛万钱，人相食。令民就食蜀汉"。《汉书·食货志》："汉兴，接秦之敝，诸侯并起，民失作业，而大饥馑，凡米石五千，人相食，死者过半。高祖乃令民得卖子，就食蜀汉。"这两条史料都言及政府让关中饥民就食蜀汉。《史记·平准书》载汉武帝时，"山东被河灾，及岁不登数年，人或相食，方一二千里……下巴蜀粟以振之"。笔者在《中上古蜀语考论》中，曾归纳先秦两汉时期13种移民的模式：国破迁蜀、罪犯迁蜀、豪侠迁蜀、政治原因迁蜀、大饥迁蜀、避乱入蜀、派遣入蜀、自愿入蜀、征人入蜀、少数民族入蜀、传教入蜀、政府开边、秦地移民的挤压，并且列举了简文、蜀碑、蜀器、蜀字所给予二重证据法的证明。到了魏晋南北朝时期，几次主要的移民入蜀如下。

（1）僚人入蜀。

《太平御览》卷一百六十八、《太平寰宇记》卷一百三十九并引《四夷县道记》载："至李特孙寿时，有群僚十余万从南越入蜀汉间，散居山谷。因斯流布在此地，后遂为僚所据。"又"初，蜀土无僚，至此……布在山谷，十余万落"。

（2）李特流民入蜀。

《晋书·地理志》记载，晋初蜀郡、犍为、梓潼、巴西、广汉、新都六郡总人口约为11.18万户，秦、雍二州流民蜂拥入蜀后，短短数月间，蜀地人口剧增数万，已近20万户。

（3）侨置郡县。

"《宋书·州郡志》载益州领郡29，其中可以查证的各类侨郡达15个，占1/2；全州总户数54042，而侨郡县领户达14791，占1/4强，由此可见益州侨郡县规模确实不小。"[1]

这些外来人口和外来文化，都为蜀文化所同化和包容，最终成为蜀文化的有机组成部分。

3. 对异质文化的包容接受

两汉时期，中国文化史上发生了三件大事：独尊儒术、道教兴起、佛教传入。儒、释、道成为中国传统文化的三大思想来源。《华阳国志》则反映了这三大思想共存于巴蜀的史实。《先贤士女总赞》《后贤志》《益梁宁三州先汉以来的士女名录》中的蜀汉士女，多为习儒而名。道教则是发源于巴蜀的土生土长的中国宗教，这里略而不论。我们着重从开放、包容的角度谈谈佛教这一外来宗教在四川地区的接受问题。

佛教何时传入中国，是学术界研究的难点。赵朴初先生甚至提出"佛教传入中国的具体时间和年代，现在很难考定"，吕澄《中国佛学源流略讲》也有同样的意见。2013年，应台湾音韵学学会原会长竺家宁教授之邀，笔者到台湾政治大学开设"巴蜀早期佛教与文献相关诸问题"的讲座，从"巴蜀佛教传入之社会基础""巴蜀佛教传入之交通基础""巴蜀佛教传入之文化基础"切入，并从二重证据法角度谈到巴蜀地区对佛教的容纳与吸收，提出"无经之佛与有经之佛""佛教文献不必尽译经""佛经入蜀不必蜀地译就""蜀地译经不必本土僧人""无僧之佛与有僧之佛""无文字之佛与有文字之佛"等论题，并对蜀寺、蜀碑、蜀僧、蜀画像砖、摩崖造像等做了具

1　陈乾康：《论东晋南朝的侨州郡县》，《四川师范大学学报》（社会科学版）1995年第2期。

体分析，认为在《四十二章经》和白马寺之前，早有佛教入蜀，"蜀地的佛教传入或许能作为中国佛教传入的重要旁证"。

我们在《华阳国志》中，能看到佛教的遗迹。《华阳国志·南中志》：

> 以南郡阎宇为都督，南郡霍弋为参军。弋甚善参毗之礼。遂代宇为监军、安南将军。抚和异俗，为之立法施教，轻重允当，夷晋安之。及晋世，因仍其任。

任乃强指出：

> 甚么叫"参毗之礼"？印度佛法，在释迦牟尼以前，属于婆罗门教派，它无经典，只重修持的仪轨，称为密法，所供为毗罗佛。向此佛像礼拜的仪轨，称为参毗。……可知当时的南中（云贵高原）人民，无论是夷民、晋民都已普遍信奉印度传来的这样的宗教了。[1]

"参毗"一语，历代多见，《大藏经纲目指要录》卷三、梁章钜《三国志旁证》卷二十四均有引。《华阳国志·大同志》："麇人营中，军占以为不祥，晏不悟。胡康水子烧香，言军出必败，晏以为沮众，斩之。"胡人康水子烧香求占，当为佛教徒，烧香亦佛家礼仪，见《三国志·吴书·士燮传》。"烧香"一语，历代文献亦多见，道家、佛家经典多用。对这些材料，大家并非都有一致的看法，但四川早于中原就有佛教传入则是不争的事实。赖永海《中国佛教通史》卷一："一些学者通过研究发现，中国早期佛教考古实物多出在长江上游的四川地区。"[2]从旁证来看，当时蜀地与西亚道路是畅通的。《华阳国志·南中志》载，武帝曾派使张骞至大夏国，"见邛竹、蜀布，问所从来，曰：'吾贾人从身毒国得之。'身毒国，蜀之西国，

1　任乃强：《中西陆上古商道——蜀布之路》（下），《文史杂志》1987年第2期。
2　赖永海：《中国佛教通史》第一卷，江苏人民出版社，2010年，第124页。

今永昌〔徼外〕是也，辔以白帝"。又：

> 孝明帝永平十二年，哀牢抑狼遣子奉献。明帝乃置郡，以蜀郡
> 郑纯为太守。属县八，户六万。去洛六千九百里，宁州之极西南
> 也。有闽濮、鸠獠、僄越、裸濮、身毒之民。

阴平郡则"有黑、白水羌，紫羌，胡虏。风俗、所出，与武都略同"。

4. 考古学的证明

巴蜀文化对异质文化的包容还能得到考古学的证明。如三星堆文化、金沙文化就是典型的混合文化。范勇指出，三星堆遗址第二期所出器物与中原二里头文化之间有密切关系，"两者均出陶盉、瓠、器盖、豆，罐类器物，都是以小平底为主。尤其是陶盉，二者极为相似……联系到陶盉起源于山东向中原传播的事实，以及二里头文化早期略早于三星堆二期的情况，不难确定三星堆遗址第二期受到了二里头文化的影响，因此在文化上呈现了一些相同的因素。但若据此便认为前者渊源于后者，则嫌证据不足"[1]。邹衡先生认为，三星堆遗址出土的陶盉同二里头的陶盉，"除了陶质和大小以外，几乎没有太大的区别，所以它肯定是从二里头文化传来的，因为别的地方没有"。"又如陶豆，基本上也同二里头文化的一样。现在所见到的三星堆陶豆，其形制相当于二里头文化的早期……不过三星堆的陶豆较大，要比二里头的陶豆大三倍到四倍。但是从它的特征来看，应该也是从二里头文化传来的。""第三件最重要的陶器是'将军盔'，即熔铜的坩埚。它是与铜器有关系的。在三星堆看到的'将军盔'，从它的样子来看同殷墟第一期的非常相似，但也有区别。"还有"三星堆铜罍同湖北宜都发现的同类铜罍稍有区别，而同陕西城固的铜罍几乎没有什么区别，连花纹的作风都一样。但是它同殷墟的铜罍多少有些不同，当然其时代同'将军盔'的时代还应该是一致的"[2]。孙华在《神秘的王国》一书中专列"来自二里头文化的王族"一节，

1　范勇：《试论早蜀文化的渊源及族属》，《三星堆与巴蜀文化》，巴蜀书
　　社，1993年，第18～19页。
2　邹衡：《三星堆文化与夏商文化的关系》，《四川考古论文集》，文物出版
　　社，1996年，第57页。

除了本文上面所述理由外，还特别就三星堆文化的眼睛崇拜与二里头文化的关系进行了论述。最后他说："有理由相信，三星堆文化所代表的三星堆王国的上层社会有来自中原及其以东的人群，三星堆王国王族如果不是全部的话，也有一个支系应当来自二里头王国王族中的东方氏族。""建立三星堆王国的统治阶级的一支，可能是来源于山东地区的古族，并且该古族很可能与二里头王国即夏王朝有密切的关系。"[1] 万本根、段渝《论巴蜀与中原的文化交融》一文，认为三星堆青铜人头像双耳所饰云纹，青铜神人大面像鼻、额之间上伸的夔龙纹饰，青铜神树上的夔龙等等，"都是中原青铜器常见的纹饰"，三星堆出土的青铜尊、罍和玉戈等青铜礼（容）器和玉锋刃器，也"完全仿制于中原文化"。再如，三星堆出土的陶高柄豆、陶盉，其形制"渊源于中原文化"。青铜无胡式三角形援蜀式戈和柳叶形剑，"在中原和殷墟续见出土"。[2]

海纳百川，有容乃大。拥有宽广胸怀的巴蜀人民，学习不同民族、不同内涵、不同地方、不同时代的外来文化，又把地域文化的优势作为自己的底色。在长期竞争、融合、连续发展的过程中，没有产生"文明的冲突"，却形成了你中有我，我中有你，但又独具特色的巴蜀多元文化形态。这种开放包容、吸取异质文化精华的文化，不断重新定义着巴蜀文化，也必然使巴蜀文化成为先进文化。《华阳国志》总结汉魏巴蜀人士时，即引时人赞："汉征八士，蜀出其四。"又说："汉具四义，蜀选其二。"由此可见蜀地文化的高度发达。宋人吕大防在为元丰成都刻本《华阳国志》作序时评论道："自先汉至晋初逾四百岁，士女可书者四百人，亦可谓众矣。"《华阳国志·蜀志》甚至说："蜀学比于齐鲁。"《汉书·地理志》则说巴蜀"文章冠天下"。秦时，成都与咸阳同制，长安人口8.08万户，而成都达到7.62万户，成为全国的第二大城市。[3] 这些人口当然不是短时期内形成的，这既是因为天府之国具有优厚的生养条件，也是其对外来民族、移民文化包容共存，从而形成强大吸附力的必然结果。

1　孙华、苏荣誉：《神秘的王国》，巴蜀书社，2003年，第155、152～153页。

2　万本根、段渝：《论巴蜀与中原的文化交融》，《中华文化研究通讯》1999年。

3　蒙文通：《巴蜀史的问题》，《古族甄微》，巴蜀书社，1993年，第231页。

（六）《华阳国志》的现代价值

2011年，习近平同志向全党发出"领导干部要读点历史"的号召，主张"学习中国历史，了解和懂得自古以来中国人民创造的灿烂历史文化"。他又说："历史是一面镜子，它照亮现实，也照亮未来。了解历史、尊重历史才能更好把握当下，以史为鉴、与时俱进才能更好走向未来。"他还强调："重视历史、研究历史、借鉴历史，可以给人类带来很多了解昨天、把握今天、开创明天的智慧。""中国有着5000多年连续发展的文明史，观察历史的中国是观察当代的中国的一个重要角度。不了解中国历史和文化，尤其是不了解近代以来的中国历史和文化，就很难全面把握当代中国的社会状况，很难全面把握当代中国人民的抱负和梦想，很难全面把握中国人民选择的发展道路。"在这个大背景下，2017年，中共中央、国务院做出了"全面复兴传统文化"的重大国策。国家因史而立，有史才有国，史为立国之本；地方因志知古、知地、知情，以此可鉴今。学习方志自然是振兴地方文化的应有之义。

学习方志，阅读方志，运用方志指导工作是我党的优良传统。乐俊主编的《明秉刚文集》设有"毛主席爱看地方志"这样一个专节，虞祖全发表有《毛泽东与地方志》的专文。[1] 龚育之、逄先知、石仲泉著《毛泽东的读书生活》："一九五八年三月，毛泽东首次到成都，主持中央工作会议。三月四日下午，一到这个蜀汉古都，立即要来《四川省志》《蜀本纪》《华阳国志》阅读。以后，又要来《都江堰水利述要》《灌县志》等地方志书籍，还在书上批、划、圈、点。会议期间，他亲自挑选唐、宋两代李白、杜甫、苏轼、陆游等十五人写的有关四川的诗词四十七首，明代杨基、杨慎等十二人写的十八首，连同《华阳国志》，一并印发给与会同志。"[2]1958年8月9日，周恩来同志指出："我国是一个文化悠久的大国，各县都编有县志。县志中就保存了不少各地经济建设的有用资料，可是查找起来就非常困难。所以，我们除编印全国所藏方志目录外，还要有系统地整理县志中及其他书籍中有

1　中国人民政治协商会议上海市静安区委员会文史资料委员会编：《静安文史》第八辑，1993年，第30页。

2　龚育之、逄先知、石仲泉：《毛泽东的读书生活》，中央文献出版社，2003年，第7页。

关科学技术的资料，做到'古为今用'。"[1]

1989年，习近平任福建宁德地委书记时指出："我来宁德的第一件事，就是要看府志、县志。要马上了解一个地方的重要情况，就要了解他的历史。了解历史的可靠的方法就是看志，这是我的一个习惯。过去，我无论走到哪里，第一件事就是要看地方志。"[2]2006年，"桑美"超强台风登陆浙江省苍南县，12月20日，"习近平同志在苍南县考察调研灾后重建工作时，调阅了《苍南县志》，并在座谈会上，饶有兴致地给在座的温州市委、市政府和苍南县委、县政府领导朗读了大段志书中有关历代台风登陆苍南的记述，告诫大家要以史为鉴，认清台风活动以及影响浙江的规律，科学决策，不断提高防台抗台和处置各类自然灾害的能力，做好长期抗台的准备"[3]。

可见，读史学志，"述往者，思来者"，不单单是研究者、爱好者的事，也不只是史家、志家之事，更是值得全社会重视的事。

我们提倡读《华阳国志》，不是要人人都做学问式的精读，更不是要人人都成为方志专家，而是提倡借鉴式阅读。阅读方志，以史为鉴，为"经世致用"而读，为爱乡爱国而读，为治国安邦而读。章炳麟曾说，当年顾亭林要排斥满洲，手中没有兵力，就寻访名山大川，用古碑古碣传示后人，就是要以之增进民众的爱国热情。章氏又言，"一国之历史正似一家之家谱，其中所载尽已往之事实，此事实即历史也"，历史"不专在乎办事，只是看了历史，就发出许多爱国心来，是最大的用处"。黄晓光《乡土志述略》："人有爱乡心而后有爱国心，不能爱乡而谓能爱国者，是谰语也。……乡且不爱何有于国？然欲人之爱乡必先人知此乡之历史沿革及往事。"[4]

敬畏方志，读点方志，多一分尊重，不只是延续国脉的情怀，也由于方志是民族文化和地方文化的重要载体，是个人与社会最好的黏合剂。盛世修

1　周恩来：《中国方志百家言论集萃·1958年8月9日在北戴河同北京大学图书馆学系邓衍林教授的谈话》，四川省社会科学院出版社，1988年，第64页。
2　宁德市地方志编纂委员会编：《先行的脚步：福建改革开放30年记事"宁德篇"》，海潮摄影艺术出版社，2009年，第47页。
3　田嘉主编：《中国地方志年鉴（2007）》，《中国地方志年鉴》编辑部发行，2007年，第24页。
4　黄晓光：《中国方志百家言论集萃·乡土志述略》，四川省社会科学院出版社，1988年，第57页。

志，方志的发展与社会的发展是同步的，并为社会的发展所决定。地方上的历史人物和他们的事迹已经随着历史而远去，但未来的路正长，人们回溯历史，读方志，学先贤，和圣贤对话，目的是成为心智健全的国民。每每看到当下世风，益思如是。

电子书时代，碎片化阅读已成风气，系统看某一方面的大部头著作，对普通读者而言存在诸多困难。例如任乃强《华阳国志校补图注》与刘琳《华阳国志校注》均为学术性极强的出版物，中等文化水平读者阅读仍感困难，因此，把阅读作为一种生活，不求整体，但求枝叶，可以把片断时间和自己的阅读体验整合起来，用自己的大脑"编"书或再造书。孙权劝吕蒙读书，"孤岂欲卿治经为博士邪！但当涉猎，见往事耳"，讲的就是这个道理。方志在历代学问家那里是事业，是仰望星空；到今天的历史学者那里，多以使用更加复杂的模型重复阐释已经被论证过的问题或论证浅显的历史学常识问题为主要追求；但在普通读者这里，则可以是一种"茶余饭后"的消遣。

我们学习和研究巴蜀文化，应该把《华阳国志》作为一个地标式的典籍。可以说，不精研细读《华阳国志》，谈巴蜀文化就如沙上建塔。因此，笔者花十多年功夫完成了《华阳国志系年考校》的撰写（中国社会科学出版社，即将出版），自然属于"学问式的读"所需要的。但是，"治蜀兴川"，弘扬巴蜀文化，我们又的确需要一部普及性较强、人人能读的读本。那么，我们的《百部国学经典权威版本精注新译丛书·华阳国志》（江苏凤凰出版社，即将出版）就是这方面的成果，它不是为历史学家的执着而生，而是为借鉴式的阅读和普通读者的兴趣而生。希望它能为巴蜀文化的深入研究和普及起到提供资料、提出问题、引起讨论的作用。

雨打风吹去　风流依旧在

——宋代官修会要述略

尹　波[1]

摘　要： 宋代官修会要共十种，纪事时间最长、总卷数最多的是《总类国朝会要》，由蜀人张从祖撰，李心传续编，且刻于蜀中，是宋代文化的一座宝库，也是天府文化的一座丰碑。它历经八百年风雨，仍然风流故在，熠熠生辉，至今仍是研究宋代文化的三大史书之一，并以其典范昭示着文化立国之精神与天府文化之包容。

关键词： 宋代；官修会要；天府文化；包容

大凡一个大国梦想的实现，都是以文化作为载体，产生、发展和传承，古今中外概莫例外，中国文化的高峰时代之一——两宋时期更是如此。

中国文化，历来重史，左史记言，右史记事，乃自古以来史官的不二法则。无论当时之大事，朝中之曲折，在史官笔下，皆被客观记录，故称之为"实录"——史料中最为准确的载体。

由实录而下，或朝廷命之史官，或个人出于对历史的爱好，以实录为基

1　尹波，四川大学古籍所教授。

础，加之当时人之亲历，当朝人之回忆，而成会要一体——荟萃要录也，即撷拾一代或一朝重要的政治、经济、文化、军事、邦交、历象、舆地及朝章典制，叙其因革损益与相关史事，依据时次先后，分门别类荟萃于一书。其编纂会要之义，在于"检寻典故"[1]。会要体滥觞于唐人苏冕、崔铉先后撰录的武德以迄宣宗十五朝会要八十卷，迨北宋初王溥始综苏、崔两书，增补晚唐史事，成书百卷，题曰《唐会要》；王氏复辑五代十国史事，别撰《五代会要》三十卷。会要断代成书于兹始见，时在宋太祖建隆三年，即公元962年。嗣后宋人编纂当朝会要，浸成风尚，中枢设有专司其事的"会要所"，隶属秘书省，与国史院、实录院、日历所诸机构互为唇齿。故宋人所修本朝会要，其数量之多，内容之富，为各代之首。每次编纂上呈，都要推恩，并"卷首书写提举官阶衔及撰述序文"，以示重视。

现流传下来的唯一的宋会要，是清道光年间大兴人徐松从《永乐大典》中抄出，后被名曰《宋会要辑稿》。而《永乐大典》所收之宋会要，则是四川崇州人张从祖类撰，井研人李心传续撰的《总类国朝会要》。这是宋代文化的一座宝库，巴蜀文化的一座丰碑。

以文化立国的宋朝，自宋太祖陈桥兵变、黄袍加身以来，历北宋、南宋二代十八朝，三百二十余年，编有宋代会要十部（续修不另外计算）。

一、《庆历三朝国朝会要》

章得象、宋绶、冯元、李淑、王举正、王洙等撰，一百五十卷，仁宗庆历四年四月成书进呈。纪事起太祖建隆元年，止仁宗庆历四年。

李焘《续资治通鉴长编》卷一〇九载天圣八年七月丁巳，"诏修史官修《国朝会要》"，小注"庆历四年四月成书"。赵希弁《郡斋读书志·附志》云"起建隆，止庆历，凡八十五年"。建隆元年（960）到庆历四年（1044）正八十五年。然章得象进呈在庆历四年四月，故庆历会要下限所止应在庆历三年，或间有庆历四年四月以前之纪事。其编撰者由章得象总监，宋绶、王洙等撰。晁公武《郡斋读书志》卷一四著录《三朝国朝会要》一百五十卷："皇朝章得象等天圣中被诏以国朝故事、因革制度编次，宋

1　《南宋馆阁续录》卷四，文渊阁《四库全书》本。

绶、冯元、李淑、王举正、王洙同修，得象监总。"其云"三朝"，当是天圣八年（1030）编纂《会要》时，以太祖、太宗、真宗三朝为断，此后成书时，内容已延至庆历三年，然仍以"三朝"名尔，且由"修史院续纂《会要》"。[1]

林駉《古今源流至论》前集卷四载："王洙《会要》总类十五，帝系三卷，礼三十六卷，乐四卷，舆服四卷，学校四卷，运历、瑞异各一卷，职官三十三卷，选举十卷，道释四卷，食货十六卷，刑法八卷，兵九卷，方域八卷，番夷一卷。"总一百四十二卷。章如愚《群书考索》续集卷一六则云："王洙《会要》总类十五，帝系三卷，礼三十六卷，乐四卷，舆服四卷，学校四卷，运历、瑞异各一卷，职官三十三卷，选举七卷，食货十六卷，刑法八卷，兵九卷，方域八卷，番夷三卷。"总一百三十七卷。记载各有不同。

作为宋王朝第一部官修会要，《庆历三朝国朝会要》确定的编修体例一直被后代所沿袭，如"广其部帙"，"卷首书写提举官阶衔及撰述序文"[2]，其门类虽说后代或有增补、删节，但总体大致不变。虽然其"所修（《会要》），臣僚论奏，止撮其要"[3]，因"广其部帙，故其间尚有遗事，而所载颇多吏文"[4]，但"凡朝廷检用故事，未尝不用此书"[5]。

二、《元丰六朝国朝会要》

王珪、王存、林希、李德刍、陈知彦等撰，三百卷，神宗元丰四年进呈。纪事起太祖建隆元年，止神宗熙宁十年。

此书熙宁三年开始编撰，历时十二年完成。王珪上《乞续修国朝会要札子》："臣伏见《国朝会要》，凡朝廷检用故事，未尝不用此书，然上修至庆历四年，其后事迹恐岁久不修，浸成沦坠。又当时亟欲成书，及欲广其部帙，故其间尚有遗事，而所载颇多吏文，恐不足行远。欲乞选差官下史院，

---

1 程俱：《麟台故事》卷三下，清《十万卷楼丛书》本。
2 《南宋馆阁续录》卷四，文渊阁《四库全书》本。
3 真德秀：《西山文集》卷二《己巳四月上殿奏札》，《四部丛刊》影印明正德刊本。
4 王珪：《华阳集》卷八《乞续修国朝会要札子》，文渊阁《四库全书》本。
5 王珪：《华阳集》卷八《乞续修国朝会要札子》，文渊阁《四库全书》本。

自庆历五年以后续修至熙宁三年，其旧书因而略行增损，庶成一代之典。" [1]
又卷四四《进国朝会要表》云：

> 肆我仁祖，爰命迩臣纂修本朝《会要》，肇自建隆以来，止庆
> 历四年，成一百五十卷，副在秘阁。岁月浸深，后事莫述。皇帝陛
> 下天纵神发，惟所规画，靡不丕就。间者躬下明诏，嗣恢前志，命
> 官以次添修，十有二年，始克成书。续以庆历四年，止熙宁十年，
> 通旧增损成三百卷，总二十一类，八百五十四门。其间礼乐政令之
> 大纲，仪物事为之细目，上自帝后，以底臣庶，内之朝廷，施于蛮
> 夷，有关讨论，顾无不载。其文至简，其事至详，助溟渤以会百
> 川，仰高明而包万象，稽参尽在，推而易行，岂止便遗训故实之
> 求，抑亦信叠矩重规之盛。

编撰者由王珪领衔，参加者有王存、林希、李德刍、陈知彦等。《长
编》卷二八六熙宁十年十二月戊子称"编修院言奉诏编修官王存、林希编修
《会要》，存等日讨论国史，难以专修，乞差光禄寺丞李德刍、试校书郎陈
知彦修《会要》。从之。仍于崇文院置局"，说明元丰六朝会要一直由崇文
院负责修撰。

其"二十一类：帝系、后妃、礼（原注：分为五）、乐、舆服、仪制、
崇儒、运历、瑞异、职官、选举、道释、食货、刑法、兵、方域、番夷"，
与《三朝会要》比较，此书将礼细分为吉礼、嘉礼、宾礼、军礼、凶礼，
将后妃从帝系中析出，单做一类，并增加了仪制。章如愚《群书考索》续集
卷一六云："如后妃，王洙入在帝系中，王（洙）〔珪〕自为一类，别而分
之，前略而后详。"

作为首次续修的宋代会要[2]，此书首先"通旧增损"《庆历三朝国朝
会要》，开启了后人在前人所编会要上进行增补的体例。"仍于崇文院置

1　王珪：《华阳集》卷八，《乞续修国朝会要札子》，文渊阁《四库全书》
　本。
2　《古今事文类聚》遗集卷五载："今来续修断自神宗。"

局"，说明已有专门的机构、专门的人员进行编撰，且人员不足时，还可申请增加。

三、《政和重修国朝会要》

蔡攸、许中等撰，一百一十卷，徽宗政和八年进呈。只成帝系、后妃、吉礼三类，纪事起太祖，止徽宗政和。

《直斋书录解题》卷五著录《政和重修国朝会要》一百一十卷："先是王禹玉（王珪字）监修，自建隆至熙宁，凡三百卷。崇宁中重修，仅成吉礼百十卷，政和进呈。余四类，编治垂成，宣和庚子罢局，遂成散漫。绍兴间，少蓬程俱申请就知桂州许中家借抄之。许中尝与崇宁修书，故存此本，得以备中禁之采录。今重修本题淮康军节度使充礼制局详议官蔡攸等奉敕重修。"《玉海》卷五一《庆历国朝会要》明确记载："元符三年十二月甲辰，徽宗诏秘省修（原注：诏即秘书省置局），命王觌、曾肇续编元丰至元符，又诏起治平四年，止崇宁五年，凡四十年。二书皆弗克成。政和八年十二月丁未，有司独上帝系、后妃、吉礼三类，凡一百一十一卷（原注：并目录）。其书通章得象、王珪所编，稍益以熙宁后事（原注：累朝已成之书，通加删改）。"此书于秘书省置局编撰，且自此以后，凡官修会要，均由秘书省负责。

章如愚《群书考索》续集卷一七载，乾道五年，汪大猷等言："蔡攸所修国朝会要，除将熙宁十年以前章得象、王珪所修重加删润外，其自元丰至政和，止修得帝系、后妃、吉礼三门。攸所修吉礼，缘当时议论好恶不同，妄有删改，以迎时好。"

可见《政和重修国朝会要》是在章得象《庆历三朝会要》、王珪《元丰六朝会要》的基础上，将熙宁十年以前记载"重加删润"，而元丰至政和，止修得帝系、后妃、吉礼三门。但著录只云七类，或许体例上有所调整也。且吉礼类"缘当时议论好恶不同，妄有删改，以迎时好"。

四、《乾道续修国朝会要》

虞允文等撰，二百卷，孝宗乾道六年进呈。纪事起治平四年神宗即位，止钦宗靖康二年闰五月一日。

《玉海》卷五一《乾道续四朝会要》载：

> 绍兴三年四月，静江守臣许中上《政和重修会要》一百十卷。九年，诏馆职续编。三十一年正月庚寅，上曰："会要乃祖宗故事之统辖，不可缺，宜自元丰后续为之。旧书分门有法，不必改。"壬寅，命馆职自元丰元年以后编次。乾道五年四月戊子，秘书少监汪大猷言蔡攸所修自元丰至政和吉礼妄有删改，欲再删定，以《续会要》为名。从之。六年五月己未，宰臣虞允文上之，断自神宗之初，讫于靖康之末，凡六十年，总二百卷，分二十一类、六百六十六门。

先是，绍兴十三年十月"庚寅，秘书丞兼国史院编修官严抑转对，言《国朝会要》仁宗时自建隆修至庆历，神宗时自庆历修至熙宁，而后来尚未编集，事无所考，望命儒臣续而为书"[1]。但"久未就绪"，故绍兴三十年二月"戊寅，殿中侍御史汪澈乞纂元丰以后，仍付之秘书省官。诏礼部秘书省条具取旨"。[2]《古今事文类聚》遗集卷五续载汪大猷言："兼今来续修断自神宗，其五朝会要内有熙宁十年内事，亦合重行编入，以《续修国朝会要》为名。从之。"

此《乾道续修国朝会要》，"重行编入"王珪《元丰六朝会要》之熙宁十年事；蔡攸所修自元丰至政和吉礼"再删定"，其他帝系、后妃二类当应有收入；编次"自元丰元年以后"其他所缺之类。宋高宗明确要求："旧书（指会要——笔者注）分门有法，不必改。"

《宋会要辑稿》所云"乾道会要"即指此。

五、《中兴会要》

梁克家等撰，二百卷，乾道九年进呈。纪事起高宗建炎元年，止绍兴

1　李心传：《建炎以来系年要录》卷一五〇，文渊阁《四库全书》本。
2　熊克：《中兴小纪》卷三九，文渊阁《四库全书》本。

三十二年六月高宗退位。

《玉海》卷五一《乾道中兴会要》云：

> 乾道九年七月，自建炎初元续修成书二百卷。八月丙申，右相梁克家等上之，进呈于垂拱殿。九月，秘书少监陈骙请名曰《中兴会要》。

六、《孝宗会要》

赵雄、王淮、沈揆等撰，分别以《今上皇帝会要》《续孝宗皇帝会要》《至尊寿皇圣帝会要》为名，共三百六十八卷，孝宗淳熙六年、十三年、光宗绍熙元年三次进呈。纪事起绍兴三十二年孝宗即位，止淳熙十六年二月孝宗退位。宁宗嘉泰元年，杨济、钟必万又"统为一书"，进呈《孝宗会要》二百卷。

《南宋馆阁续录》卷四载，淳熙六年七月，秘书省上《孝宗皇帝会要》一百五十八卷。先是乾道九年九月，诏自绍兴三十二年六月以后编修，淳熙五年六月复诏修至乾道九年，限以一年成书。至是，秘书少监施师点等言："会要为书，载礼乐政令之大纲，仪物事为之凡目，以备讨论，与国史、日历不许进呈事体不同，合依典故修写进呈。"从之。诏以《今上皇帝会要》为名，体例视《中兴圣统》。又云，淳熙十三年十一月，秘书省上《续孝宗皇帝会要》一百三十卷。先是淳熙六年八月，诏自淳熙元年正月接续编修。十三年十月，秘书监兼太子左谕德兼国史院编修官沈揆等进札言：

> 照会本省昨恭奉圣旨指挥，接续编修《今上皇帝会要》。今自淳熙元年正月至淳熙十年十二月修纂已成。伏睹淳熙十二年七月十一日国史院奏请，乞将本院所修列传，俟《玉牒》《会要》奏书日同时上进，奉圣旨依。今来史院所修列传已成书，见乞择日投进，伏望朝廷特赐敷奏，将本省所修十年《会要》依已降指挥同时进呈。

从之。再云，绍熙三年十二月四日，秘书省上《孝宗皇帝会要》八十卷。

先是淳熙十三年十二月，本省申自淳熙元年正月修至十年十二月终，已于今年十一月内进呈了毕，所有以后年分乞接续修纂。从之。绍熙三年四月，本省申《今上皇帝会要》再自淳熙十一年正月修至十六年二月禅位成书，乞行进呈。诏见修书以《至尊寿皇圣帝会要》为名，仍与《圣政》同日进呈，其仪注并依前进《会要》推恩，比淳熙十三年之例减半。

庆元六年闰二月，因孝宗会要三书"首尾未曾贯穿"，差杨济、钟必万"统为一书"，为《孝宗皇帝会要》二百卷，宁宗嘉泰元年进呈。此系增删合并三百六十八卷《孝宗会要》而成。《南宋馆阁续录》卷四载，嘉泰元年七月十一日，"奉安总修《孝宗皇帝会要》二百卷于秘阁。先是庆元六年闰二月，秘书丞邵文炳等言，本省昨来进呈《寿皇圣帝会要》，先于淳熙六年七月进一百五十八卷，起自嗣位，至乾道九年；淳熙十三年十一月进一百三十卷，起自淳熙元年，至十年；绍熙三年十二月进八十卷，起自淳熙十一年，至十六年。三书计三百六十八卷。事虽备载，而首尾未曾贯穿，至遇检寻典故，前后纷错，殊失会要之义。乞差省官一二员专一兼总，统为一书，内有可并可删者，从长修润，庶使一朝大典得以成书。仍乞以《孝宗皇帝会要》为名。诏从之，差秘书郎杨济、钟必万限两月了毕。至是书成，乞依逐次已进累朝会要体例，卷首书写提举官阶衔及撰述序文，下太史局择日就用本省官安奉于秘阁。从之"。《玉海》卷五一《淳熙会要》《嘉泰会要》云："盖比而同之者六百九十有二条，删而正者二千八十有七条，润色初绪，凡三千八百十八条。别门析类传合者九，芟烦者四，增多四十有六。事详文省，纪纲制度，粲然有章。"且下有"序曰：孝宗宪章前烈，乂我受民，骤帝驰王，跨越周汉。品式备具，规摹宏远，诒谋垂范，将亿万年。天叙有典，以正罔缺，熙朝简册，炜烨相望。继今立政立事，其一以孝宗为准"。序中规中矩，似为杨济、钟必万《嘉泰会要序》，但句末"继今立政

立事，其一以孝宗为准"又非臣子所能语也。姑存疑俟考。

这是一朝会要卷数最多的一部，也是第一部完整重修了一次，续修了两次，分三次进呈的会要。故《宋会要辑稿》所云"今上皇帝会要"（一百五十八卷）即赵雄所撰，《续孝宗皇帝会要》（一百三十卷，自淳熙元年正月至淳熙十年十二月）即王淮、沈揆所撰，《至尊寿皇圣帝会要》《淳熙会要》（八十卷，自淳熙十一年正月至十六年二月禅位）即沈揆所撰，《嘉泰会要》即杨济、钟必万所撰二百卷本。应该说全部合卷为三百六十八卷，才是我们今天所说的《孝宗皇帝会要》。然所云《孝宗会要》者，当有三百六十八卷本与二百卷本。因原书散佚，今天已无法分清两本的差别了。

七、《光宗会要》

京镗等撰，先以《圣安寿仁太上皇帝会要》为名，一百卷，宁宗庆元六年进呈。起淳熙十六年二月光宗即位，止绍熙五年七月光宗退位。《南宋馆阁续录》卷四载，庆元六年二月二十二日，秘书省上《光宗皇帝会要》一百卷，"先是庆元二年八月，本省申恭奉圣旨指挥编修《太上皇帝会要》，起自淳熙十六年二月登极，至绍熙五年七月禅位。修纂将欲就绪，伏睹国史日历所见修《太上皇帝日历》已得旨令来春投进，所有见修《太上皇帝会要》乞与《日历》同日进呈。诏从之，仍以《圣安寿仁太上皇帝会要》为名"。《玉海》卷五一《庆元光宗会要》云："庆元六年二月戊寅，上《太上会要》一百卷，京镗等上。自淳熙己酉二月，迄绍熙甲寅七月，总二十三类，三百六十四门。"

八、《宁宗会要》

陈自强、史弥远、史嵩之等撰，止嘉定十二年，共编纂三百二十五卷，分别于宁宗嘉泰三年，嘉定六年、七年、九年、十一年、十四年进呈，理宗淳祐二年，再进呈。其纪事起绍熙五年宁宗即位，到嘉泰元年十二月，为嘉泰三年第一次进呈的一百一十五卷，陈自强等撰；第二次进呈纪事起嘉泰二年元月，止嘉定四年十二月的一百卷，史弥远等撰；嘉定七年、九年、十一年，又分别进呈嘉定五年至六年、七年至八年、九年至十年会要；嘉定十四年，又进呈"改正《会要》一百十五卷及续修一百一十卷"，史弥远等撰。续修纪事起嘉定五年元月，止嘉定十二年十二月；淳祐二年正月戊戌，右丞相史嵩之等进会要，当是续修嘉定十三年元月至嘉定十七年闰八月宁宗驾崩。

《南宋馆阁续录》卷四载，嘉泰三年八月二十一日，秘书省上《皇帝会要》一百一十五卷。起自绍熙五年七月登极，至嘉泰元年十二月。先是嘉泰二年九月，秘书监曾晚等言：

> 伏见淳熙六年三月《日历》成书，奏闻篇帙。秘书少监施师点等乞将《会要》依典故修写，相继进呈。有旨令进呈。今来《今上皇帝日历》已准指挥限一季成书，所有《会要》亦合遵从典故接续进呈。欲乞朝廷特赐敷奏依日历所例，日下立限修纂成书。

诏从之，仍限一季。至是书成进呈。其仪注推恩并如进呈《光宗皇帝会要》之例。

又云，嘉定六年闰九月二十七日，秘书省上《宁宗皇帝会要》一百卷。先是秘书监陈武等言：

> 秘书省所修《会要》，实为朝廷巨典，前此率数年一次进呈，庶几不至岁久遗逸。今自嘉泰二年正月纂修，至嘉定四年十二月，终首尾已经十年，委是岁久。恭闻《玉牒》《实训》次第进呈，本省欲将所修《会要》与二书同时并进，不惟可省礼文浮费，而国家巨典不至淹延遗逸，所系非小。

诏从之。又云："先是秘书丞张攀等言：'秘书省专修《今上皇帝会要》，自绍熙甲寅龙飞编类至嘉定辛未一十有七年，凡两经进呈。"即嘉泰三年、嘉定六年两次进呈，也说明嘉定六年闰九月所进会要亦是接续一百十五卷进呈，起止于嘉泰二年元月至嘉定四年十二月。

嘉定七年、九年、十一年，又分别进呈嘉定五年至六年、七年至八年、九年至十年会要。《南宋馆阁续录》卷四载："嘉定壬申至丁丑六年，凡三次进稿。"只因宗正少卿滕强恕奏，于嘉定"七年五月十六日，诏会要二年一具草缴进"故尔。[1]

《南宋馆阁续录》卷四载，嘉定十四年五月九日，秘书省上《宁宗皇帝会要》一百一十卷并上改正宁宗皇帝绍熙甲寅登极以后七年《会要》一百一十五卷。"将重修甲寅（绍熙五年）以后七年《会要》《日历》，并嘉定五年至十二年已修未进《会要》之稿［前所云嘉定五年至十年'凡三次进稿'，以及嘉定十一年、十二年稿，其云'已修未进'，或是仿'重修甲寅（绍熙五年）以后七年《会要》'之例，'凡有诋欺之词，并行删改'故也］，各成一书，缮写进呈。从之。至是书成上进。"此嘉定十四年五月进呈所谓"改正《会要》"，乃是在陈自强等撰第一次进呈本上所改。真德秀嘉定二年《己巳四月上殿奏札二》言：

臣伏观《皇帝会要》，自绍熙末至嘉泰初，才八年耳，而为卷已百五十（《宋史》卷二〇七《艺文志》六亦载《宁宗会要》一百五十卷，而《玉海》《南宋馆阁续录》云一百一十五卷），迨欲广其部帙之过。观（王）珪所修（《会要》），臣僚论奏，止撮其要。今或全篇纪录，一字靡遗，至于文移行遣，语涉俚近者，亦或未皇删润。

又云：

臣侧闻嘉定元年二月，议臣有请，命史官取绍熙五年以后至开禧三年以前史院文字，并《日历》《时政记》，凡涉诬罔，悉行改正。陛下既俞之矣，历时浸久，必已成书。臣愿特降睿旨，命国史实录院具所修事节上之朝廷，看详允当，即颁下玉牒会要所参照重行修纂，上以光圣朝揖逊之美，下以杜奸党窥觊之渐，

1　《南宋馆阁续录》卷四，文渊阁《四库全书》本。

天下幸甚。

可见其"重行修纂"（"改正"）始于嘉定二年。

《宋史·理宗纪二》载淳祐二年正月戊戌，"右丞相史嵩之等进《玉牒》及《中兴四朝国史》《孝宗经武要略》《宁宗玉牒》《日历》《会要》《实录》"。此纪事当接续前书，自嘉定十三年元月止嘉定十七年闰八月宁宗驾崩。

因嘉定七年五月诏"二年一具草缴进"，《宁宗会要》遂成为进呈次数最多的会要，共有七次之多。其中第六次，即嘉定十四年所上为"重新"及"已修未进"本。

九、《总类国朝会要》

张从祖撰，李心传续编，五百八十八卷。张从祖编成于宁宗开禧中，嘉定三年进呈。纪事起于太祖建隆元年，止于孝宗年间。李心传续编之，于端平三年成书，故其书称《续总类国朝会要》。纪事当增补、接续于张从祖之本，止于宁宗嘉定十七年。

赵希弁《郡斋读书志·附志》著录《总类国朝会要》五百八十八卷，云：

> 《总类国朝会要》，由建隆而至乾道也。始仁宗命章得象编起建隆止庆历为一百五十卷，神宗又命王珪续编庆历四年以后至熙宁末，凡三十四年，通前为三百卷。徽宗诏王觌、曾肇续编元丰至元符，寻又诏起治平四年止崇宁五年，凡四十二年，然二书皆弗克成。政和末，有司独上吉礼三类，总一百五十卷，盖通章得象、王珪所编者，益以熙宁后事也。绍兴九年，诏馆职续编。至三十一年，又降趣旨。孝宗命宰相提举，阅再岁乃成。自神宗之初至于靖康之末，凡六十年，总三百卷。厥后中兴，乾道踵而成之。此集则合十一庙为一书也，然中多节略而始末不全者。

又《南宋馆阁续录》卷四载："嘉定三年六月十六日，秘书省誊写张从祖纂辑《国朝会要》五百八十八卷、目录二卷投进。"又云：

> 先是嘉定元年三月，尚书省札子备张幼公札子："切念先父将作少监从祖，尝摭《国朝会要》纂辑成书，上自国初，至于孝庙，凡五百八十八卷。望朝廷特赐敷奏，付秘书省缮写上进。"奉圣旨令秘书省取索誊写进呈。至是书写装裱毕备，得旨就令会要所承受官传，进其副本藏于史库。

其编撰缘由，则因赵汝愚上奏而类辑。《玉海》卷五一《嘉定国朝会要》载："淳熙七年十月九日，秘书少监汝愚言《国朝会要》《续会要》《中兴会要》《今上会要》分为四书，去取不同，详略各异，请合而为一，俾辞简事备，势顺文贯。从之。"又云："将作少监张从祖类辑《会要》，自国初至孝庙为一书，凡二百二十三册、五百八十八卷，嘉定元年四月十六日诏秘省写进，三年六月十六日上之。"

据《南宋馆阁续录》卷四载，张从祖开禧"三年十月以将作少监兼国史院编修官、兼实录院检讨官"，而秘书省于嘉定元年三月上其子张幼公札子言"先父将作少监从祖"，故知张从祖此稿至迟完成于开禧三年，是在《国朝会要》《续会要》《中兴会要》《今上会要》基础上类纂而成。其所云《国朝会要》《续会要》，据《读书附志》所载，当包括之前由章得象、王珪、虞允文等编纂的会要，以及梁克家的《中兴会要》、赵雄的《今上皇帝会要》。然在实际类纂中，因赵汝愚上奏在淳熙七年，而张从祖之类纂定在其后，或许也采录了其后王淮、沈揆等撰的《孝宗会要》和杨济、钟必万重修的《孝宗会要》。

张从祖所编《总类会要》"中多节略而始末不全"，故又有李心传续编之作。《直斋书录解题》卷五著录《国朝会要总类》五百八十八卷，云"李心传所编，合三书为一。刻于蜀中，其板今在国子监"。《宋史全文》卷三二载端平元年三月"丁未，诏以李心传为著作佐郎兼四川制置司参议官，修国朝会要，令成都府给笔札之费"。《宋史·李心传传》云："添差通判成都府，寻迁著作佐郎兼四川制置司参议官，诏无人议幕，许辟官置局，踵修十三朝会要，端平三年成书。召赴阙。"故其书称《续总类国朝会要》，纪事当增补、接续于张从祖之本，止于宁宗嘉定十七年，亦正为十三朝。因其为"踵修"，故卷数一仍张从祖之五百八十八卷，如同嘉定十四年史弥远所上一百一十五卷改正陈自强之《宁宗会要》本之例。其刻在蜀中，应是在端平三年成书之后，赵希弁《郡斋读书志·附志》已著录此书，而其序作于淳祐十年，则刊刻当在端平三年至淳祐十年之间也。很可能是与张从祖书合刊。因为曾经进呈，因而刊行之本称为《经进总类国朝会要》。这部书乃汇编宋代十三朝之《会要》而成，是宋代纪事年限最长、记载最连贯、最完整的一部《会要》。

值得注意的是，这本书的编撰者张从祖是四川崇州人，李心传是四川井研人。他们对这本号称宋代文献资料的三大史书之一做出了巨大贡献，也是巴蜀文化对中国文化的巨大贡献。

这是流传至今的唯一一部宋会要。明初《文渊阁书目》卷二载："宋会要一部，二百三册。"与《玉海》前所引"凡二百二十三册"相近，当是明皇宫所藏书有部分散失也。《永乐大典》按韵抄录其中，清道光年间徐松借编撰《全唐文》之机，又从《永乐大典》中辑录出来，名之曰《宋会要辑稿》。虽说已是辑稿，但诸多珍贵的史料，也借此予以保留下来，成为宋代文化研究最为基本的史书，被称为宋代的百科全书。

十、《理宗会要》

郑清之、谢方叔、程元凤、贾似道等撰。分别于淳祐十一年、宝祐二年、宝祐五年、景定二年、景定四年、咸淳四年进呈。

《宋史·理宗纪三》载淳祐十一年"二月乙未，左丞相郑清之等上《玉牒》《日历》《会要》及《光宗宁宗宝训》《宁宗经武要略》。丁酉，诏清之等各进秩有差"。《宋史·理宗纪四》载宝祐二年八月"癸巳，谢方叔等上《玉牒》《日历》《会要》及《七朝经武要略》《中兴四朝志传》。诏方叔、徐清叟、董槐等各进秩"。五年"四月己丑，程元凤等进《玉牒》《日历》《会要》《经武要略》及《中兴四朝志传》"。

《宋史·理宗纪五》载景定二年二月"戊寅，贾似道等上《玉牒》《日历》《会要》《经武要略》及孝宗、光宗、宁宗《实录》。诏似道、皮龙荣、朱熠、沈炎各进三秩"。四年六月"庚午，宰执进《玉牒》《日历》《会要》《经武要略》及《徽宗长编》《宁宗实录》。诏贾似道以下官两转"。"贾似道以下官两转"，则宰执进呈当以贾似道为首也。《宋史·度宗纪》载咸淳四年"八月壬寅，奉安《宁宗实录》《理宗实录》《御集》《日历》《会要》《玉牒》《经武要略》《咸淳日历》。贾似道、叶梦鼎、马廷鸾各补转两官，诸局官若吏推恩有差"，也应该是以贾似道领衔上呈，并修撰应至景定五年十月理宗殁。既然每次进呈都"进秩有差"，说明编纂《理宗会要》时，皆是编纂完成部分则进呈部分，且按照惯例予以奖励。从文献记载来看，共进呈了六次。

综上可知，宋代三百二十年，其所修会要，上起北宋太祖建隆元年（960），下止南宋理宗景定五年（1264），纪事时间共三百零五年。上述《会要》十种，第一至第四种，即《庆历三朝会要》《元丰六朝会要》《政和重修国朝会要》《乾道续修国朝会要》纪北宋，第五种即《中兴会要》以下纪南宋（除《总类国朝会要》外）；其中前三种修于汴京（今开封），自第四种《乾道续修国朝会要》起皆成于南渡江左（临安）以后。其中有一代数会要，如《庆历三朝会要》《元丰六朝会要》；数代一会要，如《宁宗会要》《孝宗会要》《理宗会要》；也有通纪宋代十三朝史事者，如《总类国朝会要》；还有仅成某数类史事者，如《政和重修国朝会要》，仅有帝系、后妃、吉礼三门；其余《政和重修国朝会要》《中兴会要》《光宗会要》三种，则均为一朝史录。第一部续修会要是王珪编撰的《元丰增修六朝国朝会要》；第一部完整意义的重修会要乃杨济、钟必万的《孝宗会要》，并有仅见的会要序之节文；第一部改写本会要是史弥远改写的陈自强《宁宗会要》；编纂会要最多、卷数最多的一朝是宁宗朝，有杨济、钟必万《孝宗皇帝会要》（二百卷本）、《光宗会要》、《宁宗会要》部分，以及《总类国朝会要》；卷数最多的一朝会要是《孝宗会要》；进呈次数最多的一朝会要是《宁宗会要》；纪事时间最长、总卷数最多的是《总类国朝会要》，记录了自宋以来至孝宗十三朝历史，卷数达五百八十八卷。特别是后者，由蜀人张从祖撰，李心传续编，且刻于蜀中，是宋代文化的一座宝库，天府文化的一座丰碑，且历经八百年风雨，仍然风流故在，熠熠生辉，至今仍是研究宋代文化的三大史书之一（其他两种是《宋史》《续资治通鉴长编》），并以其典范昭示着文化立国之精神，天府文化之包容。

关于花蕊夫人与天府文化及其结局之疑

张天健[1]

摘　要：天府文化在其形成的历史过程中，产生了众多的文化名人，而这些
　　　　名人又为天府文化的建设与发展注入了源源不断的文化血液。可以
　　　　说，天府文化与文化名人是一种相互的共生关系，在成都这块土地
　　　　上二者相生相伴，相互促进，共同繁荣。本文以唐末五代成都女诗
　　　　人花蕊夫人为对象，通过考察这位奇女子的身世与文学才情、亡国
　　　　的悲剧结局，展示她对中古时期成都文化的贡献，认为她以自己杰
　　　　出的百首宫词丰富了天府文化的内涵。

关键词：天府文化；花蕊夫人；述国亡诗；结局之疑

　　成都历史上出现过许多杰出的文化名人，无论世事如何变迁，历史如何
陵谷沧桑，他们都未曾被人遗忘。这些文苑英华在建设天府文化大厦的历史
过程中留下了值得书写的勋业，这座文化大厦中自然有他们的一席之地，他
们的事迹至今还在天府大地流传。唐末五代，天府之国成都曾有过两个花蕊
夫人，一位是前蜀主王建纳的小徐妃（王建所纳有两个徐姓女郎，系姐妹二

　　1　张天健，唐代文学学会会员，曾任四川省诗词学会常务理事、学术部副主
任。

人，分别称为大徐妃和小徐妃，其中次女为小徐妃，又即淑妃），另一位是后蜀主孟昶纳的同样姓徐的一位妃子。无论是前蜀主所纳的二徐妃中的小徐妃，还是后蜀主所纳的徐妃，都堪称才女，擅长作诗。在五代十国的后妃女诗人中，尤以后蜀主所纳之花蕊夫人为佼佼不群者，她的百首宫词名播诗林，我们常常谈到的花蕊夫人，指的就是后蜀主孟昶之妃。

我查看许多本子记载，对两位花蕊夫人的生地、姓氏、死亡都互相窜载，各说不同，致使疑窦丛生。兹举如下：

图1　花蕊夫人像（此图为国画大师张大千于1944年所作，经青城道士勒石立碑。国学家林思进为之配诗："青城辇道尽荒烟，环佩归来夜袤然。差胜南唐小周后，宋宫犹得祀张仙。"）

> 费氏，青城（今四川灌县东南）人。幼能文，得幸蜀主孟昶，赐号花蕊夫人。有诗七绝一卷，皆宫词，约一百五十首。据考前蜀王也有称花蕊夫人的徐氏，为另一人。宫词百首则为徐作。而费氏所作仅此一首。（李长路《全唐绝句选释》）

> 花蕊夫人，姓徐，一说姓费，蜀青城（今属四川灌县）人。为五代十国时期后蜀孟昶（935年至965年在位）妃子，能文工诗，作宫诗百余首……灭后蜀后，宋太祖赵匡胤甚怜其才。后因其不忘故君，以罪赐死。（周道荣等《中国历代女子诗词选》）

> 徐氏，青城（今四川灌县西）人，因才貌双全，得幸于后蜀主孟昶，拜贵妃，别号花蕊夫人。她曾仿王建作宫词百首，为时人称许。孟蜀亡国后，被掳入宋。（萧涤非《唐诗鉴赏辞典》）

花蕊夫人，五代十国前蜀女诗人。姓徐，美而奇艳，为前蜀主王建之妃，称小徐妃，号花蕊夫人。生后主王衍，衍即位，封顺圣太后……同光三年（925），后唐庄宗灭蜀，她与王衍降唐。翌年被杀。世传《花蕊夫人宫词》一百多首，皆为七绝，其中可确定为她所作的约九十余首……事见《鉴戒录》卷五及《铁围山丛谈》。另后蜀孟昶之妃，亦号花蕊夫人，姓费，一说姓徐，青城（今四川灌县西）人。昶降宋后，被掳入宋宫，为宋太祖所宠。《后山诗话》、《能改斋漫录》卷十六、《全唐诗》卷七九八皆谓《花蕊夫人宫词》是她所作，据近人考证，实非。（《中国文学家辞典·古代第二分册》）

不需再作赘引，仅此即已经够使人糊涂了。花蕊夫人是姓费还是姓徐？《宫词》作者是前花蕊还是后花蕊？看来都是混乱的。

歧说之多，也可能因各人所据史料或片面，或不足。这里引出一些史料，以试做辨异析疑。

徐太后（前蜀王建小徐妃，花蕊夫人）父名耕，唐眉州刺史，生二女，有国色，太后其次也。耕教为诗，藻思绮丽，家贫，有相者曰："公非久贫，当大富贵。"使相二女，相者曰："青城山有王气，每夜彻天者一纪矣，十年后有真人乘运，此二女当作妃后，君之贵，由女致也。"及王建立蜀，闻有殊色，纳之生衍，封贵妃。衍嗣位，册为顺圣太后。……后衍降唐，李继曮等部送入洛，行至天回驿，太后与姊赋诗绝凄惋。已而有秦川驿之祸，临刑呼曰："吾儿以一国迎降，反以为戮，信义俱弃。吾早知祸不旋踵矣！"[1]

很明显，这是前蜀之花蕊夫人。上文虽没有明确指出她是何地人，但可确认其姓徐无疑，是徐耕之次女。但若察徐耕与相者所谈，则知为早年"贫

1　叶大锵、罗骏声等：民国《灌县志》，民国二十二年（1933）铅印本。

时"未出任眉州刺史时，相者谈青城山王气，及相二女，即是暗示，实已明言她是青城人，并确指她的结局是赋诗后遭受文祸，在去洛途中，至秦川驿时被杀死。《灌县志·列女传下》亦从《十国春秋》之说，以其为徐姓，列入灌县籍：

> 后蜀之花蕊夫人，据陶宗仪《辍耕录》云：蜀主孟昶纳徐匡璋女，拜贵妃，另号花蕊夫人。意花不足以拟其色，似花蕊之翻轻也，或以为费氏，则误矣。

蔡絛《铁围山丛谈》在记述前花蕊被秦川驿祸后云：

> 及孟氏再有蜀，传至其子昶，则又有一花蕊夫人，作《宫词》者是也。国朝降下西蜀，而花蕊夫人又随昶归中国，昶至且十日，则召花蕊夫人入宫中，而昶遂死。昌陵后亦惑之，尝进毒，屡为患，不能禁。一日兄弟相与猎苑中，花蕊夫人在侧，晋邸方调弓矢引满，政拟射走兽，忽回射花蕊夫人，一箭而死。始所传多伪，不知蜀有两花蕊夫人，皆亡国，且杀其身。

《灌县志·撅余记》对此记载最为清楚：

> 按二徐（大小徐妃）为徐耕女；孟蜀妃为徐璋女，皆青城人。史言小徐妃生衍，不言晋邸射杀夫人也。又乾隆《灌县志》云，夫人为蜀王孟昶妃，昶降宋，妃赋诗自缢。

这一段记载至关重要，不仅道出前后花蕊夫人之故里均为青城（今都江堰市西），又纠正了《铁围山丛谈》记述后花蕊被召入宋宫乃至为晋邸射杀前后误窜载之谬，补充了史家未言之前花蕊被祸秦川驿乃由晋邸射杀，还清楚言明后花蕊在昶降宋时便赋诗自缢。

这就引出了一个很大的疑团，不少选本选列据称为花蕊夫人所作的那首

应宋王召写的《述国亡诗》，是否果真为花蕊夫人所作？引诗如下：

> 君王城上竖降旗，妾在深宫那得知？
> 十四万人齐解甲，更无一个是男儿。

我认为可从两方面解此诗的疑团。《灌县志》记她赋诗自缢，此诗乃其自述后的自裁诗，母仪一国，在这国亡家破之时，前途已绝，选择自绝身死并不意外。可是据《十六国春秋·蜀录》记载，她在蜀亡后又被掳入宋，宋太祖闻其诗名，召她陈诗，她就以述国亡为题作诗以答。一般选本都是从《十六国春秋》之说。甚至1984年出版的《巴蜀文苑英华》还写道："孟昶去汴京后数日，即染病身亡。花蕊夫人在丧礼完毕后，素衣缟服入朝谢恩。宋太祖慕其国色，强留宫中。亡国弱妃，怎能为抗！"写花蕊夫人遇上了宋太祖这个"色狼"，这简直就是赤裸裸的施暴了。又说据《宋宫十八朝》记载，太祖后来还与宰相赵普密议，欲立花蕊夫人为后，后赵普反对才作罢，而花蕊夫人也就安然在宋宫独享圣眷，后患肠病卒于玉真宫，宋太祖还命以贵妃礼厚葬之，等等。这纯粹是流言家的想象杜撰，姑勿置论。我认为，可资辨异析疑之处还是在于诗本身。我赞同《唐诗鉴赏辞典》提到的"从题材到风格，都与作者所擅长的'宫词'大不相同"，但《辞典》并没有提出此诗非花蕊夫人所作，所以自然不能就此即断其为"伪作"。宋人吴曾《能改斋漫录》卷八有一段记载：

> 前蜀王衍降后唐，王承旨作诗云："蜀朝昏主出降时，衔璧牵羊倒系旗。二十万人齐拱手，更无一个是男儿。"其后花蕊夫人记孟昶之亡，作诗云："君王城上竖降旗，妾在深宫那得知？二十万人齐解甲，更无一个是男儿。"陈无己诗话载之，乃知沿袭前作。

这就留下了一个疑问，擅长宫词的花蕊夫人会写《述国亡诗》吗？陈无己（师道）诗话云其蹈袭前人而作此诗，吴曾也是这么看的。这是令人生疑的，无论是诗艺还是情感，前作皆比不上后作。这首《述国亡诗》主人真是专擅宫体诗的花蕊夫人吗？

《述国亡诗》千百年来流传甚广，是诗中的精品，晚唐五代天府之国的政治风云，通过该诗极其生动地得到反映。我们来看看当时的政治情况：前蜀亡后，后唐派其堂妹夫孟知祥（尚琼花公主）驻成都为西川节度使入镇西蜀，入蜀九年，兼并两川毕，遂于后唐应顺元年（934）称帝，年号明德，国号"蜀"，史称后蜀。建国半年，孟知祥病死，儿子孟昶继位，他承继孟知祥保境安民之策，使成都保持了较长时期的和平安宁，出现了繁荣昌盛的局面。孟昶属于较有作为的君主，在位三十一年，是五代十国在位时间最长的帝王，他励精图治，亲手制定《官箴》并颁布各郡县。后宋太宗（一说是宋太祖）摘取其中四句话"尔俸尔禄，民膏民脂，下民易虐，上天难欺"，颁行天下，后郡县将此十六字刻石置于公堂，称为"戒石铭"，影响深远。孟昶又兴文重教，刻石儒家经典，史称"孟蜀石经"，置于成都学宫；又创办第一个中国画院，对音乐也颇多创造，被外国称为"唐音"。孟昶勤于政事，对民仁厚，据传每处决死囚，他都要亲自察究，故少冤狱。

由于中原战乱，而以成都为中心的西蜀相对安定，经济繁荣，文人学士纷纷避乱而来。成都展示了她在中古时期"乐观包容"的精神，成为全国文艺中心，最能代表其成就的便是词。当时成都词人之众，词作之多，冠绝中华，后蜀赵崇祚将晚唐至五代十八位著名词人五百首词作选汇成集，命名为《花间集》，是为中国第一部文人词集。这是中国文学史上第一个词派，花间词人将民间说唱文学的"词"发展成由文人进行创作的雅文化形态，规范了"词"的文学体

图2　孟蜀石经残石（四川省博物院藏）

375

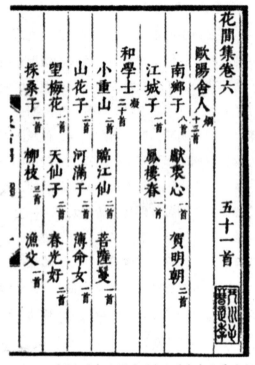

图3 《花间集》书影（明末大藏书家毛晋的毛氏汲古阁刊本）

裁和关系特征，标志着"词"这一文体正式登上中国文化舞台，与唐诗一同形成中华文化舞台的两朵奇葩。因此，后蜀时期诞生于成都的《花间集》是中国文学史上的一座里程碑，这不能不说是孟昶治蜀的文化之功。

近年所修《灌县县志》，确认孟蜀花蕊夫人姓费，对花蕊的生地，存在两种说法：一为古青城县，即今天徐渡乡；二为聚源乡。聚源为著名古川西费氏家族聚居地之一，费氏以前为川西大族，至今四川仍有不少费姓后裔。当年聚源即建有费家祠堂，内祀一位石雕女神，称费氏娘娘庙。

史载，后蜀孟昶继位第六年（941），曾下令大选良家女子以收备后宫，入宫年龄规定十五至二十岁之间。当时，徐渡乡花蕊十七岁左右，能诗善字，善舞能歌，除工诗之外，尤长乐府。这时孟昶正是有为之年，花蕊入宫后帮助其夫做出了不少闻名于史的政绩，使后蜀在战乱的五代时期相对安宁、富庶。孟昶体恤民间疾苦，颁行《劝农桑诏》："刺史县令，其务出入阡陌。……"加上轻徭薄赋，物价平稳，府库殷实，直至广政十三年（950），蜀中斗米三文。

对于"天府"之名的由来，《战国策·秦策》说："田肥美，民殷富，战车万乘，奋击百万，沃野千里，蓄积饶多，地势形便，此所谓天府。"意即物产丰盈、地理位置优越、百姓富足之地。后蜀即完美地传承和体现了这一定义。

孟昶与花蕊夫人的感情非常深厚，花蕊的宫词就真实记录了她随从孟昶苑赏、郊游、游船、田猎、打马球、斗鸡的情形，都是伉俪情深、形影不离。《蜀梼杌》就载有以下史事：广政初年春，他们曾共同赏玩一朵并蒂百合花；广政中，又同赏花蕊家乡青城进献的红栀子花；广政十二年十月，在成都城上观赏红艳数十里、灿若云霞的木芙蓉花时，孟昶不禁赞叹"真锦城也"。直至今日，"蓉城""锦城"仍被用作成都的代称。就芙蓉城这一典故而言，孟昶与花蕊夫人是对天府文化做出了杰出贡献的。

当年，某个盛夏之夜，他们同在摩诃池上荡舟消暑，孟昶特意为花蕊御制一首《玉楼春》词：

> 冰肌玉骨清无汗，水殿风来暗香满。
> 绣帘一点月窥人，倚枕钗横云鬓乱。
> 起来琼户启无声，时见疏星渡河汉。
> 屈指西风几时来，只恐流年暗中换。

民间流传，他们曾同登凌烟高阁，花蕊因凭栏失手，落下一柄龙脑香白绢扇，为蜀人拾得，被传称为"香雪扇"。

成都北面的什邡龙居山，有隋代古刹"等慈院"，寺内高柏交翠，银杏参天，水阁奇花。时寺僧水观禅师在孟昶、花蕊到达前即已预知二位贵人要前来消夏，昶因而大喜，赐水观禅师法号"预知"，并多有恩赏。至今该寺还有联语记花蕊来寺之事：

> 怪石乱泉声，寺拥东西南北客；
> 丛林浮雨色，云藏上下古今诗。

广政二十七年除夕，孟昶在宫中写成中华第一副楹联：

> 新年纳余庆，佳节号长春。

在闲适、祥和、富足的天府之国，孟昶与花蕊经营创造了一段天府佳话。之后不久，锦绣天府梦断，宋军南下，后蜀灭亡，造成花蕊夫人千古悲剧。

后蜀灭亡，根本原因是孟昶在执政晚期用人唯亲，政治昏庸，用蝇营狗苟者去抵抗新兴锋锐的赵宋之师。仅仅经过六十六天，四十七岁的后蜀之主便轻易为宋军俘获北上。其后，花蕊夫人记孟昶之亡，作《述国亡诗》云：

君王城上竖降旗，妾在深宫那得知？
十四万人齐解甲，更无一个是男儿。

后蜀的花蕊夫人是能写作《宫词》百首的诗人。她留给后人的也主要是这类题材的诗歌。

此处试引举四首：

春风一面晓妆成，偷折花枝傍水行。
却被内监遥觑见，故将红豆打黄莺。

殿前宫女总纤腰，初学乘骑怯又娇。
上得马来才欲走，几回抛镫抱鞍桥。

月头支给买花钱，满殿宫人近数千。
遇着唱名多不语，含羞走过御床前。

秋晓红妆傍水行，竟将衣袖扑蜻蜓。
回头瞥见宫中唤，几度藏身入画屏。

读花蕊诗，给人一种甜而不腻之感。其诗描容写态，鲜活灵动。宫体诗作，多以宫外男性写宫中女性，而花蕊夫人则以宫中人写宫中事，故情怀心态，丝毫不"隔"，何况所写都为实人、实事、实景、实情，多意惹情牵之笔。所以，能写《宫词》百首的诗人，当不至于祖袭前人之作。

那么，《述国亡诗》到底是谁之作？若不是花蕊，又为何人呢？从《灌县志》所载花蕊夫人"赋诗自缢"的结局和一些其他史料推测，她在后蜀国破后可能当即就自缢身亡了，最后出现在宋太祖面前的是另一个"花蕊夫人"，她可能是由另一个姓费的宫人冒名顶替的。后蜀亡后，昶将和花蕊一同递解至汴，既然宋太祖久慕花蕊才貌，那么花蕊之死必将震怒龙颜，迁罪于昶及后蜀官员，或许，为了脱祸全身，他们才出此李代桃僵之计。倒是这个冒充花蕊夫人的费姓宫人，有胆有识，机智聪明，利用讥讽前蜀庸主王衍的诗，变通改易，口述了这首流传至今的《述国亡诗》。今灌县（都江堰市）聚源乡及乡志亦传其乡为花蕊夫人费氏生籍地。这样一来，问题就通透了。历史上花蕊夫人的费姓、徐姓之争，宫词圣手花蕊是否会蹈袭前人庸诗，以及《述国亡诗》作者之疑，皆得到了化解。

补充一点，宋人吴曾《能改斋漫录》卷八记载的《述国亡诗》所模仿的"蜀朝昏主出降时，衔璧牵羊倒系旗。二十万人齐拱手，更无一个是男儿"，诗主并非前蜀王衍，而是后唐以西南行营都统身份攻伐前蜀的兴圣太子李继岌的一名王姓随从，所咏为前蜀后主王衍亡国事。据五代何光远《鉴诫录》载，故兴圣太子随军王承旨（失名）有咏后主出降诗曰："蜀朝昏主出降时，衔璧牵羊倒系旗。二十万人齐拱手，更无一人是男儿。"

前后花蕊夫人的故里、姓氏、结局当大致如上。在灌县（今都江堰市）西青城山附近，有一乡名曰徐渡乡，推想当为徐姓聚居地。在清代时，花蕊夫人故宅尚存，文人墨客留下墨迹较多。如《灌志文征》卷十三有王培荀《花蕊夫人故宅》诗二首：

> 绝代佳人不易生，可怜倾国与倾城。
> 海棠委地香销歇，谁道名花又向荣。
>
> 簪花妙格墨流香，百首新词独擅长。
> 不似玉环才调减，写经专媚李三郎。

《灌志文征》卷十三吴文锡《青城山吊花蕊夫人》：

> 内家本事诗犹在，城上降旗恨未休。
> 试问葭萌题驿处，有无水殿任梳头。

《灌志文征》卷十一黄俞《花蕊夫人宅》：

> 歌舞当年进蜀王，应怜遗址牧牛羊。
> 茸茸细草堆芳径，漠漠寒烟覆短墙。
> 城上竖旗千载泪，宫中题恨满帘霜。
> 英雄多少烟荒土，不及夫人姓字香。

又清人刘光旭《过青城费县》：

> 江水常平沙，江天一望斜。
> 即今余石垒，当日尽人家。
> 城阙空山色，楼台逐浪花。
> 沧桑几经变，古渡剩寒鸦。

今时，每过灌县（今都江堰市）徐渡乡，想象诗人描写之地貌景物，均甚为切合。

乐观包容的现代传播

▼

传承巴蜀文明　发展天府文化

THE RESEARCH
OF TIANFU CULTURE

▲

　　乐观包容的文化精神贯穿于天府历史文化整个发展过程，具有不同的时代特色与呈现方式。在"西学东渐"浪潮中，廖平是天府文化包容精神的杰出代表，他以乐观包容的精神来扩大儒家经典的包容性，拓展经典的适用范围，以探索适合当时中国发展的思想道路。改革开放后，天府成都展现出日新月异的发展态势，蓉城的大街小巷都在经历着古今大换脸，沉淀于其中的城市韵味与千里之外的台南有着异曲同工之妙，对文化的自信、对土地的关怀、对人的热情，是成都与台南这两座城市乐观包容精神的遥相呼应。如今，面对新的国内、国际环境，天府文化的乐观包容精神依然通过基础建设、精神特质、生活美学等得到表达。推动天府文化乐观包容精神的创新发展，将有助于全面提升成都的文化影响力、凝聚力、创造力，助推世界文化名城建设。

以孔经规划全球

——廖平的大统世界

杨世文[1]

摘　要： 廖平是天府文化的杰出代表。近代西学的传入，给廖平这样的中国儒生呈现了一个日渐清晰的新世界，作为经学家的廖平该如何应对？儒家经典是否无法解释这个新的世界？廖平努力从经典中阐发新义，使经典与现实世界合拍。廖平的"大统"学说，正是希望通过对孔经的阐发，建构一个面向世界的经学思想体系。我们如果以纯粹学术研究的眼光来看，固然觉其荒唐可笑。但廖平放弃"今古学"而阐发"大小统"，事实上所走的已经不是学问家的道路，而是在进行思想建构了。他试图通过扩大孔经的包容性，来拓展经典适用的范围，寻求孔学的时代价值。我们应该将其放在近代儒学转型的大背景中加以同情地理解。

关键词： 廖平；西学传入；儒学转型；孔经；思想构建

1　杨世文，四川大学古籍所研究员，四川大学国际儒学研究院副院长，博士生导师。

从晚清到民国初，恐怕没有哪个四川学者像廖平（1852—1932）那样获得重名，并在全国学术界占据显著地位。廖平以经学家著称，他的经学思想体系极大地改写了近代中国的学术版图。他提出的"以礼制分今古"的学术思想，被誉为清代学术史上的"三大发明"之一。[1]不过，廖平经学思想历经六变，"今古学"仅仅是他一变、二变时的主张。如果以戊戌（1898）为界，将他的学术思想分为前期和后期，那么其戊戌以后的学术思想较之前期发生了重大的变化，即以"大统小统"说取代"今古"说，从而泯灭今古界限，实现群经大同，建立一个兼容古今、囊括中西的宏大思想体系。廖氏经学思想的这一重大改变，与他以经学"经世"的情怀关系尤为密切。

19世纪末，中国发生了许多重大的事件。西方的科学技术、思想学说乃至历史地理知识蜂拥而入，远在西蜀的廖平也能读到大量的西学书籍。西方的物质文明比中国发达，西方的政治制度具有颇多优势，只要不是抱残守缺、深闭固拒之人，就对此不得不予承认。而进化论、地理学知识的传入，也使廖平这样的中国儒生开阔了视野。他们不得不承认，中国之外还有一个丰富多彩的世界。廖平的友人宋育仁曾游历欧洲，亲身感受了西方世界在物质、制度上的先进。所有这些，无疑对廖平的思想产生了影响。

在对待西学问题上，廖平并非食古不化之徒，他竭力使自己理解西学，了解西方。但是，作为一位孔子的忠实信徒，他必须严守儒学疆界，站在儒家的立场上去解释世界，力图将西学纳入中国经典的知识体系，将新地理知识纳入中国传统的五服、九州、九畿的天下观念之中，从而建立起基于儒家经典的世界图式和解释模式。

一、大统小统说的提出

改"古今"为"大小"，正是廖平"经世"情怀在理论上的建构。它既是廖平经学思想自然发展的必然结果，也是其接受师友劝告而做出的必要调整。梁启超所谓张之洞"贿逼"之说固然不成立，但也不能否认廖氏在一定

1　另两大发明是顾炎武的古音学，阎若璩的《尚书古文疏证》。见蒙文通《议蜀学》、向楚《廖平》，收入舒大刚、杨世文主编《廖平全集·附录》，上海古籍出版社，2015年。以下凡廖平文皆见本书。

程度上接受了张的意见（尽管廖氏之说始终未能令张满意）。我们观察廖平经学三变的缘由，不能只强调内因或外因，而应该看成是内因与外因合力的结果。这在廖平本人也是承认的。

首先，廖平的"今古学"固然获得学术界的赞誉，为他带来了经师的声名，但也受到不少批评。廖平治学有一个很好的习惯，就是集思广益，愿意倾听不同的意见。光绪《井研县志》著录《家学纪闻》提要云：

> 四益每立新解，辄求驳议。丁酉（1897）以前未定之说，悉经改正。近来《诗》《易》卒业，乃以小、大二派为归宿。许、郑驳议，朱、陆异同，乡人拟为《正杨》之作，书未杀青，故命师慎辑为此编。凡南皮、湘潭、钱塘、铁江、徐山、邛州诸老之议论，以及江叔海、陆绎之、周宇人、吴伯揭、岳林宗、杨敬亭、耿焕青、杨雪门、董南宣、吴蜀尤、龚熙台、吴蜀筹之撰述，周炳奎、王崇燕、王崇烈、施焕、帅正华、李光珠、陈嘉瑜、黄镕、贺龙骧、胡翼、白秉虔、彭尧封、李传忠、罗煦、曾上源、李钟秀、刘兆麟等之问难，外如《亚东报》《湘学报》《翼教丛编》，虽不为四益发，宗旨偶同，亦引为心咎，《序》谓"置之座右，以当严师，务求变通，以期寡过"。

这个名单很长，许多人都是廖平的师友，包括张之洞、王闿运、钱保宣、钱保塘、伍肇龄、江瀚，以及章太炎、朱一新等等。对此，廖氏门人施焕《廖氏经学丛书百种解题序》于二变三变之故，言之甚详。他观察到：

> 蜀中学人，海内老宿，其指瑕索瘢者，盖不止盈篚，师悉写而藏之，随加订正。急欲求通，不能遽化。卸官杜门，谢绝书札，忘餐废寝，须白齿落，如此又十年，专治《诗》《易》，至于戊戌（1898）乃得大通。[1]

1　吴嘉谟、龚煦春纂：《井研县志·艺文三》，光绪二十六庚子刻本。

所谓蜀中学人，包括宋育仁、吴之英、杨桢等。因此，面对师友的批评，廖平不得不慎重思考如何使自己的经说做到"既无删经之嫌，又收大同之效"。所谓"大同"，据《三变记》说，戊戌以后，将《周礼》删改诸条陆续通解，乃定《周礼》为海外大统之书，于是"以前所删、所改之条，今皆变为精金美玉，所谓化腐朽为神奇"。

批评者中比较重要的是江瀚、章太炎等人，他们从学术上对其进行驳正，而廖平的恩师张之洞则更多地从政治上对其学说进行规诫。面对张之洞的误解及反复劝诫，廖平虽然心有不甘，但也不能不认真思量当如何交待才能让其满意。加之康有为《新学伪经考》《孔子改制考》出，世人多知其说本于廖平，指其为非圣乱法，也给廖平形成一定的压力。廖平在经学二变期间所著《知圣篇》一书中讲孔子为后世制法，从而启发了康有为作《孔子改制考》及其变法改制思想的形成，这是举世公认的。但戊戌政变后，廖平出于避祸需要，对此有所忌讳。

其次，廖平的今古学自身也存在一些矛盾需要解决。廖平的好友杨桢就曾指出：

> 四益经学，美矣盛矣。惟三利未兴，三弊未祛。三利者何？
> （一）有王，无帝；（二）有海内，无海外；（三）有《春秋》
> 《尚书》，无《诗》《易》。三弊者何？（一）同轨同文，今古相
> 轧，一林二虎，势必两伤；（二）六经不能自立门户，各标宗旨，
> 叠规重矩，剿说雷同；（三）分裂六经，固伤破碎，合通六艺，则
> 嫌复重。[1]

今古学所适用的范围，仅限于中国一隅，对于海外世界缺少关注和解释。六经之中，今古学所涉及的主要是《春秋》和《尚书》二经，对于《诗》《易》关注不够。经学分今古，原来以周公、孔子来区分，后来信今驳古，以为六经皆为孔子制作，指古学为伪学，虽然说极力抬高了孔子的地

---

[1] 杨桢：《贺龙骧〈廖氏经学丛书百种解题四卷〉序》，《井研县志·艺文三》，光绪二十六年庚子刻本。案，此言极可能是廖平自说，托之杨桢。

位，但以古文为伪经，造成儒学内部今、古学之间的争讼互斗，终究有割裂六经、分裂儒学之嫌，实际上不利于尊孔崇经。廖氏经学"大统小统"之说的提出，正是为了兴此"三利"，除此"三弊"。

此外，廖平学术思想自身的发展演变逻辑，可以看成是他放弃"今古学"、提倡"大小学"的内因。其作于丁酉（1897）仲冬的《四益馆经学丛书·自序》谈到，早在二变之时，其《左传》之学已经归于今学；在丙申（1896）以后，其已将《周礼》所删诸条陆续通解，删去了刘氏羼补删改之说，则所谓"新学伪经"说不再成立，对今古学的界限不再划分。事实上，廖平在丁酉年底（1897）即已经不再坚持所谓"今古"之学，而是"化同今古"了。[1]

廖平经学二变时期最重要的著作是《知圣篇》和《辟刘篇》。其中《知圣篇》"专明改制之事"（《古学考》自记）。该书作于戊子（1888），但现在我们看到的《知圣篇》，为廖平于庚子（1900）、辛丑（1901）年间修订而成，除保留二变期间"孔子改制"的内容外，做了不少增补，尤其是加入了"大统小统"说的内容，不再攻《周礼》，也没有所谓"新学伪经"之说。相反，其明确提出：原来判分今古学最为重要的两部经典——《王制》和《周礼》，并不是对立的，而是"互文相起"，互相依存，互相补充。[2]廖平经学三变的一个关键，在于对《周礼》地位的重新楷定。这个转变发生于光绪丁酉仲冬（1897），时间正是廖平收到宋育仁转达张之洞的批评、"为之忘餐寝者累月"之时，因此是很耐人寻味的。面对恩师的严厉批评，廖平不得不思考如何补救。在苦闷之中，他与宋育仁商量再三，决定"将经传统归至圣，不再立今古名目"[3]。廖平以往认为《周礼》中无法讲通的经文，现在发现并无问题，而是贾逵、郑玄等人的误说造成了混乱。[4]既然《周礼》

1　据县志《古今学考》二卷提要云："按《王制》《周礼》封建畿数不同之故，自汉至今，说者无虑千余家，迄无定说，四益丁酉冬于成都作二说，折定一尊，较诸家最为精实。"所谓二说，即《五等封国说》《三服五服九服九畿考》。

2　廖平：《知圣篇》。

3　廖平：《古学考·跋》。

4　廖平：《官礼验推补证·序》，收入光绪《井研县志·艺文》，光绪二十六年庚子刻本。

不再出自刘歆伪窜，也不是古文家所谓的"周公致太平"之书，而是孔子的著作，那么所谓"伪古文"的旗帜已倒，皮之不存，毛将安附？今、古文的名目再没有存在的必要。《周礼》重归孔学，《周礼》《王制》为"骨肉至亲"，可以"互见相起"，这个转变是巨大的。

戊戌（1898）之后，廖平的"小统""大统"之说更加成熟，遂以《周礼》为"全球治法"[1]。《王制》属于王伯"小统"，治中国；《周礼》属于皇帝"大统"，治全球。以《易》《诗》《书》《春秋》分配皇、帝、王、伯；皇、帝、王、伯之分，由所治疆域大小而出。这是"大统小统"说的核心内容。

需要指出的是，他的这个"小统""大统"说，在经学史上从来没有人提出过，是廖平的独得之见，"大统皇帝之学，所以通中外，集大成。外间'血气尊亲'之说，久为常谈，引之经、传，则为四益所独创"[2]。是从此以后廖平坚持一生的思想。无论后来提出"天人小大说"，还是以《内经》解《诗》《易》，这一主张都没有改变。

二、"大九州"与地球新义

廖平"小统""大统"说的核心，是利用"地球"学说，对传统九州、五服说加以改造。

"六合之外，圣人存而不论"，但先民们也对宇宙提出了自己的认识。古代中国人对宇宙的看法，主要有盖天、浑天、宣夜三种学说。不过，"由于历代统治者将'天圆地方'观念政治化、伦理化，使之在社会各阶层中，特别是在士大夫里面浃肌沦髓。传说中的九州、五服、井田制度，皇家建筑中的方圆设计如天坛，地图测绘中的计里划方之法，人体的所谓圆踵方趾，道德说教中的外圆内方，等等，都是这一观念的延伸"[3]。因此在中国传统思想中，"盖天说"一直占据统治地位。当明末传教士利玛窦将欧洲地圆说和

1　廖平：《知圣续篇》。
2　廖平：《家学树坊》提要，收入光绪《井研县志·艺文》，光绪二十六年庚子刻本。
3　郭双林：《晚清地理学研究与传统天地观念的变异》，《清史研究》1994年第4期。

五大洲观念介绍到中国时，引起很大的震动，"骤闻而骇之者甚众"[1]，以为是"中国千古以来未闻之说"[2]。在他们看来，地圆学说违背常识，简直不可思议，只能当成笑话。官绅士庶对域外世界普遍没有足够的认识，知道地球之说者更寥若晨星。

直到鸦片战争前夕，东南沿海一带不断有携带着坚船利炮的"夷人"游弋骚扰，知识界才不得不开始思考他们来自何处。[3]于是明末清初的那几本讲地理学的汉文西书再度引起了中国学者的关注。随后发生的鸦片战争，更令官绅士庶不得不重视"地圆"学说。徐继畲在《瀛环志略》中就写道"地形如球"，魏源在《海国图志》中也摘录了玛吉士《新释地理备考》中关于地圆的论述。[4]

不过，在甲午甚至戊戌之前，没有资料证明廖平曾对地球、地圆学说发表过意见。廖平真正将地球观念纳入自己的经学体系，加以经学阐发，是在丁酉（1897）、戊戌（1898）年间。

从廖平本人的学术性格来说，追求"三年一小变，十年一大变"，不会株守成说，故步自封，不思变通。自丙戌（1888）到丁酉（1897），刚好十年，正届廖平所谓"十年大变"之期。内因、外因相互作用，促成了他的经学思想发生巨变，从谈"今古"转变到讲"小大"，使其经学由面向以往历史向面对当下世界转变。他在《三变记》中写道：

> 戊戌（1898）在资中，因《诗》之小球、大球与小共、大共对文，共作贡，九州之贡。《顾命》之天球、河图，纬说以河图为九州地图。据《诗》《书》小、大连文者，小字皆在大字之上，定天球为天图，小球、大球为地图。先小后大，即由内推外。

1　《四库全书总目提要》（上册）卷一百零六，中华书局，1987年，第895页。
2　刘献廷：《广阳杂记》，中华书局，1957年，第104页。
3　萧令裕《记英吉利》（1832）写道："英吉利恃其船炮，渐横海上，识者每以为忧。"汤彝《英吉利兵船记》（1834）也有英国"以兵船火器横海上"的记述。
4　魏源：《海国图志》卷九十六，古微堂咸丰壬子年（1852）重刊定本（百卷本）。

廖平对儒家经典中小球、大球与小共、大共的理解，显然与历代诸儒的解释大相径庭。当时他的学术思想正处于"十年大变"之期，廖平主观上有求变之心，而师友规诫等外因也对其学术思想的变化起了催化作用。廖平之所以对《诗》《书》中的"小球""大球"与"小共""大共"有这样一种慧解，显然又受了当时地圆、五洲新说的启发。其中对廖平影响最大的两本书，一是宋育仁的《泰西各国采风记》，二是薛福成的《出使四国日记》。

宋育仁是廖平的好友，光绪二十年甲午（1894）由兵部尚书孙毓汶举荐，被派充任驻英、法、意、比四国二等参赞官，随公使龚照瑗出使欧洲。在欧洲期间，宋著有《泰西各国采风记》五卷，详细记述欧洲政治、教育、宗教、风俗等情况，并站在儒家立场上加以评价。该书分政术、学校、礼俗、公法五部分，但"公法"部分，因中日甲午战争加剧而辍笔未写完。光绪二十三年丁酉（1897）夏刻于成都。廖平在提出"小统""大统"说之前，应该已经读到宋育仁的这部书，比较系统地了解了欧洲政法、教育等方面的情形。廖平在自己的著作中也多次提到《采风记》一书。

廖平对薛福成《出使四国日记》关注的重点在于薛氏根据自己"睹大海之汪洋，念坤舆之广远"观感而得出的"邹子之说，非尽无稽"的看法。[1]司马迁《史记·孟子荀卿列传》叙述了邹衍的"大九州"说，云：

> 儒者所谓中国者，于天下乃八十一分居其一分耳，中国名曰赤县神州，赤县神州内自有九州，禹之序九州是也，不得为州数。中国外如赤县神州者九，乃所谓九州也。于是有裨海环之，人民禽兽莫能相通者，如一区中者乃为一州，如此者九，乃有大瀛海环其外，天地之际焉。

薛氏过去对邹衍"大九州"说持一种怀疑态度，认为其"耸人听闻"，简直不可思议，但通过自己亲眼所见，亲耳所闻，对邹衍所谓"大九州"说由疑而信。他在日记中对所谓地球五大洲的划分做了分析，认为地球五洲地理分布虽然在细节部分与邹衍之说有些出入，但大体上是吻合的。而《禹

1　薛福成：《出使四国日记》，岳麓书社，1985年，第76~77页。

贡》所谓九州范围，不出当时清国十八行省的范围，放在上述全球九州之中，"实不过得大地八十一分之一，而《禹贡》所详之一州，又不过得大地七百二十九分之一"，因此薛氏认为邹衍所谓"大九州"之说"其事殆信而有征也"[1]。

从怀疑邹衍"大九州"说"耸人听闻"到相信其"信而有征"，这个转变应该说是很大的。薛氏的转变，在当时知识界可能具有代表性。廖平读到薛氏日记，对于薛福成的说法，产生了强烈的共鸣。因此他在编写《地球新义》时，将《史记·孟子荀卿列传》中有关邹衍及其"大九州"说的记载、薛福成《出使四国日记》中讲五大洲及"大九州"说的文字全部录入，并称赞其"为谈地球者增一新解，识诚伟矣！"

不过，廖平对薛氏之说虽然赞赏有加，但也有不满意的地方："薛君虽能填实衍说，而不知其说所由来，以为古人本有此说，邹子从而推阐之，所谓古人，究生何代？所谓推阐，究本何书？羌无佐证，读之歉焉。"薛福成虽然证实了邹衍学说有一定的可信度，但并没有指明邹衍学说的来源，这是廖平不满意之处。虽然有遗憾，这却给廖平留下了继续阐发的空间。

邹衍之说究竟来自何处？廖平反复阅读司马迁的邹子附传所谓"必先考小物，推而大之，至于无垠"云云，综览古今，考索中外，豁然发现，其说"乃七十子之微言，即《周礼》之九畿与《淮南·地形》之九州、八殥、八纮、八极也"！也就是说，邹衍之说来自于孔子，实为儒家固有之说！从儒家六艺之流传的空间范围上说，齐鲁无疑是中心，而邹衍是齐人，生活时代又与公羊高、子沈子、子女子这些人相近，因此廖平得出邹学来自《周礼》的结论。[2]

廖平的推论并没有确切的证据，当然是受其尊孔立场的指引。而且纬书、《庄子》《列子》等，在廖平看来都出自孔学，其中早已有了地圆学说，都可以为邹衍之说提供佐证。

廖平进而发现，经典中所言"大""小"，多与大统、小统相关。儒家经典《易》与《诗》中，凡言"小""大"之字，都由此起例，大指大

1　薛福成：《出使四国日记》，岳麓书社，1985年，第77~79页。
2　廖平：《地球新义·〈出使四国日记〉论大九州后》。

统，小指小统。其他如经典中所谓"小畜""大畜"，"小过""大过"，"小康""大康"，"小国""大国"，"小球""大球"，"小共""大共"，小指小九州，大指大九州。明白了邹衍之说讲的是全球"大统"，则《禹贡》所谓"九州"显然讲的是中国"小统"。而且周天三百六十度，地球度数由中起点，四面皆九，四九合为三百六十，也与邹衍之说相同。由此可证明西人所谓"地球"之说，"中国古实有之"（《释球》）。不过，虽然中国古人早知地球，但因治理区域只在中国一隅，加之后人见闻狭窄，其学不传，渐渐不能理解其说，如果不是西洋地图传入中国，唤起国人的历史记忆，人们不能理解"大球""小球"究竟说的什么。廖平将地球说与《诗》《书》联系起来：

> 圣人设教，先诸夏然后夷狄，此其例也。盖言小球者，中国禹贡之小九州也；言大球者，合大九州言之全地球也。然则地球之名虽出自晚近，而实古义，早已垂明文于《商颂》。[1]

原来《诗》《书》所言"大""小"，都是就"大九州""小九州"而言，也就是指中国与全球。地球之名虽然出现较晚，但其义在中国古代早已有之。《周礼》一书，过去以为刘歆伪篡，现在看来，其中正包涵了九州之说。《周礼》一书中有两种"九州"说，一为小九州，一为大九州，其说与其他经典中的大、小之说互相印证。大统为皇帝，小统为王伯；大统为全球之说，小统为禹州（中国）之说，《周礼》一书实兼说大、小二统，不能混淆。大统由小统推衍而出，故曰"验小推大"。因此，邹子大、小九州之说，不仅不荒唐，而且有充分的经据。

由《诗》《书》推及群经，如《觐礼》所谓王者朝诸侯，设"方明"，上玄，下黄，东青，南赤，西白，北黑。关于"方明"，汉代郑玄说："方明者，上下四方神明之象也。"本为木制神器，方四尺，设六色六玉。古代诸侯朝见天子、会盟或天子祭祀时所置。但廖平认为，所谓"方明"即地球；上下四方，是合东西两京、四岳为六合。

---

1 廖平：《地球新义·释球》。

又如礼，生者南乡（向），死者北首。中国向南，南球向北，则中国之人道、鬼道与南半球正相反。廖平由此得出，《易》《诗》之"鬼方"，实指南半球之澳大利亚等地而言。"南北相反，人鬼异向，自中国言之，非所谓鬼方乎？是又言地球之所当知者也。"[1]

历史上，《禹贡》"九州"说与邹衍"大九州"说不无矛盾，而所谓"五大洲说"毕竟与中国固有的九州、大九州说不完全一致。廖平也看到这个问题，他以"其实相合，其数目不无多寡之异"进行弥缝。如《诗经·大雅·民劳》五章，所言四国、四方，廖平以为即四岳，合京师为大州，共五。五大洲说与九州说虽数目有所参差，但本质上是一致的。[2]

不过，我们应当注意到，论证邹衍"大九州"说与经典相合，并不是廖平的最终目的。他要说明的是，今天广为人知的世界五大洲、四大洋，圣人早已前知，并在经典中做了规划。只不过汉代以后儒者逐渐不知"大统"之说。汉代以后"大统"之旨失传，儒者将九畿疆域局限于中土，因此当西洋地球五洲之说传入中国后，引起震惊。过去人们普遍认为海外世界不在六艺疆域范围之内，圣人之教与海外世界无关。如此说来，《中庸》所谓"凡有血气，莫不尊亲"，究竟何指？没有着落。将来世界大一统之时，所谓"声名洋溢蛮貊"就成了虚语。

三、大统世界与孔子经制

我们知道，廖平大统小统说的起点，是将地球说、五大洲说、西方天文学与经典进行比附阐发，从经典中找到解释，从而证明地球说、五大洲说、行星绕日说与经典并不矛盾，经典中早就做了规划与说明。廖平认为，先秦时期，儒家经说不仅规划了中国，也规划了海外，这在《大戴礼》、邹衍、群纬之中还能够看到。伏生、韩生等汉初儒生对此还有一些异闻。到东汉之后，海外大统之说逐渐被遗忘，所以解经家往往用《禹贡》小统之说去解说《诗》《易》大统之说，以至于方圆凿枘，处处矛盾。现在地球开通，海外世界历历在目，正好印证了《尚书纬》"地有四游"、邹衍"海外九州"、

1　廖平：《地球新义·释球》。
2　廖平：《地球新义·〈大雅〉民劳篇解》。

《逸礼》之"五方"之说，而这些学说皆来自孔子，证明孔子对于海外世界早已前知。[1]

孔子不仅早知海外世界，更为重要的是，孔子还对未来地球发展的方向做了规划。邹衍海外九州之说，到现在已经完全得到了应验，学者不知其故，以为是巧合。其实《周礼·大行人》中就有大九州说，邹衍之说来自六艺，可见圣人早知大九州的存在。那么，圣人为什么有先知能力？廖平认为，先知为圣人常事，经典中所谓"百世可知""至诚前知"，毋庸置疑。但宋元之后儒生讳言前知，或者把休咎得失、卜筮占验之类当成前知。事实上，圣人所谓前知，是指"大经大法""先天后天"的本领，通天地之情状，洞古今之治理。也就是说，圣人前知，最重要的是为后世立法创制。[2]

经典之中详细规划了五帝分司地球五大洲，其中最为重要的设计，是确定了中国在五大洲的中心位置：

> 考五帝分司之法，以地中为都邑，则中国为震旦，西美为西极。青帝建都于中国，则西美为东，地中为西；少昊建都于西，则以地中为东，中国为西。东西左右，由三统京城而定，平时背北向南，一定不易，此东西无极、南北有极之说也。

所谓地中，即指昆仑山。廖平认为昆仑为大地之中心。中国在昆仑之东，为震旦；西美在昆仑以西。昆仑地中与东方青帝、西方少昊轮流建都，即素、青、黄三统轮替。而"东、西二帝，互相左右"，会随着京师都邑的改变而变化，时左时右，这就是《诗》所谓"颠倒衣裳"。

不仅《诗》中明确传达了五帝、三统的经制，诸经所记丧服制度，也与五帝、三统相关，并可以与《诗》互相印证。考《礼》凶服有五，吉服有五，齐服有五，合为十五。以东服为吉，西服为凶，中服为齐。吉服五，冠、昏用之，冠用缁布冠。东南喜乐，冠、昏属之；西北哀，故用凶服；中央齐，《周礼》齐服有玄端、素端。东吉，西凶，中央兼用之。玄端，即

1　廖师政：《家学树坊·〈古今学考〉二卷》。
2　廖平：《知圣续篇》。

《论语》之"不以吊"之玄冠。素端，即《诗》之素冠。以丧服五服比疆域，则《周礼》九畿万里为缌麻三月，帝幅五千里为三秋，皇幅万里为三岁。《齐诗》以哀乐为《诗》大例，孔子论《关雎》亦言哀乐，哀乐实即吉凶。吉服用缟，用缘；凶服用麻，用葛。必用吉凶二服立说，而后哀乐为有根。而且推之《易》之吉凶，疑皆为此例。以齐、吉、凶三门之十五服立说，而后"大统"之十五服各有宗主，可推之于《易》《书》。[1]

廖平努力在经典中发现"经制"，他在这方面论述非常多，读来好像是在猜谜，又似梦呓，实则是他用大统小统说来附会经制，说明对未来大统世界，圣人早已在经典之中做了规划。经典中的这些数字、方位、颜色等，其排列方式并非巧合，而是圣人的精心设计，皆有微言大义在其中。因此在解读时不可拘泥于字面意思。

在廖平看来，孔经中有大九州之说，毋庸置疑。但是，孔经并没有多少对海外九州之制的明确记载。为了解决这个矛盾，廖平另辟路径，提出所谓"翻译"说。他认为，翻译可以分为"竖翻""横翻"两类：

> 《论语》"子所雅言：《诗》《书》、执礼"，《庄子》孔子"翻十二经以立教"，班《志》"《尚书》读近尔雅，通古今语而可知"，此竖翻例，通古今异语也。《王制》之寄象狄鞮译，《周礼》之象胥，以通四夷言语，《公羊》之"物从中国，名从主人"，《穀梁》之"物地从中国，号从主人"，扬子云之《輶轩使者绝代语》，此方言之说，为横翻者也。盖政制以横翻为开化四海之首功，而立教以竖翻为通贯古今之妙用。[2]

竖翻即"通古今语"，将古语翻译成今文；横翻则是翻译各种方言。圣人通过"横翻"，开化四海；通过"竖翻"，通贯古今，为后世立教定制。因此孔子六艺，原从古本之文翻以雅言，属于"翻前"之事，班《志》所谓"《尚书》通古今语而可知"者，早有明文，通人所共知。至于为后世立

1　廖平：《知圣续篇》。
2　廖平：《地球新义·翻译名义叙》。

法，属于"翻后"，其大例还很少为人所知。如经典中所言之水地，先儒都就中国地名解译之，这是不知大统之义，实则为翻译例。

小统上翻三代之古文，大统下翻百世。如海外九州，地有定形，其名见于《淮南子》，经文犹不具著，何况百世以下还不确定的国名，经传更不可能一一录之。但如果不直录，则不能实指，辞穷无可考，故不得已而用"后翻"之例。中国东南之夷曰淮海邦，东南之国不可名，则借中国之名以称之。又中国正南方曰荆楚，正西方曰氏羌。今南则澳洲、非洲，西则美洲、欧洲，其名不可见，也借用中国的地名来称呼，荆楚即澳非，氏羌即欧美，与淮夷之例相同。

总之，孔子六艺，小统上翻三代之古文，大统下翻百世之新事。当今世界的五大洲，就是传自孔子的"大九州"，圣人早已为全球疆域做了规划。将来世界大一统，必然在大九州中推行帝王政教。廖平说：

> 帝王政教，必先分州作贡。疆界既明，而后政教可施。[1]

《尚书》中的《禹贡》小九州范围仅仅局限在中国一隅，为小一统（小共）。将来地球大一统，则为大共（大禹贡）。如何治理大九州呢？廖平说：

> 五洲亦如九州，将来大一统，合要、荒为大五服。[2]

也就是说，世界大一统之后，将采用"大五服"的治理方式。原来《禹贡》中的甸、侯、绥、要、荒五服中，只有甸服、侯服、绥服在中国之境，为王化所及。其余要服、荒服未沾王化，处于政教之外，并不直接治理。但是在将来大一统后的"大禹贡"世界中，要、荒二服也将是王化普及之处，即《中庸》所谓"凡有血气，莫不尊亲"。廖平又说：

1　廖平：《大共图考·序》，收入光绪《井研县志·艺文》，光绪二十六年庚子刻本。
2　廖平：《公羊春秋验推补证》第一"隐公八年"。

《论语》云"百世可知"。今二千五百余年，泰西轮舟、电线、开河越海，正《中庸》所谓"人力所通"也。《禹贡》小九州，地球尽辟为大九州，将来一统，再推广五服，是孔子蕴火尚未发，中外成一统，天覆地载，凡有血气，莫不尊亲，乃为畅发无疑。

在"大九州"中推行"五服"，从而构成一个全球"大统"、同尊孔圣之教的治理体系，这是廖平对未来"大统"世界的设计。廖平把《周礼》与《尚书》都看成是规划世界之书，因此两书中的"九州""五服""九服"可以互相发明。《周礼》为专讲大统礼制之书，与《王制》讲中法小统不同。《王制》限于中国五千里，《周礼》则扩大到海外万五千里，广狭不同，这在《诗》《易》二经中也有反映。《山海经》《庄子》《列子》等书，更是属于海外专书。但历代学人都用中国之事去解释，故往往扞格不通，被斥为荒唐。而今海禁宏开，过去以为荒诞不经之说，才一一得以验证。

"大九州"之说虽然出自邹衍，但廖氏认为，诸子为六艺支流，源皆本于六经。孔子以前之黄帝、老子、管子、鬻子，都出于依托。如此，则诸子百家皆收归孔门。而六艺都是孔子的新作，海外大统，孔子早已先知，地球千奇百怪，世界千变万化，不出孔经范围。孔子为全球之圣，孔经为世界大法，得以证明。

四、余论

通过阅读西书及中国人的西游见闻，廖平接受了地球学说，并对西方世界有了比较系统的认识和了解。西学的传入，无疑给中国传统的"天下"观以很大的冲击，中国不再是地理上的"天下之中"，也不是世界上唯一的文明，中国之外还有其他国家，世界上有五大洲、四大洋，这是毋庸置疑的。

面对日渐清晰的、呈现在眼前的新世界，作为经学家的廖平该如何应对？在传统儒家看来，经典是最高的真理，天文、地理、人事皆包罗于其

中，兼天、地、人三才。但面对"三千年未有之变局"，是否如严复所谓
"地球周孔未尝梦见，海外周孔未尝经营"？儒家经典是否无法解释这个新
的世界？如果真是这样，那么经典的价值将不复存在，儒学就将退出历史舞
台，显然这是廖平不能接受的。因此，他要努力从经典中阐发新义，使经典
与现实世界合拍，让经典面向世界。廖平的"大统"学说，正是希望通过对
孔经的阐发，建构一个面向世界的经学思想体系。当然，他对"大统"世界
的建构，往往通过曲解经义的方式进行，多郢书燕说。他将诸子百家收归孔
门，甚至纬书、《山海经》、《楚辞》、佛经、道经都被他当成建构"大
统"理论的质料而熔于一炉。所有这些，我们如果以纯粹学术研究的眼光来
看，固然觉得荒唐可笑。但廖平放弃"今古学"而阐发"大小统"，事实上
所走的已经不是学问家的道路，而是在进行思想建构了。学术力求谨严，论
据要坚实可信；至于思想，则不妨天马行空，上下求索。廖平对经典的另类
诠释，固然与儒学在近代面临的挑战有关。他试图通过扩大孔经的包容性，
来拓展经典适用的范围，寻求孔学的时代价值，这未尝不值得我们将其放在
近代儒学转型的大背景中加以同情地理解。

今文经学与古文经学在蜀中的一次对话[1]

——记廖平与刘师培在四川国学院的岁月

魏红翎[2]

摘　要: 自汉代开始,经学今古文之争便从未断绝,成为中国传统学术中最重要的分歧之一。两派往往互相攻讦,形同水火。在这种背景下,今文经学殿军廖平与古文经学大家刘师培在四川国学院的和谐共处便尤显独特。刘师培1911年底来到成都,1913年6月离开,期间任国学院院副,而廖平为院员,两人在学术方面进行了全面深入交流,成为学术上的知音。二人在此期间的交往,过去少有论述。而透过这段交往,可以发现充分交流、彼此包容是化解分歧的不二法门。

关键词: 今文经学;古文经学;廖平;刘师培;四川国学院

廖平与刘师培均为近代著名学者,一位是今文经学家,一位是古文经学家,两人曾一度共事于四川国学院。关于二人在此期间的交往,有许多传

1　该文为教育部省属高校人文社会科学重点研究基地四川师范大学巴蜀文化研究中心重点资助项目"四川国学院的创建及发展研究"(项目号:BSWHZD18-04)的阶段性成果。

2　魏红翎,成都大学文学与新闻传播学院副教授。

说，但真实情况如何，实有必要加以梳理。

一、国学院时的廖平

廖平（1852—1932），原名登廷，字旭陔，又字勖斋，后改名为平，字季平，号四益，继改四译，晚年又号五译、六译。四川井研县青阳乡盐井湾人。清末今文经学派的代表人物，近代著名经学家。其著述甚丰，"著书一百二十一种"，除经学论著外，兼及医术、堪舆，汇为《四益馆经学丛书》，后又增益为《六译馆丛书》。他的著述对光绪年间的维新变法运动提供了理论依据，康有为正是受廖平《辟刘篇》《知圣篇》启发，写成《新学伪经考》《孔子改制考》，奠定了维新变法的理论基础，由此朝野震惊。辛亥革命后，廖平先为四川军政府枢密院院长，继而被聘为四川国学院院员，又任四川国学学校校长。[1]

据时在成都的文守仁先生回忆，廖平曾与骆成骧等组建武德社，练习射击。"诸老不时在国学院前，御长袍，着马褂，张弓曳箭，指手划足，其乐融融，行人每驻足观之。"而廖氏"身材中等，体肥硕"[2]。这正是其在国学院时的情形。

廖平在国学院时为院员，并兼任主课教员。1914年3月至1922年7月（期间曾短暂辞职），任四川国学学校（1918年改为公立国学专门学校）校长。其在国学院（校）任职时间最长，给学生留下深刻印象。弟子蒙文通在《廖季平先生传》中说：

> （廖平）豪于饮，数十杯一举立尽。在国学学校时，每夜醉，辄笑语入诸生舍为说经，竟委曲无误语。积书至万余卷。尝示文通《汉书》中事，于积帙中信手抽出，展卷三数翻，直指某行，同学

1　廖幼平编：《廖季平年谱》，巴蜀书社，1985年，第1~2、17~18、44、46、58页。胡昭曦：《四川书院史》，四川大学出版社，2006年，第377~378页。
2　文丕衡编：《蜀风集——文守仁先生遗著》（内部资料），新津县政协文史资料委员会审定，1998年，第325页。

侍立者皆惊愕。[1]

廖平主今文经学，他也以此指导学生，见蒙文通好读段玉裁书，便责备道："郝、邵、桂、王之书，枉汝一生有余，何曾能解秦汉人一二句？读《说文》三月，粗足用可也。"[2]他又告诉吴虞："凡考据家不得为经学家，真正经学家即当以经为根据，由经例推言礼制。""《白虎通》为十四博士专门之说，实诸经之精华。"看此书，"宜先看陈左海《五经异义疏证》，方易了晰"。吴虞表示赞同，认为"有益学子，正不浅也"[3]。

在治学上，廖平一直反对以小学来治经的路径，他明确表示：

> 近贤论述，皆以小学为治经入手……近贤声训之学，迂曲不适用，究其所得，一知半解，无济实用……如段氏《说文》，王氏《经传释辞》《经义述闻》，即使全通其说，不过资谈柄，绣盘悦，与帖括之墨调滥套，实为鲁卫之政，语之政事经济，仍属茫昧。[4]

在国学院（学校）任职期间，正是廖平学术四变、五变、六变时期。1913年写成的《孔经哲学发微》是其"四变"的纲领，此后专就天人之说加以演绎。廖平在《四益馆经学四变记》里说：

> "天人之学"，至为精微。……《大学》为"人学"，《中庸》为"天学"。……"人学"为六合以内，"天学"为六合以外。《春秋》言伯而包王，《尚书》言帝而包皇。《周礼》三皇五

---

1 蒙文通：《廖季平先生传》，廖幼平：《廖季平年谱》，巴蜀书社，1985年，第104页。

2 蒙文通：《廖季平先生传》，廖幼平：《廖季平年谱》，巴蜀书社，1985年，第98页。

3 吴虞：《爱智庐随笔》，赵清、郑城编：《吴虞集》，四川人民出版社，1985年，第90～92页。

4 廖平：《知圣篇》，李耀仙主编：《廖平学术论著选集》（一），巴蜀书社，1989年，第208页。

帝之说，专言《尚书》；《王制》王伯之说，专言《春秋》。……
至于《诗》《易》以上征下浮为大例；《中庸》所谓"鸢飞于天，
鱼跃于渊"，为"上下察"之止境。周游六漠，魂梦飞身。[1]

1918年为其五变期，"以六书、文字皆出孔子"[2]。1919年后进入其学术六变期，"以《素问》所言五运六气为孔门《诗》《易》师说"[3]。

应该说，在四变之后，廖平在学术上将今文经学推向了极端，陷入了神秘主义的泥潭。有学者即指出："廖平的治学方法脱离不了今文经学的局限，而且他在发掘微言大义时不重事实的客观性，随意曲解或推测经典之意，并与神话、纬书、医书、文学作品等联系，大肆穿凿附会，构成种种荒诞的怪说。"[4]这是客观之论。

其实当年吴之英便婉转提醒过廖平，吴氏曾作长诗《寄廖平》，序言云："（季平）锐思深入，辄撤藩篱，袭宦奥，据所有，作主人，叱嗟指麾，肆意焉，规切弗止也。"其语可作两面观，诗中又暗示廖治学有穿凿之弊："自叱凿空得奇趣，动有妖祥为诡遇。说令相遇苦相难，定按新律裁章句。裁去若仍与律乖，黜为杂种更安排。"[5]

后人对廖平晚年学术误入歧途的原因，也曾加以分析。其弟子李源澄精通廖师之学，被认为"能传师门之义"，他对蒙文通说：

廖师精卓宏深，才实天纵，唯为时代所限，囿于旧文，故不免尊孔过甚，千溪百壑，皆欲纳之孔氏。又时当海禁初开，欧美学术之移入中土者疏浅且薄，不足以副先生之采获。先生虽乐资之为说，而终不能于先生之学有所裨。使先生之生晚二十年，获时代之

---

1 廖平：《六变记》，李耀仙主编：《廖平学术论著选集》（一），巴蜀书社，1989年，第550~552页。
2 廖幼平：《廖季平年谱》，巴蜀书社，1985年，第77页。
3 向楚：《廖平》，廖幼平：《廖季平年谱》，巴蜀书社，1985年，第109页。
4 谢桃坊：《四川国学运动述评》，《西华大学学报》（哲学社会科学版）2008年第6期，第3页。
5 吴之英：《寄廖平》，吴洪武等校注：《吴之英诗文集》，四川大学出版社，2008年，第67~68、71页。

助予，将更精实绝伦也。[1]

按照李源澄的理解，廖氏主观上过于尊孔，客观上未得外来学说之助，是造成其学术虽然屡变，却不能达到更高境界的根源所在。但李未认识到更根本的原因还在于，传统经学随着帝制的崩溃已经走到了历史的尽头，这是任何人的主观愿望都无法改变的现实，廖平作为传统经学的殿军，在这个过程中，即便使出浑身解数，上下求索，却也不可能改变经学的命运，反而使学说走向了神秘。

今天反观廖平于学术的贡献，首先还是应该肯定其对今古文经学的梳理，对于澄清经学发展脉络是有意义和价值的，而且他提出以礼制区分今古的做法，也为此论争提供了一种思路。因此刘师培称赞其"善说礼制，其洞察汉师经例，魏晋以来，未之有也"[2]。蒙文通也认为："昔人说经异同之故纷纭而不决者，至是平分江河，若示指掌，汉师家法，秩然不紊。"[3]其次廖平对于《春秋》三传的研究，也卓有成效，所谓"长于《春秋》"[4]，蒙文通亦称："先生起数千载之下，独探其微绪，申其本义，不眩惑乎三家之言。"[5]撰写《廖平先生评传》的王森然指出："先生在中国经学史上，既具相当地位；而在晚清思想史上，亦握有严重转捩之革命力量。"[6]这个评价还是公允的。而廖平一生致力于教育，培养了众多青年学者，为蜀学传承起到了非常重要的作用，其贡献也是不容忽视的。

1　蒙文通：《廖季平先生传》，廖幼平：《廖季平年谱》，巴蜀书社，1985年，第106页。

2　蒙文通：《廖季平先生传》，廖幼平：《廖季平年谱》，巴蜀书社，1985年，第105页。

3　蒙文通：《议蜀学》，廖幼平：《廖季平年谱》，巴蜀书社，1985年，第177～178页。

4　蒙文通：《廖季平先生传》，廖幼平：《廖季平年谱》，巴蜀书社，1985年，第105页。

5　蒙文通：《议蜀学》，廖幼平：《廖季平年谱》，巴蜀书社，1985年，第180页。

6　王森然：《近代二十家评传》，书目文献出版社，1987年，第62页。

二、国学院时的刘师培

刘师培（1884—1919），字申叔，又名光汉，号左庵，江苏仪征人，著名古文经学家。他早年加入光复会，投身反清事业。他还是国学保存会的发起者之一，同时也是重要的理论建构者。在20世纪初的国粹运动中，国学保存会之所以能成为运动的引领者和代表者，正是得益于其理论的构建，而这恰恰离不开刘师培的突出贡献。

光绪三十四年（1908），刘师培秘密投靠两江总督端方，背叛革命。宣统元年（1909），因劣迹败露，遂公开进入端方幕府。宣统三年（1911），清政府宣布铁路干线收归国有，各地保路运动随即爆发。5月18日，端方被任命为督办粤汉、川汉铁路大臣，强收粤鄂川湘四省铁路公司。刘师培随其入川。11月17日，端方在资州被部将所杀，刘师培被资州军政分府拘押。[1]

章太炎得知消息，打电报给四川都督尹昌衡，请求勿杀刘师培，电文云："姚广孝劝明成祖：殿下入京，勿杀方孝孺。杀方孝孺，则读书种子绝矣。"[2]12月1日，太炎又发表宣言，重申此意。刘氏得以幸免，辗转前往成都。

《吴虞日记》"冬月二十五日（12月15日）"称："晤廖季平、谢无量，同至无量处谈。晤刘申叔。"[3]则此时刘师培已至蓉城。

次年，四川都督尹昌衡改枢密院为四川国学院，刘师培被聘为院副。馆院合并后，他负责国学馆的工作，同时兼任教员。他给学生讲授《春秋左氏传》，随其学习者有十一人，为萧定国、向华国、皮应熊、唐棣农、魏继仁、李燮、李茵、华翥、杨斌、鄢焕章、马玺滋等。[4]师生问答情况辑录为《春秋左氏传答问》一卷，其《序》称：

> 民国元年，薄游蜀都，承乏国学院事，兼主国学学校讲习。

1 本段主要参考万仕国《刘师培年谱》，广陵书社，2003年，第146、172、198、202页。
2 万仕国：《刘师培年谱》，广陵书社，2003年，第204页。
3 吴虞：《吴虞日记》上（1911年12月15日），四川人民出版社，1984年，第14页。
4 万仕国：《刘师培年谱》，广陵书社，2003年，第211页。

诸生六十人，人习一经。习《春秋左氏传》者计十有一人。讲授之余，课以礼记。有以疑义相质者，亦援据汉师遗说，随方晓答。璧山郑君刈生（兰），粗事纂录，辑为一编，计二十有七条，名曰《春秋左氏传答问》云。[1]

刘师培幼承家学，曾祖父文淇、祖父毓崧、伯父寿曾均以治《春秋左氏传》闻名。他教授学生也体现出典型的古文经学派的学术理念与治学路径，诸生向其请教如"僖三十三年十二月陨霜不杀草李梅实""公孙敖出奔""僖传卿不会公侯"等具体而细小的春秋史事考证问题，刘师培都旁征博引，给予详细解说。如皮应熊询问是否"天子之丧，君不亲行，上卿往，为得礼"，刘师培引《荀子·礼论》《尚书·顾命》之说，指出诸侯亦有奔丧礼，进而解释《左传》之说源于"诸侯不当同时并弃封守，故以使上卿为得礼"，继而对皮应熊所举事例中的"少卿"非"上卿"进行说明。[2]

在国学院里，刘师培除传授《左传》外，还讲《说文》。其与学生的问答收入《答四川国学学校诸生问〈说文〉书》，共九题，包括"音近谊通之说""古重文考""古字通用定例""同部之字均从部首得形，所从之形亦或谊殊部首""许书读若例""许书说字或非本字始初之谊""大徐新附得失""段本改字得失""重编许书以六书为纲"等。[3]刘师培坚持"读书从识字始"，强调小学功夫，这与廖平的主张恰恰相反。他按照古文经学的方法治学，继承了乾嘉学派重视考据学的传统，言必有据，形成了朴素务实的治学风范，深得学界认同。

刘师培教学水平高，而且认真勤勉，弟子彭作桢回忆：

民国二年申叔师任成都国学院副院长，予时厕迹省署内务司，

1　刘师培：《春秋左氏传答问》，《刘师培全集》第1册，中共中央党校出版社，1997年，第308页。
2　刘师培：《春秋左氏传答问》，《刘师培全集》第1册，中共中央党校出版社，1997年，第312页。
3　刘师培：《答四川国学学校诸生问〈说文〉书》，《刘师培全集》第3册，中共中央党校出版社，1997年，第537~541页。

与同司谢子夷及其他三人往受业，因有公务，于每星期内乘暇请授《说文》。别为一室，不在讲堂。师每次讲授逾二小时余犹不止。予与子夷等请曰："师过劳，可以休憩矣。"始退。其诲人不倦有如此。[1]

刘师培后来前往北京大学任教，冯友兰听过他讲授"中国中古文学史"，冯晚年犹说："他上课既不带书，也不带卡片，随便谈起来，就头头是道。援引资料，都是随口背诵。当时学生都很佩服。"[2]

在国学院任职期间，刘师培与院中同仁及蜀中学者多有交往，关系相当友善，他也乐于指导学人。吴虞曾求书单，刘氏便为之开列小学、经学书目，并附函叮嘱："今治汉学，唯在谛古言、审故故。……汉学大别，约有三端：一曰音诂，二曰师法，三曰数术。三者粗明，肆习古籍，弗啻夙谙。兀于疑谊，涣若冰液，譏若土委地。"[3]《刘申叔遗书》中还收有不少他与蜀中学人的书信、唱和诗词，如《蜀中赠吴虞》《蜀中赠朱云石》《述怀一百四十韵示蜀中诸同好》《致吴伯揭书》《与成都国学院同人书》《与谢无量书二首》《与杨赞襄书》《与朱云石笺》《致圆承法师书》《答罗云裳书》等，从中也可见一斑。

另外，刘师培还参与了四川国学会的创立，并为该会作序。同时，他很留意川中各类金石文物。1912年8月，刘师培与谢无量寻获一方古塔砖，记入其《蜀中金石见闻录》。1913年2月，垫江李经权、华阳冯鉴平等前往绵州（今四川省绵阳）北芙蓉溪拍摄大通造像（书箱石），绘成《蓉溪访古图》，刘师培为之作《蓉溪访古图记》。[4]他还为川中名胜古迹撰写了不少碑文，如《成都黄帝庙碑》《成都黄帝庙别碑》《成都三皇庙碑》《成都江渎庙碑》等。

---

1 彭作桢：《〈周礼古注集疏〉序》，刘师培：《刘师培全集》第1册，中共中央党校出版社，1997年，第182页。

2 冯友兰：《三松堂自序》，生活·读书·新知三联书店，1989年，第330页。

3 万仕国：《刘师培年谱》，广陵书社，2003年，第216页。

4 本段主要参考万仕国《刘师培年谱》，广陵书社，2003年，第220、219、226页。

总之，刘师培在国学院期间，从事教学文化工作，广泛与学者交流，特别是积极倡导重考据的治学方法，为蜀学的发展注入了新鲜血液，对四川文化的进步做出了贡献。

1913年6月29日，刘师培坐船离开成都，沿江北上，结束了蜀中生活。[1]其《癸丑纪行六百八十八韵》记载了这段经历：

> 江海飘零日，风云感会时。
> 黄图新北阙，黑水古西陲。
> …………
> 星霜歌舞换，岁月鬓毛衰。
> 往昔三正改，留都七庙隳。[2]

三、廖平与刘师培的交往[3]

尹炎武在《刘师培外传》中记："师培只身流亡入成都，谢无量邀主国学院，与蜀中今文大师廖季平角立。手订《左庵集》，雕版行之，蜀学丕变。"[4]此说流传甚广，因而形成廖刘二人在院中成"角立"之势的印象。

之所以有此印象，也并非没有原因。此前，廖平、刘师培在学术上便多有分歧。1906年，刘师培发表了《汉代古文学辨诬》，云：

> 今人某氏谓今古学宗旨全不相同：今学祖孔子，古学祖周公；
> 今学以《王制》为主，古学以《周礼》为主；今学主因革，古学主

1 万仕国：《刘师培年谱》，广陵书社，2003年，第228页。
2 刘师培：《癸丑纪行六百八十八韵》，《刘师培全集》第4册，中共中央党校出版社，1997年，第22页。
3 本部分内容参考了张凯《"今""古"之争：四川国学院时期的廖平与刘师培》，《四川大学学报》（哲学社会科学版）2009年第2期，第11～18页。
4 尹炎武：《刘师培外传》，刘师培：《刘师培全集》第1册，中共中央党校出版社，1997年，第16页。按《左庵集》于民元前二年（1910）出版（见《刘师培全集》第1册第6页），非为此期。据《刘师培年谱》，刘师培的《左庵杂著》于1914年在成都存古书局刻印。又据钱玄同记，《左庵文集》民国二年（1913）刻于成都，汇集其俪词及韵语（见《刘师培全集》第1册第8页）。

从周；今学用质家，古学用文家；今学多本伊尹，古学原本周公；今学多孔子晚年之说，古学多孔子壮年之说；今经皆孔子所作，古经多学古者润色史册。又谓今为经学派，古为史学派；今学近乎王，古学师乎伯；今学意主救文弊，古学意主守时制。并以"大、小戴记"各篇有今有古，《王制》诸篇为今学，《玉藻》诸篇为古学，亦若今文之于古文，立意相反，犹明三朝要典之有新旧者然。呜乎，何其固也！

其说明显针对廖平的《今古学考》，所列十一项内容均源自廖氏之文，刘师培对其展开了全面批驳，并进而阐明自己的观点，"汉代以前经无今古文之分"，"今古文立说多同，非分两派"，其分别"仅以文字不同"。[1]

就在同一年，刘师培还发表了《论孔子无改制之事》称：

中国自古迄今制度不同，朝名既改，则制度亦更。然改革制度之权，均操于君主，未有以庶民而操改制之柄者。以庶民而操改制之柄，始于汉儒言孔子改制，然孔子改制之说，自汉以来未有奉为定论者。奉汉儒之言为定论则始于近人。夫以庶民而改制，事非不美，特考之其时，度之于势，稽之于书，觉孔子改制之说，实有未可从者。[2]

廖平的《知圣篇》多次论及孔子托古改制，康有为受其启发撰《孔子改制考》，刘师培之论显然正是为此而发。

可以说，两人的学术争议早已有之。廖平站在今文经学的立场，刘氏则居古文经学之立场，其矛盾冲突也恰是这两大流派思想差异的缩影。因而，当刘师培进入国学院后，与廖平朝夕相处，历时一年多，其较量似也不能避免，故人有"角立"之说，也就不难理解了。

1　刘师培：《汉代古文学辩诬》，《刘师培全集》第3册，中共中央党校出版社，1997年，第177、184页。
2　刘师培：《论孔子无改制之事》，《刘师培全集》第3册，中共中央党校出版社，1997年，第198页。

而且还应注意，廖、刘二人的思想本身也处于变化中。蒙文通说，关于经学何以形成今古两家，礼制又何以造成今古之不同，"（廖师）初则以为孔子晚年、初年之说不同也，说不安，则又以为孔氏之学与刘歆之伪说不同也，而《大戴》《管子》乃有为古学作证者，则又以为大统、小统之异，《小戴》为小统，《大戴》为大统……此廖师说之累变而益幽眇者也"。刘师培于此亦有二说："其以明堂有今古两说者，盖一为鄨鄏之制，一为雒邑之制，其以疆里有今古两说之异者，一为西周疆里，一为东周疆里。"[1] 这自然使两人的学术争论更为复杂。

当时，吴之英任国学院院正，他较为开明，不希望仅存一家之言，曾致信挽留刘师培，流露出希其与廖氏抗衡之意：

> 盖王骀鼓舌论道之日，正支离攘臂分米之年。不意张生肆恢今文，竟与通校《五经》之刘驹骖，同此玄解，美夫造物者之于我拘拘也。唯幼舆断谋东归，意将长寄邱壑，方谈天人之际，胡叟宁合远适邪？正赖惠施，深契庄子。傥违支老，更愁谢公。足下肯曲达此情，浼之暂驻否？望深望切。[2]

这也多少增加了对廖刘二人"角立"的想象。

情况似乎也确实如此，当时国学院中刘师培、廖平既意见相左，而且又都屡有变化，吴之英与他们两人观点又不同，三人共在讲席，学生们感觉"朝夕所闻，无非矛盾。惊骇无已，几历岁年"。蒙文通的描述正反映了这种情形："于壬子、癸丑间，学经于国学院，时廖、刘两师及名山吴师并在讲席，或崇今，或尊古，或会而通之。持各有故，言各成理。"[3]

但若由此得出廖、刘共处国学院期间，各执己见，互相对峙，则过于片

1　本段引用均来自蒙文通《井研廖师与汉代今古文学》，《蒙文通文集》第3卷《经史抉原》，巴蜀书社，1995年，第121页。

2　吴之英：《答刘师培书》，吴洪武等校注：《吴之英诗文集》，四川大学出版社，2008年，第268页。

3　蒙文通：《经学抉原·序》，《蒙文通文集》第3卷《经史抉原》，巴蜀书社，1995年，第46页。

面而简单了。实际上，这段时期，两人切磋学问，频繁交流，关系非常密切。蒙文通称刘师培"朝夕与廖氏讨校，专究心于《白虎通义》《五经异义》之书"[1]，吴之英也说："廖季平，一廛近市，绛帐垂门。近与刘申叔清语，便如忘食忘寝。令与同治院事，尤为身臂相扶。"[2]

通过这种交流，刘师培对廖平的学说有了更深理解，对其评价也转为客观公允。1912年5月，刘师培在向吴虞推荐治学书目时，便将《今古学考》列入其中，并称："廖季平以前治汉学者率昧师法，廖书断古文学为伪诚非定论（今亦不主此说），武断穿凿厥迹尤多，然区析家法灼然复汉学之真，则固魏晋以来所未有也。"[3]

这种变化还表现在刘师培此期的著述上。他于1913年3月完成《白虎通义》（定本），钱玄同对此极为推崇，称"此书在汉代经学书籍中为硕果仅存之唯一要籍，而左庵于此书，用功又极深，其每节下所记'案此节用今文〇〇说'云云，分析极为精当，虽寥寥数语，实是一字千金，于经学上有极大之功绩"[4]。《白虎通义》是汉代经今古文礼制的集大成之作，刘师培此前曾于1911年1月发表《白虎通义源流考》，但仅限于对其版本源流的辨析。此次则对全书进行了全面细致的梳理，对文意有了相当深入的研究。

1913年刘师培还作《西汉周官师说考》《周明堂考》，均征引史实，以史证经，虽然结论不同于廖平，但采取的却正是以礼制出发辨析今古的路径。有学者已指出，这段时期，刘师培"治学重心逐渐转向以礼制讲经古文学"[5]。实际上，当年邵瑞彭整理刘氏遗作时，便敏锐地意识到：

> 辛亥入蜀，居成都。蜀人为立讲堂，奉廖先为本师，而君贰

1 蒙文通：《议蜀学》，廖幼平：《廖季平年谱》，巴蜀书社，1985年，第178～179页。
2 吴之英：《与胡文澜书》，吴洪武等校注：《吴之英诗文集》，四川大学出版社，2008年，第261页。
3 吴虞：《吴虞日记》上（1912年5月26日），四川人民出版社，1984年，第44页。
4 钱玄同：《致郑裕孚》，《钱玄同文集》第六卷，中国人民大学出版社，2000年，第210页。
5 张凯：《"今""古"之争：四川国学院时期的廖平与刘师培》，《四川大学学报》（哲学社会科学版）2009年第2期，第16页。

之，盍戢！余段辄相诹讨。时廖先已摈弃今古部分之说，君反惓惓于家法，尤好《白虎通义》。每就汉师古文经说寻绎条贯，溯流穷原，以西京为归宿，其所造述体势义例夐异向日。三百年来古文流派至此确然卓立，乌乎！岂不盛哉？[1]

这也正体现了刘师培对廖氏学说的吸收。蒙文通也指出廖师以礼制分今古之说一出，"言今文者莫不宗先生，而为古文者亦取先生之论以说古文"。并以刘师培为例，认为其《礼经旧说考略》《周礼古注集疏》《西汉周官师说考》《周明堂考》等著作均是受此影响而作。[2]

而刘师培对于自己这批作品评价甚高，他撰成《礼经旧说考略》《周礼古注集疏》后说："二书之成，古学庶有根柢，不可以动摇也！"[3]1919年9月，他总结一生著述时又说自己清末为《国粹学报》撰稿，"率意为文，说多未莹。民元以还，西入成都，北届北平"，"精力所萃，寔在'三礼'"。并表示《礼经旧说考略》《周礼古注集疏》两书"堪称信心之作"。[4]

另外，也是在国学院任职期间，刘师培开始关注"天人之学"与"性命之说"。而这时，恰恰正是廖平经学思想的四变时期，因而刘师培的变化绝不是偶然的。1913年廖平完成的《孔经哲学发微》一书为其四变期的代表作，其文以《内经》为"天人合发之书"，认为由此"孔圣天人之学乃得而明也"。这也开启了廖平以天人之说讲经的理路。他在《四益馆经学四变记·序》中称："壬寅后因梵宗有感悟，终知《书》尽人学，《诗》《易》则遨游六合外，因据以改《诗》《易》旧稿，盖至此而上天下地无不通，即道、释之学亦为经学博士之大宗矣。"他"以《礼》《春秋》《尚书》为

1　邵瑞彭：《〈礼经旧说〉题记》，刘师培：《刘师培全集》第1册，中共中央党校出版社，1997年，第98页。

2　蒙文通：《廖季平先生传》，廖幼平：《廖季平年谱》，巴蜀书社，1985年，第102页。

3　蒙文通：《议蜀学》，廖幼平：《廖季平年谱》，巴蜀书社，1985年，第179页。

4　陈钟凡：《〈周礼古注集疏〉跋》，刘师培：《刘师培全集》第1册，中共中央党校出版社，1997年，第271页。

人学三经，《王制》《周礼》为之传；《诗》《易》《乐》为天学三经，《灵》《素》《山经》《列》《庄》《楚词》为之传，各有皇帝王伯之四等"。又谓"六经皆孔作""六书文字皆出孔氏"等等。[1]刘师培随即作《与廖季平论天人书》，对之提出批评：

> 天学各则，条勒经怡，致极钩深，理据眪然，无假椅榷。唯比同孔释，未消鄙惑。夫经论繁广，条流舛散，仰研玄旨，理无二适。盖业资意造，生灭所以相轮；觉本无明，形名所以俱寂。势必物我皆谢，心行同泯，理绝应感，照极机初，超永劫之延路，拔幽根于始造，非徒经纬地天，明光上下，逞形变之奇，知生类之众已也。至于《诗》《易》明天，耽周抱壹，邹书极喻于无垠，屈赋沉思于轻举，虽理隔常照，实谭遗宿业，使飞鸢之喻有征，迍龙之灵弗爽，然巫咸升降，终属寰中，穆满神游，非超系表。何则？轻清为天，重浊为地，清升浊降，轮转实均，是知宙为迁流，宇为方位，宙兼今古，宇彻人天。内典以道超天，前籍以天为道。玄家所云方外，仍内典所谓域中耳。以天统佛，未见其可。[2]

廖平欲以天人之学囊括儒释道三家之学，刘师培却认为三家各有系统，"部居既别，内外有归"，若生硬地将其划一，会造成"括囊空寂，转蠹孔真"的后果。

廖平还曾阐发"天命之说"：

> 孔子"五十知天命"，实有受命之瑞，故动引"天"为说。使非实有征据，则不能如此。受命之说，唯孔子一人得言之。以下如

1　本段引用均来自向楚《廖平》，见廖幼平《廖季平年谱》，巴蜀书社，1985年，第115、116页。

2　刘师培：《与廖季平论天人书》，《刘师培全集》第3册，中共中央党校出版社，1997年，第536页。

颜、曾、孟、荀皆不敢以此自托。[1]

刘师培又撰《定命论》，论述自己的见解：

> 人无智愚，咸有趋福避祸之心，顾成败祸福或出于不可知。中国古说计三家。一为墨家，以为鬼神福善祸淫；一为阴阳家，谓吉凶可依术数趋避。以今观之，人世祸福，恒与积行不相应。墨说之乖，不攻自破。阴阳家之说，《论衡》所驳，颇中其微。以事有前知证之，则孔子唯命之说，迥较二家为长。孔言唯命，于命所自来，书缺有间。释教以积因说命，说至纤悉。孔子之说似弗与同。又深稽孔说，似以命由天畀，且畀赋出自无心。天道悠远，诚非浅学所窥。然果如孔说，则牴牾似稀，非若墨家之破也。[2]

在文中，刘氏虽然认同孔子的唯命之说，但也指出"孔言唯命亦据世法言"，主张以"世法"为学术研究的根基，对廖平之学说提出了商榷。

为深刻认识此问题的重要性，刘师培在教学中，还向国学院学生开列六道讨论题，分别是"命当研究之原因""孔子论命与古说不同""命之有无""命所由来""命可改不可改""微儒论命之误"。他一一加以解说，并告诫学生："诸君将此说研究清楚，则命之有无可以决，然于中国学术前途亦有莫大之利益。"[3]

总体而言，国学院时期刘师培、廖平在学术上并非完全对立，水火不容，他们曾进行深入交流，互相学习，尤其是刘师培对于今文经学的态度还是有比较明显的转变，但两人的学术理念也确实存在差异，主要表现在四个方面：第一，刘重《说文解字》训诂之学，廖不以为然。第二，两人都以礼

---

1 廖平：《知圣篇》，李耀仙主编：《廖平选集》上，巴蜀书社，1998年，第187页。
2 刘师培：《定命论》，《刘师培全集》第3册，中共中央党校出版社，1997年，第506~507页。
3 本段引用均来自刘师培《定命论》，见《刘师培全集》第3册，中共中央党校出版社，1997年，第507、508页。

制之别考察经今古文，但得出的结论不同。第三，廖以"天人之学"会通儒释道三家，而刘虽信孔学之真，但认为儒、释、道各有自己的体系。第四，刘倾向于"六经皆史"，将经典"文献化"，廖则反对"六经皆史说"。

而第四点应该是两人差异的根源，这也是今文经学、古文经学两大流派最大的分歧所在：今文经学以演绎见长，他们的出发点是致用，应对世变；而古文经学坚守考据之路，意在探求客观史实。出发点的差异，导致其治学方向、途径的不同，这在廖平、刘师培身上得到了清晰的表现。不过，这并未妨碍两人的交流与沟通。

学者甚至认为真正理解廖平的不是别人，而正是刘师培。当时廖平弟子辑录师说成《廖氏学案》，就邀请刘氏作序，刘师培在文中综述了廖的治学情况，称"廖氏德亚黄中，智膺天挺，综绪曲台，闻风石室，慨洙泗之邈远，悼礼乐之不举，退修玄默，专心六学"[1]云云。蒙文通说："左庵之于廖氏，傥所谓尽其学而学焉者耶！"并认为"海内最知廖氏学者，宜莫过于左庵"[2]。也正因为这种了解，刘师培对廖平"在经学上的贡献所作的评价，比较客观、全面、具体"[3]。

刘师培肯定廖平学说"贯彻汉师经例，黜秩便程……魏晋已来未之有也。……廖氏之说缄中纮外，持至有故，固非蹩躠骈辩之方也"，对于时人诋嗤廖平，刘以为"率彼蔓附，支引诸谊耳，顾于本崇则弗谛"[4]。认为这些人只看到细枝末节，没有从总体上把握廖氏学说。故与刘师培过从甚密的南桂馨指出刘与廖平交往后，"稍渝其夙昔意见，于今文师说多宽假之辞，曰：'季平虽附会周章太甚，然能使群经连环固结首尾相衔成一科学，未易可轻也。'"[5]

1　刘师培：《〈廖氏学案〉序》，《刘师培全集》第3册，中共中央党校出版社，1997年，第587页。

2　蒙文通：《议蜀学》，廖幼平：《廖季平年谱》，巴蜀书社，1985年，第179页。

3　李耀仙主编：《〈廖平选集〉（下册）内容评介——代序》，《廖平选集》下，巴蜀书社，1998年，第1页。

4　刘师培：《非古虚》下篇，《刘师培全集》第3册，中共中央党校出版社，1997年，第219页。

5　南桂馨：《〈刘申叔先生遗书〉序》，刘师培：《刘师培全集》第1册，中共中央党校出版社，1997年，第31页。

也正源于此，学者一般认为入蜀为刘师培学术的转折点，"入蜀讲学为刘氏学问转变关键，其在川所出，《国学杂志》而外，其他关于《左传》之作不少，俱可以见其为学之概"，其后又"殚心《三礼》，《礼经旧说考略》《周礼古注集疏》二书尤为精粹"[1]。蒙文通在20世纪30年代回顾这两位老师时说：

> 余于年三十以后，始觉左庵之学与廖师同归，其未入蜀前所著作，与入蜀后者不复类。……左庵初本长于声均文字之学，世治《左氏》而守《说文》，其入蜀后……亦专以《五经异义》《白虎通义》为教学之规。出蜀后，成书皆《周官》《礼经》之属，左庵之渐渍于廖师，此其明验。[2]

总之，廖、刘二人在国学院的交往，实为近代学术史上的一段佳话。廖平之思想，因刘师培"从而疏通证明"，"流乃益广"。[3]刘师培则受廖平之启发，拓展了研究领域。他们两人一位是古文经学大家，一位是今文经学殿军，在经学作为一门学科即将退出历史舞台之际，两人的交流堪称传统经学的谢幕华章。

1　《学术界消息：刘师培遗著之发刊》，《图书季刊》1934年第2期，第50页。
2　蒙文通：《廖季平先生与清代汉学》，《蒙文通文集》第3卷《经史抉原》，巴蜀书社，1995年，第119页。
3　蒙文通：《经学抉原·序》，《蒙文通文集》第3卷《经史抉原》，巴蜀书社，1995年，第47页。

新城老生活

——蓉城与府城的城市风情

郭懿仪[1]

摘　要: 蓉城与府城的多重相似表现在城市的各个角落,从人民的起居、休闲与吃食等方面都能窥见一二。两座城市不仅富含极深的底蕴,其发出的灿烂光辉为我们展现了人民对于土地的热爱。本文从成都与台南两个城市的生活与成长经验为基础,细细观察两座城市的特色与生活味道。历史变迁、巷道风情乃至盘飧饮食,均可以显见成都与台南之间的同与异。历史地位与地理位置造就了这两座不同特色的城市,但因对土地与生活的热情,这两座城市又形成了相似的氛围。底蕴深厚的城市来自于对自我深具信心的人民对文化的自信,对土地的关怀与对人的热情,这在成都与台南这两个城市的人民身上得到了最好的展现。

关键词: 蓉城;成都;台南;府城;老街

　　成都,一座位于中国西南的古老城市。府城,一座位于台湾南部的古老

1　郭懿仪,四川大学古籍所特聘副研究员。

城市。两个城市相距千里，却处处有着相似的风情。

"蓉城"是成都的别称，这个名字有个浪漫的由来，背后是一则美丽的爱情故事。21世纪的成都被誉为"东方巴黎"，既古老又时尚。成都不仅历史悠久，同时也是座高度现代化的城市，经济繁荣，交通发达，高楼大厦林立，居"最具发展潜力"城市排行榜的首位。即使如此，成都人依然过着"成都生活"，那股闲适、享受生活的心态始终没有因为科技进步而改变。

"府城"是台南的古称。旧时所称"一府二鹿三艋舺"的"府"就是指府城。台南是台湾最早开发的城市，后来随着台湾发展重心北移而不再繁荣，但府城就像成熟的中年妇女一样，不再年轻，但仍风情万种。

府城由于城市开发较早，现存的古老街道往往退居幕后，成为普通民众生活的场所，巷弄里古老的建筑与人文氛围酝酿出专属府城的气质。

人自古都是傍水而居的，因此，最早的街道往往沿着水路发展。成都的府河孕育了丰富的城市文化，使成都别具迷人魅力。另一方面，过去府城有德庆溪、枋溪流经，但因为多年的泥沙淤积，河道逐渐消失，然而溪流曾经孕育的两岸府城文化依然贯穿于人民的生活之中。两个历史悠久的城市，在全球现代化的潮流下，仍然保持过去的传统，这份自信自尊是无可取代的。

一、传统与现代并蓄的成都

成都除了是一座历史悠久的文化名城，也是一座与水系关系密切的城市。成都，可说是由河流孕育出来的，缓缓流淌过成都的府河和南河（现正名为锦江）记载着岁月悠悠的历史。

成都的建城历史可以追溯到3200年前。从古蜀国开明五世建城起，历经数千年数个朝代的经营与发展，成都被赋予了不同角色与功能，借重当地自然地形与气候，发展起了各种技艺产业。而水脉环绕的成都，更是交通便利，送往迎来，与外界互通有无，在历史上留下辉煌的一页。

从古蜀国开明王朝以来，成都曾拥有过许多个名字。古蜀王开城时称"蜀王城"，后取周王迁岐"一年而所居成聚，二年成邑，三年成都"而又名"成都"。秦代由张仪、张若"驻成都大城，周十二里"而称"张仪城"。汉代发展织锦工艺，而名"锦官城"，更有杜甫诗"丞相祠堂何处

寻，锦官城外柏森森"。后蜀孟昶曾在成都大量种植芙蓉，每到深秋，城似铺满几十里锦绣，因此又称为"芙蓉城"，或"蓉城"。从名称的多样可见成都这个城市悠长的历史与丰富的人文。

城市的兴起是自然、社会、经济、政治等种种因素共同作用的结果。位于西南一隅的成都，自古以来就是经济交通的重镇，这得益于地理位置与天然地形，当然还有在这片土地上做贡献的人们，共同缔造了"天府之国"的辉煌与灿烂。

二、文化古都台南

台南，最早于公元1624年由荷兰人开发为贸易基地，此后200余年期间均被称为"全台首邑"，而"台湾"本是台南安平之旧称，后来才用以称呼全岛。在台南发现的史前人类中，以左镇人为最早，据推定距今有2万～3万年之久，但这片土地有真正完整记录的历史却是近四百年来的事。

公元1662年荷兰人投降以后，郑成功接手了对台南的统治，但不到半年郑成功即因病逝世，世子郑经即位，继续经营台南。1684年，大清攻取台湾，明郑灭亡，清朝廷在台南设台湾府。在首任巡抚刘铭传将省会迁往台北之前，台南一直是全台首府，享有"一府二鹿三艋舺"之名，"府"即府城，是台南的旧称。

至乾隆四十一年后，大量汉人移民涌入，台南居民也由原汉混居逐渐变为以汉人为主。同治三年（1864），安平海关建造完成并正式开港，英商在安平设有德记、和记洋行，开始进行国际贸易。光绪元年（1875），在台北增置台北府，台南则改称台南府，自此以后全省政治中心正式转至台北。失去了原有光环的台南，凭借原有的经济、交通实力，开始走上自己的城市化道路。从马关条约签订被割让给日本开始，台南开始了现代化进程，包括铁路的兴建、运河的开通、台南驿改建以及新型城市规划等，逐渐有了现代化都市的雏形。

昔日府城因地处凤凰穴上，故又称"凤凰城"，日本人于占领期间遍植凤凰树于道路两旁，现在每到夏季就能看到艳红璀璨的凤凰花开遍整个城市。台湾本土作家叶石涛曾说过："台南，是一个适合人们做梦、干活、恋爱、结婚、悠然过活的地方。"拥有"凤凰城"别称的台南，是全台湾历史最悠久的城市，传统与现代兼存于此。

三、太平巷里的成都

观光客到成都来，首先会去宽窄巷子逛逛，以至宽窄巷子多年来高居成都市区观光景点人气首位。作为千年古城的成都，最有味道的莫过于巷子。巷弄中，入眼尽是传统川西民舍的怀旧生活气息，无疑是"小资"的最爱。正因如此，成都的宽窄巷子才高居观光景点的榜首。

"行尽青山到益州，锦城楼下二江流。"张籍在《送客游蜀》一诗中提到成都的两条著名的河流，虽然目前其流经成都的河道已非张籍当时所见，但河道两旁的巷弄、街市还是依然热闹喧哗。李冰开二江（郫江与检江）之后，成都形成了二江合抱的格局。公元785年西川节度使韦皋开凿解玉溪，从城西北把郫江水引入城里，通过古刹大慈寺前，在城东南仍汇入二江合流处附近郫江段（今府河）。人们在桥上交易，在河边生活，在水上流连，生活的一切都离不开河流。

历代成都的风华繁盛都与锦江有密切关系。身为西南内陆的大城市，通畅无阻的水上交通让成都成为重要的贸易城市。从合江亭对岸的锦江南岸算起，至九眼桥有四五百米的距离，一条条街坊静静地记录着历史的变迁。清代末年，这里被称为"皮房码头"，渐渐人群聚集便成为街市，这就是上太平街、中太平街、下太平街和太平巷。

彼时，太平巷里的老茶馆，多是临河盖起的吊脚楼，在此喝茶赏河景，观过往千帆，听渔舟唱和，当别有一番情调。锦江水从太平巷里北岸流过，数千年来滋养了成都，也滋生了成都的茶文化，滋润了一代又一代的成都茶客。《成都通览》载清末成都的茶馆高达454家，而当时成都的街巷只有516条，也就是说，几乎每一条街道都至少有一家茶馆。成都的水源自古都不匮乏，地下水源丰富，且水质优良，极适合茗茶、酿酒之用。与太平街距离不远的水井街就是一条著名的酿酒街，走在街上，飘散于空气里的酒香令人陶醉。

锦江两岸的茶馆盛起于抗日战争时期——每逢日军轰炸，市民都要奔走

出城，但即使是躲避轰炸，也还是要喝茶的，因此，作为疏散区的新南门一带，临时搭建的茶馆数量也就慢慢多了起来。后来，随着战争结束，这些茶馆逐渐关店，只有太平巷里的小茶馆还继续点灯营业。成都每每在"最悠闲城市"的票选中高居榜首，多半得益于茶馆文化：成都人看似天天泡在茶馆里，听曲，谈天，打麻将，无怪乎给人以一种"悠闲""慵懒"的印象，而事实上并非如此，成都的众多茶馆就像巴黎的沙龙一样，是信息交换、文人交往、故友联络感情的地方，历代作家描绘成都茶馆时，从未提及茶的质量有多好，而是着重描写茶馆悠闲舒适的气氛。可见，茶馆是成都人文风景不可或缺的一部分，也是成都人生活的一部分。

在旧城改造计划中，太平巷被武侯区定为"老成都码头文化风情休闲街"，建立了成都第一个"不动迁模式"。被改造为川西民居风格的太平巷，不再只供民居，还可以进行商业经营。目前已成气候的太平巷的酒吧街就是这个计划的产物。但太平巷幽深处依然保留着维持着传统生活方式与邻里秩序的住户。高楼大厦和高架桥并不是一个城市的全部，一个城市的真实面貌其实就是这座城市的居住者的生活面貌。

四、台湾第一街

台湾第一次有计划地兴建欧式街道是由荷兰人在台南规划实施的，所建有"台湾街"（在今延平街一带）和"普罗民遮街"（今民权路）。前者因为历史久远，又曾是一条繁华的商业街，故素有"台湾第一街"之称。马关条约签订后，日本人又在此建构规划了完整的城区街道，这些街道与更早的荷据年代留下的许多街道的历史痕迹，让这座城市无法进行大规模的现代化更新，只有转而保留传统巷弄和市集商圈的最原始的人文风采。

以现在的眼光来看，看似窄小的巷弄，实际上孕育了深厚的人文与历史气质。从现代化车水马龙的马路上一转身就可走入的巷弄，多是红砖道或石板路，光从视觉上就减缓了南部炙热空气带来的高温炙热之感。

台南的巷弄多与水道紧密相关，狭窄曲折，是台南开城300多年来的时空缩影，诉说着历史的深度，也包容着生活的广度，仿若从现代穿越到民国。这里随处可见荷兰人的建筑工法、清时的红砖断垣、雨淋木造的日本房舍，以及民国后的洗石洋楼。抬头即可见斑驳但美丽的铸铁窗花、店家歇业却留下的招牌、不同时期的门牌、街角一隅的栀子花、木杆上的白瓷碼仔。从马路走进巷里，从巷里再转进弄里，接连着转弯，又是另一番天地。短短四五百米的距离，总给人带来许多惊喜与意外。

近年来，巷弄观光在台南彻底地火了起来，从以安平古堡为中心的古堡街，以古孔庙为中心的府中街，到海安路上的艺术特区——蓝晒图，带动附近神农街、新美街、正兴街、信义街、卫民街的兴起，重新催发了旧市区老屋新生。这些街道多半三五百米宽，道旁多为闲置无人居住的老房子，如今有各种文创人才、艺术家等入驻，目前已是百"屋"争鸣的盛况。早午餐、咖啡馆、民宿、文创商店、艺廊等错落在巷弄里，低调而安静，营造出朴实无华而内敛沉静的巷弄生活。

五、香料与食材的交响曲

川菜向来重视调味而非主料，所以虽看不到价高贵重的食材，但却能将寻常主料变化出多样菜色，烹调出各种味道。光是猪肉和豆腐这两种极其平凡的材料，就能做出回锅肉、盐煎肉、水煮肉片、麻婆豆腐、家常豆腐、熊掌豆腐等菜式。这些菜式极其平民，一般寻常人家都能轻易享受。再者，成都人生来就是"歪嘴鸡"[1]，是天生的美食家，也舍得将钱花在饮食上面，光看成都遍地的各种餐厅便可知晓，各种小吃更是琳琅满目，品种繁多。

1. 担担面

成都有担担面，台南有担仔面，名称都是因挑夫们在街头挑着扁担贩卖而得名，但口味却大不相同。

担担面相传为1841年有一个叫陈包包的自贡小贩所发明，随后传入成都，成为成都和自贡著名的地方传统面食小吃。做法是将煮熟的面条，加上炒制的肉末，搭配红辣椒油、川冬菜（或芽菜）、花椒粉、红酱油、蒜末、豌豆尖和葱花等，看起来色泽红亮，面条细薄，卤汁酥香，配合上麻辣、酸味，闻起来香气扑鼻。担担面可说是远近驰名，在国外的中华餐厅也多半都能品尝到四川担担面。

1　"歪嘴鸡"为闽南语，意指挑嘴、喜欢美食的人。

2. 凉粉

凉粉在成都是随处可见的路边小吃，据说也有不少人以之当作早餐。我第一次见到凉粉摊，以为卖的是甜食，没想到竟是红亮香辣的"咸食"。

凉粉，据说是时南充县农民谢天禄所创制，他在河边渡口搭个棚子卖担担凉粉，由于制作精细讲究，不论是凉粉的制作，还是佐料的搭配都有其独到之处，因此大受欢迎。其后，农民陈洪顺在谢凉粉的基础上予以改进，选用新鲜白豌豆为原料制作凉粉，所制成的凉粉质地柔嫩又有韧性，呈半透明状，即使细切也不断。很快，陈凉粉便闻名川北一带。凉粉因为加了红油，因此颜色红润，口味香辣爽口，非常适合夏天食用。

成都的凉粉各家口味不同，最大的区别在于红油。红油是各家的商业机密，多半使用八角、桂皮、茴香等各种天然香料，配合四川特有的菜籽油炼制，油开后倒入经过调配的辣椒粉，再经过搅拌、去渣等步骤，即可制成红油。

3. 钵钵鸡

说到钵钵鸡，我永远都不会忘记第一次吃钵钵鸡时，那个形似"大花盆"的大钵竟然出现在桌子中央时的景象，着实是惊吓大过惊喜。

钵钵鸡是成都著名小吃，起源于乐山，"钵钵"指的是一种大瓦罐，钵外面画有各种古色古香的图案，钵内盛有以麻辣味为主的汤汁，各种食材经过处理加工后用竹签串制，放凉以后置于钵内的冷汤汁中浸泡入味，食客食用时各取喜好。钵钵鸡食用方便，还有多种口味与种类可供选择，再搭配以特色鸡汤饭就可权当一餐。钵钵鸡最迷人的口味是藤椒味。对于外地人而言，藤椒是一种很难亲近的香料。但对于钵钵鸡而言，则是有画龙点睛的效果，少了藤椒的钵钵鸡，无异于失去了灵魂，它是其他的辣椒油、花椒油都不能轻易取代的。

硕大的"钵"里密密地插满了竹签，每一支竹签各自串着不同的食材，有荤有素，抽取的时候总带着一份惊喜与趣味。浸泡入味的鸡块、藕片、黑木耳、西兰花、豆皮等各种食材，食用时再蘸上店家调配的独门酱料，吃起来别有一番风味，夏天时再搭配以各类冷饮，吃起来总是让人忍不住一串接着一串。

成都是个有着高度包容力的城市，这份包容力也体现在小吃之中，著名的成都小吃集合了四川各地的精华，再加上后人的借鉴和不断创新而得以精益求精。成都小吃从沿街叫卖，到开店销售，甚至进入高级宴席，登上大雅之堂。随着季节更迭，成都人桌上的佳肴也有相应的变化，色泽、材料、烹调做法等，不论何时都体现了地道川味。

六、食巧毋食饱[1]

台南是台湾早期开发的城市，随着政经中心转往台北，安平港也被高雄港所取代，故而台南城市发展步调趋缓。但也因祸得福，台南才能完整保存近400年来的传统，不论是汉人移民带来的小吃或异文化统治传入的异国料理，在这里都能找到。

荷据时期，台湾开始大量种植甘蔗，引进黄牛及农耕技术，更引进水稻、释迦、西红柿、豌豆（俗称"荷兰豆"）等农作物，蔗糖还外销至日本。明郑时期大量汉人移民至台湾，带来了另一种饮食习惯：福州菜系选料精细，刀工严谨，色调美观，滋味清鲜，讲究火候，配上台南丰富的海鲜食材，诞生了不少美食。日据时代蔗糖产量丰富，糖代替味精被用以调味，以配合闽浙地区咸中带甜的烹调习惯。这在台南小吃中表现得淋漓尽致。台南地理环境优越，有海港、平原、山脉，嘉南平原物产丰富、养殖渔业发达，各类山珍海味激发了多种特色菜肴、特色食物的产生，让台南小吃不仅内容丰富、素材多元，且配合食材特性予以烹调，发挥了食物原味与清甜的特色。

1. 担仔面

CNN在报道台南小吃时，将担仔面比喻为中国功夫中的李小龙，认为其是台南市民眼中的"国宝"食物。担仔面是由嚼劲十足的油面，淋上甘美的甜虾汤头，加上香醇不腻、百年传承的肉臊，最后撒上香菜、豆芽菜、蒜泥，并摆上鲜虾。

《台湾日日新报》刊登了关于台南担仔面的诗句："大月行船小月休，

---

1 "食巧毋食饱"是闽南语，意指品尝美味料理是一种享受，而非仅是填饱肚子之用。

一肩美味贩街头。台南担面垂涎久，两碗初尝夙愿酬。"担仔面是行船人不出海的时候，为了糊口而从事的行业，是用一根扁担挑着在街头贩卖，小小一碗，总得吃上两碗才够滋味。

黄服五也曾为担仔面题过诗："水仙宫口夜来时，印醋虾羹切面宜。恰好卫生兼爽口，黑甜梦到日迟迟。"诗中提到的水仙宫是著名的小吃聚集地，担仔面中加入五印醋、鲜虾，伴着羹面，咸甜滋味恰到好处。和成都担担面最大的不同是，担仔面是要喝汤的，因此强调汤头鲜美以及蔬菜与面条的搭配；担担面不喝汤，强调肉末咸香可口和红油、辣椒等香料的搭配，加上面条细薄而富有弹性。两种"担担"面因地理、气候、物产的不同，而在食材、口味、配料上各自发挥长处与优点，都不失为令人难忘的最佳小吃。

2. 虱目鱼咸粥

"虱目鱼咸粥"的做法，是将生米放入鱼骨高汤中煮软并吸收鲜汁，在米粒尚未糜烂，呈半透明状时便捞起，以免成黏糊状，称之为"半粥料理法"，是漳州、泉州一代传统料理法。粥内放有虱目鱼薄片，特选鲜肥蚵仔、蒜头酥等，起锅后撒上香菜提味，可提调海产的鲜美。"虱目鱼"属热带鱼种，是400年前由荷兰人从印度尼西亚引进台南并开始养殖的，有非常高的营养价值，但却容易腐败，因此又称为牛奶鱼（milk fish）。"虱目鱼"的得名，相传是郑成功登陆鹿耳门之后，附近渔民贡献当地的特产鱼给郑成功水师，郑成功问道："什么鱼？"因为郑成功说的是泉州话，台南一带则说的是漳州话。泉州话的"什么鱼"发音接近漳州话的"虱目鱼"，渔民于是误以为郑成功要以"虱目鱼"来命名，因此这种鱼便有了这个名字。整尾虱目鱼都可以被充分利用：鱼鳞可制成面膜，鱼骨可熬汤，鱼肉可做成鱼丸，鱼皮可煮成鲜美鱼皮汤，卤虱目鱼头更是一道美味佳肴。可以说虱目鱼从头到尾都不能浪费。

3. 盐酥鸡

盐酥鸡是台湾街头常见的小吃。将鸡肉切成小块再以酱料腌渍入味，裹上炸粉后入锅油炸至金黄色，即可起锅食用。

盐酥鸡是一个综合性的称呼，在贩卖盐酥鸡的摊位上，除了盐酥鸡外，通常还有其他各种食材可供挑选，如杏鲍菇、甜不辣、猪血糕、鱼板、三角骨、鸡软骨、鸡皮、花椰菜、花枝须、花枝丸、马铃薯条、地瓜条、四季豆、洋葱、皮蛋、香菇、芋粿、青椒、高丽菜、银丝卷、玉米、玉米笋、鸡胗、冻豆腐、豆干、鸡皮、鸡心、鸡屁股、豆皮、芋饼、薯饼、大肠、香肠、鱿鱼、萝卜糕等。顾客各取所好，挑选好以后交给店家油炸即可。

盐酥鸡起锅前加入九层塔爆香，起锅沥油，再洒上特制的胡椒盐、辣椒粉后装袋，部分店家也提供大蒜末、生洋葱、葱花、酸菜等配料。盐酥鸡的精华在于鸡肉的调味与胡椒盐两个部分，各个店家都有其独门配方。以台南而言，盐酥鸡的口味偏甜，胡椒盐则偏清香而不辣。盐酥鸡的香气浓厚，口感酥脆，搭配上各种冷饮，是每个台湾人魂牵梦萦的美食。

台南著名的小吃不胜枚举，2009年11月美国《华尔街日报》推崇台南市为"veritable food museum"，意为名副其实的食品博物馆。2015年2月美国CNN介绍台南市为"Taiwan's food capital"，即台湾的美食之都。这些都是有其渊源的。早期移民至台南的汉人多来自福建省漳、泉、厦等地，因此，小吃多半与这些地方有极深的渊源。然而其真正奠基则始于明郑王朝瓦解后，当时许多御厨、伙夫散入民间，为了谋生便以贩卖家乡小吃或是宫廷御膳等为业。日据时期，日本人又引进了西方饮食，如咖啡、布丁、冰淇淋、吐司、巧克力、面包等。民国政府渡海来台后，又带入了中国各省的饮食，成就了台南市多元荟萃的饮食风貌。

七、小结

从我定居成都起，便能充分感受到这个城市对美食的执着与坚持，因为生我育我的台南也是台湾首屈一指的美食之都。我也同成都人一样，生来都有张"好吃嘴"，对于成都人在外地总觉得快饿死的心情，我可以充分体会，因为这也是我初到成都的心情写照。然而，成都美食还是渐渐打破了我的心防，虽然在这里很难品尝到我日夜思念的海味，但川菜中丰富多彩的烹调做法与各式香料的精巧使用，每每令我惊艳。两地完全不同的地理环境、气候造就了截然不同的饮食风味与特色，但是其追求美味的心是一样的。

相隔千里的两个城市，有着许多共通性，这来自同样无差的对土地的热爱与对生活的坚持。目前，在追求功利的社会风气中，成都被誉为"最悠闲

的城市",但更确切地说,成都应该被誉为"最宜人居的城市"。就像台湾已故文学作家叶石涛形容台南一样,他说:"台南,是一个适合人们做梦、干活、恋爱、结婚、悠然过活的地方。"成都亦然,是一个适合人们安居乐业、幸福过日子的城市。

（本文写作过程中参考多部研究台南与成都的著作,如《食巧毋食饱:地方饮食文化》《李劼人说成都》《老成都芙蓉秋梦》《台南巷弄日和:老屋、市集、迷人小店,踏访古城新文创&旧时光》等,此处不一一列举。）

天府文化散论

杨玉华　　罗子欣[1]

摘　要："天府文化"是一个地域文化的概念，指以成都平原为空间，从古蜀一直传承延续到现代的物质文明与精神文明成果的总和，是蜀文化的主干和中心、核心，是中华大地众多地域文化中的一朵奇葩，以其丰富的特质对中华及世界文明贡献巨大。如今应对其加强理论研究、文化保护、文化教育，及推出研究天府文化的基本典籍。

关键词：天府文化；定义；贡献；特质；传承

一、"天府文化"缘起

"天府文化"作为一个地域文化概念，近几年被频繁提及。重庆直辖前讲到四川文化，人们一般都称之为"巴蜀文化"。重庆直辖后人们则经常用"蜀文化"来指称四川文化，偶尔也用"天府文化"来指称。自从2017年4月成都市第十三次党代会报告中明确提出"传承巴蜀文明，发展天府文化"，且将"天府文化"的基本特点概括为"创新创造、优雅时尚、乐观包

1　杨玉华，成都市市委宣传部纪检组。罗子欣，四川省社会科学院新闻传播所副研究员。

容、友善公益"后，"天府文化"逐渐成为在成都及四川媒体出现频率极高，并赢得广泛回应与称赞的热词之一。紧接着，成都市委、市政府采取了一系列举措，强力推进"天府文化"研究、发掘、传播与建设。如创办《天府文化》杂志，在成都大学成立"天府文化研究院"，出台《建设西部文创中心行动计划（2017—2022年）》，从"涵养天府文化"（搭建天府文化研究、展示、传播平台）、"厚植文化传承"（搭建天府文化传承、保护、转化平台）、"提升公共文化服务水平"三个方面提出发展天府文化的具体措施及"让天府文化成为彰显成都魅力的一面旗帜"的发展目标。最近以两办名义印发的《关于深入推动天府文化创新发展的行动方案》，更是站在"全面提升成都的文化影响力、凝聚力、创造力"的高度，对如何"传承好、发展好、宣传好天府文化"，提出了搭建"五个"传承发展平台，推动天府文化"九个融入"（机关、企业、社区、乡村、学校、景区、公共活动场所、交通枢纽及口岸、网络空间）的具体措施。总之，政府民间、线上线下，"天府文化"耳熟能详，人们竞相谈论，热闹非凡。然而，在这热闹的背后，却是对"天府文化"概念内涵、规律特点等学理探究的沉寂，相关研究及论文论著很少，"天府文化"成了一个囫囵模糊，缺乏明晰界说，大家都在说但都说不清的概念，这对深入研究、大力发展天府文化显然是十分不利的。本文即想在这方面初步探索，略陈管见，抛砖引玉，以期引起学界的关注与讨论。

二、"天府"溯源

据《辞源》，"天府"有四个义项：（1）周官名，属春官，掌祖庙的守护保管。凡民数的登记册、邦国的盟书、狱讼的簿籍，都送天府保存。后泛指朝廷的仓库（府库）。（2）星名，亢宿、房宿都有四星，并称天府。（3）人身部位及经穴名。《素问·至真要大论》"天府绝，死不治"注谓天府在肘后之侧上腋下。（4）肥沃的土地。《战国策·秦策》："大王之国，西有巴蜀汉中之利，北有胡貉代马之用，南有巫山、黔中之限，东有肴、函之固。田肥美，民殷富，战车万乘，奋击百万，沃野千里，蓄积饶多，地势形便。此所谓天府，天下之雄国也。"此乃苏秦说秦王之言，所谓

"天府"，实指"八百里秦川"的关中平原。此后，汉初张良在论证定都关中之优势时也说关中平原是"金城千里，天府之国也"（《史记·留侯世家》），显然是着眼于地理、交通、物产等条件而立论的。两汉之世，以成都市为中心的成都平原由于得都江堰自流灌溉系统之利，社会经济得到持续发展，又不像关中平原屡经战乱破坏，故"沃野千里，号为陆海，旱则引水浸润，雨则杜塞水门。故记曰水旱从人，不知饥馑，时无荒年，天下谓之天府也"（《华阳国志·蜀志》）。所以诸葛亮在他的治蜀方略《隆中对》中也说："益州险塞，沃野千里，天府之土，高祖因之以成帝业。"（《三国志·蜀志·诸葛亮传》）唐代陈子昂也说："夫蜀都天府之国，金城铁冶，而俗以财雄。"（《陈拾遗集》卷五）。先秦时期，"天府"或"天府之国"虽可指关中平原或成都平原，乃至其他富庶繁盛之地，但随着唐代以后中国经济中心的南移，加之五代以后关中地区战乱频繁，元气大伤，昔日荣光逐渐黯淡，成都平原后来居上，骎骎乎凌驾关中平原之上而几乎独享"天府之国"美誉。明清时期，"湖广填四川"对当地经济起到了促进作用，成都平原日益富庶，"天府之国"的美誉一直流传至今。而关中平原则在清代后已无人再称之为"天府之国"了。当然，"天府之国"既为肥沃富足之通名，亦可用以称呼其他类似地区。

华北北部（明清时期）：

京师，古幽蓟之地，左环沧海，右拥太行，北枕居庸，南襟河济，形胜甲于天下，诚所谓天府之国也。（《大明一统志》）

江淮以南地区（北宋）：

嗟乎！江淮而南，天府之国。周世宗之威武，我太祖之神圣，非一朝一夕而得……（李觏《盱江集》卷二十八《寄上孙安抚书》）

太原附近（五代时期）：

> 唐邕天保……十年从幸晋阳，除兼给事黄门侍郎，领中书舍人。帝尝登童子佛寺望并州城曰："此是何等城？"或曰："此是金城汤池，天府之国。"帝云："我谓唐邕是金城，此非金城也。"其见重如此。（《册府元龟》卷四百六十一）

闽中（明代）：

> 禹奠山川，鱼鳖咸若；周登俎豆，鲂鳢是珍……闽故神仙奥区，天府之国也。并海而东，与浙通波；遵海而南，与广接壤。（屠本畯《闽中海错疏·原序》）

盛京即沈阳（清代）：

> 盛京山川浑厚，土壤沃衍。盖扶舆旁薄，郁积之气所钟，洵乎天府之国，而佑启我国家亿万年灵长之王业也。（《钦定满洲源流考》）

然而这只是偶有其例，用"天府之国"称呼其他富庶之地并非常态。特别是清末至今，在人们心目中，"天府之国"乃成都平原之别称、专称，故又有东南"天堂"（苏杭）、西南"天府"（成都）之说。

三、"天府文化"的时空范围及义界

前已言及，我们常用"巴蜀文化"指称重庆直辖前的四川文化，常用"蜀文化"指称当今的四川文化，而用"成都文化"指称成都市行政辖区内的历史文化。那么，第十三次党代会提出的"天府文化"，其大致范围如何？不用"成都文化"而用"天府文化"概念，其用意又何在呢？仔细推究，主要是基于如下原因。

第一，每一种"文化"都有自己的范围和边际，都有特定的研究对象和核心内容，"天府文化"也不例外。"蜀文化""四川文化"的概念当然包括了成都文化，但都不能突出、彰显成都文化，都不是为成都文化"量身定做"的概念。况且成都市作为四川省管辖的一个市（尽管是省会城市，还是副省级），也不宜越俎代庖，以党委或政府名义提出应如何传承发展"蜀文化""四川文化"，说白了，由于受到行政管理层级权限的限制，其只宜由省委、省政府提出，而不宜由成都市提出。

第二，以前所用的"成都文化"概念，其地域范围虽然与成都市行政辖区一致，但又显得太狭窄、小气、普通，而不能彰显其历史性、包容性、丰富性和独特性。且"地名＋文化"的方式又使用得太多太滥。因此，虽然现代以来人们多用"成都文化"概念，但随着成都平原经济区、成都城市群一体化建设发展的加快，再继续沿用此概念已名实不副，总让人觉得不是十分贴切、完满。

第三，用"天府文化"来指称以成都为中心的成都平原的文化，既无"蜀文化""四川文化"之宽泛，又可免"成都文化"概念的过狭过窄，因而不失为一个能充分体现成都文化内核与特色的概念。如前所言，历史上的"天府之国"，主要指成都平原，也即我们今天所说的"1＋7"成都平原经济区（成都＋德阳、绵阳、资阳、眉山、乐山、雅安、遂宁）。这个区域是四川省最肥沃、最富庶的地区，国土面积8.7万平方公里，占全省的17.9%，人口超过3700万，占46%，而2015年底，GDP达到19126亿元，占全省的59.6%。这一区域，就是我们的"天府文化核心区"。尽管其历代行政区划屡经变化，但这一地区一直都囊括了成都平原的主体，且成都一直是其中心（除清初的十几年设省会于阆中外）。如果认真梳理历代最能代表蜀地文化的物质文明与精神文明成果，那么可以发现其中的大部分都产生于这个区域。更重要的是，"天府"概念历史悠久（三国时已指成都平原）、包容性强（可以成都市为中心，但又可以延展至整个成都平原）、知名度高（秦汉以来，成都及成都平原即声名卓著，成都汉为"五都"之一，唐称"扬一益二"；中国有不少地方称"天府"或"天府之国"，但清以后则专指成都平原）、独特性鲜明（成都是一座文化个性突出、文化特征鲜明的城市，富庶、温润、休闲、美味、诗意、乐观、幽默、优雅……这都是初来成都的人

容易获致的印象），因此，用"天府文化"来指称以成都为中心的成都平原的文化，可谓恰到好处而无过与不及。这也是自市党代会报告提出此一概念后，即得到各方广泛响应、赞同的原因。

至此，我们可以尝试为"天府文化"下一界说："天府文化"是指以成都平原为空间，从古蜀一直传承延续到现代的物质文明与精神文明成果的总和，是蜀文化的主干和中心、核心，是蜀地民众千百年来的智慧结晶，是中华大地众多地域文化中的一朵奇葩。一般认为，文化可由物质文化、制度文化及精神文化三部分组成。本论题所指涉的"天府文化"主要偏重于精神文化（当然有时也涉及物质文化和制度文化）。从纵向看，天府文化又包括源自古蜀文明数千年积淀传承的优秀传统文化，在革命、建设、改革中创造的革命文化和社会主义先进文化。而此文主要以优秀的天府传统文化为论析对象。昔人已逝，往事烟飞，唯有精神可以一脉相承，贯穿古今，并随着时代的发展而创造创新。正是从这种意义上，我们说天府文化历史悠久，自成系统，特色鲜明，成果丰硕，魅力无穷。数千年来，天府文化以其独特的地域特色、丰富的物质人文成果、强烈的创新创造精神、博采众长的兼容并蓄气度以及优雅时尚的蜀风雅韵焕发出持久的文化吸引力、感染力、征服力，闪烁着耀眼的文化光辉。

四、"天府文化"对中华及世界文明的贡献

天府文化源远流长，成就辉煌，对中华及世界文明贡献巨大，举其荦荦大端，略有如下几个方面。

（一）辉煌灿烂的古蜀文化

古蜀文化历史悠久，自成体系，成就突出。举世闻名的广汉三星堆遗址和成都金沙遗址，是古蜀文明的集中体现。

三星堆遗址的发现，始于1929年，其文化遗存分为四期。最早的是新石器时代晚期，最晚的在商末周初。这里，有高大的城墙与深广的城壕，有全世界最大的青铜雕像群和最长的黄金权杖，有玉石礼器、青铜酒器和印度洋海贝。表明古蜀时国家已经形成，经济文化发展的水平已经不低，对外交流

的渠道早已通向远方。

金沙遗址位于今天成都市主城区之内的西二环与西三环之间，通过几年来的多次发掘，证明了成都是一个延续时间长达4000多年的历史文化名城。在金沙，出土了震惊世界的、已被确定为我国文化遗产标志的太阳神鸟金箔，出土了大量的玉器、金器、陶器、石器、青铜器、象牙，不仅可以看到当年的文化发展程度之高，也可以看到当年蜀中与中原地区、华东沿海地区乃至南亚、西亚等地区已经有着明显的文化交流。

三星堆文化与金沙文化是古蜀文明的代表和标志，是长江上游的一个最重要的古代文明中心。早期蜀文化的高度发达，也为中华文明起源多元论提供了一个有力的佐证，它说明早在夏商时期，在曾被认为是"西辟之国而戎狄之长也"（《战国策·秦策一》）的蜀地，存在着一个独立发展、独具特色，又与外界保持着沟通交流的古老蜀文化。古蜀文明有其独立而悠久的史源，有独特的文化模式和文明类型，是一支高度发达灿烂的古代文明，李学勤、段渝等都认为古蜀文化是与中原夏商文化平行发展的另一个文明中心。

（二）源远流长的丝路文化

成都是南方丝绸之路的起点。所谓"南方丝绸之路"，是指除"北方丝绸之路""海上丝绸之路"外的第三条中西交通道路（也有学者认为还存在一条"草原丝绸之路"）。由于它是由成都南行经云南到缅甸、印度、巴基斯坦等地的，故称"南方丝绸之路"。它是古代成都连接缅甸、印度等国的一条国际交通路线，又称"身毒（印度）道"。印度孔雀王朝（前321—约前187）第一代王的大臣考底利耶所著《故事论》中，已有"支那帕塔（cinapatta）"之记载，意为"支那成捆的丝"；另外还有一句"桥奢耶和产生在支那的成捆的丝"，"桥奢耶"也指丝，或是蜀地丝织品之译名（罗开玉、谢辉）。段渝则认为上述印度文献中的"支那"，不论从史实还是音读考证，当为成都之称（《成都通史》第374～375页）。他认为早在商代（前14、15世纪），成都平原的广汉蜀王都和成都，就已初步形成为中国西南同南亚、西亚进行经济文化交流的枢纽，其时代明显早于"北方丝绸之路"（史有明证从西汉张骞通西域开始）和"海上丝绸之路"。"南方丝绸之路"作为民间商道不但开通时间早，而且一直很活跃。在考古资料方面，大量外来品如琉璃、琥珀、水晶、轲虫（海贝）等，在云、贵、川这一时期的墓葬、遗址（如三星堆、金沙遗址等）中都有普遍发现。这说明，成都不但是"南方丝绸之路"的起点，而且是中国最早与外国通商与进行文化交流的地区，是中国最早的出口商品——"丝绸"的产地，甚至是西方世界认识中国的最早城市（区域），乃至西方世界把成都当作中国的标志，致使本来用来称呼成都的"支那"一词，成为对整个中国的称呼。从这种意义上说，成都是中华文明和东西交通交流的最早发源地之一。

（三）泽被千秋的治水文化

"予观蜀之山川及其图记，能雄于九丘者，盖乘成水利以富殖之，其国故生生不穷"（宋张俞《郫县蜀丛帝新庙碑记》），准确指出成都平原的富庶与繁荣乃以水为始，因水而成，治水而兴。

一是大禹治水。大禹治理洪水乃"岷山导江，东别为沱"，即根据地势和水系分布，将洪水引到沱江金堂峡泄走。二是鳖灵治水。主要是决玉垒山以除水害及开凿金堂峡。鳖灵治水为后来的李冰治水提供了先例和经验，有十分重要的意义，如制作杩槎、竹络笼石技术等都一直沿用至今。三是建设都江堰水利工程。李冰修建的都江堰无坝引水自流灌溉系统是世界古代水利史上一项最为成功的创举。该水利工程设计思路中所体现的顺应自然、因势利导、系统思维等科学理念至今仍对人类有重大价值。都江堰水利工程建成后，形成了自流灌溉系统，实现了对自然资源的永续利用，两千多年来一直造福蜀人，因此，李冰父子又是中国古代最能体现科学发展观和正确政绩观的杰出代表。四是"穿二江成都之中"。所谓"二江"，即指郫江与检江，是流经成都的两条大动脉。李冰"穿二江"之后，成都"二江抱城"的格局才基本形成。大概"二江"乃自然河道，李冰加以疏淘整治。此外，李冰还在成都城外郫江边（今九里堤）新建一打捞木材的码头，使岷山的"梓、柏、大竹，颓随水流，坐致材木，功省用饶"（常璩《华阳国志》卷三《蜀志》）。五是"穿石犀溪"及建造"七星桥"。李冰"穿石犀溪"，即开凿一条新的人工河，贯穿沟通"二江"，既开辟了一条航道，便利了交通运输，又可防洪分水。此外，李冰还在"二江"之上，"造七桥，上应七星"（常璩《华阳国志》卷三《蜀志》）。

李冰之后，历代对都江堰水利系统工程都有修复加固扩充之措置，出现了许多治水功臣，他们的石像至今仍伫立在离堆公园主干道两侧，供游人瞻仰凭吊。因此，天府文化中的治水文化又是千百年来无数优秀官吏与劳动人民智慧的结晶，且至今仍有启迪后人的重要意义。

（四）争奇斗艳的文学艺术

成都是中华文学艺术的沃土和渊薮。"蜀居华夏之坤，号称'天府'，岷峨江汉，载育其英，汉唐以来，原为人文之薮。"（张邦伸《锦里新编序》）2000多年来，产生了众多的名家名作，创造了中国文学史上的多个第一以及一系列栩栩如生的文学典型形象（如三国故事中众多的人物形象），为中国文学长廊增光添彩。蜀中山川雄伟壮丽、奇险多姿，历代诗人作家大抵都经历过一经蜀中山水、风习之陶染，诗风文风从此大变，思想艺术更臻佳境的"脱胎换骨"之变，故有"古今诗人皆入蜀"之论。

1. 中国文化艺术史上的多个第一

如第一个成熟且最有名的汉赋作家司马相如即为蜀人，蜀人常璩的《华阳国志》为中国最早的地方志，"三苏"为中国家族中名家最多、影响最大的"文学家族"，中国最早的词集《花间集》由后蜀赵崇祚在成都编成，中国历史上第一副春联为后蜀孟昶所书的"新年纳余庆，嘉节号长春"门联，等等。

2. 蜀中历代名家名作辈出

说到蜀中多文人，真可谓灿若星辰。他们可分为两类。一是土生土长的蜀地文人；二是流寓蜀地或虽未到过蜀地但却心向往之、形诸载籍歌咏的诗人作家。据杨世明《巴蜀文学史》、祝尚书《巴蜀宋代文学通论》等论著所考，历代这两类文人作家总数达200人左右。这样庞大的作家阵容，如此众多的名家名作，恐怕任何地方都难望其项背！更何况，在这些生长于蜀，歌咏蜀中风物，与蜀地有浓厚情结的作家中，有为数众多的第一流作家，如司马迁、司马相如、诸葛亮、李白、杜甫、白居易、李商隐、三苏、黄庭坚、

陆游、范成大、杨慎、张问陶、李调元、郭沫若、巴金、李劼人……这一串光彩夺目的名字，足以使成都享有中国的文学高地、文人渊薮、文化圣地之美誉而无愧色。

3. 自古诗人皆入蜀

此一论断，主要说明的是"入蜀"与提高诗人诗歌造诣之间的关系，亦即入蜀诗人得蜀地"江山之助"，写出脍炙人口的佳作，于是形成了一种风气：诗人竞相入蜀，争取受到蜀中山水风习之陶染而提升诗艺诗境，这也从另一角度解释了蜀地为何历代都一直是诗人作家荟萃云集之地。据王兆鹏、孙凯云《唐诗名篇百首的定量分析》一文，在唐诗百首名篇中，杜甫以16篇高居榜首；且据《杜诗详注》《杜诗镜诠》等对这16篇诗作创作地点的一一考察，其作于巴蜀者有7篇（《蜀相》《春夜喜雨》《茅屋为秋风所破歌》《丹青引赠曹将军霸》《闻官军收河南河北》《旅夜抒怀》《登高》），远胜于在其他地域时的作品（京洛6篇，荆湘2篇，齐鲁1篇），这有力证明了杜甫在蜀中诗歌的"登峰造极"，由此，"入蜀"与"杜甫"又自然联系在一起。甚至可以说，"自古诗人皆入蜀"的论断，其最典型的个案和榜样就是杜甫。程敏政诗云"入蜀杜陵诗益壮"，李调元诗云"猿啼万树褒斜月，马踏千峰剑阁霜。自古诗人例到蜀，好将新句贮行囊"，赵熙诗云"万山一一来时路，尽谱乡心向《竹枝》。从古诗人多入蜀，花潭杜老望君时"，"自古诗人皆入蜀"之论由此定型。

4. 风格独特的"西蜀画派"

蜀地艺文发达，绘画历史悠久，名家辈出，并且形成了具有独特风格特色的"西蜀画派"。从唐末到北宋，蜀中原有的画家加上流寓入蜀的画家，在社会比较安定富庶的成都地区形成了一个数量大、流派多、质量高的创作群体，人称西蜀画派。孙位、赵公祐、范琼及常粲、常重胤父子等可为其代表。宋人郭若虚在《图画见闻志》卷二共列有唐代末期的知名画家27人。其中蜀中画家有7人，流寓蜀中的外省籍画家有12人，共有19人，超过总数的70%。在西蜀画派的众多画家与作品中，大致可分为宗教绘画与非宗教绘画两大部分。为佛教道教寺庙宫观画壁画是唐代绘画的重要方面，很多画家都在这种场所大显身手，蜀地也不例外，而其中最重要的当推大圣慈寺壁画。

西蜀画派的非宗教绘画作品对后世影响最大，又可分为人物、山水、花鸟三个方面。

人物画是自魏晋以来中国画的主流，非宗教题材的人物画与宗教题材同样流行，其中最有名的人物画画家当数五代宋初的常重胤。他曾为唐僖宗"御容"写真；前蜀皇族王宗裕想为自己的爱妾写真，又不愿让人久视，只让他看一眼，凭记忆描绘，仍然是"姿容短长，无遗毫发，其敏妙皆此类也"（《益州名画录》卷上）。

山水画在我国古代是从唐代才开始繁荣的，吴道子将山水画推向了最高峰，李思训又创青绿山水，被尊称为"李将军"。蜀中最杰出的山水画家是成都李升，"创成一家之能，俱尽山水之妙。每含毫就素，必有新奇……蜀人皆呼升为'小李将军'"（《益州名画录》卷中）。

西蜀画派成就最大的是花鸟画。花鸟画作为我国传统绘画的一个门类，真正形成气候是在五代，其中成就最大的是黄筌。黄筌的花鸟画法是先用淡墨勾画轮廓，再加色彩，形似与气韵兼而有之，对后世影响极大（黄筌作品保存至今的有藏于故宫博物院的《写生真禽图》）。此外，文同与苏轼开创的文人画（又称士人画），在我国文化史上有相当重要的地位，是蜀文化对我国文化的一大贡献。

宋代以降，蜀中绘画虽非昔日之盛，然不时仍有名家出现，乃至到了现代，仍有谢无量、张大千等大家名世，蜀中绘画传统之盛，由此可以概见。此外，蜀中的书法、篆刻、雕塑等亦极为兴盛，代有名家，在中国艺术史上占有重要地位。

5. 歌舞戏曲的兴盛

一是蜀戏冠天下。成都是古典戏剧之乡。早在约1800年前的三国蜀汉初期，成都便有了戏剧的雏形——参军戏。唐代和前后蜀时期，成都戏剧艺术达到了当时全国最高水平。最先出现的古典戏剧艺术形式——唐杂剧，其名称也最早见于有关成都的记载。西蜀也是猴戏和傀儡戏最早的产生地。

成都还是我国历史上戏班成立最早，地方戏曲中最早以男扮女装进行演出的地方。蜀伶多有文才，故岳珂的《桯史》说："蜀伶多能文，俳语率杂以经史。"任半塘先生认为："蜀戏可云冠天下。天下所无蜀中有，天下所

有蜀中精。"

二是"天府之花"——川剧。川剧是四川的代表性戏曲剧种，成都是川剧的主要发祥地和繁盛区，也是川剧"四条河道"（四个地域流派）中"上坝"派的艺术中心。蜀地自三国蜀汉出现"参军戏"，唐代出现"杂剧"之后，宋代出现"川杂剧"。明代，已见"川戏"艺人及其戏班远至金陵（今南京）演出的记载，昆曲、弋阳腔也于明末传入成都。清代雍正、乾隆年间，"花部"（地方戏）勃兴，继有梆子腔、皮黄腔入川。省外诸腔在流传过程中逐渐被四川语音及民间曲调所同化，成为流行至今的川剧昆腔、高腔、胡琴和弹戏，后来渗入了四川本土的灯戏，形成风格统一的四川地方剧种。民国初，各路声腔戏班的艺人在成都组成三庆会剧社，集五种声腔的剧目于一班，正式形成了五腔同台的演出形式。

川剧的表演细腻生动，表现手法丰富多彩，具有深厚的现实主义传统；同时大胆运用艺术夸张手法，人物、语言富有生活气息和幽默感。传统表演自成体系，变脸、吐火、藏刀、踢慧眼、钻火圈等特技与剧情、人物心境紧密结合，神奇而夸张地为演出增加了浪漫主义色彩。此外，以蜀绣工艺绣制的川剧服装、色彩明快的脸谱也与川剧表演相得益彰，突显了川剧的地域特色。

关于蜀地的音乐歌舞之盛，我们从杜甫《赠花卿》诗"锦城丝管日纷纷，半入江风半入云。此曲只应天上有，人间能得几回闻"，以及《太平广记》卷三〇三《崔圆》"十数里丝竹竞奏，笑语喧然"等记载中可略见一斑。

（五）博大精深的学术思想文化

1. 教育

蜀地人文荟萃，文质彬彬，这与自汉代以来教育的高度发达大有关系。正是教育，提升了蜀人的文化素养和文明素质，为历代蜀地人文的兴盛奠定了基础。最值得一提的，一是西汉时文翁兴学，使"蜀学比于齐鲁"（《华阳国志》），蜀中成为中国文化教育最发达的地区之一。二是书院发达，不仅规模大、数量多，而且名师名人辈出，在中国教育史上颇足称道。三是抗战期间全国著名高校纷纷南迁，成都名校汇集，名师云集，成为大后方的教育文化中心之一。当时高校多分布在华西坝，故华西坝与重庆的沙坪坝、北碚夏坝、江津白沙坝合称"四坝"，成为中国抗战时期教育文化重镇。

2. 学术思想

古蜀文明历史悠久，且自成体系，特色鲜明，从先秦开始，著名学者、思想家、重要著作就不断涌现。一是古蜀王国有自己的文字系统。古蜀文字"巴蜀图语"至今仍不能被完全通晓释读，成为不解之谜。二是先秦蜀人著作已对中原文化产生影响。《山海经》中的《海内经》四篇与《大荒经》五篇可能产生于巴蜀；《臣君子》与《鹖冠子》两书是《汉书·艺文志》中仅见的巴蜀地区著作；《尸子》亦为尸佼（商鞅之师）在蜀地所作。三是汉代蜀学勃兴。首先，出现了严遵等一批专精道家思想的学者。其次，出现了一大批以《华阳国志》为代表的地方史志著作。再次，出现了好几部语言文字学著作。四是宋代蜀学的鼎盛。北宋学者吕陶说："蜀学之盛，冠天下而垂无穷……"（《经史阁记》）可见蜀学在当时的重要地位。宋代蜀学最有特色的是儒学和史学。儒学又可分为两大系统：一是正统的儒学经典研究，二是理学研究，二者皆成绩斐然。宋代蜀学中最有特色和成就的是史学，名家名著辈出，较著者有华阳（今成都）范镇、范祖禹，新津张商英、张唐英，丹棱李焘、李埴，井研李心传、牟子才等。特别是李焘的《续资治通鉴长编》1063卷，历时40年方成，实际上是一部专记北宋九朝史事的《续通鉴》，其价值超过官修《宋史》。此外，因家学渊源而成为家族性学统传承，也是宋代蜀学的显著特征。如眉山苏氏（苏洵、苏轼、苏辙、苏过、苏籀）、华阳范氏（范镇、范百禄、范祖禹、范冲）、井研李氏（李舜臣、李心传、李道传、李性传）等都是有名的学术世家。五是元明清时期的蜀学。由于宋元之际与明清之际的两次长期而大规模的战乱，蜀学已不复两汉、唐宋时期那种群星灿烂、佳作纷呈之盛况。只是到了清代中期以后，蜀中学术才得到复兴，呈繁荣之象。纵观元明清蜀中学者最著名的当数杨慎（1488—1559），现存世著作150多种。在整个明代"记诵之博、著作之富，推慎为第一"（《明史·杨慎传》），"为古来著书最富第一人"（李调元《函海·序》）。此外，唐甄、费密、廖平、宋育仁、张森楷、傅增湘等也在全

国有一定影响。

（六）世界最早的出版传播文化中心

"四川从唐代起就是（中国）造纸中心"（李约瑟语），唐代成都是世界最早发明和使用雕版印刷术的地区，成都印刷制品被称为"西川印子""蜀刻龙爪本"。现存有剑南西川成都府樊赏家历残页，西川过姓《金刚经》残页，成都府成都县龙池坊卞家印刷的陀罗尼经咒，是世界上现存最早的一批印刷品，而卞家、过家等书坊则是我国最早的民间出版社。

在唐代雕版印刷的基础上，五代两宋时期成都地区印刷术继续发展。后蜀宰相毋昭裔除了主持蜀石经的印刻，还主持雕版刻印了我国古代最早一批文学总集和类书。"宋时蜀刻甲天下"（民国《华阳县志》），蜀中仍是全国三大印刷术中心之一。开宝四年（971），《大藏经》在成都开雕，历时13年终于完成这一部共有13万块刻板的巨型佛藏——《开宝藏》，成为我国历史上也是世界历史上刻印的第一部《大藏经》。此外，宁宗庆元年间还在成都刻印了《太平御览》1000卷，在眉山刻印了《册府元龟》1000卷。两宋蜀刻书籍种类丰富，而且有校勘认真、版质好（多用梨木）、字画端楷（多用颜体、柳体）、版式疏朗、刻工精细、墨色漆亮、纸质上乘等优点。特别是大字本，字大如钱，墨香纸润，被后世学者评为宋刊"蜀本大字皆善本"（钱大昕语），是我国雕版印刷史上公认的精品。有趣的是，在蜀刻宋代书籍中，还出现了我国（当然也是世界）最早的不准翻刻的声明文字，开印刷史上版权保护之先河。

讲到各代蜀地印刷业的发达，就不能不提及诞生在成都的世界上最早的纸币——交子。宋初，蜀地商业繁荣，商品交易扩大，而该地区流行铁钱，铁钱体重值小，"市罗一匹，为钱二万"（《宋史·食货志下二》）。这两万枚铁钱，如为小钱，重130斤，为大钱则重24斤，使用起来极为不便。于是蜀中有些商人便制楮（纸）为券，表里印记，隐秘题号，朱墨间错，私自参验，以代铁钱流通。这种楮券被称为"交子"，其性质与现在的存款凭据相近，既可随时兑现，也可流通于世。后来将交子收归官办，禁民私造，设置专门机构——益州"交子"务，发行"官交子"。以后逐步发展，纸币终于通行全国。元世祖时期，纸币又传到波斯，再传入世界各地。因此成都在建设全面体现新发展理念的城市及"五中心一枢纽"中，有一个建设"西部金融中心"的内容，可以说是有极深厚的文化底蕴和历史传承的。

（七）影响深远的宗教文化

1. 道教的诞生地

道教是世界上四大宗教中在我国土生土长的宗教，对中国文化影响深远，而其诞生地就在成都大邑县鹤鸣山。相传东汉顺帝（126—144在位）时，张陵在鹤鸣山修炼，造作道书，自称天师，创立五斗米道，后来发展为中国道教的主要流派正一道，此山也成为道教的发源地。此后，随着道教的传播，青城山的影响逐渐扩大，成为与鹤鸣山齐名的道教名山。许多著名的道士如五代的杜光庭、北宋的陈希夷、元明的张三丰等都到鹤鸣山或青城山修道传教。

2. 佛教重镇

一是佛教名胜雾中山普照寺建于东汉明帝永平十六年（73），仅比中国佛教第一寺——洛阳白马寺（建于68年）晚5年，并且很可能是佛教从"南方丝绸之路"入蜀后所建，故称"佛教南来第一寺"。二是众多的唐宋石刻造像，证明了蜀中佛教的兴盛。据有关统计，巴蜀地区现存高度或长度在10米以上的大佛就有20座之多，占全国的70%，其中最大的当然是世界第一的乐山凌云大佛。而在全世界排名前十的大佛中，巴蜀大佛就占据了5席，其地位之高不言而喻。三是峨眉山从西晋以来就一直是我国著名的佛教名山（宋代以前也是道教名山），先后建过170余所寺庙（到近代仍有73所），僧人在明代中期最多达到3000余人，出过很多高僧大德。印度僧人宝掌和尚、尼泊尔僧人阿罗婆曾先后来过峨眉，其他到过此地并留下题咏的历代名人更是不计其数。1996年，峨眉山被联合国教科文组织批准为世界自然与文化遗产。四是唐代玄奘法师在成都受戒修行的大慈寺，其壁画群的规模与气势皆可与举世闻名的莫高窟媲美。五是圆悟克勤与昭觉寺。昭觉寺建于唐代贞观年间，其规模宏大，建筑雄伟，素有"第一禅林"的美称。宋代名僧圆悟（1063—1135）曾两度住持该寺，其著作《碧岩录》不仅是中国佛教临济宗

的重要经典，且对日本佛学影响深远，故昭觉寺亦被日本禅宗视为祖庭。六是蜀中名刹众多。除上面提及者外，如成都的石犀寺、万佛寺、金绳寺、多宝寺、文殊院，龙泉的石经寺，新都的宝光寺，金堂的大中祥符寺，什邡的马祖寺等都是著名的佛寺。

（八）高度发达的科技文化

1. 冶金

从三星堆遗址出土的古蜀王国青铜器来看，当时的冶铸技术已相当高，且明显有别于中原而自成体系，独具一格，可见蜀中是中国冶金术起源的若干个中心之一。蜀中的黄金加工工艺也达到当时全国最高水平，三星堆遗址中出土的金权杖与金沙遗址中出土的太阳神鸟金箔可为代表。

2. 钻井术与井盐开采

《华阳国志·蜀志》载："（李冰）又识察水脉，穿广都盐井。"是知钻井术及盐井开采术很早就在蜀地得到运用。李约瑟在其著名的《中国科学技术史》第一卷第二分册中也指出了这一事实："今天在勘探油田时所用的这种钻深井或凿洞的技术，肯定是中国人的发明，因为我们有许多证据可以证明，这种技术早在汉代就已经在四川加以应用。"

3. 天然气与石油的开采

公元前61年临邛开采天然气，用来制盐、煮饭、照明，被称为"火井"，这是世界上开发利用天然气的最早记载。我国还是世界上最早发现与利用石油的国家，而最早钻井将石油从井中取出加以利用的事例，也发生在蜀地。

4. 医药

前蜀波斯后裔李珣（亦为"花间派"词人）所著《海药本草》是记载海外药物进入中国的第一本著作。宋神宗时，华阳人唐慎微所著的《经史证类备急本草》是中国第一部最完备的药典，共载药物1746种。李约瑟评论此书"要比15和16世纪早期欧洲的植物学著作高明得多"（《中国科学技术史》第一卷第六章）。

5. 自成一体的天文星象学

自古即有的"天数在蜀"之说，实为对古蜀天文学发达的形象化描述。在历代一大批蜀地天文学家中，最杰出的是活动于汉武帝时期的阆中人落下闳，他是我国第一部完整的历法《太初历》的主要编制者，在古代天文学上有若干重要的贡献。

（九）闻名世界的美食文化

1. 中国最重要的产粮区

"秦资其富，以兼七雄；汉阶其力，遂奄四海"（明郭棐《四川总志序》）的强大经济实力，使成都平原成为中国西部的粮仓。安史之乱后，剑南西川的财政税赋收入成为唐王朝战胜藩镇割据的最重要战略支撑。宋代，北宋文人记载，全国"财政贡赋"三分之一来自蜀中（宋吕陶《成都新建备武堂记》）。成都地区是全国著名的稻米生产基地，更是川陕驻军粮饷供应之地。特别是南宋，全国国土面积大为缩小，政府的财政主要依靠江南和西蜀，而各种赋税中农业税占了相当比例，这也从一个侧面说明当时成都农业的发达。至于抗战期间，川人做出的重大贡献与牺牲，新中国成立后川人为全国人民解决"吃饭吃肉问题"所做出的巨大贡献（大量川粮川猪外调）等，则已广为人知，在此不加赘述。

2. 享誉千古的川酒川茶

与生活富足、物产丰富相联系的是著名的"川酒"与"川茶"。一是川酒。蜀中酿酒有悠久的历史，郫县的郫筒酒、青城山的乳酒、嘉州的东岩酒、剑南之烧春（酒）等，都享有盛名。经过长期发展，川酒已成为我国白酒业中之翘楚。今天川酒名酒有"六朵金花"之说，即宜宾五粮液、什邡剑南春、泸州老窖（高端者为"1573"）、成都水井坊、古蔺郎酒（青花郎、红花郎）、遂宁沱牌大曲（高端者为"舍得"）。

二是川茶。中国是茶的原产地，蜀中又是我国种茶、制茶、饮茶最早的地区之一。袁庭栋认为，在我国的饮茶史（也是世界的饮茶史）上，巴蜀地区（主要又在蜀地）占十个"第一"（详《巴蜀文化志》），其中目前所知最早开茶馆卖茶的是一位"蜀妪"，而西汉卓文君亦为有记载之当垆卖酒女性第一人，可见蜀中女性之不同凡响。而独具特色的盖碗茶也是成都最先发

明的。

此外，成都还是中国茶楼（馆）最多的城市。清末傅崇矩《成都通览》载，当时成都全城有街巷516条，竟有茶馆454家，几乎每条街都有茶馆。蜀人嗜茶饮茶之风炽盛，乃至于有这样的说法：成都人有一半在茶馆，还有一半在来茶馆的路上。虽有夸张，亦可见蜀人好茶之一斑。

3. 具有重要国际影响的川菜及成都名小吃

一是川菜。川菜是中国四大菜系之一，历史悠久，源远流长，唐代诗人杜甫对川菜有"蜀酒浓无敌，江鱼美可求"的赞誉；南宋诗人陆游在《思蜀》诗中写道："老子馋堪笑，珍盘忆少城。流匙抄薏饭，加糁啜巢羹。"可见在唐宋之时，川菜已经广受欢迎，至今在川菜中犹有"太白酱肉""东坡肘子""东坡鱼"。明清以来，大批外籍官员入川，厨师随行，把南北各地的饮食习尚和名馔佳肴带进四川，使得名厨荟萃天府，佳肴竞相争艳。川菜吸收南北各家烹饪之长，形成一套完整而独特的烹饪艺术，被誉为中国烹调艺术园地里的一朵奇葩。

二是成都名小吃。"日斜戏散归何处？宴乐居同六合居。三大钱儿买好花，切糕鬼腿闹喳喳。清晨一碗甜浆粥，才吃菜汤又面茶。凉糕炸糕餂耳朵，吊炉烧饼艾窝窝。叉子火烧刚买得，又听硬面叫饽饽。稍（烧）麦馄饨列满盘，新添挂粉好汤团。"（《都门竹枝词》）概要地描绘了成都琳琅满目的风味小吃。

成都风味独特、品类繁多的小吃，与其佳肴一样闻名于世。从各色小面到抄手、饺子，从腌卤到凉拌冷食，从锅煎蜜饯到糕点汤圆，从蒸煮烘烤到油酥油炸，琳琅满目，各味俱全，种类不下200余种。如总府街的赖汤圆、荔枝巷的钟水饺、长顺街治德号的小笼蒸牛肉、耗子洞张鸭子、洞子口张老五凉粉、铜井巷素面等。今天，有的名小吃已迁新址，但依然沿用旧名。

（十）巧夺天工的工艺美术文化

1. 蜀锦与蜀绣

（1）蜀锦

蜀地生产的锦绣，是世界上最早的丝织品，也是通过三条丝路中最古老的"南方丝绸之路"出口贸易到欧洲的最早的中国产品。最近一个世纪以来，考古学家在新疆地区——古代北方丝绸之路必经地区——不断发现汉魏至隋唐的织锦，其中大部分为蜀锦。此外，海上丝绸之路沿线也有发现。可见，蜀锦从先秦时开始就是中外交通的重要物品。

早在春秋战国时期，以成都为中心的古蜀国就以"布帛金银"之饶而闻名于国内诸侯。至迟到西汉初年，成都地区的丝织工匠就在织帛（一种丝织物）技艺的基础上发明了织锦。所谓"锦"，是用多种彩色丝织成的多彩提花织物。由于用料考究，工艺复杂，因而"其价如金"。经过长时期的发展和创新，蜀锦逐渐形成自己的独特风格。它具有图案丰富多彩、色彩鲜艳持久、对比性强、质地坚韧厚重、织造变化多端等特色，2000多年来，始终在中国的丝锦发展史上占据着重要地位。

蜀锦自产生之初，就以精巧豪华著称，因而一直受到政府的重视。大约在东汉（1至3世纪）时期，朝廷在成都设置了专门机构"锦官"以管理蜀锦的生产，其官署就设在成都东南的"流江"岸边，是为"锦官城"。后来，"锦官城"又成为成都的别名，杜甫诗"晓看红湿处，花重锦官城"描写的就是春雨过后成都繁花似锦的美丽景象。三国蜀汉时期，蜀锦号称"独步天下"，甚至成为政府收入的主要来源。

唐宋时期，蜀锦的织造工艺和美术图案发生重大变化。宋代，蜀锦和定州缂丝、苏州苏绣同列为当时国内三大丝织名产。清代同治、光绪年间，蜀锦一度呈现盛极一时的局面。同江南享有盛名的南京云锦、苏州宋锦齐名，以后又加上了广西"僮锦"，从而形成享誉至今的"四大名锦"。据文献记载，公元238年，魏明帝曹睿赠送日本女王许多礼物，其中就包括蜀锦。至今日本还珍藏着中国唐代的"蜀江锦"，成为中日两国人民友好往来的宝贵见证。

（2）蜀绣

在中国的丝绸工艺之中，当之无愧的最高代表首推锦和绣，成都的丝绸工艺品之中，就生长着这样一对艳丽绝俗的姐妹花，一是蜀锦，二是蜀绣。

相传为西汉文学家扬雄所著的《蜀都赋》曾这样描写当时成都的锦与刺绣："若挥锦布绣，望芒兮无幅……发文扬采，转代无穷。"在这里，"挥

锦布绣"就是织锦，即"展帛刺绣"的意思。可见，在汉代，蜀中的蜀绣和蜀锦产业已很发达了。

蜀绣自产生之后，一直受到人们青睐，西晋人常璩的《华阳国志》就把蜀绣同金、银、碧、锦同列，誉为蜀中之宝。到了宋代，蜀中"织文锦绣，穷工极巧"，在当时号为"冠天下"。到了20世纪初，蜀绣工艺有了一个突破性的飞跃，逐渐形成了严谨细致、平齐光亮、车拧到家的独特地方风格。许多图案新颖、制作精美的绣品纷纷问世，当时被誉为"天下无双之物"，与苏绣、湘绣一起被誉为中国"三大名绣"。后来又加上了广东的"粤绣"，从而形成了现在人们津津乐道的"四大名绣"。

2. 工艺漆器

漆器，又称卤漆，从古至今，它都是成都一朵绚丽的工艺美术之花。

成都漆器历史久远，在广汉三星堆即发现有殷商时期的漆器印痕。至迟到战国中期，成都已能生产比较完美的各式漆器。汉代是成都漆器工艺全盛时期。秦汉之际，发达的楚地卤漆工艺流入成都，蜀、楚两地卤漆工艺交流融合，使成都一举成为全国漆器生产中心。西汉在成都设置了由中央政府直辖的"工官"，其主要任务之一，就是生产漆器。20世纪以来，在国内外四川、湖南、湖北、贵州乃至朝鲜、蒙古、越南等国，都发现了大量有"成亭""成市""蜀郡西工""成都郡工官"等烙印或戳记的精美漆器。著名的长沙马王堆一号汉墓中曾出土了大量漆器，其中绝大部分都是成都所造。这些器物色彩鲜明调和，图案美丽生动，线条流畅，虽埋藏了2000多年，仍色泽如新。唐代以下，成都漆器仍不时有精品出现。

此外，蜀人富巧思。除上述蜀锦、蜀绣、漆器工艺外，蜀地的竹编、扇子、手杖（西汉张骞即已记载）、盆景以及珠宝金银加工都技艺非凡，遐迩闻名。

（十一）"诗意栖居"的游乐文化

蜀人好游乐，于玩赏游乐中实现生活的艺术化，达到诗意生存的人生高境。用德国哲学家海德格尔的话来说，这就是"诗意（地）栖居"。

出行游乐，是我国传统的群众文化活动，各地均有，而且多与年节有关，诸如春节舞龙、元宵观灯、清明扫墓、端午赛舟、七夕乞巧、中秋赏月、重阳登高等，蜀中皆与各地相同。但相较而言，蜀地的出行游乐活动更有特色，更成规模，更有群众性，更有知名度，"蜀人好游乐"成为地域文化的主要鲜明特征。

前蜀后主王衍《醉妆词》云："者边走，那边走，只是寻花柳。那边走，者边走，莫厌金杯酒。"生动描述了五代时期成都五光十色的游赏娱乐盛况。北宋田况说"蜀人好游乐"（《成都遨游乐序》），苏轼说"蜀人游乐不知还"（《和子由蚕市》），著名政治家韩琦说"蜀风尚侈，好遨乐"（《安阳集》卷五），都几乎异口同声地指出了蜀人好游乐及蜀地游乐文化发达的特点。此种风气在秦汉时即已流行，到唐宋时达于极盛，而宋及以后记载尤多。

宋代成都人游乐之盛，仅以《岁华纪丽谱》所载，一年就共有游乐活动23次之多，大致有游江、游山、游寺、郊游等几大类。在这些游乐活动中，参与者众，官民同乐，城乡同乐，宋人诗文中对此留下了很多生动的描绘。如对成都官民在浣花溪百花潭游江、郊游踏青、游学射山、游海云寺、元宵放灯等都有翔实的记载。

除了成都之外，蜀中其他地区的游乐之风亦同样兴盛，如元宵之时，"村落闾巷之间，弦管歌声，合筵社会，昼夜相接"（张唐英《蜀梼杌》卷下）。单是郫县唐安镇，就有"三千官柳，四千琵琶"（陆游《雨夜怀唐安》诗自注）。

这种群众性的出行游乐，有几个很重要的特点。

第一是官方出面主持，官民同乐。"成都太守自正月二日出游，谓之遨头，至四月十九日浣花乃止。"（苏轼）《岁华纪丽谱》则有更详细的描绘："士女栉比，轻裘袨服，扶老携幼，阗道嬉游。"甚至认为成都游乐之风，远盛于京师（开封）。

第二个特点是与商贸活动结合。如成都每月都有时令性的专业集市。张澍《蜀典》卷六引《成都古今记》说：

正月灯市，二月花市，三月蚕市，四月锦市，五月扇市，六月

香市，七月七宝市，八月桂市，九月药市，十月酒市，十一月梅市，十二月桃符市。

除了上述之外，还有米市、炭市、麻市、渔市等市。不仅街市河边，连一些大的寺院也是市场，如著名的大圣慈寺就是"合九十六院，地居冲会，百工列肆，市声如雷"（郭印《超悟院记》），不仅白日有市，还有夜市。这类集市之期，也就成为人们出行游乐之时。

第三个特点是有各种演艺活动吸引游客。唐宋时期的蜀地，戏剧、歌舞、杂技（百戏）、木偶、猴戏都很活跃，优人乐伎的表演是游乐活动的重要内容。庄季裕《鸡肋编》卷上就描绘了成都自上元至四月十八日"游赏几无虚辰"的由广大群众参与的戏剧表演比赛。

第四个特点是有群众性的竞技体育活动穿插其中，让游客亲自参与。如成都百花潭的"水戏竞渡"、游成都学射山时的射箭比赛等活动，游人均可参加。

唐宋时期的这种群众性的出行游乐活动，一直延续到现代，其中最典型的是成都的灯会、花会以及乡村旅游。

一是灯会。成都灯会源于传统的元夕观灯，唐宋时期即已兴起。元明时期，成都灯会情况亦多见记载，清朝中后期达到兴盛。每至夜晚，人们就"闹元宵"，游乐观赏项目有龙灯、狮灯、车灯、高跷、猜灯谜等。到元宵之夜，活动达到高潮，放烟火，"烧龙灯"，倾城出动，万人空巷，半夜方归。新中国成立之后，包括成都在内的各地春灯都逐步改为各地的灯会，都从各街巷分散上灯改为集中于一处。一般都在正月开始，延续月余。油灯已改为电灯，而且从传统的纸扎、绢花工艺发展到运用各种材制及技术，在形、色、声、光、动五个方面推陈出新，制成若干成组的自动彩灯，各种民间故事、戏曲人物、城乡新貌、社会热点等都可以用彩灯来表现，真是光怪陆离，热闹非凡，气象万千。

二是花会。成都的花会起源很早。从唐代诗人萧遘在《成都》一诗中"月晓已开花市合"的诗句来看，当时早有花市。每年春夏之交百花齐放之时，成都市民多往青羊宫到浣花溪一带游玩赏花，这就是成都花会的起源。

宋初张咏做益州知州时，决定将城郊各处踏青活动"聚之为乐"，以利安全，遂规定自万里桥往青羊宫到浣花溪为"游江"之所，由官方主办游春大会，传统的蚕市与药市集会也一并举行，成为游春赏花与物资交流两者综合的盛会，故而当时又称为花市，如赵抃《成都古今集记》载成都二月花市，各地花农辟圃卖花，陈列百卉，蔚为香国。

宋代花会的特征一直保持到近代。正如著名文士刘师亮在《青羊宫竹枝词》中所写——"通惠门前十二桥，游人如鲫送春潮"；"丘田顷刻变繁华，开出商场几百家"；"城市纷纷有若狂，今年更比往年强。乡间妇女尤高兴，背起娃娃赶会场"。这种集游春、赏花、贸易、品尝美食于一体的花会，近年仍在成都武侯祠、塔子山公园或三圣花乡年年举行，规模愈办愈大，游人越来越多，成为川西地区远近闻名的盛会。

三是乡村旅游。蜀人好出行游乐的习俗，发展到20世纪80年代，衍生出了一种新的游乐形式——以"农家乐"为载体的乡村旅游。这种集吃、住、行、游、购、娱为一体，花费不高而又老少咸宜的休闲旅游方式，正是对"蜀人好游乐"传统的传承与创新，是蜀人对世界旅游文化的独特贡献，因而它的最早产生地——成都市郫都区农科村也被国家旅游局授予"中国农家乐发祥地"的称号，中国首次乡村旅游大会也在锦江区三圣花乡召开。从此，借鉴成都"农家乐"模式的"渔家乐""牧家乐"等如雨后春笋，遍及全国各地。中国乡村旅游发展如火如荼，并且成为十九大确定的"乡村振兴战略"的重要内容。

五、天府文化的特质

什么是天府文化的特质（特点、特色、特征等），这是一个人言言殊，不可能有标准答案的问题，但却是研究、传承、发掘、创新天府文化中一个绕不过去的重要问题，是一个奠定天府文化学理学科基础的关键性问题。2017年4月成都市第十三次党代会报告把天府文化特点总结为"创新创造、优雅时尚、乐观包容、友善公益"十六个字，这当然是高度浓缩、汇集了众多专家学者智慧的精彩概括。"天府文化"虽是一个新近提出的概念，但其所指涉却内涵丰富，历史悠久，人物史实纷繁，故对其"特征"的研究探索

及认识也必然要经历一个由浅入深、由粗到精、由宽泛到精准的过程。作为一个代表数千年成都历史文化丰富内涵的概念，也需要多维度、多方面加以研究挖掘。在此，仅粗浅谈谈自己对天府文化特质的一隅之见，以就教于方家。所谓"特质"，当然是指天府文化独有的、鲜明的、公认的、辨识度高的地域文化特征。

（一）地理气候条件优越

天府文化的高度发展，得益于独特的地理位置、优越的气候条件和优美的自然环境。成都所在的北纬30°，是古代世界文明诞生带的一环。西亚美索不达米亚平原的苏美尔、巴比伦文明，北非尼罗河流域的古埃及文明，东亚的中华文明（包括成都平原的古蜀文明）以及南亚次大陆的印度文明，其位置都在北纬30°附近。按照黑格尔的说法，这里有最利于产生人类灿烂文明的环境（黑格尔《历史哲学》）。

成都地处内陆盆地，属亚热带湿润季风气候，终年温暖湿润，四季分明，冬无严寒，夏无酷暑，年平均气温在15.5℃～16.5℃之间，全年无霜期270天以上，年平均降水量在900～1300毫米之间，日照率为28%。因无霜期长，雨量充足，成都自古即是山清水秀、葱茏绿郁、适于农耕的富庶之地，年可两熟有余，即《华阳国志》所说的"沃野千里，号为陆海，旱则引水浸润，雨则杜塞水门。故记曰水旱从人，不知饥馑，时无荒年，天下谓之天府也"。天府文化的诸多特征都需要从这段文字中寻绎推究。任乃强先生指出："若以四川盆地与黄土之黄河平原比则无亢旱之虞，与冲积之江浙平原比则无卑湿之苦，与三熟之广东平原比则无水潦之患，与肥沃之松辽平原比则无霜雪之灾。"（《乡土史地讲义》）其自然地理条件是非常优越的。早在汉代，人们就已公认："蜀地沃野千里，土壤膏腴，果实所生，无谷而饱，女工之业，覆衣天下，名材竹干，器械之饶，不可胜用。"（《后汉书·隗嚣公孙述列传》）确实是一片土地肥沃、物产丰富、极其有利于人类生存发展的风水宝地，故蜀中农业自古发达，"盛有养生之饶"（《华阳国志·蜀志》），这对于维持天府文化的长期繁荣十分重要。道理十分简单，"仓廪实则知礼节"（《管子》），任何文化创造都只有在满足了人们的衣食住行等起码的生活条件后才可能进行。当然蜀中农业的发达，也得益于都江堰自流灌溉系统，所谓"水旱从人，不知饥馑"（《华阳国志》）也只是在李冰治水以后才出现的祥和富足之象。

由于成都平原优越的地理气候条件，特别适宜于人类生存与发展。具体来说就是适宜于植物与农作物生长，生态环境良好，故从古至今都是农业文明最发达的地区。再加上成都平原是岷江和沱江的冲积平原，平原上河流密布，水系分支如扇形，地势西北高东南低，天然适宜自然灌溉，且发达的河渠水系，还为交通运输提供便利。特别是李冰治水修建都江堰工程以后，成都平原对水的控制与利用更加自如。而冲积平原土壤又天然具有肥沃平旷（所谓"沃野千里"）的农业优势。故论及天府文化的特色，则上苍恩赐的得天独厚的自然地理气候条件应作为优先性、基础性、决定性的因素给予高度的重视，因为正是它奠定了尔后成都平原人文繁盛的基础。

（二）山川秀丽

四川盆地在远古时期为浩渺之海洋，后由于不断的"造山运动"，就形成了西边的龙门山喀斯特山形地貌。大自然的鬼斧神工，使得广袤的成都平原高山、丘陵、平原兼备，壮美的名山大川和秀美的小桥流水共存，形成"形胜古今称乐国，年年春色为人留"（高士彦），"水绿天青不起尘，风光和暖胜三秦"（李白）的人间仙境。我们今天到西岭雪山、天台山游玩，在高山土壤中还可以发现小螺蛳、小贝壳，并且在龙门山成都段还有温泉、高山溶洞、飞来峰。这里又是大熊猫栖息地，无论动物植物多样性还是旅游资源的富集性，在全国都罕有其匹。在成都行政辖区内，就有都江堰—青城山，大邑西岭雪山，邛崃天台山，崇州鸡冠山，彭州九峰山，蒲江朝阳湖、石象湖、长滩湖等诸多山水名胜，成都市外而同属天府文化圈者则有乐山—峨眉山、眉山瓦屋山、雅安蒙顶山等诸多山川名胜。植物的丰茂、生态的优良，使得蜀中山光水色别具韵味，苍翠葱茏，诱人神往。正由于蜀中一直是中国旅游的主要目的地之一，加之独绝的山水有助于作家诗思文情，得江山之助而易催生奇情壮采，故后世又有"自古诗人皆入蜀"之说。

（三）物产丰富

成都平原自古即是"栋宇相望，桑梓接连，家有盐泉之井，户有橘柚之园"（左思《蜀都赋》）。上已言及，成都平原沃野千里，物产丰富，且资源品种丰富，分布较广：植物种类繁多，各种竹类生长繁茂，为中国竹类最丰富的地区；各种果蔬充盈，为我国重要的果蔬基地；列入国家保护动物的珍稀动物有大熊猫、小熊猫、金丝猴及扭角羚等。此外，矿产资源丰富，蜀绣、漆器、竹编等工艺品自古以来就驰名全国。蜀地的物质文化特别发达，如粮、茶、酒、盐、蚕桑等非常丰富，享誉全国，皆与此有关。近代以来，成都的工业产品（包括轻工产品）、服务类产品也都有不少的名牌产品，在国内外市场颇有竞争力。

（四）生活富足

正是由于土地肥沃、气候温润、物产丰富，成都人民家给人足，生活富足，成都平原才赢得了"天府之国"的美誉，成为众人羡慕的"乐土"。天府文化中的诸多元素，就是以此为基础而催生、衍生、发展起来的。举其显著者言之。一是蜀人"尚滋味""好辛香"。川菜以"一菜一格，百菜百味"而成为世界性菜系，成都名小吃的品类繁多，风味独特，乃至成都"美食之都"的桂冠，都与此有关。道理很简单，只有先解决"吃饱"问题，然后才有余力研究解决"吃好""吃美"的问题。如果物产有限，亦不可能提供制作丰富多样美食的原材料。二是蜀人"好游乐"。宋初张咏有诗云"蜀国富且庶……狂佚务娱乐"（《悼蜀四十韵》），把蜀人喜欢狂欢娱乐的原因归结为"富且庶"，这是颇中肯綮的。"游乐"属于满足了基本生活后的精神享受，那是需要具备一定物质条件的，即生活的富足。我甚至认为，蜀人爱好游山玩水、打麻将、看戏、泡茶馆、宴饮、摆龙门阵等都与此有关。蜀地的工艺美术发达，学术文化、文学艺术兴盛，都是以生活富足作为基础、作为前提、作为依托的，丰富灿烂的天府文化的基础正是蜀地高度发达的物质文化以及蜀人生活之富足，这与马克思主义经济基础决定上层建筑的论断是一致的。

（五）开明开放

成都市第十三次党代会报告指出："成都平原被誉为'天府之国'，是古蜀文明重要发祥地，孕育积淀出思想开明、生活乐观、悠长厚重、独具魅力的天府文化特质。"这是非常精辟的有识之论。特别是天府文化"思想开明"的特色，一反传统的认为蜀文化封闭保守、盆地意识浓厚甚至朴野落后之论。而验诸天府文化发展史上的诸多史实事件，又可证明天府文化中开放、改革、创新的文化特质。首先，古蜀文明有其独立而悠久的始源，有独特的文化模式的文明类型，是一支高度发达灿烂的古代文明，是中华文明的一个源头，是与中原夏商王朝平行发展的另一个文明中心（李学勤、段渝等），那种认为古蜀文明是受中原夏商文明影响而发展起来，特别是在公元前316年秦王朝统一蜀国后才逐渐发展兴盛起来的论点是站不住脚的。秦灭蜀国前的古蜀文明就极其繁荣，可与中原文明媲美而无愧色。其次，"南方丝绸之路"早在公元前14—15世纪即已开通（段渝），最早流布到印度乃至欧洲的丝绸即产自成都，成都是最早被世界认识的中国城市。成都通过"南方丝绸之路"与西方世界的交往，比《史记》所载的"张骞通西域"要早1000多年。一般论者只注意到以成都平原为中心的蜀地是"四塞之国"，其北、西、东三面高山高原大江限制了蜀人与外界的交往，只强调了"蜀道之难"，而没能换一个角度把眼光转向南面，对成都作为"南方丝绸之路"起点的重要意义更是认识不足。第三，三星堆遗址出土的青铜雕像群、金权杖、金面罩、青铜神树以及海贝、象牙等文物，不仅与中原文化异趣，而且在古代巴蜀也无其来源的蛛丝马迹，而这些文化因素却能在西亚近东文化中找到渊源（段渝），还有学者认为"巴蜀图语"与印度河文字有密切关系（何崝），这些都可证明天府文化是一个开放的体系。第四，开明开放的思想导致改革和创新。天府文化史上有数十个中国（包括世界）第一的发明创造，无不证明天府文化中奔涌着勇于开拓、创新创造的血液。即便在中华人民共和国成立之后，天府大地也有许多在全国都叫得响的经验与创新。如改革开放之后的农村家庭联产承包责任制，中华人民共和国第一张股票，农村改革中的承包地"三权分置"，交通管理中的"机非时空分离法"等。张之

洞说："蜀中士人，聪明解悟，向善好胜，不胶己见，易于鼓动，远胜他省。"（《张文襄公古文书札骈文诗集·辅轩语序》）准确指出蜀人头脑灵活、不固执己见、虚心从善的开放灵活心态。

（六）人文发达

蜀地自古被称为文教冠冕、艺文渊薮。虽偏于西南一隅，但数度成为中国的文化高地。古蜀本有极灿烂之文化，再加上战国诸国中秦并巴蜀最早，受秦陇文化浸染较深较长，故自西汉文翁兴学，即造就了天府文化之兴盛繁荣。以兴教育人为基础，蜀中的哲学、文学、艺术乃至科技都人才辈出，云蒸霞蔚，彬彬之盛，远迈他地。尔后的唐宋及清中后期，天府文化又两度兴盛。许多第一流大家纷纷登上历史舞台，留下了第一流的作品、第一流的成就、第一流的影响和魅力，为天府文化添彩增辉。近来，为了更好传承优秀传统文化，四川省评出了大禹、李冰、落下闳、扬雄、诸葛亮、武则天、李白、杜甫、苏轼、杨慎等"四川十大历史名人"，他们同时也是中华文明史上第一流的人物，为天府文化的创造创新做出了杰出贡献。论及蜀中人文之盛，"蜀多才女"亦为重要特色。"蜀居华夏之坤"，气候温润，山娇水媚；蜀女貌美多情，蕙质兰心，颇富才艺风韵，故历代才女辈出。如汉代之卓文君，唐代之女皇武则天、浣花夫人、薛涛，五代之花蕊夫人、黄崇嘏，明代之黄娥（杨慎夫人），清代之林韵征（张问陶继室），乃至现代之曾兰（吴虞夫人）等等都是在中国女性文化（文学）史上颇有影响的人物。要之，蜀地居坤，偏益女性；成都物候，独利娇娃。蜀女钟灵毓秀，婉娈多才，智慧巧思，出类拔萃，惊采绝艳，辉映今古，历时既久，流为风习，遂形成较为发达的女性文化，故成都的城市性格中阴柔之美的特质似乎更加彰明较著。蜀地人文之盛历数千年传承积淀而发扬光大，直到今天，成都仍然是全国市民文化素养较高的城市之一。高校数、在校大学生数、博物馆数、实体书店数、市民年均阅读量等都居全国前列。因此，成都建设世界文化名城是有基础、有条件、有底气的。

（七）智慧风趣

《华阳国志·蜀志》说蜀人是"君子精敏，小人鬼黠"，准确概括了蜀人富有智慧、幽默风趣的特点。开放冒险的性格，教育的发达，提升了蜀人的文化素质，养成了多智善思的特点，使蜀地成为中国才智型人才的产地和养成地。诸葛亮是天府文化史上第一个成功的"蓉漂"典型，他虽不是蜀人，但他的"智慧型"形象是在蜀地塑造完成的，乃至于他成了中国文化中"智"的化身。难怪鲁迅在评论《三国演义》时说书中描写诸葛亮"多智而近妖"（《中国小说史略》）。蜀中人士留下的名著佳作、创造发明、辉煌功业无一不展示了高度的智慧。明代状元杨慎被贬谪到永昌（今云南保山市）达数十年之久，在许多云南的民间故事中，他犹如维吾尔族的阿凡提，也以足智多谋著称，这也许代表了外地人对蜀人多智的看法。蜀人多智的另一表现是幽默风趣，而幽默是一种需要高超智慧的艺术。与川人交往，你往往会发现他们身上的幽默可爱之处，如爱用歇后语，爱摆轻松愉快的龙门阵，再加上四川方言节奏感强、抑扬顿挫而又气足神完，常常使人忍俊不禁。此外，语言的生动活泼也是造就蜀人多趣的原因之一。

（八）乐观包容

很多论者在谈到天府文化的特质时，几乎都一致肯定兼容并蓄是其最显著的特点。这种特点的形成，与成都平原土地肥沃、山川秀丽、物产丰富、生活富足安逸有关，也与历史上长期频繁的移民运动有关。历史上曾有过从秦灭巴蜀后以迄西汉晚期的大规模移民入蜀，唐朝僖宗入蜀携带大量世家大族随从留居蜀地，明初洪武年间四川大移民以及清初开始长达近一个世纪的"湖广填四川"等移民运动，而大批蜀民迁移外省的情况并不多见（主要有秦灭巴蜀后蜀安阳王带数万蜀民入越南）。就成都而言，在历史上一直是人口净流入的城市。正是由于长期受到五音繁会、八方辐辏、东南西北交融的移民文化影响，蜀人形成了热情好客、包容友善、尊贤爱才、博采众长等特点，显现出极强的涵容性、多元性以及能容异量之美的特征。这在蜀人的语言、川菜、川剧中得到集中体现，因为这些都是立足自我而又博采众长的结

果。同时，在开明开放的思想以及多方面因素的合力作用下，蜀人又形成一种豁达乐观的生活态度。最能代表此特点的是汉代的说唱俑，其每一个细胞都充满了笑乐风趣的神情形貌，给人留下了生动而难忘的印象。

（九）优雅时尚

《华阳国志·蜀志》认为蜀人"多斑采文章"。确实，蜀中不仅教育发达，民众文化素养较高，而且尚文好艺，成为人文渊薮、艺术殿堂，故形成了"自古诗人皆入蜀"的风气，历来有"自古文宗出巴蜀"的美誉。此种风气的形成，原因在于：一是蜀中山川秀美，易得"江山之助"，为文学艺术增奇情壮彩。二是蜀中人文荟萃，再加上李白、杜甫、陆游等或生长蜀中而得天地之灵秀，或客居蜀地而得山川之陶染，皆因在蜀之经历而诗艺文境大进，从而为大家名家，故引起后人纷纷效仿。三是蜀中文学生态良好，其"奇文共欣赏，疑义相与析"的切磋研究氛围，为诗人作家提供了最理想的创作环境。四是蜀中物产丰富，安"居"极"易"，浪漫神秘，多奇人异事，地域文化特色鲜明，文人好玩好奇，心驰神往，具有独特的吸引力。五是两宋以后，蜀中文化已非昔日之盛，为了激起重视昔日文化繁荣局面的自信，蜀人"夸述其胜"，津津乐道。同时，由于天府文化兼收并蓄、雅俗共赏的包容性特色，在正统的雅文化、精英文化繁盛的同时，俗文化、流行文化、民间文化也长盛不衰，并且常常能引领潮流风气，流为时尚。你看成都女孩的穿着打扮，其时尚前卫，与北、上、广、深相比而无愧色；你看成都的五星级宾馆和"苍蝇馆子"虽价格不可相提并论，但同样热闹兴盛。总之，成都是一个能满足不同人群需求的立体城市，任何人都能找到自己的位置而自得其乐。精英与大众，雅与俗，因与革，新与旧等都能有机结合，互融互摄，相映成趣，相得益彰，形成优雅而又时尚的文化品格。

（十）务实勤劳

仰望星空与脚踏实地在蜀人身上构成了奇妙的二元组合景观。与前述天府文化开明开放、创新创造连体共生的是蜀人的务实勤劳。各种地方史志都有蜀人"厚朴""敦厚""勤勉"等评论，这当然大抵是正确的。蜀地（特别是成都平原）由于人多地少，一方面是土地金贵，故长于精耕细作；一方面则因人多地少，遂形成一种男性竞相外出谋生打拼的传统，外出务工及经商的意识较强。但无论是哪种情形，都需要吃苦耐劳，就西南地区而言，蜀人的吃苦耐劳为滇黔等地所不及。四川话把"工作""劳动"叫作"做活路"，即工作劳动是生活（存）之路，其对劳动的认识是何等深刻。我们常常能看到：四川人能干好别人不能或不愿干的最苦最脏最累的体力活，当然其前提是报酬比一般工作高。在长期的历史发展过程中，与吃苦耐劳相一致，蜀人养成了务实肯干的传统，即舍得出力气干活又讲求吃喝享受，并且深知"幸福在今生"，重视现时的享乐，看重眼前的利益，追求当下即得的快乐，而不求虚名虚声，充分体现了蜀人务实的特点。正是由于务实勤劳苦干，蜀人才创造了一个个奇迹，成就了一桩桩伟业，培育出一批批干练之才，形成了干事创业必期所成的又一天府文化特质。

六、对传承"天府文化"的建议与思考

（一）加强对天府文化基础理论的研究

"天府文化"是新概念、新提法，目前对其研究才刚开始，还有大量的工作要做。在百度或谷歌等检索系统中输入"天府文化"，其信息库存相当少，因此这方面的工作亟待加强。基础理论往往是支撑学科或思想体系大厦建构的"四梁八柱"，是某种学科或思想体系研究得以深入拓展并取得丰硕成果的基础，更是指导优秀传统文化创造性转化、创新性发展的基石。主要包括："天府文化"的概念（定义）、内涵特征、主要内容、时空范围、形成的主要原因、发展演变的历史及规律、代表性人物、标志性事件等。要通过与荆楚文化、河洛文化、吴越文化、关陇文化、齐鲁文化、燕赵文化等全国主要地域文化的比较研究，总结提炼天府文化的特质，精准概括天府文化的个性特色，大力提高天府文化的辨识度、可感度和认同度。特别是要深入挖掘天府文化中所蕴含的思想价值、人文精神和道德风范，使其为我们今天践行社会主义核心价值观，培育千年一脉而又与时俱进的城市精神服务。

（二）加强对天府文化中重要遗址的保护、修复、重建

这方面，《中共成都市委、成都市人民政府关于印发〈建设西部文创中心行动计划（2017—2022年）〉的通知》（成委发〔2018〕7号）中列举了一些，但仍有遗漏。如张仪楼、筹边楼、西楼、摩诃池、万岁池、万里桥等在成都历史上都是声名远扬的名胜，历代文人多有题咏，文化积淀深厚，文化影响力较大。修复一定要本着"修旧如旧"的原则，如是重建则应尽量选择原址，原址不清或已不能在原址重建时才选择邻近地区。要尽量复原原生样态，使游人遥想当年，思接千载，视通万里，得到审美的享受。应据清末傅崇矩《成都通览》所载名胜古迹，摸清家底与现状，在此基础上，遴选出"拟修复重建名单"，征求社会各界意见，视其轻重缓急，分阶段实施。

（三）要在国民教育和党校培训中增加天府文化内容

在从小学到大学的整个国民教育体系中加入天府文化的内容，让孩子从小就了解成都，热爱成都，在幼小的心灵里播散下天府文化的种子，在成长的图版上涂抹天府文化的底色，培养天府文化的独特气质。要在各级党校、行政学院的课程中增加天府文化的内容，让成都的领导干部熟悉成都历史，了解天府文化，从历史的经验与辉煌中吸取自信和力量，明确当下所处的历史方位，找到古今相融相通的结合点，增强工作的前瞻性和针对性，为发展当地的文化事业和文化产业，合力建设世界文化名城贡献力量。知之深方能爱之切，目前我市的党政领导干部普遍缺乏对成都历史文化的了解，与首批国家历史文化名城的地位不相匹配，与千百年来成都人文繁荣、云蒸霞蔚的盛况不相匹配，亟待补上补足这一"历史文化"之课。

（四）要组织专家推出一批高质量的天府文化研究基本典籍

一是出版《天府文库》丛书。整理出版历代天府作家学者的文集和有影响的总集（包括选集）；二是出版《天府文化研究》丛书。由市社科院牵头拟定研究专题，从政治、经济、文化、社会、生态文明等各个方面对天府文化进行专题研究，每年出版专著10种左右。力争经过10年左右的努力，形成规模效应与较大影响。三是校注出版《成都文类》《全蜀艺文志》《岁华纪丽谱》《蜀中广记》《锦里新编》《国朝全蜀诗钞》等反映天府文化基本面貌和特点的重要典籍;四是编撰《天府文化史》《天府文学史》《天府文化要籍题解》《天府文化大辞典》等通史及工具书;五是精选精注精评《天府诗选》《天府文选》《天府词选》《天府曲选》《天府赋选》等高质量普及读物,扩大天府文化受众面及影响力。

(五)建设一支天府文化研究、传承、创新转化队伍

目前就全省而言,研究地方文化的人数不少,其中也有诸如谭继和、段渝、袁庭栋等名家,但就成都来看,则仍显力量单薄,人才不足。发展天府文化既然是成都市文化发展繁荣的重要方略,就应当主动作为,通过各种途径,汇聚大批人才,壮大天府文化研究与传承转化实力。可以通过政府的协调与政策手段,在研究生招生名额分配、专门研究机构编制岗位设置、人才引进专业类别目录等方面对天府文化研究人员给予倾斜。同时,也可采用项目制方式聚合天府文化研究力量。

(六)强力扩大天府文化的传播与影响

鼓励作家、艺术家以天府文化为题材创作文艺作品。建立激励机制,鼓励艺术家(不论本地外地)创作"老成都、蜀都味、国际范"的精品力作,通过电视剧、电影、戏曲、音乐等多种艺术形式及小说、诗歌、散文等各类文学体裁来展示、传扬天府文化,讲好成都故事,谱写天府华章。要营造良好氛围,形成作家艺术家竞相创作、演绎、表现天府文化的风气,为产生新时代的郭沫若、巴金、李劼人等大家名家创造条件。近年来,这方面的工作已有一些进展,但与预期还相差甚远。有时,一部表现地方历史文化的精彩电影或电视剧,其收效远大于政府花费不菲的正面宣传。

(此文撰述过程中引用、参考了古今多部研究成都历史文化的著名专著,限于篇幅不一一列举,谨表谢忱。)

天府文化乐观包容的
实质内涵、当代表达与创新发展

李晓明　周翔宇[1]

摘　要: 乐观包容是天府成都积极向上、开放博大的文化气度。天府成都在资源供给方面繁富优裕,形成了乐观积极、开放大气的文化心态。今天,成都所面对的国内、国际环境较之古代已有极大改变,但这里仍然是得天独厚之府、天赐生机之地,天府文化乐观包容特性依然通过基础环境、精神特质、生活美学而得到表达。以此为基础,从城市精神塑造和文化国际传播等内、外两方面推动天府文化乐观包容精神的创新发展,将有助于全面提升成都的文化影响力、凝聚力、创造力,助推其世界文化名城建设。

关键词: 乐观包容;天府;精神特质;生活美学

成都将世界文化名城建设作为城市未来发展的目标,将天府文化作为支撑这一事业的基础。文化是一个国家、一个民族发展中更基本、更深沉、更

1　李晓明,内蒙古师范大学讲师,北京大学哲学系博士后。周翔宇,天府文化研究院助理研究员,成都大学文学与新闻传播学院讲师。

持久的力量，是彰显现代化城市影响力、凝聚力、创造力的关键因素。对成都而言，在数千年的历史长河中，由优越自然条件和深厚历史积淀共同孕育出的天府文化是这座城市的根与魂。2014年，习近平主席在巴黎联合国教科文组织总部发表重要讲话时指出："文明是包容的，人类文明因包容才有交流互鉴的动力。"[1]世界文化名城就是一个人类文明、多元文化交流互鉴的广阔舞台。从这一角度着眼，以天府文化助推世界文化名城建设，当然极有必要发挥天府文化的乐观包容特性，以彰显成都的文化魅力。所以，在深刻认识天府文化乐观包容的实质内涵与现代表达的基础上，推动其创新发展，对成都建设世界文化名城意义重大。

一、天府文化的实质内涵

天府文化，"既是历史上天府之国文化的总括，也是今天成都市域文化的特称"[2]。其核心词"天府"，是一个基于地理而形成的文化概念。结合地理与文化两方面对天府进行解读，它大体有四重含义："一是天帝（帝王）所居之府（地区），一是天帝所藏之府库，一是天帝所赐之府（地区），一是天帝所造之府（地区）。"[3]无论按哪种意义理解，它都是与天、天帝相联系的。同时，天府又是一个富足的府库，是"自然、人文条件得天独厚，能够长期稳定、保持繁荣富庶的地区"[4]。因此，由"天""府"两个基本意象构成的天府概念，就是天帝府邸在人间的映射，是物质丰足、精神愉悦、令人向往的天堂生活、神仙境界的缩影。发源于此地的天府文化，拥有得天独厚的基础环境，形成了独具魅力的精神特质，孕育出别样精彩的生活美学。其具体呈现，即是创新创造、优雅时尚、乐观包容、友善公益。而这四个方面，都是与"天府"密切相关的。

创新创造的本质是求新。求新"就是人类对新奇事物的追求，人类不仅

---

1 李君才编选：《中国文化年报（2014）》，兰州大学出版社，2015年，第105页。
2 舒大刚：《精研"天府文化" 重建精神家园——天府文化的历史与演变》，《天府文化研究（创新创造卷）》，巴蜀书社，2018年，第4页。
3 潘殊闲：《天府文化的源流、特质及其相关概念探析》，《天府文化研究（创新创造卷）》，巴蜀书社，2018年，第51页。
4 谭平：《天府文化创新创造能力的活水之源》，《天府文化研究（创新创造卷）》，巴蜀书社，2018年，第17页。

消费和占有已有的事物，维持自身的生存与发展，而且追求未有的事物、新奇的事物"。"超越'已然'，追求'未然'是人类的本性。"[1]按照这个定义，创新创造可以从两个层面来理解。其一，它以充裕丰饶的物质资料为基础，是各种自然物为满足人类生存需求而被整合、加工、改造的过程。"创新和创造的力量存在于人们改变世界的实践活动中"，"从物质资料的生产与再生产以及物质世界本身"可以感受到"创新的能量存在"。[2]越是地大物博、物产丰富的地区，各种物质资源交汇融合进而催生新变的可能性也就越大。天府成都是"天帝府库"，物藏宏富，富足的物质资料为创新创造提供了持久支撑，基于物质生产和再生产的创新创造成为成都与生俱来的文化基因。其二，创新创造又是人们不满足于既有自然资源，不断追求美好生活的进取精神的体现。"人类社会的许多物质产品都是根据人们的'希望'创造出来的"，这种创新创造"不受原有产品的限制，是一种积极的、主动型的发明方法"。[3]成都是天帝所居之地，在达到"水旱从人，不知饥馑"的基本生活条件后，人们还希望进一步提升生活品质。这就会继续激发其创造力，为天府文化创新创造带来强劲的动力。结合这两方面来看，天府的繁荣，既是创新创造的基础，也是其动力。以物质资料极大丰足为前提，以物质条件不断提升为目标的创新创造，彰显了天府成都追求卓越、开拓进取的力度。

优雅时尚是一种以文化为底蕴的气质。"优雅较之一般的优美，除形式方面的条件之外，还要求内在气质上的高贵性和较高的文化品格。"[4]从文化层面进行解读，天府成都在较高的气质和较高的文化品格两方面都由来有自。一方面，成都是以天堂府邸、繁华名都的形象出现在世人面前的。至少在14世纪以前，她都是中国最核心、最一线的城市之一。这样的文化背景，成就了成都坚定的文化自信，孕育了她雍容优雅的城市之风，也让她为时所趋，为世所尚。由"天帝府邸"长期陶冶的高贵文化气质，自然能酝酿出优雅时尚的文化

1　乌云娜：《创新力》，国家行政学院出版社，2012年，第7页。
2　胡珍生、刘奎林：《创造性思维方式学》，吉林人民出版社，2010年，第2页。
3　王跃新：《创新思维学》，吉林人民出版社，2010年，第250页。
4　温延宽、王鲁豫：《古代艺术辞典》，中国国际广播出版社，1989年，第23页。

特质。另一方面，优雅时尚又与成都长期以来对中华优秀文化的孜孜汲取密切相关。天府成都地处中国西南腹地，在地理上与中原、关中、江南都相对隔绝。但这种隔绝不是完全的封闭，信息传播不便反而使蜀人更加渴望了解、认识外界的先进文化，促生了其开放外向的文化心态。无论在哪个历史阶段，成都始终积极接受中原先进儒学。而儒学的核心价值观是崇礼尚义，在其熏陶之下，天府成都的文化品格自然不断提升，最终形成和谐、礼让、从容、文明的优雅时尚之风。可以认为，天府文化的优雅时尚，既依托于天府自身的文化土壤，也得益于中华文化长期的滋养。由文化气质和文化品格成就的优雅时尚，体现了天府成都雍容文雅、引领潮流的风度。

乐观与包容是两种文化心态，但它们有着共同的文化基础。就个体而言，乐观"是对未来的总体期望，认为好事情比坏事情更有可能发生"[1]。这种认知的形成有多种原因，它会受个体遗传基因、个人生活环境、日常生活体验、文化背景等四方面因素影响。[2]将这一理论扩展到群体范围，一种文化中乐观气质的形成，也是与它的文化基因、所处环境、发展历程、文化背景息息相关的。天府成都自然、人文条件优越，其优裕的生活令人向往。这就决定了生活在这里的人会拥有更好的物质基础，更强的心理承受能力，展现出自信、积极的生活态度。在面对灾难、挫折的时候，他们可以更加从容、淡定。而天府之地幸福美好的生活经验，也让他们有理由期待好的事情会比坏的事情更多的降临在自己身上，这就是天府文化乐观精神的基础。同样，包容则来自于多元文化的共生与交流。从人类文明到地方文化，"任何一种文化价值观的存在都不是孤立的，其发展、创新都必须从其他文化价值观中汲取营养，获取资源"[3]。从某种意义上说，正是文化的多元性促成了其包容性。而繁富优裕的天府在资源供给方面得天独厚，在形成乐观文化心理的同时，也足以支撑多元文化并生共存。秦并巴蜀时，此地"戎伯尚强"，延及后世，这里仍然是多民族共同繁衍生息之地。长期以来，成都一直是民族大

1　（美）阿兰·卡尔（Alan Carr）：《积极心理学：关于人类幸福和力量的科学》，中国轻工业出版社，2008年，第77页。

2　郑雪主编：《积极心理学》，北京师范大学出版社，2014年，第68页。

3　孙伟平等：《创建"中国价值"社会主义核心价值体系研究》，社会科学文献出版社，2015年，第313页。

迁徙走廊上的中转枢纽，是历代多次移民大潮的目的地，是沟通南北、连接中外的文化要冲。这样的经历，赋予了她兼容并蓄、融汇各方的文化心态，成就了天府文化的包容特性。无论是乐观还是包容，它们都是以优越富足的生活经历、多元和谐的文化关系为前提的，而天堂府邸、天赐之区则为其奠定了坚实的基础。在此之上的乐观包容，昭示了天府成都积极向上、开放博大的气度。

友善公益的本质是人性的善，是人对他人、外物乃至自然环境的友好关爱。这也可以从物质和精神两个方面进行解读。从物质层面看，"仓廪实而知礼节"，天府成都充裕的物资、富足的生活使这里的人们不太在意个人物质利益的得失，更愿意通过帮助他人、改善环境来实现更高层次的个人价值。对他们而言，经济社会生活不只是"'有用无用'的考量和利益交换，更是在交往交流中实现互助共赢，在实现自我利益的同时促进他人的利益增加"，这不仅是"社会主义核心价值观倡导友善的原因所在"[1]，也是天府文化友善公益的精神核心。从精神层面看，儒释道三教在成都均衡流布、和谐并生、协同发展是天府文化有别于其他地域文化的一大特色。而三教的核心思想，都是劝人行善，教人向好。在其长期熏染下，天府文化自然具有与人为善的温暖大爱。来自物质条件的坚强支撑，来自精神文化的积极助推，共同引导了成都外化于行的善意表达。由对个人之善、对大众之爱凝聚而成的友善公益，传递了天府成都仁民爱物、情礼兼备的温度。

二、天府文化乐观包容的当代表达

通过对天府文化实质内涵的解读可以看出，"天府"是核心，是成就创新创造、优雅时尚、乐观包容、友善公益精神实质的关键。今天，成都所面对的国内、国际环境较之古代已有极大改变，但这里仍然是得天独厚之府、天赐生机之地，天府文化的乐观包容特性依然在此时此地得到表达。

根据联合国教科文组织的定义，文化是"社会或一个社会群体所具有的一系列独特的精神、物质、智力和情感特征，不仅包括艺术和文学，还有生

1　朱佩娴：《"善的友爱"更持久》，《人民日报理论著述年编（2014）》，人民日报出版社，2015年，第731页。

活方式、价值观、传统和信仰"。结合成都的实际情况来看，物质条件、经济水平、城市规模、城市发展潜力将决定其文化表达的基础环境；城市群体的情感、智慧、价值观与信仰，是其独有的精神特质；人们的文化传统、生活方式、艺术和文学，则是成都作为历史名城、时尚之都生活美学的体现。从这三个方面入手，可以更具体地了解天府文化乐观包容的当代表达。

（一）基础环境

孕育天府文化的成都曾经长期是国家"一线城市"。天府强大的物质基础支撑了繁荣的文化。如今，成都是位列第一的中国"新一线城市"，在根据商业资源集聚度、城市枢纽性、城市人活跃度、生活方式多样性和未来可塑性五大指标进行综合计算的排名中，成都仅次于上海、北京、深圳、广州而居于全国第五位。[1]现在这座城市拥有国家级天府新区、国家自主创新示范区、全面创新改革试验区、内陆自贸区等重大改革创新机遇，曾荣获全球最佳新兴商务城市、中国十大创业城市、中国最佳表现城市等殊荣，城市GDP长期处于全国前列。这里是世界美食之都、国际购物天堂、中国最佳旅游城市，年接待游客超过2亿人次，拥有众多历史名胜古迹。无论是在物质上还是精神上，成都仍然是天赐之城，"天府"优势依然存在，天府文化的传承依旧生生不息。

在乐观包容文化精神的传承方面，今天的成都是国家西部大开发的战略支点，是"一带一路"和长江经济带的交汇点，也是距欧洲最近的国家中心城市和国家泛欧泛亚开放门户城市，拥有驻蓉领事机构16家，国际友好城市33个，建立了经贸关系的国家和地区有228个，落户于此的世界五百强企业有278家。成都开通了国际（地区）航线102条，成为内地第三个拥有双机场的城市。蓉欧班列可直达欧洲纽伦堡、罗兹、莫斯科等城市，相比海运在时间、财务成本上都有明显的优势。面对经济全球化的发展大势，成都正秉持"更全面、更深入、更务实"的新开放观，继续以开放的姿态走向世界。这

1　该数据由《第一财经》周刊新一线城市研究所依据大数据分析得出，并以《中国城市商业魅力排行榜》的形式在2018年4月26日召开的新一线城市峰会上公布。

为天府文化乐观包容精神在当代的传承创造了良好的环境。

（二）精神特质

如果我们把成都作为一个独立的个体，在与其他地区、其他城市进行比较的时候，她在某些方面会显得格外突出，呈现出独特的精神特质。这些特质源自这座城市长期的历史积淀，更是天府文化乐观包容在当代的缩影。

其一，成都是一座有担当意识，有使命感，展现出胸怀天下的包容气度的城市。在政治、经济、文化方面，她都曾在中华文明史上的关键时刻发挥引领、支撑作用。成都从来不是大一统王朝的首都，但是在秦灭六国之时，在西汉王朝统一天下之际，在唐朝经历安史之乱、黄巢之乱时，在民国初年境外敌对势力阴谋策划动乱时，在日寇全面入侵中国时，成都都是坚实稳定的后方，义无反顾地承担着维护祖国统一、民族独立的伟大使命。成都是古代经济中心，其农业、手工业产品长期大量输送全国各地，诞生于此地的第一张纸币交子、新中国第一张股票"成都工展"引领了古今的金融革命。成都是儒家文化的早期传播地之一，是中国地方官学的发源地，是十三经的最初集结地，是雕版印刷的早期推广地，在中国学术文化的发展中扮演着不可或缺的重要角色。这些都是这座城市担当意识、使命感、包容气度的体现，是成都儿女"建功立业的坚定、执着、担当志向"，是"天府文化最重要的精气神，是成都子孙必须传承的优秀传统文化的核心"。[1]今天，面对实现中华民族伟大复兴的时代使命，成都依然勇于承担，毅然以文化发展为动力，积极深化改革，对外开放，积极配合西部大开发、"一带一路"倡议和长江经济带建设等国家策略，融入全球化发展趋势，以开放包容的姿态豪迈地走向世界，这就是天府文化包容特性在当代的体现。

成都是一座具有乐观坚韧品质、敢于进取的城市。在由秦代至宋代的1000余年间，成都都是繁华名都。元明以后，受多种因素的影响，成都的城市地位有所下降，发展陷入低谷。但是，这座城市并没有就此一蹶不振。在新中国成立以后，特别是在改革开放以来，成都秉持乐观向上的态度，再次奋发，积极进取，力求重返巅峰。2017年，成都实现城市GDP13890亿元，

1　谭平等：《天府文化与成都的现代化追求》，巴蜀书社，2018年。

同比增长8.1%，在全国位列第八。[1]同时，成都全面开展国家中心城市建设工作，制定《成都国家中心城市建设行动纲要（2016—2025年）》，"提出'三步走'建设目标，以及全面增强经济中心、科技中心、文创中心、对外交往中心和交通枢纽功能五个方面战略任务，在城市空间、动力、经济、文化、生态、民生、治理7个方面提出系列重大行动"[2]。在中国共产党成都市第十三次党代会上，成都市委正式提出"传承巴蜀文明发展天府文化，努力建设世界文化名城"的城市建设目标。这些成就和目标，说明成都已经摆脱了元明以来的颓势，重新走向辉煌。在中国古代文化名城中，能在一度衰落之后再次复兴、再次跻身全国一线的，可以说绝无仅有。成都敢于以更高的定位作为城市未来发展的主动选择，正是其城市精神中乐观坚韧品质的体现。

成都还是一座以人为本，注重人与自然和谐相处的城市。她力求通过对天、地、人的包容协调，求得人之真乐真趣。成都是道教的发源地，而道教注重个人生命的意义，追求人性的解放、人生的快乐，也强调人与自然的和谐发展。"天、地、人，本同一元气，分为三体"，三者应"相爱相通，无复有害者"。这种思想"承认宇宙间万事万物都有其合理性与平等的存在地位，主张让宇宙万物任性自在，自足其性，得其自然之存在与发展"[3]，将天、地、人包容协调，平等放置于宇宙系统之中。人是其中的一部分，人性的自足与人的自由发展是被充分肯定的。但与此同时，人又应该"顺应大自然的客观规律办事，不应把自己凌驾于万物之上地去掠夺自然"[4]。这是一种将人与自然并重，科学、和谐处理二者关系的先进思想。由古及今，成都市加强优化拓展城市空间，提升城市功能品质，优化生态功能布局，大力发展高端绿色科技产业，提升绿色发展能级，保持生态宜居的现代化田园城市形态，就是将以人为本而又注重人与自然和谐相处的乐观包容思想贯穿到现代城市建设之中，让天府文化乐观包容的精神特性"活"在了当下。

1　该数据由国家统计局于2018年1月18日公布。
2　成都市地方志编纂委员会办公室：《2017成都年鉴》，成都年鉴社，2017年，第11页。
3　赵心愚、余仕麟：《哲学·宗教：智慧与超越》，四川大学出版社，2014年，第557页。
4　卿希泰：《道教文化与现代社会生活》，巴蜀书社，2007年，第39页。

（三）生活美学

有一种生活美学叫成都，成都的生活美学是天府文化乐观包容气度在现代生活中的表达。成都的生活美学，通过与诗、书、花、乐、游相伴的文雅、闲适生活奠定了基调。

成都是诗之都，古今官民习惯以诗歌文学的形式陶冶性情，表达情感。汉赋四家此地独有其三，卓文君、陈子昂、李白、薛涛、花蕊夫人、三苏、杨升庵、黄娥、李调元先后在此低吟浅唱。成都又具有宽大包容的胸怀，"自古诗人例到蜀"，卢照邻、王勃、杜甫、韦庄、岑参、贯休、柳永、陆游、范成大都与这座城市结下不解之缘。"成都因为其城市资源、个性非常适合诗人栖居、创作"，也"拥有优秀诗人作品的大批知音、粉丝"，出现了"诗歌和这座城市从廊庙到市井的水乳交融、如影随形"的景象。[1]在今天，诗意已经内化为成都生活美学的一部分。成都人在古朴雅致的草堂集会，在现代时尚的诗吧流连，他们在都江堰的田园举办诗歌节，在龙泉山开设诗群大展，把生活与诗彻底结合了起来。

成都又是书之都，读书使人精神愉悦，生活积极，心态乐观。薛涛制笺，卞家雕版，石室传经，贲园藏书，书翰文墨在成都代代相传。2015—2016年度，成都市民人均纸质书阅读量为7.109本，数字书阅读量为7.83本，与第14次全国国民阅读调查结果对比，成都人的纸质书阅读量高于全国平均水平2.459本，数字书阅读量高于全国平均水平4.62本。[2]书香成都，实至名归。而遍布公共场所的数字阅读机、自助借书机，充满特色的现代时尚书店，全国首创的"书香号"地铁，更将快乐的读书体验带到市民生活的各个角落。

成都也是以"蓉城"之名见知于世的花之都，芙蓉、海棠、绿竹、梅花是这座城市的文化符号。"花重锦官城"，是诗人对这座城市美好生活的由衷赞美。浣花溪、百花潭的传说故事，以花的形象表达了乐观善良的人们对美好结局的期待。形成于宋代的"二月花市"，极盛于清末民初的青羊宫花

1　谭平等：《天府文化与成都的现代化追求》，巴蜀书社，2018年。
2　成都市文广新局：《2015—2016年度成都市全民阅读指数测量研究报告》，2017年。

会，则集中展现了成都市民与花相关的精彩社会生活。在今天，伴花栖居的生活发展为对美好生态环境的向往。成都全力打造"一轴两山三环七带"的天府绿道体系，构建覆盖成都全域的区域、城区、社区三级绿道，以人民为中心，以绿道为主线，以生态为本底，以田园为基调，以文化为特色，规划慢行系统，就是秉持乐观的心态，通过积极的作为，建设美好幸福的生活。

成都还是乐之都，是中国古代音乐的重镇，天府天籁回响千年。雷氏家法，奠定了唐代以后瑶琴的形制，为位居"琴棋书画"之首的中国传统文化意象打上了深深的成都烙印。张孔山的《流水》传入太空，成为全人类文明共同的标志，以无限包容的心态，承担着与地外文明沟通的使命。永陵二十四乐伎是盛唐宫廷燕乐的遗存，欢乐喜庆的闹年锣鼓是民间俗乐的代表，丰富多变的洞经音乐是宗教生活在世俗的折射，南诏奉圣乐是民族文化交汇融合的成果。天府音乐以兼收并蓄的包容性吸收了从宫廷到民间、从世俗到宗教、从汉文化到少数民族文化的多种音乐元素，为此地人们以乐怡情的乐天生活定下基调，为今天成都打造音乐之都提供了强有力的支持。以《支持音乐产业发展的意见》为代表的鼓励政策陆续出台，以成都演艺中心为代表的音乐表演场馆先后建成，以古典音乐小镇彭州白鹿镇、民俗音乐小镇崇州街子镇、文化演艺小镇龙泉驿洛带镇、博物馆音乐小镇大邑安仁镇为代表的特色音乐小镇高效建设，以张靓颖"少城时代"、谭维维"草台回声"、李宇春"黄色石头"为代表的知名音乐企业相继落户，以"乐动蓉城""蓉城之秋""晓峰音乐周"为代表的高品质音乐会纷纷上演，成都已然成为充满生机的音乐名城。

成都更是游之都，以民俗活动、大型集会带动的游赏之风经久不衰。汉代以来，这座城市就经常举办各种公私集会。左思《蜀都赋》中"置酒高堂，以御嘉宾，金罍中坐，肴核四陈"，"羽爵执竞，丝竹乃发，巴姬弹弦，汉女击节"的聚会尽显这座城市的快乐风雅。[1]前后蜀两宋时期，随着成都社会经济的发展，物质财富的丰盛，都市的日益繁荣，居民文化生活更加

1　左思：《蜀都赋》，杨慎：《全蜀艺文志》卷一，线装书局，2003年，第10页。

丰富多彩，游乐风气遂在唐代的基础上有了更大发展。[1]"成都游赏之盛甲于西蜀，盖地大物繁而俗好娱乐。"[2]因地大物繁而兴起的游乐之风，酝酿出了乐观积极的生活态度。十二月市迭兴，大圣慈寺极盛，青羊宫、玉局观继起，"遨游空闾巷""登舟恣游娱"，繁荣富庶、充满生机的快乐生活通过集会游赏得到尽情表达。今日，成都高标准建设世界旅游名城，打造国际会展之都，通过旅游产品结构优化、全域旅游发展、公共服务配套提升、旅游智慧双创发展、"旅游＋"产业融合、绿色低碳发展、对外开放合作、旅游国际化营销等八大工程建设，全面提升旅游业国际化水平；以专业化、国际化、品牌化、信息化为方向，通过全面塑造发展环境提升城市软实力，高标准打造国际会展之都，以提升城市文化沟通能力和全球传播能力，既是对过往天府游赏之风的绍继，对乐观包容文化的承续，也是对新时代成都城市新生活的塑造。

三、天府文化乐观包容的创新发展

天府文化是在锦江水、龙泉山之间孕育的文化，是滋养成都的文化。它是成都市民的精神家园，也是成都独具魅力的城市竞争力。在深入解析天府文化乐观包容实质内涵和当代表达的基础上，推动其创新发展，将有助于全面提升成都的文化影响力、凝聚力、创造力，助推世界文化名城建设。

天府文化乐观包容的创新发展，包括内与外两个方面。对内，主要是城市精神的构建。城市精神是一座城市，特别是世界文化名城的灵魂，是其文化走向世界的基础。它是"生活在一个城市中的社会大众在自己的生产生活实践中形成的共同的文化价值观和文化追求，是一个城市的管理者和市民群众对自己城市历史、现状和未来的一种理性把握"[3]。在这种基于市民共同生活经历、城市历史的精神塑造中，市民对城市文化的认知度、认可度、执行度将是关键。所谓认知，是指市民群体对自己城市历史和城市文化的了解；

1　粟品孝编：《成都通史·五代（前后蜀）两宋时期》，四川人民出版社，2011年，第454～455页。

2　（旧题）费著：《岁华纪丽谱》，杨慎：《全蜀艺文志》卷五十八，线装书局，2003年，第1708页。

3　金民卿：《现代移民都市文化》，海天出版社，2006年，第281页。

所谓认同，是市民依据城市现状和个人生活经验对城市领导者、管理者提炼的城市精神的反思和判断；所谓执行，是指市民基于对城市未来发展的憧憬，在高度认可城市文化的前提下，自觉成为文化的宣传者、践行者、示范者，形成塑造城市精神、发展城市文化的强大合力。这三个方面相辅相成，逐次递进，缺一不可。

在传播天府文化，增强成都市民的认知度方面，成都市委市政府已经制定了《关于深入推动天府文化创新发展的行动方案》，要求整合全市力量，通过丰富多样的形式，深入推动天府文化融入机关，融入企业，融入社区，融入乡村，融入学校，融入景区，融入公共活动场所，融入交通枢纽及口岸，融入网络空间。这一行动将全面覆盖成都市民的工作、生产、生活、出行、娱乐，多元立体地宣传天府文化，有效提高市民的认知度。

结合成都的实践来看，要增强市民对天府文化的认可度，以乐观包容特性构建城市精神将显得更为关键。从理论上讲，乐观包容精神从过去延伸到现在并通向未来，它与成都的城市发展一脉相承，与市民的生活息息相关，应该在成都市民中具有极高的认可度。但文化传统与现实生活毕竟有时间上的隔阂，现代化、全球化的文化冲击又让一部分普通市民，特别是年轻一代对传统文化的记忆逐渐模糊。与此同时，乐观包容特质的丰富性、多样性表达也使得市民在接受、认可时各有不同侧重。所以，要依托天府文化乐观包容特性形成塑造城市精神的合力，就必须加强解读阐释工作。需要搭建研究平台，整合社科机构、高校、文化单位等各方面的科研、科普力量，加强对乐观包容特性历史渊源、演进脉络、基本走向的研究，通过一系列精品力作和多平台、多形式、多渠道的传播，让市民百姓知晓其来龙去脉，了解其实质内涵，把握其精神特征，感受其文化影响，并能够将乐观包容与现实相联系，相对应，激活市民群体对天府成都的历史记忆、文化记忆、精神记忆，进而产生高度的认同感。

更进一步，则是充分发挥市民群体、基层群众的能动性，依托社区与乡村，充分动员社区达人、文化名人、基层新乡贤、"五老"以及其他所有通晓、认可天府文化乐观包容精神的普通市民，使其自觉、主动地传播、倡导这种积极的城市精神。在日常生活中，以乐观的精神面对工作、学习，以

包容的心态处理邻里人际关系，由此夯实基层文化根基，推动天府文化乐观包容精神在社区、农村落地生根，陶冶培育符合乐观包容内涵，符合时代潮流，符合成都城市发展目标，符合世界文化名城建设需求的成都精神。

天府文化乐观包容、创新发展的对外方面，是文化的国际传播。这是世界认识成都、接受天府文化的过程；同时也是天府文化包容、借鉴、汲取其他文化元素的过程。在此期间建设世界文化名城，就是在文化之间建立一座平等对话、相互沟通的桥梁，建立一种同理心，一种世界性伦理，一种普适的感性，把各种各样的人、各种各样的文化聚合到一起，凸显现代城市多元包容的魅力。而天府文化显然是具备这样的包容性的。其实质内涵、当代表达与世界主流价值观之间可以形成有效沟通，可以包容其他思想意识。可以通过文化的黏性，吸引具有其他文化背景的人关注成都，关注天府文化。

"是人吸引着人去一个城市，因此，在所有城市中，人们都渴望以一种非程序化的方式，找寻时间和空间与其他人在一起，并使他们互相联系、观察和延续关系。"[1]这种由文化的乐观性、包容性而产生的吸引力，让大量的游客从境外涌向成都。2016年，成都成为世界第二高增长的旅游目的地，是全球15个最快乐的地方之一，前往成都的机票在线预订率保持了最高的增长。

利用上述优势，继续发扬天府文化的乐观包容特性，推动其国际传播，加强多层次的世界文化互动交流，将是成都建设世界文化名城的重点任务。通过组织实施各种国际性的会议、学术论坛，深入开展国际文化交流活动，可以向世界有效传递天府文化的核心价值，增进了解、沟通、包容。面向国际市场，加大天府文化创意品牌的打造和营销力度，有助于迅速提升天府文化的国际传播力。充分挖掘外事外侨和国际友好城市资源，精准强化以天府文化乐观包容为核心的成都城市形象宣传，可以在国际上充分展示成都的时代风采和文化魅力。经由这些路径，天府文化乐观包容的全球传播力将不断提升，成都的城市文化包容力、沟通力会得到强化，世界文化名城之"大"终将实现。

1　《2018世界文化名城论坛·天府论坛特别报告》，内部资料，2018年，第40页。

后 记

　　成都有很多优良个性，但乐观包容应该是最为突出的。这座城市生生不息的活力和对外部世界所展现出来的特殊魅力，很大程度上也是在此基础上建构起来的。中国乃至世界上的其他城市，不乏具有乐观包容特质者，但这种特质的形成原因、建构过程、生长领域、呈现形式，能如成都这般既自然天成，又丰富多彩者，不敢说绝无仅有，但就我的视野来讲，非常罕见。

　　正是因为如此，对于成都之乐观包容气质，历代博学鸿儒、羁旅行客，不免留下大量研究评述之文字，各种文史巨著、方志名篇，都有镂刻宏富、条分缕析之高论。所以，本卷的策划、约稿、组稿、编辑、出版的任务既轻又重。如果只是较多重复、串联、组合前人论述，如削足适履般加以"论述"，那文章并不难写，也并不难编辑，此之谓"轻"也。但如果真的要建立在作者既对巴蜀文化有深刻理解与把握，又能领会天府文化乐观包容的独特性与丰富性，以及成都市天府文化建设行动的价值设定与重点关切，然后建立个性化、创新性的学术研判，形成既具有学术引领作用，也具有现实行动参考意义的结论，绝非易事，此之谓"重"也。我们研究院当然追求的是每一篇文章的分量都能是沉甸甸的。

　　我很欣慰，拜读本卷各篇文章时，每每都会生出如欧阳修读苏东坡《刑赏忠厚之至论》时的感叹："读轼书不觉汗出，快哉！"这些文章，均出自对学术的真诚，对成都的热爱，对天府文化建设行动的肯定与支持，对天府文化研究院和我本人的关照、扶持。在我心中，它们或是黄钟大吕，或是幽谷芳兰，

或是兰台高论，或是空谷足音。我们研究院能够集结各位专家学者的智慧，把"乐观包容卷"这道精神大餐奉献给成都这座伟大的城市，深感荣幸。

谨此代表研究院对谭继和老师百忙之中为本卷精心撰写序言表示敬意！

最后，要对自始至终关心、支持本研究专辑工作的市委宣传部领导、成都大学相关领导表达谢忱。尤其要致谢从事成书具体工作的研究院同仁陈静副院长、谭筱玲副院长，以及唐婷、周翔宇、冯和一、马英杰四位博士。四川大学出版社责任编辑舒星老师付出艰辛努力，保证了本卷顺利出版，也一并致谢焉。

天府文化研究院院长　谭平

2018.7.30

责任编辑:舒　星
责任校对:刘慧敏
封面设计:格尚广告
责任印制:王　炜

图书在版编目(CIP)数据

天府文化研究. 乐观包容卷 / 天府文化研究院主编.
—成都：四川大学出版社，2018.9
ISBN 978−7−5690−2438−8

Ⅰ.①天…　Ⅱ.①天…　Ⅲ.①文化发展−成都−文集
Ⅳ.①G127.711-53

中国版本图书馆 CIP 数据核字（2018）第 231597 号

书名	天府文化研究（乐观包容卷） TIANFU WENHUA YANJIU (LEGUAN BAORONG JUAN)

主　编	天府文化研究院
出　版	四川大学出版社
地　址	成都市一环路南一段24号 (610065)
发　行	四川大学出版社
书　号	ISBN 978−7−5690−2438−8
印　刷	成都金龙印务有限责任公司
成品尺寸	164 mm×240 mm
插　页	1
印　张	30.25
字　数	536 千字
版　次	2018 年 11 月第 1 版
印　次	2018 年 11 月第 1 次印刷
定　价	98.00 元

◆读者邮购本书，请与本社发行科联系。
　电话: (028)85408408/(028)85401670/
　(028)85408023　邮政编码: 610065
◆本社图书如有印装质量问题，请
　寄回出版社调换。
◆网址: http://press.scu.edu.cn